만주에 이주한 전라북도 사람들의 정착과 귀환

KB160947

:: 사사표기 안내

부처명	구분	사사표기
교육부	국문	이 저서는 2017년도 정부(교육부)의 재원으로 한국연구재단의 지원을 받아 수행된 연구 사업임(NRF-2017S1A6A3A02079082)
	영문	This research was supported by Basic Science Research Program through the National Research Foundation of Korea(NRF) funded by the Ministry of Education(grant number)
소속		원광대학교 한중관계연구원 동북아시아인문사회연구소

NORTHEAST ASIA DIMENSION

동·북·아·다·이·멘·션
자료총서

1

만주에 이주한
전라북도 사람들의 정착과 귀환

| 원광대학교 한중관계연구원 동북아시아인문사회연구소 편 |

한중관계연구원
Korean Chinese Relations Institute

원광대학교·한국연구재단 HK+
동북아시아인문사회연구소
Institute for Northeast Asian Humanities & Social Science

이 저서는 한국연구재단 인문한국플러스(HK+)사업의 지원으로 수행한 원광대학교 HK+동북아다이멘션연구단의 1단계 2년차 연구 결과물이다. 원광대학교 HK+동북아다이멘션연구단은 2017년 "동북아 공동번영을 위한 동북아시아다이멘션(NEAD) 토대 구축: 역사, 문화 그리고 도시"라는 아젠다로 인문한국플러스 사업에 선정되었다. 동북아시아는 전 세계에서 중동 다음으로 갈등과 위험의 요소가 많은 지역이다. 동북아시아는 각국 간 경제협력이 밀접해 짐에도 불구하고 역사인식의 차이로부터 오는 갈등인 아시아 패러독스(Asia Paradox) 현상이 근간에 더욱더 심화되고 있다. 더불어 이 지역은 국가 간 분쟁을 함께 조정하는 협력의 경험이 부족하고 다자협력체제가 부재하다. 따라서 서로 다른 역사인식과 영토분쟁 등 역내 국가 간의 갈등요인은 물론 환경, 에너지 등 새로운 초국가적 공동위협 요인에 효과적으로 대응하지 못하고 있다. 이러한 갈등의 역사를 인문학을 바탕으로 해결해 보려는 시도가 새로운 '다이멘션'의 시작이다.

원광대 HK+동북아다이멘션연구단은 정치적으로 갈등과 분쟁이 끊이지 않는 동북아지역의 새로운 지역공동체와 지역협력 방안을 모색하여왔다. 그 새로운 지역공동체와 협력방안의 이름을 원광대 HK+연구단은 "동북아시아다이멘션(North-East Asia Dimension)"으로 명명하고 그 구체적 실천프로그램을 연구하여 동북아시아의 공동번영과 평화정착에 기여하려 한다. 이러한 최종 목표에 도달하기 위해 1단계에서는 동북아시아 관련 자료수집 및 연구 토대 구축에 힘을 기울이고 있다. 자료수집의 첫 번째 결과물로 발간하는 본 저서는 전라북도 지역과 동북아시아 지역인 만주를 연결하는 이주민의 삶을 고찰하고 있다.

전라북도에서 만주로 집단이주한 사람들은 1937년부터 1945년 봄 사이에 주로 동북 집단이민 중심현이었던 안도현에 배치되었고, 왕청현에도 일부 배치되었다. 본 저서는 10여년간 집단이민답사를 추진하여 31명의 구술 자료를 토대로 전라북도 집단이민자들의 삶을 수록하였다. 연변으로 강제 이주된 이러한 전라북도인들의 기억의 소환을 통해 만주국 시기에 자행되었던 '강제 이주'의 실태를 파악하는데도 중요한 토대가 될 것이다. 원광대 HK+동북아다이멘션연구단은 이러한 토대를 바탕으로 동북아시아민들의 이동 경로와 경험을 확인하고, 그들이 구축한 융합의 방식을 공유함으로써 동북아 평화와 번영을 위한 대안적 협력방안을 마련하기 위해 노력하고자 한다.

2019년 8월

원광대 HK+동북아다이멘션연구단

조선 함경북도 경성군 어랑면 부산동에서 농사를 짓던 나의 할아버지 리상준(李相俊)과 아버지 리봉윤(李凤允), 어머니 전련옥(全莲玉)은 일본군이 고향땅에 군사창고를 앉히면서 추방하는 통에 1939년 봄 막무가내로 중국 룡정에 이주를 왔다. 그해 나의 아버지께서 개산툰 철도역에 심부름꾼으로 취직하면서 아버지와 어머니는 저의 큰형 리종천(李钟天, 1938년 1월 3일 조선서 출생)을 데리고 개산툰으로 이사하였다. 나는 1944년 12월 29일(음력) 개산툰에서 세째아들로 태어났다. 때문에 나는 가족이주사를 비롯한 조선족이주사에 대해 일찍부터 관심을 가졌었다.

1975년부터 사진을 배우기 시작한 나는 1986년 8월 룡정현문화관 관장을 담당하면서부터 관장이란 행정지도임무를 집행하는 한편 룡정시 안의 중요한 행사와 조선족 력사와 문화에 대한 사진기록을 게으름없이 하여왔다.

1999년 10월 23일부터 3일간, 저명한 중국조선족사진가 황범송(黄范松)선생을 따라 왕청현 하마탕향 신흥촌(지금은 왕청현 대흥구진 신흥촌)에 사진촬영을 갔다. 어르신 40여명을 만나 그들의 이야기를 듣고 사진촬영을 하면서 나는 이 마을은 1935년 음력 3월 조선총독부에서 조선 함경남도의 100호와 강원도의 100호 무릇 1000여명에 달하는 농민들을 당시의 연길현6구 대말리구 남하마탕에 집단이주를 시켜 만든 집단이민부락이였음을 알게 되였다. 그날 오준섭, 송근호 등 17명의 집단이민로인님들이 들려주는

피눈물의 이민사, 개척사, 투쟁사와 창업사에 관한 이야기와 또 그들의 생생한 삶의 모습과 사라져가는 력사흔적들은 나한테 심한 충격을 주었다.

집에 돌아와 그때의 력사기록들을 찾아보았다. 그런데 《롱정현지(龙井县志)》나 《화룡현지(和龙县志)》 엔 "집단이민"이란 글자조차 없었고 안도, 왕청현의 현지와 다른 책들에도 집단이민내용을 실은것이 너무나도 적었다. 나는 즉각 연변대학 력사학자 박창욱(朴昌昱)교수를 찾아 자문하였다. 나의 손을 꼭 잡은 박창욱교수는 "집단이민력사에 대한 조사를 연구기관과 연변대학에서 언녕부터 하려했지만 실천에 옮기지 못하였는데 리관장이 한다면 이는 우리 조선족이주사 가운데의 하나의 공백을 메우는 것으로 될거요. 학술면에서 적극 밀어주겠으니 꼭 성공하기를 바라겠소!"라고 말씀하셨고 그후 한달반만에 력사문헌자료에서 찾은 6페지의 서류와 《길림조선족》이란 책들을 제공하여 주었다.

나는 깊은 사색에 빠졌다. 중국조선족 이주력사 마지막단계 집단이민력사가 기록이 안되고 잊혀지고 있지 않은가? 집단이주민들의 이야기와 생활모습, 문화의 장면을 글과 사진, 영상으로 남기고 값있는 문화재들을 수집하는것은 인류학과 력사학 등 전문단체와 학자, 전문가들의 책임일 뿐아니라 조선족을 관심하고 사랑하는 모든 사람, 더구나 민족자부심이 강한 조선족문학예술인들의 밀어 버릴수 없는 책임이 아니겠는가? 조선이주민 후세이고 문화예술인인 내가 해야할 일이 아닌가? 우리의 력사는 우리가 기록하고 정리하고 홍보하고 지켜가고 이어가야 한다. 중국 56개 소수민족 가운데서 조선족이 이주민족으로 불리고있다. 조선족의 이런 특수성을 담보하고, 자신의 주관적인 측면을 세계적인 보편 타당성으로 끌어올리고 조선족의 민족정신을 고양하는 것은 중화민족의 절개를 빛내고 조선족이 세계민족 가운데서 당당한 자리를 굳히게 하는 우리의 한몫이다. 더우기 집단이민력사가 70여년 되는만큼 그 경력자들을 만날수 있는 기회가 얼마 없기에 경력자들의 생명과 경쟁을 해야한다. 또 사진령역에서 새로운 돌파를 하려고 모지름을 쓰는 나에게 있어서 남들이 하지않는 주제와 형식을 다잡는다면 중국조선족사진력사에서 진정한 의미에서의 다큐멘터리사진의 새 령역을 개척하는 것으로 되지 않을가? 모진 고민끝에 저는 무작정 집단이민력사조사를 하기로 비장한 결심을 내렸다.

이리하여 나는 1999년 10월 23일부터 집단이주민답사에 몰입하였다. 모든 정력을 답사에 투입하기 위해 2000년 12월에 4년 앞당겨 퇴직하였다. 2000년부터 2004년 6월 10일까지 저는 오토바이를 타고 3만 5천여km를 달리고 그후 2010년까지 택시와 승용차를 타고서 2만여km를 달렸다. 10년 남짓한 사이에 나는 연변의 안도현, 왕청현, 도문시, 화룡시, 룡정시, 연길시, 훈춘시 등 7개 현시의 32개 향진, 95개 촌을 답사하고 집단이민력사의 증인, 일본군 강제징병참여자들과 일본군위안부 등 600여 명을 직접 만나 인터뷰를 하고 사진과 비디오촬영을 하였으며 관계되는 증거물들도 소장하였다. 그 사이에 나는 120형 사진필림 1,500여 통을 찍고 100여개 록음띠에 록음을 했고 50여개 테프에 비디오촬영을 했으며 200여 만자 구술자료를 베끼였다. 답사과정에 저는 하루에 수백km를 달려 저녁에 밥술을 놓기가 바쁘게 곯아떨어져도, 폭설로 하여 오토바이와 사람이 넘어진채 몇십미터 미끄러져 갔어도, 환갑년에 불의에 닥친 오토바이 교통사고로 "저승"의 문턱에까지 갔다오면서도 결코 물러서지 않았다.

70년 가까운 파란만장의 세파속에 집단이민부락과 로인님들의 삶에는 천지개벽의 변화가 생겼다. 제가 방문한 로인님들 가운데 이미 결혼을 하고서 집단이주민으로 온 로인은 3명뿐이였고 집단이민2세대도 대부분 타계하였거나 다른 곳으로 옮겨갔기에 그때 사실을 이야기 할만한분들이 얼마 안되었고 력사의 흔적들과 증거물들이 대부분이 없어진 심각한 실태였다.

이런 정황에서 나는 무작정 로인님들한테서 한시간이든 두시간이든 그들이 친히 보고 듣고 겪었다는 이야기들을 진지하게 듣고 기록하고 록음하였으며 그들과 함께 웃기도 하고 울기도 하면서 민족을 낳은 력사를 배우고 삶의 양태와 방법을 터득했으며 그에 따르는 촬영소재도 찾았다.

다큐멘터리사진이 가지고있는 특성인 기록적측면의 객관성을 담보하여 력사적사실들에 대한 증언과 증거로서의 사진을 찍기 위해 저는 최대한 나의 주관이 개입되지 않은 중립적인 립장에서 특별한 광선을 사용하지도 않고, 드라막틱한 장면을 순간 포착하려고도 하지 않고, 일상적이며 기념촬영형식의 시각으로 무덤덤하게 왜곡없이 사실적으로 근접촬영을 하였다.

나는 집단이민 로인들의 외모만을 찍는것이 아니라 이민력사가 어려있는 흔적에서의 로인들의 삶과 일하는 모습, 그를 둘러싼 환경을 촬영했고, 아직도 남아있는 집단이민부락의 흔적과 그들이 조선반도에서 가지고 온 생활, 생산 도구와 옛사진, 일제가 사람을 살해하던 자리와 항일투쟁이 있었던 장소, 로인들이 받은 증서와 메달 등 력사적증거가 되는 모든 것들을 꼼꼼히 부지런하게 기록하였다. 그 사이 나는 로인들에게 수천점의 사진을 무료로 찍어드렸다.

나는 이렇게 찍은 사진밑에 그 인물의 출생지와 이민 온 사연, 그가 들려준 이야기, 력사흔적의 가치를 간추려서 설명문을 달아줌으로 하여 사라져 가고, 잊혀지고, 도외시되는 조선족 특유의 특정된 집단이민력사시기의 사건들을 애써 반영하려 하였다. 하여 조선족의 정체성의 뿌리를 찾고 조선족의 특수성을 담보함으로써 세계적인 보편타당성을 획득하는데 도움이 가도록 최선을 다하였다.

사진은 한때 있었던 그러나 이제 사라져 버릴 것들에 대한 명백한 증거로써 인간이 생명이 유한하다는 운명을 극복하고자 하는 무의식욕망의 산물이다. 한장의 값진 사진은 다른 매체가 대신할 수 없는 많은 내용을 진실하게 기록하고 전달할수 있다. 오늘날의 집단이민 로인들의 삶을 기록하는 것은 현재뿐만 아니라 가까운 과거의 력사와 문화를 읽어내기 위한 일이기도 하다.

나는 로인들과 함께 먹고 자고 함께 일하면서 그들의 피눈물어린 이민사, 개척사, 투쟁사와 창업사를 듣고 록음하였다. 일제의 감언리설에 선조들의 뼈가 묻힌 고향땅을 등지고 두만강을 건너던 눈물겨운 이민이야기, 빙설이 덮인 심산 무인지경의 돗자리 막에서 짐승처럼 살면서 개척의 보습을 박던 개척이야기, 영양실조와 전염병으로 두 집 식구 15명이 일주일 사이에 몰살하던 참사이야기, 잡목과 잡초가 무성한 허허벌판에 논을 개척하여 동북농업구조개변에 특수한 기여를 한 창업이야기, 일제경찰들과 맞서고 항일련군들에게 식량을 날라주던 항일이야기, 계급성분을 나누고 토지를 분배하고 인민정권을 세우던 민주혁명이야기, 결혼한지 3일만에 참군하여 해남도까지 해방하고 또 조선전쟁에 나가 용감히 싸우던 전쟁이야기, 문화대혁명시기에 자기가 심한 피해를 보면서 군중독재조직에 의해 거진 죽어가는 사람 3명이나 구한 문화대혁명이야기, 1981년도에 안도현에서 제일 처음으로 가정도거리 농업생산책임제를 실시하던 개혁이야기.………

이를 통해 나는 우리 민족 선배들의 그 어떤 환경속에서도 꿋꿋이 살아가는 강인한 생명력, 그 어떤 애로나 좌절도 기어코 뚫고 나가는 막강한 저력, 나라와 민족의 리익을 위하여 살신성인하는 드높은 희생정신, 슬기롭게 생활과 생산의 기적을 만드는 위대한 창조정신, 반만년의 민족문화를 바탕으로 연변 땅에서 지켜오고 발전시키는 특색있는 조선족문화가 바로 조선족의 정신기둥과 넋임을 터득하게 되었다. 그러면서 나 자신이 자기민족과 민족력사에 대해 너무나 무지하고 민족사명감과 사회책임감이 너무나도 빈약하며 분투정신, 헌신정신, 창조정신이 천만 부족함을 반성하였다. 하여 선배들의 정신으로 자아수양을 강화해 나라와 민족에 충성하며 고도의 사회책임감과 민족사명감으로 집단이민답사를 추진할 것을 다지였던것이다. 나는 선배님들을 예술생명의 어머니로 삼고 그들과의 혈육적인 련계를 맺는것을 자아수양을 잘하고 답사를 잘하는 원칙으로 삼았다.

쉽게 생각하고 시작한 답사였는데 결코 빠지고보니 답사비용이 만만치 않았다. 장비구입을 제외하고도 해마다 근 10,000원에 가까운 비용이 들었는데 로임을 탕진하다시피 해도 안되였다. 정부기관이나 단체에서도 한푼의 지원이 없는 자발적인 답사였기에 모든 경비는 자체로 해결해야 하였다. 그래도 무던한 나의 안해 황신옥(黄信玉)은 군소리 한마디 없이 생활비를 최대한 줄이고 보따리장사, 남의 삯일을 하면서도 나의 뒤바라질에 최선을 다 하였다. 일본에 있는 아들과 딸, 사위가 고급사진기, 록음기, 비디오카메라와 오토바이 등을 사주었고 아빠트까지 마련해 줬으며 작업비용도 보태주었다. ……

지난 10여년간 선배님들의 넋을 찾아 수천수만리를 달리던 그때를 돌이켜보면 정말로 감개무량하다. 그 사이에 나는 집단이민력사자료를 수집, 정리할수 있어 연변과 연변조선족의 이주사 가운데의 집단이민시기구술재료가 없던 공백을 메울수 있는것으로 자호감을 느낀다. 물론 이도 아주 중요한 성과이다. 그러나 그보다 더 크고 중요한 성과라면 이 과정에서 나는 로인들께서 력사와 민족을 배우고 그들의 민족정신과 시대정신을 배우고 조선민족의 넋을 알게 됨으로 그것으로 자신의 정감을 려과하고 사상을 정화하고 정신을 승화시키며 령혼을 세척할수 있은 그것이다. 이로하여 지속적으로 연변집단이민자료를 발굴, 정리를 할수 있을 뿐 아니라 연변과 조선족을 위한 사업이라면 제가 할수있는만큼은 계속 지칠줄 모르게 구준히 기록하고 정리할수 있는 정신적원동력을 확보할수 있게 된 그것이다.

10여년간 추진한 집단이민답사에서 내가 만난 전라북도에서 오신 집단이주민은 모두 31명 된다. 1937년부터 1945년 봄 사이, 한국 전라북도에서 오신 집단이주민들은 주로 동북 집단이민중심현이였던 안도현에 집중되였고 왕청현에도 일부 배치되였다. 전라북도에서 오신 집단이민 총수자나 지역에 대해 저로서는 전면적으로 장악하지 못하였다. 내가 만나본 전라북도 집단이민 명단은 다음과 같다.

왕청현지역 전라북도 집단이주민 명단

이름	출생년대와 출생한 곳	이주년도와 부락 이름
왕청현 배초구진 방초툰		
정금인(鄭今仁)	1931년 8월 전북 김제군 백산면	1939년 왕청현 목단지툰
정중원(鄭仲元)	정금인 동생	1939년 왕청현 목단지툰
왕청현 배초구진		
고을곤(高乙坤)		1922년 2월 25일 한국 전라북도 김제군 백산면 석교리
부친 고부영(高富荣) 1939년 왕청현 목단지 집단이민. 고을곤은 1944년 아버지를 찾아 왕청현 방초툰집단이민부락으로 옴.		

안도현지역 전라북도 집단이주민 명단

이름	출생년대와 출생한 곳	이주년도와 부락 이름
안도현 송강진 남도툰		
리옥룡(李玉龙)	1936년 전북 전주군 삼감리 출생	1939년 3월 안도현 남도툰
류영동(柳瑛东)	1933년 전북 남원군 백악면	1939년 3월 안도현 한흥툰
최기홍(崔基弘)	1921년 전북 진한군 북구면	1939년 3월 안도현 남도툰
김기환(金基焕)	1928년 전북 곡성군	1942년 안도현 량강구
박복순(朴福顺)	1930년 1월 전북 전주군	1938년 안도현 무주툰
정주문(郑注文)	1934년 봄 전북 무주군 무주읍	1938년 안도현 무주툰
정해련(郑海连)	1927년 2월 전북 무주군 부남면	1939년 안도현 남도툰
안도현 송강진 북도툰		
량재정(梁在丁)	1934년 9월 전북 완주군 화전리	1938년 안도현 북도툰
정다남(郑多男)	1929년 6월 전북 남원군 곡성면	1938년 2월 안도현 북도툰
로병택(卢秉泽)	1935년 11월 전북 남원군 주천면	1939년 안도현 흥룡하툰
류문근(柳文根)	전북 남원군	자유이민
강룡수(姜龙洙)	전북 남원군	1939년 안도현 한흥툰
안도현 송강진 송화툰		
리정순(李贞顺)	1934년 8월 전북 거창군	1938년 안도현 전북툰
현귀동(玄贵童)	1936년 3월 전북 금산군 진산면	1938년 안도현 양초툰
박순희(朴顺姬)	1940년 8월 전북 금산군 매일봉	부모 1938년 안도현 양초툰
안도현 만보진 금화툰		
강안순(姜安顺)	1935년 전북 임실군 임실면	1937년 봄 안도현 장수툰
박룡구(朴龙求)	1930년 1월 전북 부암군 백성면	1938년 2월 안도현 전북툰
안도현 만보진 공영툰		
류영석(刘永锡)	1924년 4월 전북 익산군 오산면	1939년 안도현 강남툰
조점순(曹占顺)	1933년 전북 고창군 아산면	1938년 안도현 강남툰
조복수(曹福洙)	1936년 3월 전북 고창군 아산면	1938년 안도현 강남툰
안도현 만보진 신흥툰		
박련주(朴莲珠)	1933년 7월 전북 임실군 함박골	1938년 화룡현 광평툰
김옥자(金玉子)	1931년 6월 전북 김제군 룡지면	1937년 안도현 대흥툰
안도현 만보진 금광툰		
박차순(朴次顺)	1937년 1월 전북 정읍군 정문안면	1938년 안도현 정읍툰
안도현 영경향 조양툰		
조정숙(赵贞淑)	1928년 전북 솜리	1942년 안도현 전북툰
안도현 영경향 고성툰		
김양금(金阳今)	1916년 전북 임실군 강질면	1945년 안도현 전북툰
안도현 량강진 강남툰		
문금순(文今顺)	1932년 전북	안도현 전북툰
안도현 소사하향 무주툰		
김량순(金良顺)	1928년 11월 전북 김대군 죽산면	1938년 안도현 무주툰
안도현 소사하향 양초툰		
김산월(金山月)	1935년 6월 전북 금산군 내면리	1939년 안도현 안산툰

상술한 31명은 내가 만나본 전라북도에서 오신 집단이민들이다. 그러나 내가 만나지 못한 전라북도 집단이민들이 얼마인지를 저로서는 밝힐수 없다. 전라북도에서 연변에 집단이민을 오신 정황을 밝히기 위하여 저는 본 책에서 그젯날 그들이 집단이민을 왔던 안도현과 왕청현으로 나누어 답사한 지역, 각 집단이민부락마다를 단위로 그 이야기와 사진들을 정리했다. 이야기진실성을 담보하려고 이미 채록했던 록음에 따라 꾸미거나 더도 덜지도 않고 사투리 그대로 정리하기에 힘썼고 글의 내용과 배합하여 촬영하였거나 수집한 사진들을 고르고 그에 따른 사진설명문을 붙이였다. 그리고 31명 외 전북집단이민부락에서 함께 지냈던 일부 로인들의 이야기도 정리함으로써 전북집단이민력사를 리해하는데 도움을 주려고도 하였다. 그리고 로인들의 리해능력과 기억력의 제한 등 여러 가지 여건으로 하여 들려준 이야기가 문헌자료나 력사책의 기록과 모순이 생길 때엔 그대로 적으면서 력사책의 기록을 알려주기도 했다.

나의 사상인식과 사유능력의 제한, 력사지식의 결핍, 글쓰기재간과 경험의 부족, 참고자료의 제한 등으로 하여 이 책을 묶으면서 주제나 내용, 표현방식 등 여러 면에 오유나 결점이 있으리라 생각하면서 독자들의 지도와 비평이 있기를 진심으로 바라는바이다.

나의 답사기간에 수백명에 달하는 로인들이 눈물을 휘뿌리면서 무엇보다도 귀중한 흘러 간 력사이야기를 들려주었고 또 그 이야기가 책으로 출판되기를 손꼽아 기다리기도 하셨다. 그런데 여러가지 여건으로 이제야 이 책이 출판되어 작고한 로인님들의 소원을 풀어드리지 못하였으므로 나는 더 없는 죄책감과 미안함을 감출수 없다. 이제 늦게라도 그들의 령전에 이 책을 고이고이 바친다.

나는 나의 작업을 지도하신 박창욱, 천수산, 손춘일 등 력사학자님들과 작고한 김경련(金京连) 연변문련주석, 그리고 초기답사를 함께 하시면서 안목도 틔워주고 여러 면으로 도와주신 황범송선배님과 한국의 강위원교수님, 나와 동고동락을 하고 함께 작업을 하면서 물심 양면으로 많은 도움을 준 차광범(车光范), 손룡문(孙龙文) 등 여러 사진동호인들, 나의 작업을 일심으로 지켜봐주고 뒤바라질을 한 사랑하는 안해 황신옥과 늘 뒤심이 되여 정신적, 경제적후원을 준 사랑하는 아들과 딸, 형제들한테도 고맙다는 인사를 드리고 또 이 책을 올린다.

구술조사자 이광평

발간사

머리글

해제 만주지역 전북인 이주 1세대 구술자료 해제 – 고난의 이주, 고통의 정착, 회환의 귀환 –

제1부 안도현지역 전라북도 집단이민 인터뷰 기행

제2부 왕청현지역 전라북도 집단이민 인터뷰 기행

만주지역 전북인 이주 1세대 구술자료 해제
– 고난의 이주, 고통의 정착, 회환의 귀환 –

김주용 | 원광대 HK+ 동북아다이멘션연구단 교수

1. 총론

1) 이주란

　전 세계 한민족(조선)의 이름으로 살아가고 있는 사람은 700여만 명이다. 중국지역에 거주하는 이들의 대부분은 대한제국기, 일제강점기를 거쳐 형성된 이주자들이다. 1992년 한중수교 이후 형성된 이주사회 역시 무시하지 못할 정도의 이주공동체로 성장하였다. 이주는 모국을 벗어나 새로운 삶의 무대를 찾아 그곳에 정착 생활하는 것을 일컫는다. 한인의 만주 이주에 대해 일부 일본 학자는 조선 내의 발달된 자본주의에 대한 부적응에 기인한다고 보았다. 물론 오늘날의 시각으로 이주 또는 이민은 새로운 사회에 대한 동경과 모국에 대한 복잡한 심정의 표출이라고 할 수 있다. "진정한 사회란 개인 또는 사회적인 행동의 범위 내에서 선과 악, 옳고 그름에 대한 공통의 도덕적 지식을 기반으로 하는 사회이다"라는 사회학자 로버트 N. 벨라의 말을 군이 인용하지 않더라도 일제강점기 만주는 선과 악의 경계를 넘어선지 오래였다. 군벌의 할거, 열강들의 사냥터 등 만주지역은 한인에게는 새로운 이주지였지만, 그곳에서 새 것을 바라는 것은 어쩌면 더 고단한 삶의 연속이라는 것 뿐일지도 모른다.

2) 만주로의 이주

오늘날 중국 동북지방(만주)에 거주하는 조선족의 원형은 불과 100여년 전에 형성되었다고 할 수 있다. 만주지역으로의 한인 이주는 19세기말부터 1945년 해방전까지 몇 가지 이주형태로 나타났다. 한인 이주 초기는 개인의 자유의지에 의해 결정되었으나, 1910년 한일병합을 계기로 정치적인 망명 등이 더해져서 그 수는 급속하게 증가하였다. 이러한 만주지역 한인이주사는 '만주사변'을 기점으로 구분된다. 즉 자율과 통제의 경계선으로 만주사변이 작용하였던 것이다. 만주사변 이전 한인 이주는 식민지 조선이라는 외연에 더 큰 비중을 두었고 개인 이주가 대부분이었지만, '만주사변'을 기점으로 한인 이주의 패턴은 개인이주와 집단이주가 혼합된 형태로 진행되었다.

만주사변 이듬해 세워진 만주국을 통해 일제는 안정적인 식량수급과 체제 안정이라는 두 마리 토끼를 잡으려고 농촌 사회 재편에 주력하였다. 그 결과물이 안전농촌과 집단부락의 설치라고 할 수 있다. '만주사변'은 그동안 잠재되어 있던 일제의 침략 정책이 수면으로 등장한 것이며 이로 말미암아 이주한인 문제는 새로운 국면을 맞이하게 된다. 이 때 새로운 형태로 등장한 한인문제에 대해 일제로서는 한인의 효용가치에 중점을 두면서 정책을 결정하게 되었다.

오늘날 중국의 '동북공정'으로 초미의 관심지역으로 주목받고 있는 만주는 20세기 초 러시아·일본을 비롯한 열강들의 파워게임의 무대였다.[1] 이렇게 열강들이 강렬하게 추파를 던진 만

---

1 러시아로의 한인 이주는 러시아의 동진과 함께 진행되었다고 할 수 있다. 러시아가 연해주 지방을 차지한 것은 1860년 북경조약의 대가에 기인한다. 전통적으로 남하정책을 펼치던 러시아는 1856년 크리미안 전투를 계기로 유럽에서의 남하정책을 중단하고 시베리아를 통한 동으로의 남하정책을 실행한다. 현재 연해주 지방은 이러한 결과물이다. 조선왕조의 국경선이 중국에서 이제는 러시아와 맞대는 지경에 이른 것이다. 러시아와 국경을 맞대면서 여러 가지 문제가 발생하였지만 불행하게도 조선정부는 이를 해결할 능력을 보여주지 못했다. 연해주지역에 한인이주에 대한 러시아의 공식문서는 1863년에 레자노프라는 중위의 보고서가 최초이다. 당시 러시아는 연해주지역에 대한 이주정책에 적극적이었다. 중국으로부터 얻은 광활한 대지를 개척해야할 인적자원이 절실히 필요하였다. 러시아는 연해주에 머물지 않고 동쪽으로의 진출을 보다 확고하게 추진하기 위한 방책을

주는 풍부한 지하자원을 비롯한 드넓은 경작지와 산림자원이 산재해 있었지만 19세기까지 봉금정책을 실시하였기 때문에 마치 무주공산과 같았다.

한인이 만주에 이주하게 된 원인은 크게 두 가지로 나눌 수 있다. 첫째, 초기 이주는 국내 문제, 즉 중앙정부의 무능과 부패에 따른 생활의 곤궁에서 탈출하기 위해서였다. 다른 한편으로는 당시 세계의 주도권을 장악하고 자본을 무기로 한 제국주의 국가들이 세력확장을 위해 약소국을 植民地化하는 데서 오는 박탈감과 착취에서 탈출하려는 데 그 원인이 있었다. 특히 후자의 경우처럼 일제의 조선 침탈은 만주로의 한인이주를 더욱 가속화시켰다.[2]

만주로의 한인 이주는 중국 관내의 漢人 이주와 맞물려 이곳의 지역구조에 큰 영향을 미쳤다. 예컨대 오늘날 연변지역으로의 韓人 이주는 중국 중앙정부에서 지방 관청을 설치할 정도로 매우 민감한 문제로 떠올랐다. 이처럼 한반도에서 이주한인의 물결이 거세질수록 중국 중앙정부와 지방정권은 한인을 어떻게 통제하고 이용할 것인가에 대하여 고민하였다. 물론 이러한 고민은 일제의 암묵적 협력 내지 통제를 통해서도 나타났다. 1910년대 한인이주 물결은 만주지역 구조를 점차 바꾸기 시작하였다. 이는 거주지의 지역적 특성뿐만 아니라 경제상황 역시 변화시켰다. 이른바 서간도와 북간도로 대표되는 한인 거주지는 1920년대를 지나면서 북만주까지 빠르게 확대되었으며 1930년대 만주국 성립 이후 일제에 의하여 '안전농촌'·'집단부락'창정 계획이 실행되면서 새로운 형태의 거주지가 계속 탄생되었다.

한인의 만주이주는 크게 자율기, 방임기, 통제기로 구분할 수 있다. 1860년대 함경도지방의

마련하였다. 바로 시베리아 철도의 부설이 그것이다. 1891년 2월 러시아 정부는 모스크바와 블라디보스톡을 직접 연결하는 시베리아 횡단철도 부설계획을 승인함으로써 중앙러시아에서 극독으로 대규모 병력을 이동시킬 수 있는 효율적인 수단을 갖게 되었다. 1892년 말부터 본격화된 시베리아 횡단철도 부설공사는 신속하게 진행되었으며, 연평균 590km를 시공하여 1895년에는 1500km에 이르렀다. 이렇듯 러시아는 청국의 세력약화 및 열강들과의 협력(?) 속에서 빠르게 동진하였다. 1860년대부터 본격적인 한인이주는 1883년 그 숫자가 7천여명에 이를만큼 급속하게 진행되고 있었다. 1890년대까지 한인이주는 대부분 경제적인 문제를 해결하기 위해 진행되었다.

2 天野原之助는 이주의 주된 원인을 조선 내의 발달된 자본주의에 대한 한인의 부적응으로 파악하였다(『間島に於ける朝鮮人問題に就いて』, 中日文化協會, 1931, 9쪽). 그러나 이는 강제적인 경제체제의 이식적 수탈을 미화한 것이라고 생각된다.

큰 가뭄으로 만주이주는 본격화되었다. 물론 그 전에도 농사를 짓기 위해 압록강과 두만강을 수시로 건너는 경우도 있었지만 거주와 정착을 위한 이주는 1860년 후반부터이다. 이 시기에 여러 해 동안 기근과 흉작에 허덕이던 함경도 농민들은 두만강을 넘어 북간도에 정착하여 황무지를 개간하기 시작하였다. 같은 방식으로 평안도 지역 한인들은 압록강을 넘어 서간도에 정착하였다. 한인 이주수가 폭발적으로 증가하자 청국 정부는 만주를 효율적으로 관리하기 위해 1887년 훈춘에 초간국을 설치하였다. 1880년 조선정부와 청국정부는 한인 이주를 적극적으로 추진하기 위해 월강금지정책을 폐지하였다. 만주에 이주한 한인들은 농업과 삼림 채벌에 종사하였다. 한인들이 중국인 보다 비교우위에 있었던 것은 수전농법을 실시하였다는 데 있다. 오늘날 만주 지역에 벼농사는 한인의 손에 의해서 시작되었다.

한인이주가 급속하게 증가하자 청국 정부는 산동성 등 관내 한족들의 대규모 이주를 추진하였다. 이들은 한인들 보다 상대적인 특권을 갖고 있었다. 한족 농민들에게는 우선적으로 토지가 주어졌으며, 지방 정부의 보호를 받았다. 이에 반해 한인들은 청국 법령에 종속할 때 토지소유권이 부여되었다. 즉 치발역복해야지만 토지소유권을 획득할 수 있었다. 그럼에도 불구하고 한인 이주 물결은 계속되었다. 1903년 7월 한반도의 북부와 간도지방을 탐방한 러시아 관리 코자코프(Kozakov)의 증언에 의하면 화룡과 용정에는 대부분 한인들이 거주하고 있었으며, 한인들이 미개척지를 개간한 선구자였다고 하였다. 이처럼 한인들은 용정을 중심으로 정착하였으며, 연길, 화룡, 훈춘으로 그 지역을 넓혀 나갔다. 1910년 일제의 강제 병탄까지 만주지역 한인 이주수는 약 20만명 이상을 보이고 있다.

만주는 열강들에게는 마지막 자원의 보고이자 거대한 '먹잇감'이었다. 그 첫 번째 야욕은 러시아에게서 나타났다. 시베리아 철도의 부설과 의화단 난을 계기로한 동청철도의 부설은 그 좋은 예이다. 특히 여순과 대련을 비롯한 요동반도의 조차는 러시아의 숙원사업인 부동항의 획득이란 측면에서 괄목할 만한 외교적 성과였다. 두 번째는 일본의 움직임이다. 일제는 청일전쟁의 승리로 요동반도를 획득하지만 삼국개입을 통해서 러시아에게 그 권익을 양보하였다. 그 뒤 러일전쟁의 승리는 만주에 대한 일제의 침략의 교두보가 세워지는 순간이었다. 일본의 만주침략은 서로는 요동반도의 끝 여순과 대련을 위시한 관동주에서, 동으로는 간도지역에서 시작되었다. 1906년 남만주철도주식회사를 설립한 일제는 만주지역에 대한 본격적인 조사를 실시하였으며, 1907년에는 한인이 많이 거주하는 간도지역에 통감부파출소를 설치하였다. 을사늑약을 계기로 완전한 외교권을 장악한 일제는 간도지역 한인을 보호한다는 명목으로 통감부 간도파출소를 설치하였는 데 그 실질적인 목적은 조사와 한인 감시에 있었다. 즉 1907년 이토 히로부미는 국경확정과 한인 이주자들의 지위를 결정한다는 명목으로 사이토를 간도에 파견하여 청국 지방 정부와 이 문제의 논의를 위임하였다. 사이토는 여기에서 중국의 간도 영유권 포기를 요구하였지만 청국 관리들은 이를 수용하지 않았다. 이러한 국경분쟁은 타협을 보지 못하고, 결국 '간도협약' 타결되었다. 1909년 9월 4일 체결된 간도협약은 대한제국정부로부터 외교권을 박탈해 간 일제가 대한제국과 청국간의 현안문제였던 간도문제를 만주 침략정책의 일환으로 이용한 대표적인 사례에 해당한다. 이 협약을 통하여 일제는 요동지방의 철도부설권, 광산채굴권을 청으로부터 양보받았고, 그 대가로 두만강과 압록강을 국경으로 삼는다는 청국의 요구를 들어 주었다. 즉 청국은 자신들의 종주권에 대해 일본으로부터 무조건적 인정을 얻은 대신, 일본에게는 중국 내 한인과 관련된 일련의 법적 문제 해결에 참여할 수 있는 기회를 제공하였다. 중국과 일본 사이의 임시적인 합의는 기본적으로 양측의 탐욕스런 이득만을 반영했을 뿐 실질적으로 한인 이주자에 대한 문제 해결을 보이지 않았다. 만주지역의 한인 이주 문제는 이후 여기에서 자유롭지 못하였다.

　　1910년 일제의 대한제국 강점은 한인 이주에도 큰 영향을 미쳤다. 강제 병탄 이전 만주지역 한인 이주는 대부분 함경도와 평안도인들이었다. 원인도 경제적 문제가 절대적이었다. 하지만 경술국치를 계기로 해서는 정치적인 망명도 눈에 띠게 증가하였다. 일제의 토지수탈이 가속화되면서 토지에서 유리된 농민은 남부여대하여 가까운 만주로의 이주를 재촉할 수밖에 없었다. 북간도와 서간도지역으로 더많은 한인들이 이주 정착하였으며, 1920년대부터는 남부지방의 주민들은 북간도에서 훨씬 먼 지방으로 이주하였다. 수전 경작에 능한 남부지방 농민들의 이주는 초기 한인 이주민에 의해 시작되었던 만주지역 수전 경작을 더욱 발전시키는 계기가 되었다. 한편으로 한인이주의 증가는 독립운동의 인적, 물적 토대가 확충됨을 의미하기도 한다.

3) 집단이주의 서막

일제강점기 한인의 만주 이주는 중국 정부와 일본 정부의 대립으로 선의의 피해를 보는 매우 불리한 환경 속에서 이루어졌다. 일제가 한인을 신민으로 보호한다고 하면서 그들을 이용하여 토지를 구입하는 등 한인을 이용하여 그들의 세력을 확장하는 데 치중하였다. 중국 지방 정부의 한인 구축정책과 중국인들의 한인에 대한 인식 즉 일본의 주구라는 부정적 인식이 확산되기도 하였다. 1930년 발생한 만보산 사건은 중일 양국 정부 사이에 끼여서 피해를 보던 한인 농민의 입장을 상징적으로 나타낸 사건이다.

1931년 만주사변(9.18)으로 그 이듬해 만주국을 건립한 일제는 한인 이주정책을 적극적으로 실시하였다. 안전농촌과 집단부락이 그 좋은 예이다. 한인 이주는 이 시기 이후 집단 이주로 특징 지울 수 있다. 일제는 일본 국내의 과잉인구 문제를 해결하고 만주지역을 개척하기 위해 일본인 이민정책을 본격적으로 추진하였다. 무장이민, 청소년의용단 등 일본인 집단 이민정책이 실시되었지만 그 효과가 크지 않았다. 특히 만주국에서 '자랑스럽게' 계획하고 실시했던 100만호 일본인 계획은 실패로 돌아갔다. 이에 반해 한반도 남부에 거주하던 농민들을 선만척식회사라는 알선업체를 통하여 집단적으로 이주하기 시작하였다. 1930년대초 약 100만명의 한인 이주자는 1945년 해방 당시 220만명 정도였다. 약 10년간 강제 이주된 한인이주자를 역설적으로 보여주고 있다. 이들 이주자는 대부분 흑룡강성 남부와 북부에 집중되었으며, 현재도 이들의 삶의 흔적을 쉽게 찾을 수 있다.

2. 전라북도 이주민의 삶과 회상

1) 구술자

만주라는 공간이 타민족, 타국인들에게는 도피처이자 구원의 공간이기도 했지만 한인들에게는 침략의 광풍 속에서 살아남고자 했던 공간이자 나라를 찾기 위한 인적 자원의 공급지였던 것이다.

구술자의 고향은 전라북도 전역에 걸쳐 있다. 안도현 송강진 남도툰의 경우 전주, 남원, 진안,

무준 등이며, 북도툰은 완주, 남원이었다. 송강진 송화툰의 경우 고창, 금산이며, 임실, 부안, 익산, 김제, 정읍, 등이었다.

구술자 가운데 나이가 가장 많은 사람은 1916년생이며 가장 어린 사람은 1940년생이다.

순번	이름	출생년도	출생지	이주년도	이주지	현재
1	이옥룡	1936	전주	1939	안도현 남도툰	
2	유영동	1933	남원	1939	안도현 한흥툰	
3	최기홍	1921	진안	1939	안도현 남도툰	
4	김기환	1928	곡성	1942	안도현 량강구	전남 곡성을 전북으로 착각
5	박복순	1930	전주	1930	안도현 무주툰	
6	정주문	1934	무주	1938	안도현 무주툰	
7	정해련	1927	무주	1939	안도현 남도툰	
8	양재정	1934	완주	1938	안도현 북도툰	
9	정다남	1929	남원	1938	안도현 북도툰	
10	노병택	1935	남원	1939	안도현 흥룡툰	
11	유문근		남원			안도현 북도툰
12	강룡수		남원	1939	안도현 한흥툰	
13	이정순	1934	고창	1938	안도현 전북툰	*구술 원문에는 거창으로 오기
14	현귀동	1936	금산	1938	안도현 양초툰	
15	박순희	1940	금산	1938	안도현 양초툰	구술자중 나이가 가장 어림
16	강안순	1935	임실	1937	안도현 장수툰	
17	박용구	1930	부안	1938	안도현 전북툰	*구술 원문에는 부암으로 오기
18	유영석	1924	익산	1939	안도현 강남툰	
19	조점순	1933	고창	1938	안도현 강남툰	
20	조복수	1936	고창	1938	안도현 강남툰	
21	박연주	1933	임실	1938	화룡현 광평툰	
22	김옥자	1931	김제	1937	안도현 대흥툰	
23	박차순	1927	정읍	1938	안도현 정읍툰	

24	조정숙	1928	이리	1938	안도현 전북툰	
25	김양금	1916	임실	1945	안도현 전북툰	구술자 중 최고령
26	문금순	1932			안도현 전북툰	
27	김양순	1928	김제	1938	안도현 무주툰	
28	김산월	1935	금산	1939	안도현 안산툰	
29	정금인	1931	김제	1939	왕청현 목단지촌	
30	정중원		김제	1939	왕청현 목단지촌	
31	고을곤	1922	김제	1944	왕청현 방초툰	
	남주일	1924	충주	1939	안도현 서남촌	충북 출신
	신현만	1933	부여	1944	안도현 강남툰	충남 출신

2) 구술의 내용

(1) 토성 쌓기

전라북도 출신의 이주 1세대 구술자료를 확보한 것은 쉽지 않은 일이었다. 이미 고인이 된 사람이 대부분이었으며, 한중수교 이후에나 가능한 일이었기 때문이다. 이민사를 규명하는 데 가장 중요한 것은 공식적인 문건의 확보이겠지만 구술자료는 그 이면사를 메꾸는 데 아주 귀한 자료이다. 이 구술 자료는 대체로 정착 초기 모습과 생활실태, 항일무장세력과의 관계, 해방 후 귀환 상황 등으로 나누어 볼 수 있다. 먼저 정착 초기에 교통편과 휴대용 물건 등이 자세하게 묘사되어 있다.

정착 초기 모습은 1927년생 무주 출신의 정해련의 구술 자료가 비교적 자세하다. 정해련의 구술에서 토성쌓기는 초기 이주민들의 정착생활의 고단함이 그대로 묻어나고 있음을 알 수 있다.

"토성부터 쌓았어, 만척의 사람이 우리 부락에 주둔하고 있으면서 먼저 남녀로소를 동원하여 토성쌓기부터 하였소. 만척에서는 우리들을 일을 시키기 위해 량식도 좀 주고 소도 내주고 소수레도 내주었소. 그런데 이런 모든 것들을 빚으로 매기고 앞으로 갚으라 하지 않겠소?. 토성쌓기를 하기 위해 만척에서는 모든 세대주들더러 부락을 세울 남도툰에 가리고야를 치고 그곳에서 자고 먹게 하면서 밤낮으로 일하게 하였고 여자와 아이들은 북도툰에서 걸어나니면서 일하게 하였소. 만척에서는 1, 2, 3.....9반까지 토성쌓기 임무를 떼어주었고 어느 반이 먼저 쌓으면 장려를 준다고 하였소(중략) 토성은 굉장히 컸소. 토성의 동서와 남북의 길이가 약 100m씩 되고 높이는 약 4m 되었지. 그리고 토성 동쪽과 북쪽 가운데 큰 대문을 내고 토성 네 귀에 보초막을 만들었소. 우리 8반에서는 남보다 먼저 자기 임무를 끝내고 다른 반을 도와주었다오. 하여 전 부락의 토성쌓기는 1940년 4월 중순에 완료되었소.

이주자들의 토성쌓기는 초기 정착하는 데 필수적인 주거 안정이라는 측면에서는 가장 중요한 사업이었다. 위 구술자 정해련의 부친은 토성쌓기가 완성된 이후 사망하였을 만큼 노동량이 엄청 났던 것 같다. 박용구(1930년생)가 기억하는 토성쌓기의 기억은 다음과 같다.

우리는 전북툰에 온 다음 집도 짓고 토성도 쌓았소. 아마 토성 밑너비가 한 2m, 토성꼭대기 너비는 한 1m, 토성높이가 한 3m가 될 거요. 그 때 어른들은 쪽지게로 떼짱을 날라다 토성을 쌓았소. 그런데 토성을 쌓는데 비적이 들어오지 않았겠소. 그 비적이 바로 김일성 부대인 임참모가 거느리는 항일련군이지. 우리는 림참모를 직접 보았소.

이처럼 토성과 항일연군의 인연을 기억하는 경우도 있었다. 익산출신 유역석(1924년생)의 토성쌓기도 항일연군(비적)과 경찰의 기억이 강했다.

그리고는 토성쌓기를 하였소. 비적들이 들어온다고 토성을 쌓는 다지. 토성을 3m 높이로 올리 쌓고 대문은 동쪽 토성 가운데다 하나만 냈으며, 토성의 네귀에 포대를 짓고 자위단들이 경비를 서게 했어. 우리 형님도 자위단이어서 늘 보초를 섰소. 마을안에 집을 약 50호를 지었댔소. 그런데 이민들은 오지마자 다른 곳으로 도망은 못 가겠더군. 돈 한푼도 없지. 먹을 것이 없지. 또 만척과 경찰들이 눈에 쌍불을 켜고 감독하거든.

이주민들에게 토성은 자신들을 방어할 요새 건설의 상징이라고 여겼던 것 같다. 토성보다 더 중요한 것은 자신들이 거주할 주택이었지만 후순위였다. 토성을 쌓은 후 본격적인 집짓기가 시작되었다. 만척에서는 수수나 좁쌀을 배급하였다.

(2) 경작지 조성과 수탈의 경험

만척에서는 토성을 쌓게 하고 집을 지으면서 밭과 수전을 함께 일구게 했다. 밭은 한족들에게 노임을 주고 일구게 하였으며, 수전은 보뚝을 만들어 물을 끌어 농사를 지었다. 정해련의 구술을 보면 다음과 같다.

토성을 다 쌓고 집도 짓고 또 밭농사도 하게 되자 만척에선 세 번째 해엔 논풀기를 하게 했소. 그러자면 보뚝을 만들어 몇 천미터 밖으로부터 강물을 끌어 들여야 했다오. 만천에서는 수리전문 일군을 데려다 보뚝 자리를 측량했고 반장이 책임지고 일을 하게 했다오. 만약 그 어느 집에서든지 연고 없이 안 나오기만 하면 경찰들이 찾아가 욕설을 퍼붓거나 호되게 때려 주기도 했단 말이요. (중략) 만척에서는 일본에서 수입한 벼 종자를 대어주었다오. 논농사 경험이 있는 남도툰 농민들은 정성 다해 논농사를 하였다오. 이 부락 사람들은 21세기 들어선 오늘날도 그 논판 이름을 1호논, 2호논 등 그대로 부르고 있소. 만척에서는 첫 2년은 식량을 조금씩 대주고 토지세 등 세금은 안 받았지만 1941년부터 자급자족하라면서 식량을 배급주지 않았고, 토지세 등 세금으로 논농사 총소출량의 70%를 무작정 받아갔다오. 그 때 농사가 아무리 잘 되어도 많은 집들에서 배를 곯았는데 흉년만 들면 배고픈 고생을 얼마나 하였던지 말이 아니었다오.

이주민들에게 정착 자금으로 주어야 할 비용은 제대로 전달되지 않은 것 같다. 특히 만주지역 입주자들은 낯선 환경에서 정착해야 하는 어려움이 있었지만 이를 제대로 반영하였다고 보기는 어렵다. 일제가 자신들을 이용하여 집단 이민의 우월성을 선전하였다는 것도 뒤늦게 알았다고 했다.

우리가 왔던 대흥툰 집단 이민들에게는 집마다 소 한 마리에 수레 하나씩 주었습니다. 일본 사람들은 민족 모순을 만들기 위해서 일본 사람들은 일등국민이라고 하고 조선이주민들을 2등 국민이라 하고 한족 등 다른 민족사람들은 3등 국민이라고하면서 일등국민에게는 입쌀을 주고 2등 국민에게는 좁싸을 주고 3등 국민에게는 수수와 옥수수쌀만 주었습니다. 우리도 처음엔 통옥수를 먹을 줄 몰라 알을 까서 닦아 먹지 않으면 맨 물에 넣고 삶아 먹었습니다(중략) 그제야 우리 이민들은 만척회사에서 이민들에게 내준 모든 것들을 값을 쳐서 빚으로 매겼고 그 빚을 꼭 받아간다는 걸 알게 되었지. 그러니 이전의 선전은 모두 우리 이민들을 기편하는 새빨간 거짓말이 아니겠소. 우리 이민들은 분통이 터져도 초과 권세를 가진 일본사람들 앞에서 무슨 시비 도리를 따진단 말이요.

일제가 만주국 성립 이후 추진했던 한인(조선인) 집단 이민의 실체는 저비용 고효율의 농업생산력의 확보였다. 그 중심에는 만척이 있었으며, 한인들은 지역마다 편차는 있지만 토지에 긴박된 채 대량의 농업 생산의 쉬지 않는 전사가 되어야만 하였다.[3]

(3) 위생문제와 삶

이주 한인들의 휴대품 가운데 대표적인 것들은 맷돌, 함지, 지게, 항아리 등을 들 수 있다. 이주 첫해의 고단한 삶 즉 배고픔과의 사투를 벌이면서 생존을 이어가지만 위생상태는 열악하였다. 남원 출신 정다남(1929년생)의 구술이다.

외할아버지는 글이 많아 고향서 선생질을 하였는데 이곳에서 앓아 사망했어요. 약도 못 썼지요. 병원에 가고 약을 사려면 송강에 가야지요. 피찡이라는 병에 걸렸어요. 지금 말하면 이질과 같은 병이지요. 그래서 많이 죽었어요. 한집에서 3~4명씩 죽어나갔지요. 우리 부락엔 전 가족이 몰살한 집은 없었지만 다른 부락에는 몰살한 집이 있었구요.

남원 출신 노병택(1935년생)의 구술 역시 대동소이하다.

---

3 김주용, 한국독립운동과 만주-이주, 저항, 정착의 점이지대, 경인문화사, 2018 참조.

물이 아주 나빴습니다. 흥룡의 강물이 시커멓습니다. 그래 그 물을 길어 먹었지요. 그 때 100호에 아이들이 상당히 많았댔는데 한 두 셋을 내놓고 다 죽었어요. 데리고 온 어린 아이들이 전부 다 죽은 거나 마찬가지지요. 그 물 때문에 아이들이고 어른들이구 모두 다 토질병에 걸렸어요. 해방이 되어서도 전염병이 돌아 많이 죽었어요. 한국에서 100호가 왔는데 데리고 온 아이들이 해방될 때까지 살아남은 것이 5명 좌우밖에 안될거요. 여기에 와서 낳은 아이들도 거진 죽었어요. 모두 몇 달이 지나거나 몇 살씩 먹고는 죽지요. 내 동생도 5살 먹고서 죽었는데요.

이주자들의 위생 실태는 전 연령층이 모두 위험군에 포함되었지만 가장 심각한 것은 어린아이들과 노인이었다. 물과 식량문제로 많은 이주만들은 사선의 경계에 있어야만 했다. 전주 출신 이옥룡(1936년생)의 구술은 다음과 같다.

처음에 적응이 되지 않아 고생이 막심했다오. 마이는(마시는) 물이 바뀐데다가 배급주는 식량도 다 썩은 좁쌀 뿐이었으니 모두다 병이 안 나겠소. 그 때 이 부락에는 의사도 없었고 아무런 의료 보장이 없었지. 병이 나면 송강으로 가야하는데 돈이 있어야 가지. 그래서 어린 아이들과 노인님들이 많이 죽었다니깐. 1940년에는 어린아이들이 몰살하다시피 되었소. 새로 낳은 아이들은 모두 죽으나 다름없었다오. 조선서 낳아가지고 온 아이들도 많이 죽었소. 그 때 사람이 죽으면 돈있는 집에서는 행두에 메고 내갔고 돈없는 사람들은 관도 만들기 힘들어 시체를 돗자리에 들들 감아서 내다가 파묻었소.

많은 이주민들은 '죽지 못해 살았다고' 술회하는 경우가 많았다. 제대로 된 배급도 없는 상태에서 삶을 만주 논농사에 전력투구한 이주민들의 삶이 고스란히 녹아 있다.

(4) 해방과 문화적 변용

기아와 질병에서 벗어나지 못한 이주 한인들은 그 땅에 정착하였고 해방 후 이민가의 형태로 자신들의 처지를 전하고 있었다. '십진가'라는 곡에 맞추어 안도현 남도툰 이민가를 만들었다.

하나이라면 한평생 좋은 곳을 떨쳐 버리고 떨쳐버리고 쓸쓸한 북만주에 나 여기 왔네. 나여기 왔네 (중략) 아홉이라면 아침 저녁 괭이 들고 땅을 파여도 땅을 파여도 아껴 먹는 강냉죽도 부족이라네 부족이라네. 열이라면 열심히 벌어라 우리 농부들 우리 농부들 우리들도 장래에 고향 가보자. 고향가보자!

일제가 패망하자 이주한인 사회에도 큰 변화가 왔다. 마을마다 거의 절반이 귀환하였다. 정해련(1927)년의 구술이다.

광복 이듬해에 절반 이상의 부락사람들이 한국으로 되돌아갔소. 나의 형님은 어머니를 설득시켜 고향으로 가자고 했소. 그런데 어머니가 견결히 반대하는 것이 아니겠소. 아버지의 산소가 여기 있는데 어떻게 버리고 가는가. 한치 땅도 없는 고향에 가면 또다시 남의 땅을 부치면서 머슴질을 하지 않는가. 그러니 갈려면 너희들끼리 가거라. 어머님께서 고집하시사 우리들은 그에 순종하는 수 밖에 없었소.(중략) 광복이 난다는 소문이 나기전부터 그 때 일본사람들 앞에서 개질하던 사람들, 돈을 많이 모아 부자가 된 사람들이 슬금슬금 먼저 도망을 갔다오. 광복이 나자 혼란한 판에 우리 마을의 절반 이상 되는 집들에서 고향으로 돌아가거나 더 살기 좋은 곳으로 떠나다나니 마을에는 47호만 남게 되었소.

귀환과 미귀환의 중요한 선택에서 토지문제가 가장 중요하였다. 뿐만 아니라 부부간에 먼저 사망한 사람의 묘가 있는 경우에도 귀환을 쉽게 결정할 수 없었을 것이다. 한반도로 귀환한 사람들이 구술자가 기억하는 모습일 수도 있지만 예외의 경우도 있을 것이다. 다만 땅을 매개로 집단 이주했던 사람들은 '토지'가 곧 생명이었을 것이다. 양재정(1934년생)도 해방 당시의 상황을 다음과 같이 기억하였다.

심지어 교원들도 도망간 것이 있소. 교원들이야 무슨 죄가 다 있어. 다 도망을 가고 김광호란 허리굽은 선생 딱 하나만 남았소. 선생들이 7~8명되었지. 부락장, 자위단단장 등 사람들은 먼저 싹 도망을 쳤소. 심지어 반장질을 하던 사람들도 다 도망을 쳤소. 반장들도 많이 뜯어 먹었지. 회사에서 배급주는 것도 뜯어 먹고 그러니 도망을 갔지.

반대로 광복이 된 후 이북에서 온 경우를 기억하고 있기도 하다. 남원 출신 노병택은 북한에서 들어온 사람들은 다음과 같이 기억하고 있다.

갑산지구에서 많이 들어왔어요. 함경북도 등 변경지구에서 많이 왔습니다. 백두산 밑에 길이 있으니까 그 길로 많이 들어왔습니다. 한쪽으로는 나가고 한쪽으로는 들어오고, 우리 집단 이민을 왔던 사람들은 살지 못하겠다고 나가고 조선 변경지구에서는 여기가 살기 났다고 들어오고.

정착한 이주한인들은 중국의 공민으로 살아갔다. 그들도 문화혁명의 소용돌이는 벗어나지 못했다. 박용구(1930년생)는 1960년대를 다음과 같이 기억하고 있다.

1962년도에 연변주공작대가 우리 부락에 와서 호적을 올려주더군. 그러다가 무화대혁명이 터지는 통에 숱한 고생을 했소. 그 무슨 조선특무라고 끌려다니면서 일년 동안 노동개조를 하였소. 그 무슨 조선서 특무로 파견되어 들어왔다나. 아무리 억울해도 누가 변명을 해주는 사람도 없는데.

3. 구술자료의 가치

이번에 발간하는 만주지역에 이주한 전북인 제1세대 구술자료는 원광대 한중관계연구원 동북아시아인문사회연구소가 수집한 귀한 자료이다. 연변지역으로 강제 이주된 전라북도 인들의 기억의 소환을 통하여 만주국 시기 자행되었던 '강제된 이주' 실태를 이해하는 데 중요한 역사적 근거로 제시하고자 한다. 이 자료집은 연변지역에서 사진작가로 활동하면서 한국독립운동의 현장을 누볐던 용정 3.13기념사업회 이광평 회장의 도움으로 발간할 수 있었다.

구술자료의 특성상 산만하고 희미한 기억의 단편들도 있지만 이 자료는 문헌 자료가 알려주지 못한 전라북도 인들의 고달픈 타국생활의 역사를 고스란히 복원해 줄 수 있을 것이다. 일본인 이주민에게 만주국은 유리한 경작환경을 제공하는 반면 이주한인에게는 황무지 또는 범람지 등 열악한 환경이 제공되었다. '시혜의 성격'으로 추진되었다는 점을 강조한 집단부락이 과연 어떻게 조성되었으며, 그 구성원들의 이주 및 정착 과정을 세밀하게 분석하여 집단부락을 통한 한인 강제이주의 실상을 밝히는데 도움이 될 수 있을 것이다. 중일전쟁기 만주지역에서 한인의 거주지 외연확대가 자율이 아닌 강제에 의해 이루어진 과정을 추적하고 일제에 의해 자율로 포장된 타율의 실체를 규명하여 지역적 특징을 규명하는 자료로 손색이 없을 것이다. 전라북도 1세대의 이주 삶을 온전히 전해주고 있는 귀한 자료이다. 많은 이들의 활발한 이용이 이 자료를 더욱 빛나게 해줄 것이라 믿는다.

제1부

안도현지역 전라북도
집단이민 인터뷰 기행

1장 송강진 지역

지금 이 책에서 말하는 송강진지역은 지금의 길림성 연변조선족자치주 안도현 송강진을 가리킨다. 청나라 선통원년(宣统元年, 1909년)에 안도현이 설립되였는데 현소재지를 娘娘库(지금의 송상진)에 두었다. 1934년 12월 안도현은 위만주국 간도성에 속하였다. 광복후인 1946년 3월 송강에서 안도현인민정부를 세웠다. 지난세기 50년대 안도현 소재지가 지금의 명월구로 이전되였고 1969년 3월 다시 송강으로 이전되였으며 1983년에 다시 명월구로 이전되였다.[1] 장백산 기슭의 송강은 항일련군과 백성들의 항일활동이 제일 심한 곳이였고 인구밀도가 희박하고 개발이 잘 안되였기에 일제침략자들은 이곳에 전 동북적으로 제일 많이 집중시켜 집단이민을 배치하였던 것이다.

1. 남도툰집단이민부락터에서

지금의 남도툰집단이민부락터는 지난세기 3, 40년대엔 안도현 송강촌에 귀속되였고 광복후엔 안도현 삼도향 남도촌으로, 지금은 안도현 송강진 남도촌으로 불려지고 있다.

---

1 《安图县文物志》吉林省文物志编修委员会编 一九八五年二月 第五页。

죽지 못해 살았지!

"안도현 삼도향 남도촌(安图县三道乡南道村) 조선족집단이민부락을 찾아가겠다."

나의 말에 귀가 뻘쭉해진 차광범은 함께 가자고 성화를 부렸다.

그럼 가면 되잖아?

2001년 10월 22일 아침7시 8분에 나와 차광범은 룡정의 룡문다리를 건너 연길─이도백하 뻐스를 타고 안도현 삼도향 남도촌으로 출발하였다. 계절이 9월말 쯤이라도 오토바이를 타겠건만 어쩔수 없었다. 오토바이보다 편하고 힘들지 않아 좋기는 하나 자유스럽지는 못했으니까.

출발하기전에 나는 연변인민출판사에서 출판한《길림조선족》이란 책에서 차상훈선생님이 쓰신《안도현 조선족 이주실록》이란 글을 읽고서 남도촌이 바로 1939년에 세워진 집단이민부락임을 알게 되였기에 이렇게 함께 취재를 떠난것이다.

오전 9시 50분에 남도촌에 도착한 우리는 먼저 촌장부터 찾았다. 촌장께서 논으로 나갔다기에 그 집에 짐을 둔 우리는 허리를 넘는 새밭을 지나 약 1km 남짓이 걸어서 벼단묶이를 하는 김

남도툰집단이민부락터의 오늘의 모습.(2004. 5. 9)

촌장을 만났다. 우리가 집단이민력사조사를 왔다고 하자 김촌장께서 쾌히 응낙하시면서 우리들더러 이 촌의 로인회장인 최홍재(崔弘栽)를 찾아가 숙박도 잡고 그 분의 도움을 받으라는것이었다. 우리를 리해해주고 믿어주고 적극 도와주시는 김촌장의 소행이 정말 고마웠다.

촌장의 시킴대로 우리는 촌로인회 회장 최홍재(崔弘栽)를 찾아 그 집에 숙박을 잡았다. 우리가 일제에 의해 생긴 조선족집단이민부락을 답사하면서 선배님들한테서 조선족 삶의 이야기와 곡절 많던 력사이야기들을 들으면서 력사공부도 하고 그걸 정리하여 후세에 전하려고 한다고 하자 최회장은 우리들이 정말로 조선족을 위해 장한 일을 한다면서 있는 힘껏 잘 도와 드리겠다고 하셨다.

그러면서 참고되겠는지 모르겠다면서 최장께서 원고지 묶음 하나를 내놓았다. 펼쳐보니 정해련 등 구술, 남주일 초고, 최홍재 정리로 된 조선문 1939년-1999년《남도촌촌사(南道村村史)》였다. 이 글은 지난해 남도촌창립 60돐 기념축제를 맞으면서 정리한것이란다. 이렇게 훌륭한 축제를 벌린 남도촌 지도부와 촌민들 소행에 나는 몹시 탄복하면서 그때 그 축제에 참가했더라면 얼마나 좋은 학습과 촬영기회를 가질수있었겠는가고 생각도 구슬려 보았다. 촌사를 보면서 남도촌에 대한 료해가 많아졌다. 나는 최회장한테 그 촌사를 내가 가져다 다시 정리하여 드리겠다고 했다. 그랬더니 최회장께서는 믿고 드리겠으니 꼭 잘 정리하여 달라는것이었다.

우리는 부푸는 가슴을 억제하면서 최홍재회장님의 안내로 남도촌 이 부락에 집단이민을 오셨다는 리옥룡(李玉龙)로인님을 찾았다. 얼굴이 검은 털보이고 훤칠한 키꼴의 소유자인 로인님은 걸음이 불편해서인지 꼬부랑막대기를 짚고다녔다.

우리가 집단이민이야기를 들으려 왔다고 하자 로인님은 이 부락에 집단이민으로 온 사람들 가운데 자기는 제일 어린 사람일거라고 하셨다. 1936년 한국 전라북도 전주군 삼감리 출생한 리옥룡은 부모님을 따라 1939년 음력 3월에 전라북도와 전라남도의 각각 50세대, 다시말하면 모두 100세대 파산된 농민들과 함께 이 부락에 집단이민을 오셨단다. 그러나 그때 나이가 너무 어렸기에 잘 모른다고 하셨다.

저녁해가 서산에서 너울너울 한다. 석양빛을 빌어 촬영해야 함을 판단한 우리는 로인님과 그

집단이민부탁터를 배경으로 서계시는 리옥룡과 부인 김야순.(2001.10.23)

토성자리를 알려주는 리옥룡.(2001.10.22)

의 부인 김야순(金也順), 그의 손자 리화량(李华良)을 모시고 부락 남쪽 물도랑다리를 건너 부락이 보이는 위치에서 이 부락을 배경으로 이 부락 집단이민 력사증인인 리옥룡로인님과 부인 손자가 함께 서있는 장면을 촬영하였다.

내가 지금 집단이민부락흔적이 있는가고 묻자 이젠 70년이 가까와 오는데 죄다 사라졌다면서 남대문자리와 토성자리는 알수 있다는것이었다. 그러면서 우리를 데리고 부락 서쪽켠의 남북방향 길로 다녀간 리옥룡로인님은 길동쪽켠의 울바자들을 가리키면서 울바자를 세운 그곳이 바로 집단이민부락시기의 서쪽켠 토성자리라고 알려주었다. 그리고 부락 한가운데 자리잡은 남북방향 길로 다녀와서는 그 길 남쪽끝과 동서로 향한 신작로가 교차되는 곳이 바로 남대문자리였다고 하였다. 저녁해가 저물고 땅거미가 내리는지라 우리는 저녁에 리옥룡로인님을 찾아가겠다고 약속하고는 숙박을 잡은 최회장댁으로 돌아왔다.

저녁식사를 마치고 우리는 최홍재회장님의 안내로 리옥룡로인님 댁을 찾아가 이야기를 들었다.

리광평: 로인님네는 언제 이곳으로 집단이민을 오셨습니까?

리옥룡: 그거야 1939년 음력 3월이였소.

리광평: 그때 어째서 이민을 오게 되였습니까?

리옥룡: 내가 그때 세살이니까 잘 모르오. 그때 우리는 전라북도 전주군 삼감리에서 살았는데 생활이 너무도 형편 없었다오. 그런데 간도가 살기가 좋다고 하더군. 그래서 부모님들이 간도로 가면 잘 살수 있다고 왔다누만.

리광평: 그때 그럼 어떻게 오셨습니까?

리옥룡: 그때 조선서 기차를 타고 도문철길로 두만강을 건너 직접 명월구역까지 왔댔소. 그리고는 명월구에서 트럭에 앉아 송강까지 오구. 송강서 마차를 타고 먼저 그전해에 집단이민을 온 북도툰집단이민부락에 짐을 부리고 그곳에서 끼살이를 해야 했소. 우리가 살아야할 남도툰은 개발되지 않은 묵은 터였는데 강기슭에 평평한 벌이 있어 논개척에 편리하였다오. 하여 우리는 북도툰과 4리 남짓이 떨어진 남도툰에 부락을 앉히려고 5도하를 건너다니면서 일해야 했소.

리광평: 그때 이곳에 오셔서 환경이 바뀌어 모질 어려웠겠습니다.

리옥룡: 처음엔 적응이 되지 않아 고생이 막심했다오. 마이는 물이 바뀐데다가 배급주는 식량도 다 썩은 좁쌀뿐이었으니 모두다 병이 안 나겠소? 그때 이 부락에는 의사도 없었고 아무런 의료보장이 없었지. 병이 나면 송강으로 가야하는데 돈이 있어야 가지? 그래서 어린아이들과 로인님들이 많이 죽었다니깐. 1940년도에는 어린아이들이 몰살하다시피 되었소. 새로 낳은 아이들은 모두 죽으나 다름없었다오. 조선서 낳아가지고 온 아이들도 많이 죽었소.

그때 사람이 죽으면 돈있는 집에서는 행두에 메고 내갔고 돈없는 사람들은 관도 만들기 힘들어 시체를 돗자리에 들들 감아서 내다가 파묻었소, 그때 삼도에서 관널을 팔기는 했지만 돈이 있어야 사지?

리광평: 그때 입는것은 어쩌했습니까?

리옥룡: 에구, 말도 마오. 그때 너무 가난하여 입는것이란 조선서 가지고 온 베천으로 옷을 지어 입었소. 빤즈란것도 없고 온 집식구가 옷 한벌을 서로 갈아 입고 나다녔소. 녀자들은 옷이 없어 바깥출입도 못했소. 어떤 남자들은 옷이 없어 마대를 두르고 다니고 신도 없어 맨발로 다녔지. 혹시나 초신을 삼아 신었지.

그땐 웬일인지 모기나 벌레들이 그렇게 많던지. 개인날이면 등에와 모기가 살판치고 흐린날에는 갈때기, 잠태미, 모기가 심했소. 어떤 때는 입을 열기만 하면 입안에 벌레들이 가득 들어온단 말이요. 후에 농약이 나오면서부터 벌레들이 적어졌소.

리광평: 그때 만척에서 우리 집단이민들에 대한 통제가 심했습니까?

리옥룡: 아이구, 심하기만 했겠소? 사람을 죽일 지경이었지. 만척에서는 아침이면 농민들을 일하려 나가라고 토성밖으로 내몰지요. 그러고는 대문을 꼭 닫아걸고 그 누구도 부락으로 들어오지 못하게 했소. 점심도 집에 들어와 못 먹게 했거든. 저녁이 되여야 잠간 동안 부락의 대문을 열고 부락사람들을 들어오게 했소. 대문을 나들 때는 《량민증》을 가지고 다녀야 했으니까.

리광평: 그 고생이야 정말로 한심했겠습니다.

리옥룡: 그 고생이야 몇날 며칠을 두고 말해도 다 못 말할거요. 그땐 정말로 죽지 못해 살았지! 광복이 나서야 사람답게 살기 시작했소. 그때 우리 부락의 최동필(崔東弼)이란 사람이 처음으

로 호조조를 꾸렸소. 최동필은 우리 호조조 조장이였소. 1949년도에 품앗이조를 꾸리고 호조조도 꾸렸소. 부락에서는 물방아를 놓아 쌀을 찧어 먹게 했소. 그후에 합작화, 인민공사화를 거쳐 우리 남도툰은 잘 살게 되였고 전 연변에 소문이 자자했소.……

　　우리는 저녁 8시반까지 이야기를 나누었다. 온 하루 일에 지친 로인님의 휴식을 위하여 우리는 아쉬운대로 일어서는수 밖에 없었다. 우리는 앞으로 다시 찾아올걸 약속하면서 작별인사를 나누었다.

뻐스를 기다리는 학생들. 한 학생은 경운기에 앉아 학교로 간다.(2001.10.23)

　　이튿날(2001년 10월 23일) 아침 6시에 나는 바깥으로 나와 부락을 돌아보았다. 마침 학교로 가는 아이들이 부락어구 큰길가에서 소형뻐스가 오기를 기다리고 있었다. 아이들과 어느 학교로 가는가고 묻자 삼도향소재지(지금은 송강진에 귀속됨)에 있는 한족학교로 간다는것이다. 왜서 조선족인데 조선족학교로 다니지 않는가고 하니 이곳엔 조선족학생이 너무 적어서 조선족반을 꾸밀수 없어 모두 한족반에 편입된단다. 정말 가슴 아픈 일이다. 그럼 조선글은 어떻게 배우는가고 묻자 부모님들한테서 조금씩 배운단다. 한 어린애는 소학교 2학년을 다니는데 조선글을 못 배웠단다. 나는 이런 학생들의 앞으로 조선글과 조선말 사용 전도에 대해 걱정이 되였다.

소형뻐스에 탑승하는 학생들.(2001.10.23)

　다행으로 소형뻐스가 매일 아침 저녁으로 학생들을 학교까지, 또 집까지 실어다 주는데 하루 뻐스비는 왕복에 1원 50전이란다. 그것도 매일 이어 대자면 시내와 멀리 떨어진 이 촌에선 부담이 아닐수는 없다. 그렇다 하여 어린 아이가 10여리 길을 걸어 다니게 할수도 없다. 한참 지나니 소형뻐스가 왔다. 아이들이 질서정연하게 뻐스에 탑승해 5도하다리를 건너 삼도촌으로 가는 포장길에 들어섰다. 소형뻐스가 멀리 사라질 때까지 나는 아이들이 보든말든 손을 저었다.

　우리는 촌장, 로인회장과 상의하고 오늘 오전 이 부락 전체로인들 기념사진을 무료로 찍어드리도록 하였다. 최회장께서 자기집에 안장한 고음스피카확대기를 열더니 부락 전선대에 높이 건 확성기로부터 알림소리가 쩡쩡 울렸다. 로인들더러 빨리 마당에 나와 사진을 찍으라고. 로인님들이 하나 둘, 삼삼오오 떼를 지어 모였다.

　나와 차광범은 로인들이 사진을 찍을 앉는 자리를 다 마련해 놓고는 오시는 로인님마다 찾아 명함과 출생지 및 집단이민인가 아닌가를 확인하였다.

　우리는 전라북도 남원군 백악면에서 1933년에 출생하시고 1939년에 송강부근 한흥툰에 집단이민을 온 류영동(柳瑛东)로인님을 만났다. 그는 한흥툰에 한족들이 많이 살고있으니 다시 이 부락으로 옮겨왔단다.

항일련군이 부락을 습격하던 이야기를 하시는 최기홍.(2001.10.23)

그리고 1921년 전라남도 진한군 북구면에서 탄생하고 1939년 음력 3월에 이 부락에 집단 이민을 왔던 최기홍(崔基弘)로인님을 만났다. 나는 그와 이야기를 나누었는데 그 내용을 종합하면 다음과 같다.

일본침략자들은 《비적(공산당이 령도하는 항일련군)》을 방비한다는 구실로 남도툰집단이민부락 두리에는 떼짱으로 3~4메터 높이의 토성을 쌓고 토성 네귀에는 경비용 포태를 만들었다. 토성밖에는 해자를 파고 해자밖에 4~5메터 높이의 목성을 세웠다. 그리고 부락의 동남과 서북에 대문을 만들어 달고 아침에 일하러 나가면 점심에도 대문을 열지 않아 저녁에야 들어왔단다. 정말 인간지옥이였다.

1942년도 가을에 "비적"들이 남도툰집단이민부락을 습격하였다. 그때 자위단성원이던 그도 총을 들고 "비적"을 향해 총을 쏬단다. 항일련군들이 큰 토성을 뛰여넘어 부락에 들어와 경찰분주소를 포위하고는 서로 불질하였단다. 만주경찰 책임자인 동경위보가 인솔하는 경찰들과 자위단들이 경찰분주소를 에워싼 작은 토성에 의지해 한사코 반격했단다. 그런데 새벽녘이 되니 항일련군들의 총소리가 아주 멈춰버렸단다. 그러자 조급증이 난 동경위보가 낮은 토성우로 머리

를 내밀고 항일련군들의 동정을 살피려했단다. 바로 이 순간 아치러운 총소리가 울리더니 항일
련군이 쏜 총알이 동경위보의 턱을 뚫고 나가는 바람에 죄악 많던 그가 저 세상의 귀신이 되고
말았다. 날이 밝아오자 항일련군들이 부락에서 철거했다. 최기홍로인님과의 이야기를 마치고
다음 기회에 전문 취재하기로 약속했다.

로인님들이 모이는 사이에 나와 차광범은 촌장의 집에 찾아가 그의 아버지 김광순과 어머니
최정희가 꿀벌을 기르는 장면을 촬영했고 모임장에서 김기환(金基煥, 74세, 전라남도 곡성군 탄생, 14세에 량
강구에 개척민으로 옴. 그후 1942년에 이 부락에 옴), 리봉희(李凤熙, 1937년 함경북도 청진에서 출생, 1942년 송강에 자유이주해 옴),
박복순(朴福順, 전라도 출생, 9세에 자유이민 옴), 김금단(金수丹, 조선 량강도 갑산 출생, 14세에 자유이민으로 이곳에 옴), 김희
수(金姬洙, 69세, 조선 량강도 갑산읍 진동면 출생, 9세때 자유이민으로 이곳에 옴), 김금녀(金수女, 조선 갑산읍 출생, 1946년 자유이
민)들을 촬영하였다.

한담하시는 최기홍, 류영동, 리옥룡, 리봉희 등.(2001.10.23)

조선반도에서 출생한 로인님들.(2001.10.23)

　　로인님들이 다 모이자 먼저 전체 로인님들 집단사진을 촬영했고 그 다음은 조선반도에서 출생한분들만 따로 촬영했다. 바로 조선반도에서 출생하시고 지금도 이곳에서 사시는분들이야말로 우리 중국조선족이 이주민족이란 특수성을 말해주는 증인들인것이다.

　　우리들이 로인님들에게 무료로 사진을 찍어드리자 촌에서는 로인님들이 모인바 하고는 점심식사를 함께 하고 즐겁게 놀아보자는것이었다. 우리는 또 우리로서의 인사를 차려야 하기에 돼지고기 10근과 술들을 사서 최회장네 집에 가져갔다. 로인님들은 명절기분으로 식사를 한다음 노래하고 춤추면서 우리를 환영했고 우리더러 노래를 부르라고 청하기도 하였다. 나와 차광범은 나름대로 농민들이 즐기는《벌판에 붉은 해 솟았네》와《아리랑》등 조선족민요를 불렀다. 우리들의 노래에 마추어 전체 로인님들께서 떨쳐나서 덩실덩실 춤을 추는것이었다. 로인님들의 활기차고 행복에 겨운 모습을 바라보면서 우리는 로인님들이 우리가 하는 일을 리해하고 도와주고 그로하여 행복해 함을 짜릿하게 느끼게 되었다!

　　로인님들이 계속 오락을 하는 틈을 타서 나와 차광범은 슬그머니 빠져나와 부락을 돌았다. 우

땔나무를 하는 최기홍.(2001.10.23)

논판에서 탈곡하는 농민들의 모습.(2001.10.23)

잠깐 휴식하면서기념촬영에
응하는 농민들.(2001.10.23)

리가 최기홍로인님의 댁을 찾아가니 할아버지는 안계시고 할머님 박복순만 집마당에서 땔나무를 정리하고있었다. 할아버지께서 어디 계신가고 물었더니 땔나무를 하려 부락 서쪽언덕으로 갔다는것이다. 우리는 일하는 할아버지의 모습을 촬영할수 있는 좋은 기회라 생각하고 할머님을 앞세우고 뒤를 따랐다. 과연 할아버지께서 커다란 나무낫을 휘드르면서 지팽이만큼 실한 버드나무가지들을 툭툭 찍어서는 길옆까지 끌어내오는것이였다. 젊은이들도 힘들 일을 하는 모습을 보면서 나는 이 로인님이 년세가 이미 80세가 넘었다는걸 도저히 믿을수가 없었다. 사회나 남한테 의거하지 않고 자기 노력으로 억세게 살아가시는 건강한 모습에서 우리 선배님들의 강한 의력과 강한 생명저력을 음미할수 있었다. 우리는 로인님들의 일하는 모습을 연출없이 그대로 속사했고 또 해놓은 땔나무 옆에 서계시는 부부도 촬영하였다.

그리고 김봉련의 딸 등 10여명 젊은이들이 논판에서 벼탈곡을 하는 장면도 멀리서, 가까이에서, 부동한 각도로 촬영하였다. 논판에서 직접 탈곡하여 벼마대를 척척 실어가는 모습은 룡정과 화룡현 부근에서는 보기 드문 장면이였다. 물론 그들의 집단사진을 무료로 찍어준것은 더 말하지 않아도 남음이 있을것이다.

저녁에 우리는 다시 김봉련 할머님을 찾아 이야기를 더 들었다. 나는 뒤늦게야 돌아와 일기를 썼다.

24일 아침 5시 반 나는 어제와 마찬가지로 일찍 마을을 돌면서 피사체를 찾았다. 이 부락의 소학생들이 학교로 가려고 부락입구길목에 모였다가 소형뻐스가 오지않는 바람에 손잡이 뜨락또르에 앉거나 자전거를 타고 부랴부랴 떠나는것이였다.

아침식사를 마친 나와 차광범은 최회장의 안내로 어제 로인님들 집단활동에 나오시지 못한 정주문(鄭柱文)로인님댁을 찾아갔다.

리광평: 로인님의 출생지는 어디입니까?

정주문: 나는 1934년 10월 11일에 전라북도 무주군 무주읍에서 태여났습니다.

리광평: 그러면 언제 중국으로 오셨습니까?

이야기를 들려주는 정주문과 그의 부인 리정자.(2001.10.24)

정주문: 내가 다섯살 때니까 1938년 봄에 100세대와 함께 대사하의 무주툰에 집단이민을 오게 되였습니다.

리광평: 그러면 무주툰집단이민입니까?

정주문: 그렇소.

리광평: 그러면 그때 집에서 누구랑 함께 이민을 오셨습니까?

정주문: 그때 우리 부모님들하고 나, 남동생 하나 모두 넷이 함께 왔소.

리광평: 그럼 어떻게 오셨습니까?

정주문: 고향서 기차를 타구 곧게 안도(명월구)까지 왔소. 그 다음엔 명월구에서 트럭에 앉아 대사하의 동남차툰까지 왔댔소. 그때 동남차는 한족들과 지난해에 온 조선집단이민들이 혼잡해 살고 있더군. 그래 우리는 먼저 동남차툰에서 남의 곁방살이를 하면서 무주툰으로 오르내리면서 집단이민부락을 만들었댔소.

리광평: 그때 이민을 오실 때 무슨 물건들을 가지고 오셨습니까?

정주문: 뭐 별거 있소? 집에서 쓰던 매돌, 함지, 방치돌, 질독, 지게 등 모든 가장집물들을 가져왔지. 이곳에 나무가 흔해 빠져 얼마든지 만들수 있는것들두 모르니까 그대로 고생스레 가져왔

단 말이요.

리광평: 그때 무주툰에 사람들이 살고있습데까?

정주문: 아니요. 거긴 사람들이 살지 않는 나무밭이더군, 그런곳에 부락을 앉히였다오.

리광평: 정말 고생이 막심했겠습니다.

정주문: 아이고, 그 고생이야 말로 어떻게 하겠소? 정말 짐승처럼 살았소. 그러다 광복이 나자 모두 고향으로 돌아간다고 난시더군. 그래서 우리는 남도툰집단이민부락에서 사는 큰집 사촌형님들과 함께 고향으로 가자고 1946년도에 남도툰으로 이사를 왔소. 그런데 우리 큰사촌형님이 병이 심하여 그 치료가 끝나 나으면 함께 고향으로 가자고 그 부락에 있었소. 그런데 사촌형님의 병이 낳기는커녕 점점 더 심해졌고 나중엔 한해만에 덜컥 사망하시는것이지. 그래 큰사촌형님을 안장하고 고향으로 떠나자니 길이 막히였더군. 할수 없이 이 부락에서 살게 되였소.

리광평: 그때 고생스럽던 이야기들을 들려주십시오.

정주문: 고생이야 막심했지. 그런데 우리집 지난날 이야기나 남도툰의 이야기를 이 부락에 오래 살던 나의 사촌형님인 정해련로인님이 잘 알거든. 우리 형님은 기억력도 좋고 이야기도 잘하여 남도촌촌사를 쓸 때도 우리 형님이 많이 제공했거든.

리광평: 그럼 정해련로인님을 어떻게 만날수 있습니까?

정주문: 지금 우리 형님이 아들을 따라 안도현 만보진 공영촌에 가 있소.

리광평: 그럼 그 로인님집 전화번호를 아십니까?

정주문: 아, 알고있지.

그리하여 나는 그 즉시로 나의 휴대폰으로 정로인댁에 전화를 걸었다. 마침 정주문로인님께서 정해련로인님과 인사말을 나누다가 나한테 전화를 넘겨주었다. 내가 인사를 올리고 집단이민력사답사를 하기 위해 찾아가겠다고 하니 아무 때든 찾아오라고 쾌히 승낙하시는것이였다. 하여 나는 앞으로 먼저 전화련락을 드린 다음 꼭 찾아가겠다고 약속하였다. 나는 상상외로 집단이민사를 잘 아시는 정해련로인님을 앞으로 만날수 있게 되여 코노래가 나오고 몸이 둥둥 뜨는 것 같았다.

정주문로인님의 부인 리정자(李貞子, 64세)는 조선 함경남도 홍원군 홍원읍에서 출생했는데 부모님을 따라 일찍 중국에 왔단다. 1961년에 그는 어머님을 따라 이도(二道)에 왔다가 24세에 결혼하였단다. 60년대초에 조선으로 갔다가 왔는데 조교로 등록되였단다. 그후로는 다시는 조선의 친정집에 가보지 못했단다.

우리는 또 남도촌부락 남쪽산기슭에 올라 부락을 촬영하려했는데 마땅치 않았다. 우리는 다시 부락북쪽 강건너 언덕에 올라 부락의 뒤모습이나마 촬영하였다.

우리는 다음번에 다시 오기로 약속하고 룡정으로 돌아왔다.

다시 정리한 《남도촌 촌사》

2001년 11월 8일, 나는 홀로 뻐스를 타고 남도촌을 찾았다.

남도촌에 오기전에 나는 정력을 집중하여 최홍재회장님이 집필한 《남도촌 촌사》를 다시 정리하였고 김봉련할머님의 이야기를 정리한 회상기도 타자했으며 또 반달전에 이 부락에 와서 촬영했던 사진들을 현상하였던것이다.

나는 남도촌에 도착하자 곧장 최홍재회장네 집을 찾아들어갔다. 최장님의 온집 식구들과 소문을 듣고 찾아온 김촌장이 반갑게 나를 대해주었다.

나는 먼저번 약속대로 다시 정리한 《안도현 삼도향 남도촌 촌사》를 타자본으로 김촌장과 최회장앞에 내놓았다. 그랬더니 그들은 몹시 기뻐하시면서 앞으로 기회가 되면 꼭 책에다 발표되도록 힘쓰겠다고 했다.

나는 그들에게 천천히 읽어 드렸다.

안도현 삼도향 남도촌 촌사
(1939년~1999년)

정해련 등 구술 / 남주일 초고 / 최홍재 정리

 이곳 안도현 삼도향 남도촌은 1939년 일본제국주의가 중국침략수요에 따라 한국 전라남도와 전라북도의 각 50세대씩 되는 최하층농민들을 집단이주를 시켜 세운 집단이민마을이다.

 일본침략자들의 감언리설에 속은 전라도의 이민들은 간도에 가 잘 살아보자는 욕망으로 분분히 정든 고향땅을 버리고 북행렬차에 몸을 실었다. 그러던 중 홀로 사는 한 세대가 전염병으로 객사하는 통에 99세대가 송강을 걸쳐 1년전에 먼저 세워진 북도툰에 도착하였다.

 1939년 3월부터 그들은 만척회사의 엄한 관리밑에 북도툰의 남쪽에 자리잡은 논을 풀기 알맞춤한 태평구(오늘의 남도촌)에서 언땅을 뚜지면서 토성을 쌓고 집도 짓고 밭을 일구어 새로운 삶의 터전을 이룩하기 시작하였다.

 처음 2년 동안은 만척에서 사람들이 굶어죽지 않을 정도로 좁쌀, 수수쌀과 소금들을 공급하여 주었다.

 당시 송강(松江)은 안도현 소재지였는데 일제통치에 수요되는 많은 기구들이 들어앉아있었다. 일군 헌병, 만군경찰, 신선대, 장도헌병대 등과 그들의 주구기관들이 많았다. 당시에 개척민들의 마을은 실제상에서는 일제침략수요를 만족시키는 군소점(軍销点)이였다. 그때 안도현에는 이런 개척민마을들이 많았다. 그 가운데 전라도마을이 제일 많았고 강원도, 함경도, 경상도마을도 있었고 내두산 등과 같은 무장툰도 있었다.

 마을을 개척하는 1~2년 사이에 굶어죽고 얼어죽고 병들어 죽은 사람들이 많았으며 가만히 도망가는 사람들도 많았단다. 하여 99세대가 왔다는 이 마을에 1940년 말에는 60세대 밖에 남지 않았다.

 남도개척민들과 함께 충청북도 제천군의 60세대도 만척회사의 지령대로 지금의 안도현 신합향 서남툰의 소황구에다 원시림을 베여내고 집단이민마을을 앉혔다. 그런데 이 마을은 해발고도가 높고 무상기가 짧아 농사가 잘 안되는데다 병들어 죽고 굶어죽고 얼어죽고 도망가는 바람에 결코 40세대로 줄어들고 말았다. 뿐만아니라 항일련군들이 자꾸만 래왕하는 바람에《치안》을 지킬수 없었단다.

 하여 일제는 1940년말에 소황구의 40세대를 남도툰집단이민부락에 강제로 이주시켰다. 하여 남도툰은 다시 100세대의 큰 집단이민부락이 되었다.

 마을에는 토성을 쌓고 담장엔 토치카를 세웠으며 남북쪽에 큰 대문을 내고 자위단들이 무장보초를 섰는데 인간지옥을 방불케 했다.

1940년부터 1942년 사이에 남도툰에서는 수리시설공사를 완성했다. 큰 물도랑파기는 만척에서 투자했는데 중간 청부업자들이 개척민들을 일을 시키고는 저들이 돈을 떼먹고서 도망을 가버렸던것이다. 그때 큰 물도랑의 물을 먹이는 순서에 따라 1호논, 2호논, 3호논, 4호논과 5호논으로 이름을 붙이였다. 지금도 이곳사람들은 논이름을 그대로 부르고있다. 해방후 6호논을 새로 풀었는데 현농업실험부문에서 한시기 다루다가 지금은 송화촌1툰에서 다루고있다.

1943년부터 남도툰에서는 논농사를 주로 하였다. 그런데 농민들이 지은 벼와 다른 곡물들은 일본침략자들의 군수량으로, 또 만척회사에 진 빚으로 모조리 바쳐야 했는바 일주일 량식만 타작마당에서 나눠준 다음 나머지는 무조건 몽땅 앗아갔다. 그리하여 농민들은 땔나무를 해다 팔고 목탄을 구워서 팔고 겨울나이물건을 마련해서 팔아서 식량을 사거나 빚을 갚아야 했다. 로력이 없거나 적은 집 및 로약자들은 그런 일조차 못하다보니 먹을것이 없어서 굶고 입을것이 없어 떨고 약도 써보지 못한채 죽어갔다. 때문에 겨울이면 토성밖이나 길가에 시체들이 수두룩히 널려있어 다니기도 불편했다.

청장년 가운데서 신체가 괜찮으면 근로봉사대에 뽑혀가 군사적생활을 하면서 무보수로동에 강박당했으며 또 일본군에게도 잡혀갔다. 17~20세의 청년들은 왜놈들의 군사훈련을 받아야 했고 문화지식이 좀 있는 25세까지의 청년들은 협화청년단훈련을 받아야 했다. 나머지 툰민들은 일본침략자들의 군수품 채집(머루잎, 송근유 등)에 동원되였는데 아침 5시경에 몰아내고 저녁 8시가 되여서야 집으로 돌아오도록 집단부락대문을 지키는것이였다. 그때 일하려 나가면 흐린 닐씨엔 갈따구, 잔태미 등 성화로 못배기고 개인날이면 등에, 올빠시 등 성화에 견디기 힘들었다.

문화교육은 더 말할여지도 없었다. 초급소학교가 북도툰에 있었고 고급소학교는 송강에 있었다. 1945년까지 남도툰에는 고급소학교졸업생이 3명되였고 중학생은그때 툰장의 아들 최ХХ뿐이였다.

마을이 서서부터 해방을 맞을 때까지 툰장을 맡은 사람들은 다음과 같다. 전현준(全賢俊, 제일 오래 함), 박정래(朴正来), 김경팔(金京八), 최학조(崔学助, 배가 크다고 배부락장이라고 부름, 지식이 적고 일본말도 모르기에 명의로는 툰장이지 그의 아들 최남순(崔南淳)이 실제일을 하였음) 이다.

그럭저럭 춘추가 바뀌어 1945년에 해방을 맞았다. 농민들을 압박하고 착취하던 만척, 촌공소, 헌병, 경찰, 툰장들이 다 없어졌다. 그리하여 고향으로 떠나는 사람, 타곳으로 떠나는 사람들로 하여 1946년 남도툰에는 47세대만 남았다. 1939년 건툰시에 99세대, 1941년에 100세대로, 1946년초에 47세대로 되였다. 당시의 경작지로는 논과 밭이 각각 20여 정보였다.

1946년 8월에 팔로군이 송강으로 들어왔다. 촌민들은 처음으로 공산당의 선전을 직접 들었고 공산당의 구호를 보았다. 당의 령도아래 해방초기에 세워졌던 《치안유지회》, 《고려인회》, 《한인회》 등의 조직들을 해산시키고《민주대동맹》이란 혁명조직을 내왔으며 공산당의 가리킴대로 마을을 건설하기 시작하였다. 1947년 공작대가 들어오고 빈고농단이 조직되였고 당의 정책에 따라 나쁜사람들을 투쟁하고 청산도 하였다. 3~4개월후《좌》적인 경향을 시정하고 잘못 청산한 물건들을 되돌려주었다. 1947년 봄부터 토지개혁을 진행하였고 농민들에게 인구에 따라 무상으로 토지를 분배하여주었다. 47세대의 세대주들을 줄을 세워놓고 좋은 논과 밭을 계급성분이 좋은 사람들부터 가지게 하였다.

빈곤의 뿌리는 생각처럼 그렇게 빨리 뽑혀지지는 않았다. 남도촌민들은 이곳에 아무리 오래 살았어도 돈을 많이 모아 고향으로, 더 좋은곳으로 가려는 생각이 주도였으므로 이 남도촌이란 제2고향을 잘 건설하려는 사람들이 많지 않았다.

그 당시 경작법도 락후하였다. 논은 산종이 위주였고 종자도 퇴화된 정월조상, 청삼5호, 북해도였으며 기음도 딸리고 논물관리도 잘 안되였다. 농사소출이 적으니 생활도 형편없었다. 이불이있는 집도 몇이 아니였고 결혼하는 신랑신부가 옷을 빌어 입고서 혼례식을 올렸던것이다. 의복이 람루했고 이와 벼룩이, 빈대가 욱실거려 성화를 끼쳤다.

그래도 남도촌사람들은 새 생활을 마련해준 당과 정부의 은덕에 보답하고 오늘의 새생활을 지키기 위하여 많은 청년들을 중국 국내해방전쟁과 항미원조전선에 용약 참가시켰고 전선원호사업에 떨쳐나섰다. 인류해방을 위하여 중국 국내해방전쟁, 항미원조전쟁에서 장렬히 희생된 렬사들로는 다음과 같다. 김연풍(金延丰), 리문천 (李文川), 윤명근(尹明根), 최행렬(崔行烈), 최남길(崔南吉), 백남룡(白男龙), 박장근(朴长根), 오재군(吳在君) 등이다. 그리고 윤명봉(尹明峰), 리윤희(李允熙) 등을 비롯한 수십명의 잔페군인들도 있다.

1948년도부터 최동필호조조를 비롯한 호조조들이 조직되였고 1952년에는 최동필사(동성사, 东城社)가 나왔고 1954년에 박기봉사(화성사, 火星社)란 초급사가 나왔다. 이어서 1956년에는 남도, 북도, 삼도를 합하여 고급사를 꾸렸댔으며 1958년 말에는 인민공사화를 실현하였다.

마을이 서서부터 인민공사 후기까지의 시기를 살펴보면 호조조시기가 백성들의 가장 좋은 황금시기였다고 말할수 있다. 초급사시기로부터 인민공사 후기까지 사이에 백성들은 물질생활면에서 많이 나아졌다. 하지만 안온한 정치생활은 별로 하지 못했다.

전 남도대대는 큰 변화를 가져왔다.

즉 경작지가 40정보로부터 200정보로, 인구는 200여 명으로부터 500여 명으로, 논정보당소출이 2,000~3,000근으로부터 7,000근으로 올랐다. 교육면에서도 100%의 아동들이 소학교와 중학교를 다닐 수 있었고 남도대대에 중학교까지 세워졌다.

최동필은 전국로동모범대회에 출석하여 모택동과 류소기의 접견을 받았으며 남도대대는 주은래총리가 서명한 상장까지 받았다.

김기택이 남도대대민병련 련장을 맡고 박두석이 지도원을 맡은 시기에 이 민병련은 길림성적으로 이름을 날렸다. 박두석은 1964년 길림성 제2차 민병대표대회에 출석하여 돌격총까지 상으로 받았다. 심양군구 정치위원도 반년 남짓이 남도대대에 자리를 잡고있었고 길림성안의 많은 민병간부들, 신문방송 사기자들, 농업분야, 문예단체 사람들도 늘 남도대대를 참관하고 경험교류를 하려 왔었고 문예공연도 해주었다.

백년대계로 나무도 많이 심었고 100여마리 꽃사슴을 기를수 있는 목장도 꾸렸다. 남보다 먼저 자급하여 마을에 전기를 가설했고 벽돌집도 여러 채를 지었다. 대대에는 무한궤도뜨락또르, 철우(铁牛)표뜨락또르, 28형뜨락또르, 12대의 손잡이 뜨락또르와 이양기가 있었다. 1974년부터 2~3년 사이에 전대대의 다락논을 원전화(규범포전화) 하였다.

이시기 전대대의 인구당수입은 200원정도로 되었다. 당시에 남도대대는 현과 주에서 여러면으로 앞장섰던것이다. 이는 이곳 남도대대지도부에서 전투보루역할을 잘하였고 선줄군들이 모범을 잘보여줬기 때문이며 더욱이 백성들이 당의 말을 잘듣고 고생을 마다하고 억척스레 일했기 때문이다.

1966년부터 시작된 무산계급문화대혁명 즉 국내내란의 열풍이 남도대대에도 불어왔다. 그리고 연변지구와 상해의 지식청년들이 남도대대에 내려왔고 국가간부들도 가족을 이끌고《재교육》받으려 내려왔다. 그 무슨《낡은것을 타파한다》,《무산계급전정을 공고히 한다》,《혁명을 틀어쥐고 생산을 촉진한다》등 구호를 부르짖으며 와짝 고아대는데서 혁명과 생산이 심한 손실을 보았고 또 많은 피해자를 산생시켰다. 억울하게 목숨을 잃은 사람들, 자유를 박탈당하고 매를 맞은 사람들, 억울하게 눌리워 옥살이도 한 사람들도 있었다. 그리고 많은 문화재들이 절단났다. 하여 그 시기에 지은 죄로 한동네에서 살 면목이 없는 사람들, 불안한 정치생활에 역증을 느낀 일부 사람들, 도합 10세대가 남도를 떠났다.

남도촌에 당지부가 서서부터 이 시기까지 당지부서기직무를 맡은분들로는 장해문(张海文), 박두석(朴斗锡), 최정길(崔正吉), 윤명룡(尹明龙)이고 농회장에 송문해(宋文海), 동성사 주임에 최동필(崔东弼), 화성사 주임에 박기봉 (朴基凤), 대대장에 최동필(崔东弼), 강상태(姜相太), 리광래(李光来), 류상근(柳相根), 정종구(郑钟九), 한길룡(韩吉龙)이다.

1978년말 당중앙 11기 3중전회 후로부터 남도대대에도 개혁개방의 동풍이 불어왔다.《큰가마밥》을 먹던데로부터 1981년에는 제2생산대에서, 1982년에는 제3생산대에서도 농호도거리농업생산책임제를 실시했다. 1983년부터는 전 대대가 전면적으로 농호도거리농업생산책임제를 실시했다. 이로부터 남도대대의 정치, 생산, 생활 등 제반면에서 천지개벽의 근본적인 변화와 발전을 가지기 시작했다.

남도대대를 남도촌으로 이름을 고쳤다. 지금 남도촌에는 농호 80세대, 인구 235명이있고 촌구역 총면적이 440정보인데 그 가운데 자류산면적 190정보, 초원면적 70정보, 인공림면적 30정보, 논면적 100정보, 밭면적 50정보가 포함된다.

논정보당소출은 호도거리전의 7,000근으로부터 10,000근으로 올랐고 개별적인 논은 15,000근도 넘는다. 옥수수정보당소출은 10,000근, 콩정보당소출은 6,000근씩 된다. 전촌에 소 130마리, 돼지 150마리, 동력이양기 19대, 정미기 3대, 분쇄기 2대, 모터찌클 9대, 색TV접수기 40여대, 랭장고 3대가 있다. 그리고 커다란 새벽돌집 6채가 서고 집집마다 기와를 얹었다.

촌에서는 1998년 상급의 후원금 70만원을 쟁취하여 영구성적인 관개수로를 수축했고 현의 자금 23만원을 후원받아 5도하에 영구성적인 콩크리트다리를 놓았으며 상급의 후원금 5만원에 촌민들의 로력을 들여 자연수수도를 놓았고 1993년에 촌인공림에서 나온 수입 2만원을 들여 콩크리트전선대를 바꿔세웠고 촌인공림의 수입 4,000원과 촌민들의 부담으로 유선TV접수설비를 안장했으며 집집마다 자체로 전화를 가설하여 언넝 전화촌으로 되였다. 인구당수입은 호도거리책임제 초기의 700원으로부터 1998년에 2,400원으로 껑충 올랐다. 하여 남도촌은 1996년에 이미 안도현으로부터 《초요촌》으로 명명되였다. 이 시기에 남도촌당지부와 촌민위원회는 해마다 향과 현의 모범으로 표창받았다.

호도거리책임제를 시작해서부터 지금까지 촌당지부서기를 맡은 분들로는 한길룡(韩吉龙), 전택춘(全泽春)이고 촌장직무를 맡은분들로는 리옥룡(李玉龙), 김인덕(金仁德), 전택춘(全泽春), 김영화(金永华)이다.

지난 세월을 돌이켜보면 남도촌의 사람들은 드높은 진취심과 굳센 투쟁정신으로 한번도 분투를 멈춘적이 없었다. 새로운 지식경쟁, 인재경쟁의 시대에 들어선 남도촌사람들은 영광스런 전통을 이어받아 더욱더 단결, 분투함으로써 휘황찬란한 앞날을 맞이하게 될것이다.

1999년 8월 25일

정해련 등 구술, 남주일 초고, 최홍재 정리

리광평 2001년 10월 재정리

그리고 최회장님께 로인들을 찍은 사진들을 드렸다. 사진을 받아쥔 로인들이 어린애들처럼 즐거워하시는 모습을 보면서 나도 짙은 행복감에 도취되었다.

나는 하루밤을 최회장네 집에서 자면서 리옥룡, 최홍재한테서 이 부락에서 사람이 죽었을 때 화장을 했던 이야기를 들었다. 그 이야기를 종합하면 다음과 같다.

이곳에서는 사람이 죽으면 이전에는 대부분이 토장을 했는데 출빈시에 상여를 쓰고있단다. 문화대혁명전에 이 부락에는 오래되고 멋들어진 상여가 한틀 있었단다. 그런데 문화대혁명 때에 봉건미신적이라고 태워버렸단다. 이로부터 부락에서는 다시 고정된 상여를 만들지 않고 상사가 나면 자기절로 간이한 상여를 만들었단다. 보통 나무로 틀을 만들고 그 우에 종이를 바르고 종이우에 꽃을 달았단다. 상여는 일반적으로 6명내지 8명의 상여군들이 메였는데 최근에는 수레가 아니면 손잡이 뜨락또르에 상여를 싣고 나간단다.

이 마을에서는 이전부터 사람이 죽으면 화장(火葬)을 하였단다. 화장을 하는 대상은 일반적으로 죽은 사람의 생전 유언에 따른단다. 그리고 객사를 했거나 불행하게 죽은 사람, 죽은 사람의 대상자가 다른데로 옮겨갔을 경우에만 화장한단다.

화장하는 방법은 다음과 같단다. 강변이나 사람이 적게 다니는 곳을 택하고 먼저 땅에 바람이 통하도록 깊숙한 홈을 십자로 판다. 그 다음 십자를 중심으로 실한 통나무를 놓고 그 우에 장작을 쌓아놓는다. 그런 다음 화장할 시체를 장작더미우에 올려놓고 시체와 그 두리에 장작을 다시 많이 올려놓는다. 다음 젖은 버드나무 아치들로 꽉 덮어놓는다. 그리고는 장작에 디젤유를 뿌리고 불을 단단. 하여 몇시간이 지나 불이 다 꺼진다음 뼈를 골라 부시고 그 가루처럼 된 뼈를 강물에 뿌린단다. 이런 화장방법은 한국에 있을 때부터 하던 습관을 그대로 옮긴것이란다.

나는 부락을 돌면서 많은 사진들을 찍었다. 11월 9일 나는 점심전에 마을을 떠나 룡정으로 달리는 뻐스에 몸을 실었다.

집짓기와 토지개척

2001년 11월 13일 발재촌에서의 취재를 마친 나와 손룡문은 만보진에 계시는 정해련로인댁

우리들에게 많은 이야기를 들려준 정해련.(2001.11.13)

에 전화를 걸어 저들이 오늘 찾아가런다고 청원했다. 그러자 정로인님은 우리들더러 만보뻐스 역에 와서 다시 전화련락을 하라는것이였다. 나와 손룡문은 복만림장에서 뻐스를 타고 만보역에 이르러 정로인한테 다시 전화련락을 하였다. 그러자 정로인께서 바삐 역전에 나오셨다.

저들을 반갑게 대해주는 정해련로인은 작달막한 키에 백발을 날리는 역빠르고 패기있고 활달하며 유모아적인 분이였다. 70세를 훨씬 넘는 로인이건만 먼지를 일구면서 앞서 걷는 모양은 나이와는 너무나도 어울리지 않았다!

저들이 인사를 올리고 찾아온 용건을 말하자 정로인은 반기면서 자기가 아는대로 도와주겠으니 자기집을 제집처럼 여기고 시름 놓고 숙박하라고 하셨다. 모델스타일인 정로인의 안해 정정자(郑正子)는 너무나도 전형적인 조선녀성의 소질을 가진 분이였다. 우리는 정말로 부모네 집에 온 듯 화기애애한 분위기에 잡혔다. 우리는 13일 온 오후와 저녁, 14일 저녁부터 밤 10시까지 정로인의 이야기를 들으면서 물어도 보고 록음하며 필기도 하였다.

리광평: 로인님의 명함은요? 출생지는 어디입니까?

정해련: 나의 이름은 정해련이요. 나라이름 정《鄭》, 바다 해《海》에 잇닿을 련《連》이란 말이요. 나는 1927년 음력 7월 3일에 한국 전라북도 무주군 부남면 장안리 한 농민의 집에서 출생했소.

리광평: 그러면 언제 중국에 집단이민으로 오셨습니까?

정해련: 그것은 1939년 봄, 안도현 안도촌 남도툰에 99세대와 함께 집단이민을 오게 되였소.

리광평: 그럼 왜서 오시게 되였습니까?

정해련: 그거야 배가 고프고 등이 시리고 하니 좀 잘 살아보자구 이민을 온거지. 그때 우리 아버지 정유종(鄭裕钟)께서는 늘 병환에 계시다나니 농사는 못하고 그냥 외지로 품팔이나 하려 다녔소. 그래서 나는 숙부(작은 아버지) 밑에서 자랐어. 그런데 1938년에 작은 아버지께서 먼저 안도현 소사하 무주툰에 집단이민을 왔댔소. 그러니 작은 아버지께서 우리 집에 편지를 보내기를 간도엔 땅이 많아 부칠수 있고 만척에서 식량도 집도 주니 오라는것이였소. 그래서 아버지께서 집단이민모집에 응했다오.

리광평: 그럼 어떻게 오셨습니까?

정해련: 그때는 1939년도이요. 그때 전라북도의 전주, 무주, 안성 등 군에서 100호가 모집되여 왔다오. 이민을 모두 9개반으로 편성했는데 우리집은 제8반에 들고 아버지 정유종께서 8반 반장을 맡았소.

그래서 우리는 먼저 북도툰에 도착했지. 북도툰이민들은 우리보다 일년 앞당겨 집단이민을 왔거든. 그래서 북도툰에 곁방살이를 하게 되였소.

우리가 자리를 잡을 남도툰은 그때까지 무인지경이였는데 태평구라고 부르더군. 그래 거기로 가자면 2도강 강물을 건너야 하겠는데 다리도 없지하니 큰 피나무를 따개서 속을 파서 배를 만들어 그걸 타고다녀야 했소. 그래 우리는 매일 북도에서 도보로 2도강에 와선 나무배를 타고 건너가 쑥대와 잡목들을 베여내고 부락을 앉히기 시작했다오.

그때 이곳엔 일본침략자들이 말하는《공산비적》들이 늘 내려와 이민들더러 식량과 옷들을 내라고 하였소. 우리 남도부락에도 두번이나 들어왔댔지. 그때 그들은 항일련군 김일성부대라고 하면서 부락에 들어와선 바깥로인들을 보면은《아바이》라고 부르고 안로인들을 보면은《어머니》라고 살뜰하게 부르더군.

그들이 부락에 들어와서 뭐라고 선전하는지 아오? 일본침략자들은 오라지 않아 망하고 우리 가난한 사람들이 나라의 주인이 된다, 우리는 가난한 사람들을 위하고 공산주의를 위해 이렇게 산에서 살면서 싸운다. 그러니 식량도 섬기고 의복도 좀 달라. 그래서 순순히 내놓으면 좋게 받아가나 안 내놓으면 욕지거리 하거나 심지어 위협까지 했다오. 그때 우리들은 무슨 판인지 모르지. 목숨을 살리기 위해선 내라는대로 내놓을수 밖에 없었소. 그러다가 자위단이나 경찰들에게 걸리면 비적과 내통했다고 곤혹을 받기도 했다오. 그들이 바로 항일련군이였거든. 그들은 부락에 와서 만척에서 내준 소를 끌고갔고 또 끌끌한 청년들께 짐을 지워서 산속까지 날라가게 하였다오.

리광평: 그때 먼저 토성을 쌓았습니까?

정해련: 그래, 토성부터 쌓았어. 만척의 사람이 우리 부락에 주둔하고 있으면서 먼저 남녀로소를 동원하여 토성쌓기부터 하였소. 만척에서는 우리들을 일을 시키기 위해 량식도 좀 주고 소도 내주고 소수레도 내주었소. 그런데 이런 모든것들을 빚으로 매기고 앞으로 갚으라 하지않겠소?

토성쌓기를 하기 위해 만척에서는 모든 세대주들더러 부락을 세울 남도툰에 가리고야를 치고 그곳에서 자고 먹게 하면서 밤낮으로 일하게 하였고 녀자와 아이들은 북도툰에서 걸어다니면서 일하게 하였소. 만척에서는 1, 2, 3……9반까지 토성쌓기임무를 떼여주었고 어느 반이 먼저 쌓으면 장려를 준다고 하였소.

리광평: 그럼 반장인 아버지께서 앞장서 일하셨습니까?

정해련: 그거야 그랬지. 11세대로 이뤄진 우리 8반의 반장을 맡은 나의 아버지 정유종은 무엇이나 남보다 더 잘하려는 성미의 소유자였지. 그는 큰아들 정해철과 12살인 나를 데리고 토성쌓기에 나섰소. 아버지는 앞장 서 일을 하느라고 여러가지 잔심부름은 늘 나한테 시켰단말이요. 그런데 나의 또래들은 대부분이 학교로 다니는 것이 아니겠소? 나도 학교로 가고싶어 아버지한테 청을 들었지. 그러자 아버지는 토성을 다 쌓은 다음 보내겠으니 일을 잘 하라고 하였댔소. 그러니 별수가 있겠소?

리광평: 그럼 어머니도 토성쌓기에 나섰습니까?

정해련: 나서구 말구. 나의 어머니 윤성녀(尹性女)도 세 살 난 아들을 업고 일손을 도와 나섰다오. 어머니가 떼짱을 이여 나를 때면 아버지께서 나의 동생을 업고서 떼짱을 척척 쌓았지요. 나의 아버지께서 앞장 서자 다른 집들에서도 집식솔들을 동원하여 이악스레 일에 달라붙었다오.

토성은 굉장하게 컸소. 토성의 동서와 남북의 길이가 약 100m씩 되고 높이는 약 4m 되였지. 그리고 토성 동쪽과 북쪽 가운데 큰 대문을 내고 토성 네 귀에 보초막을 만들었소. 우리 8반에서는 남보다 먼저 자기임무를 끝내고 다른 반을 도와주었다오. 하여 전 부락의 토성쌓기는 1940년 4월 중순에 완료되였소.

그해 4월 16일 만척에서는 우리 부락에서 토성쌓기총화회를 열고 나의 아버지가 이끈 8반이 공로가 제일 크다면서 우리 반 가족들에게 광목을 좀씩 장려로 주었소. 그런데 그날이 바로 나의 아버지의 장려날이 될줄이야 누가 알았겠소? 너무 흥분한 아버지께서 술을 너무 과하게 마셨기 때문인지 그만 까무려치더니 다시 일어나지 못하고 저 세상으로 가시는것이 아니겠소? 야, 정말로 한심했지! 그때 우리는 얼마나 놀랐던지. (로인님이 눈물을 흘리신다)

아버지께서는 잘 살아보겠다고 저들 집식구들을 데리고 낯선 이땅에 와서 그만 자기 집도 짓기전에 어린 자식들을 남긴채 영영 가버렸거든. 그땐 정말 막막했었지. 하늘땅이 다 무너지는것 같았소! (로인님이 눈물을 흘리신다). 그래서 나의 형님 정해철과 12살인 내가 모를 메고 집짓기를 해야 했소!

나의 어머니 윤성녀는 얌전하면서도 굳센 분이였소, 이곳에 와서 수토가 바뀌고 환경이 너무나도 악렬해도, 아버지가 사망했어도 어머니는 이를 악물고 우리를 보살폈댔소. 그때 많은 사람들이 죽었소.

리광평: 아버지께서 사망하셨으니 형님이 세대주로 되였겠습니다.

정해련: 그랬소. 아버지가 사망하자 부락장은 21세인 나의 형님 정해철이를 똑똑(총명)하다면서 8반 반장으로 임명하였다오. 그렇게 되자 그때 12살인 나는 형님의 심부름꾼으로 되여 부반장노릇을 하나 다름 없었다오.

집을 짓는 일을 위해 만척에서는 썩은 수수쌀이나 좁쌀을 죽지 않을 정도로 배급주었다오. 배급을 탈 때면 툰장이 책임지고 송강에 가 식량을 실어 와서는 반장들더러 반별로 나누어줬댔소.

그럴 때면 형님이 나더러 집집이 다니며 알리라고 하여 나는 형님이 시키는대로 집집을 돌아다니며 알렸다오.

리광평: 그럼 이민들의 집은 어떻게 지었습니까?

정해련: 집은 이듬해인 1940년에 돌격적으로 지었다오.

만척에서는 이민들의 집을 똑같은 설계로 짓게 했는데 목재는 가까이에서 베여다 썼다오. 집들은 동서방향으로 한줄에 18~19집씩 모두 7줄을 지었다오. 그러면서 부락 한 가운데 부락장의 집을 짓게하고 그 옆에 경찰분주소와 자위단실을, 그 둘레에 반장들의 집을 짓게 했다오. 그리고 백성들의 집은 반별로 집중시키되 제비를 뽑아 집터를 정하게 했다오.

집짓기속도를 다그치기 위해 만척에서는 송강에서 목수들 수십명을 모집해 왔소. 목수들은 토성밖에 막을 치고 그곳에서 먹고 자면서 일을 했다오. 목수들이 설계에 따라 집재목을 말라서는 돌격하여 집틀을 세우면 집주인들이 지붕에 진흙을 바르고 지붕을 예고 벽을 바르며 온돌을 놓았다오. 그러면 목수들이 집집마다에 앞벽엔 창문하나, 출입문 2개, 뒤벽엔 출입문 2개씩 달아주었소. 집안은 세 칸으로 꾸몄다오. 모두가 열심히 일한 덕에 대부분 집들에서 한 해 사이에 집을 다 지었다오. 이리하여 북도툰에서 끼살이를 하던 남도툰 이민들은 새 보금자리로 옮기게 되었지.

리광평: 그럼 밭은 어떻게 일구었습니까?

정해련: 우리는 집을 짓는 한편 밭을 일구고 농사를 짓는걸 게을리하지 않았소. 만척에선 개간속도를 빨리여 저들의 투자를 줄이기 위해 당지의 한족사람들을 샀내여 밭을 일구어주었소. 한족들이 커다란 보습날을 단 한가대기에 말 5~6필씩 메워 가지고 ≪짜! 짜!≫ 하고 웨치면서 말들한테 채찍을 안기는데 밭갈이속도가 대단히 빠르더군. 보습날이 커서인지 흙들이 척척 잘 번져지고 또 어지간한 나무뿌리마저도 썩썩 베여지더란 말이요. 우린 처음으로 이렇게 밭갈이를 하는걸 보고 놀랍기도 하고 신기하기도 했어.

그때 밭은 인구에 따라 나누기는 했어도 누가 먼저 좋은 땅에 세대주이름을 쓴 패쪽을 꽂으면 그가 곧 그 밭을 차지할수 있었다오. 처음으로 그렇게 넓고도 살찐 밭을 바라보는 이민들의 맘속에선 삶의 희망이 부풀어 올랐다오. 만척에서는 이민들게 적은 량의 식량이나마 대주는 한편 종자도 내주고 소와 소수레도 주었다오. 하여 집집마다 콩도 심고 강냉이도 심었지.

만척에서는 우리가 농사를 짓게되자 내주던 식량배급을 최소해 버리고 저절로 지은 식량을 먹으라는것이 아니겠소?

리광평: 논도 풀었습니까?

정해련: 그랬소. 토성을 다 쌓고 집도 짓고 또 밭농사도 하게 되자 만척에선 세번째 해엔 논풀기를 하게 했소. 그러자면 보뚝을 만들어 몇1000m 밖으로부터 강물을 끌어 들여야 했다오. 만척에서는 수리전문일군을 데려다 보뚝자리를 측량했고 남도촌 농민들을 봇도랑파기에 출동시켰소. 봇도랑파는 일도 반마다에 떼여주고 반장이 책임지고 일을 하게 했다오. 만약 그 어느 집에서든지 연고 없이 안 나오기만 하면 경찰들이 찾아가 욕설을 퍼붓거나 호되게 때려 주기도 했단 말이요.

촌민들이 땀흘린 보람으로 큰 봇도랑이 다 만들어지자 만척에서는 촌민들을 내 몰아 논풀기 작업을 벌렸다오. 경무일군들이 몽둥이를 쥐고서 일하는 농민들을 감독하였는데 그 누가 일하려 나오지 않거나 꾀를 부리다간 쌍욕을 먹거나 호되게 얻어맞았단 말이요. 논판이름은 물을 먹이는 순서에 따라 1호논, 2호논, …5호논이라 불렀소. 논은 반별로 나누어주고 반장의 지도하에 여럿이 제비를 뽑아 각 집마다에 나누어 주었소. 만척에서는 일본서 수입한 벼종자를 대주었다오. 논농사 경험이있는 남도둔 농민들은 정성 다해 논농사를 하였다오. 이 부락사람들은 21세기에 들어선 오늘날에도 그 논판 이름을 1호논, 2호논 등 그대로 부르고 있소.

만척에서는 첫 2년은 식량을 좀씩 대주고 토지세 등 세금은 안 받았지만 1941년도부터 자급자족하라면서 식량을 배급주지 않았고 토지세 등 세금으로 논농사 총소출량의 70%를 무작정 받아갔다오.

그때 농사가 아무리 잘 되어도 많은 집들에서 배를 곯았는데 흉년만 들면 배고픈 고생을 얼마나 하였던지 말이 아니었다오.

동경위보의 죽음

리광평: 그때 항일련군들이 부락에 들어오지 않았습니까?

정해련: 이곳에는 항일련군들이 두번이나 들어왔댔소.

토성을 다 쌓고 집짓기를 한창 하던 1940년 어느 가을 밤, 항일련군 전사들이 남도툰에 들어와 이민들의 소와 식량들을 털어갔댔소. 일경과 위만 경찰들이 달려와 보니《비적》들이 6반과 7반이 쌓은 토성을 넘어서 들어온것이였다오. 그러자 경찰분주소에서는 토성을 더 높이 쌓게 하고 가시철망을 친건 물론 토성두레에 물도랑을 파놓고 그 두레에 4m 높이 되는 목성(나무바자)까지 세우게 했다오.

그러나 이 모든것은《비적》들의 습격을 막을수 없었소. 1941년 가을철 어느 날 밤, 항일련군들이 목성을 베여 새닥다리를 만들어서 북쪽토성을 넘어 부락 뒤 학교를 짓자던 공터로 들어왔댔소. 아마 낮에 정찰을 했던 모양인지 항일련군들은 곧추 부락안의 경찰분주소를 공격하더라오. 그때 마침 경찰분주소안에 있는 조선사람인 경위보(경찰계급임, 경사, 경장, 그 상급이 바로 경위보임-필자) 동경위보가 9명의 경찰들과 자위단원들을 이끌고 항일련군과 맞불질을 하였거든.

항일련군들이 동경위보를 향해 소리를 쳤다오.

《동경위보야, 네가 동가냐? 우리는 너희들을 위해, 또 우리 민족을 위해 일본놈들과 싸운다. 그러니 너희들은 오늘 총을 쏘지 말아라!》

《뭣이 어찌구 어째? 야, 비적들아, 덤벼 봐라!》

동경위보도 지려하지 않고 욕지걸이를 하면서 총질하였다오. 지금 남도촌에 살아 계시는 최기홍로인도 자위단원이였는데 총을 쏘면서 전투에 참가했댔다오.

온밤 서로 불질을 하였댔는데 새벽녘이 되자 총소리가 멎었소. 그런데 총소리가 멎어 반시간이 넘어도 아무런 동정이 없었거든. 그러자 갑갑해난 동경위보가 토성우로 머리를 내밀고 달빛을 빌어 바깥을 살펴보았다오. 바로 그 찰나에 뚜루룩뚜루룩 기관총소리가 울리자 동경위보가 퐁당 꺼꾸러지더라오. 항일련군들의 총알이 동경위보의 이마를 뚫고 나가지 않았겠소? 그래서 그는 소리도 칠새없이 즉살하고 말았다오. 경찰들이 송강에다 보고하면서 지원부대를 요구했다오.

날이 밝아 지원부대가 자동차를 타고왔을 때는 이미 늦었지. 항일련군들은 언녕 거둔 식량과 물품들을 부락사람들한테 지워 가지고 소 2마리까지 끌고서 사라진지 오래 되었거든.

항일련군들은 짐을 지고간 청년들을 보고 이렇게 선전하더라오.

《우리는 앞으로 광명한 사회, 공산주의를 실현하기 위해서 이렇게 간고하게 싸웁니다. 가난한 사람들과 민족의 해방을 위하여 싸우는만큼 우리 군대에 참가하여 함께 싸웁시다.……》

《나는 늙은 부모님과 처자가 있기에 안됩니다.》

바로 이렇게 한 젊은이가 말하자 항일련군들은 또 이렇게 말하더라오.

《그러면 동무는 집으로 돌아가십시오. 이제 앞으로 몇해가 안 가서 일본놈들이 꼭 망하게 될겁니다. 우리는 그 날을 위해 이렇게 싸우기에 여러분들이 앞으로도 계속 지지해주길 바랍니다.》

깊은 산속에 들어간 항일련군들은 모닥불을 피워놓고 젊은이들더러 불을 쪼이면서 쉬라고 하는 한편 계속 군대에 참가하라 권고하더라오. 모두가 집으로 돌아가겠다고 하자 그들은 어느 방향을 향해 여차여차 돌아가라고 하더라오. 하여 젊은이들은 가리키는 방향대로 얼마를 안 걸어 집으로 돌아올수 있더라오.

다음날, 짐을 지고갔던 젊은이들이 돌아오자 일군들과 만군들이 그들을 앞세우고 항일련군들이 들어간 곳을 추격해 갔댔지만 허통을 치고 말았다지뭐!

처절한 집단이민의 노래

교활한 일제침략자들은 조선족들을 다스림에 있어서는 조선족 앞잡이들을 내세우고 당지의 한족들을 다스림에 있어서도 조선족 앞잡이를 내세웠다오.

일제침략자들은 일본사람은 일등국민이고 조선사람들은 2등국민이며 한족과 다른 민족사람들은 3등국민이라고 하면서 식량배급에서 일등국민에게는 입쌀을 주고 2등국민에게는 좁쌀을 주며 3등국민들에게는 수수쌀을 주었다오. 그때 안도현 현장은 한족사람이기에 수수쌀을 배급받았으나 일본사람인 부현장은 입쌀을 배급받았지뭐. 이렇게 일제는 민족모순을 만들어서는 자기들에 대한 중국 여러 민족인민들의 압력을 줄이고 자기들의 통치를 강화하려 했단 말이요.

만척에서는 현공서나 경무대더러 백성들을 엄하게 통제했다오. 벼가을을 앞둔 어느 날 부락 경찰이 일본헌병을 데리고 논을 돌아보다가 한집 논에 돌피가 많은것을 발견했다오. 그리하여 그 경찰이 논임자를 불러놓고 욕지거리를 하면서 때렸다오. 그러자 일본헌병이 도리여 그 경찰을 때리면서《당신들 농민들이 농사를 지어서 우리를 먹여 살리니 농민이 제일이다.》라고 소리치면서 논임자더러 돌피를 잘 뽑아 좋은 알곡을 바치라고 하더라오.

리광평: 일본헌병이 경찰을 때렸단 말씀입니까?

정해련: 그래, 얼마나 교활하오? 만척에서는 집단이민들을 이곳에 정착시킬 때의 모든 비용들을 빚으로 매겨서 나중에 몽땅 받아냈단 말이요. 그러니 조선서 기차를 타고온 비용, 이곳에 와서 집짓기와 소, 수레 등 생산공구를 대준 모든 비용, 밭과 논 개척비용과 그 땅 값 등을 모두 계산하여 이민세대마다에 빚을 매겼다오. 그런데 그 값도 만척에서 투자한것보다 몇 곱절 더 비싸게 계산했댔다오. 그러니 겉으로 보기에는 만척에서 선심을 쓰는것 같았지만 실제로는 이민들한테 장사를 하면서 이민들의 피와 땀을 빨아먹는 것이였지뭐.

그리고 그 누구든 절대로 빚을 갚기전에는 다른 곳으로 이사가지 못하게 하였다오. 그 누가 만약 빚을 피해 가만히 달아나다가 잡히기만 하면 반주검이 되게 얻어맞았고 또 늘 감시를 받아야 했다오.

만척에서는 또 농민들의 빚을 받아내기 위하여 빚을 먼저 갚는 집들에 후한 장금을 준다는 약은 수단까지 썼다오.

우리 집에서는 이민오는 해에 꼬부랑 암송아지 한 마리를 받았댔는데 정말 정성 다해 길렀다오. 그 암소가 때벗이를 하더니 그해 가을에 면바로 암송아지를 낳지 않았겠소? 그 다음 해에 암소 두 마리가 또 각각 새끼를 낳았지뭐. 이리하여 광복날 때는 우리 집 소는 여섯마리로 늘어났거든. 아버지께서 사망하시고 형님이 반장질 하느라 바삐 돌아치기에 소 기르는 일은 내가 도맡으나 다름 없었다오.

그때 이곳은 흐린 날씨엔 깔따구, 잔태미가 접어들고 개인 날씨엔 등에, 올빠시 들이 성화를 피워 낮에 소를 바깥에 내맬수가 없었소. 밤이나 낮이나 독있는 모기와 잔태미들이 달려들기 때문에 바깥으로 나다닐 때는 마른 갈따구버섯쪼각에 불을 달아서 쇠줄로 모자에 꽂았소. 그러면

버섯타는 냄새가 지독하여 벌레들이 덤벼들지 못하거든. 나는 날씨가 뜨겁든 춥든, 비오든 개이든 상관없이 무조건 오전이면 밭일을 하고 점심때부터는 소깔을 베여야 했다오. 그러다 해가 질 때면 들에 나가 소도 먹이고 깔을 실어왔소. 내가 아무리 바쁘고 고생스럽더라도 사람 믿고 사는 소이니 잘 보살펴 주어야 하지 않겠소?

1943년 가을, 해철형님이 나를 보고 소 3마리를 팔아 만척의 빚을 물고 시름 놓고 농사를 하자고 했소. 어머님도 그러라고 하는지라 우리는 좋은 소 3마리를 팔아 남도툰에서 제일 처음으로 만척의 빚을 몽땅 갚게 되었다오. 그러자 만척에서는 그때에 얻기 힘들었던 광목보다 더 질긴 양달양이란 천 한필(100m)을 상으로 주었다오. 하여 우리 집에서는 이 천으로 이부자리도 만들고 옷도 지어 입었으며 일부를 팔아서 돈을 쓰기도 했었소.

리광평: 만척에서 상을 주었단 말씀입니까?

정해련: 그랬소. 그러자 온 부락에서 부러워 야단이였지. 몇 달 후에 3집에서 빚을 다 갚았댔소. 그런데 이번에는 상으로 천 반 필씩 주지않겠소? 에구, 그후엔 빚을 아무리 다 갚아도 아무런 상도 받지 못했다오. 그러나 광복날 때까지 우리 부락의 적지 않은 집들에서는 끝내 만척의 빚을 갚지 못하였지.

리광평: 그래 남도툰에는 그냥 99세대가 살았습니까?

정해련: 아니 그럴수 없지. 우리 남도툰은 1939년 건툰시에 99세대가 이민을 왔거든. 그런데 한해가 지난 1940년 말에 60세대로 줄어들었다오. 만척에서 아무리 엄하게 통제해도 가만히 도망치는걸 어쩔수가 없었든 모양이지. 그런데 1939년 봄 안도현 신합향 서남툰 소황구에도 충청도에서 온 60세대 집단이민들이 안치되였거든. 그런데 그곳이 농사가 안 되고 항일련군들이 덤비는 바람에 1940년 말 40세대로 줄어들지 않았겠소? 그러자 만척에서는 그들을 몽땅 남도툰에 이사시켰다오. 그래서 다시 100호 마을로 되였다오.

리광평: 그러면 그때에 집단이민들의 생활을 반영한 노래들이 불러졌댔습니까?

정해련: 광복전에야 그런 노래를 부를수 없었지. 광복이 나자 우린 그 옛날《십진가》라는 곡에 맞추어 만든《남도툰이민가》를 부르게 되였댔소.

리광평: 그럼 그 노래를 지금 부를수 있습니까?

정해련: 나는 그 노래를 생생하게 기억하고 있소. 선생님들이 부르라고 하면 한번 불러보지.

이야기를 하던 정해련로인님은 머리를 숙이고 한참이나 생각에 잠기더니 애짭자란 표정을 짓고서 침울하고도 갈린 목소리로 다음과 같은 노래를 불렀다.

하나이라면 한 평생 좋은 곳을 떨쳐버리고 떨쳐버리고

쓸쓸한 북만주에 나 여기 왔네 나 여기 왔네.

둘이라면 두 다리 부르트게 보따리 지고 보따리 지고

아장아장 걸어오니 남도툰이라 남도툰이라.

서이라면 서서 근심 앉아 근심 잔 근심이요 잔 근심이요

할 일을 생각하니 잔 근심이요 잔 근심이요.

너이라면 넓다는 소문도 굉장하더니 굉장하더니

정말로 와서보니 이깔나무 숲 이깔나무 숲.

다섯이라면 다 한 식구를 다려다 놓고 다려다 놓고

어린아이 밥 달라니 과연 슬프다 과연 슬프다.

여섯이라면 여자나 남자나 다 나서 벌어라 다 나서 벌어라

우리들도 장래에 부자가 되자 부자가 되자.

일곱이라면 일가친척 다 버리고 적막한 곳에 적막한 곳에

의식을 따라서 나 여기 왔네 나 여기 왔네.

여덟이라면 팔자가 기박하여 개척시대라 개척시대라

《비적》을 방비하니 고통 심하다 고통 심하다.

아홉이라면 아침저녁 괭이 들고 땅을 파여도 땅을 파여도

아껴 먹는 강냉죽도 부족이라네 부족이라네.

열이라면 열심으로 벌어라 우리 농부들 우리 농부들

우리들도 장래에 고향 가보자 고향 가보자!

정해련로인님께서 격정 드높이 한구절도 틀림없이 스리슬슬 넘기는 그 품이 정말로 경험있는 가수를 방불케 하였다. 나와 손룡문은 손바닥이 아파나는 줄도 모르고 눈물을 흘리면서 격려의 박수를 보냈다.

리광평: 로인님은 어쩌면 노래를 그렇게도 잘 부르십니까? 전문 가수나 다름없습니다.

정해련: 이 노래는 우리들의 이민생활을 묘사한 노래이기에 나의 뼈속에까지 새겨진것이 아니겠소? 그래서 어디서나 제일 즐겨 부르는 지정곡이라오.

나는 배운것은 없어도 노래부르기를 참 즐긴다오. 광복이 나자 촌에서 청년들을 조직하여 문예공연대를 꾸렸소. 나는 늘 독창가수로 활약했는데《남도툰이민가》를 나의 첫번째 독창곡으로 하였다오.

리광평: 그럼 이 노래는 어디서 배웠습니까?

정해련: 그때 토지공작대들이 와서 배워줬다오. 그래서 남도툰에서 공연할 때면 2절가사에 《아장아장 걸어오니 남도툰》이라고 하고 북도툰에 가면《아장아장 걸어오니 북도툰》이라고 하고 무주툰에 가면《아장아장 걸어오니 무주툰》이라고 불렀다오.

리광평: 그럼 이 노래를 부를 때마다 지난날 집단이민생활이 떠오릅니까?

정해련: 거야 당연하지. 고생 많던 그 시절을 언제면 잊을수 있겠소? 그래서 그 일이 생각날 때마다 저도 모르게 이 노래를 흥얼거리게 되오.

리광평: 그러면 흘러간 다른 노래를 더 불러보십시오.

정해련: 그러면 한곡 더 해보지

내고향 리별하고 타국에 나와

수수산천 나들어도 정 붙일곳 없네.

베개 베고 누운들 잠이 안 오고

부모형제 보고싶어 간절하도다

부모형제 리별했다 찾아올 때는

금전을 벌으려고 떠나왔건만

금전이라 하는것은 동전 한푼 못 벌고

빈손 쥐고 아장아장 내 어찌 가오리까.

한곡조를 넘긴 정해련로인님은 잠간 멈추었다가 또 한곡조 더 부르신다.

강 건너 산을 넘어 수륙 천리를

내 아들 보고지고 찾아온 서울

구단의 사꾸라가 만발했구나

아들아 내가 왔다 반겨해다오

두손을 합장하고 무릎을 꿇고

내 아들 굽썩 엎뎌 절을 하오니

꿈인가 생신가 모자의 상봉.

정해련 로인님은 노래를 마치자 나한테 록음테이프 하나를 주는것이였다.

정해련: 이 선생, 이 록음테이프를 기념으로 받소. 나의 손자가 일본에 류학을 가서 할아버지의 노래를 록음해 보내달라하기에 기술자를 청해 록음한 나의 노래요.

리광평: 예, 고맙습니다. 저는 소중한 문화재로 두고두고 잘 보관하겠습니다.

그때 광복을 맞아서 조선으로 간 사람들이 많았습니까?

정해련: 절반 넘어 돌아갔지.

광복 이듬해에 절반이상의 부락사람들이 한국으로 되돌아갔소. 나의 형님은 어머니를 설득시켜 고향으로 가자고 했소. 그런데 어머니가 견결히 반대하는것이 아니겠소? 아버지의 산소가 여기 있는데 어떻게 버리고 가는가? 한치 땅도 없는 고향에 가면 또다시 남의 땅을 부치면서 머슴질을 해야하지 않는가? 그러니 갈려면 너희들끼리 가거라. 어머님께서 고집하시자 우리들은 그에 순종하는수 밖에 없었소.

어머니는 늘 우리들에게 《너네 아버지를 명당자리에 모셨기에 언제나 우리를 돌봐주는 모양이다. 봐라. 〈비적〉들이 마을에 들어와도 옆집이나 앞뒤집은 털었어도 우리 집만은 털지 않았거든. 그러니 이 좋은 터를 절대로 떠나지 말아라.》고 말씀하셨소.

그런데 또 날벼락이라고 할까, 나의 해철형님이 불시로 들어눕더니 얼마가지 않아 사망하셨소. 나의 사촌형제도 해철형님의 병이 나으면 함께 고향으로 가자고 우리 마을에서 기다렸댔는데 형님이 사망하는 바람에 모두들 이곳에 주저앉게 되었소. 그후엔 나가는 길이 막혔지.

광복이 난다는 소문이 나기전부터 그때 일본사람들 앞에서 개질하던 사람들, 돈을 많이 모아 부자가 된 사람들이 슬금슬금 먼저 도망을 갔다오. 광복이 나자 혼란한 판에 우리 마을의 절반 이상 되는 집들에서 고향으로 돌아가거나 더 살기 좋은 곳으로 떠나다나니 마을에는 47호만 남게 되였소.

안도현 일등호조조 상장을

리광평: 광복이 나서 공작대가 내려왔습니까?

정해련: 그래, 내려왔지. 1947년 농촌공작대가 내려와 빈고농단이 조직되였소.

그런데 부농질 하던 한 사람이 처음으로 부락장을 맡고서 상급을 기만하고 백성들을 속이면서 상급에서 내려보내는 식량과 빈민구제금들을 뜯어 먹었단 말이요. 부락장은 상급에다 누구누구네는 빈민이라고 보고하여 한호에 30원이라는 구제금을 받아서는 빈민에게는 20원이나 주고 나머지는 자기가 뜯어먹었거든. 그때 30원이면 큰소 한마리를 살수 있었다오. 그리고 계급성분획분이 시작되자 잘사는 집들의 《코밑 치성》(회례라는 뜻)을 받은 부락장은 그들의 계급성분을 틀리게 획분하여줘 계급진영을 혼란시켰다오.

부락장은 《해련이네는 소를 6마리나 길렀댔고 만척의 빚도 다 갚았으니 중농이므로 청산을 받아야 한다.》라고 하면서 집안의 식량과 이불, 옷들도 다 거둬가고 소와 돼지도 끌어갔고 나를 일주일이나 가둬놓고 심사를 하였댔소. 참말로 억울했지. 그러나 우리 엄마는 《사람만 무사하면 제일이다. 물건이나 돈은 제손으로 벌면 생기지 않니. 아무런 걱정을 하지 말고 남을 탓하지도 말아라.》라고 몇번이고 타이르는것이었소.

아니나 다를가, 두달후에 부락장이 들통이 나서 나떨어지고 중농을 청산한것이 잘못되였기에 시정한다면서 청산품을 몽땅 돌려준다는거지요.

리광평: 중농을 청산한건 잘못된거지요? 그래 물건을 돌려왔습니까?

정해련: 돌려주기는 뭘 준다고? 식량은 남들이 다 먹어버렸고 옷들도 남들이 입었고 돼지도 다 잡아먹었으니 겨우 살아있는 소만 찾아왔지뭐. 그래도 엄마는 《일없다. 사람만 무사하면 되는거다. 소라도 찾으니 얼마나 다행이야.》라고 하면서 우리들을 고무해주었다오.

우리 엄마는 일자무식이였지만 관건적인 시각마다 우리들에게 차근차근 가르켜주시면서 방향을 알려주고 힘도 주었던것이요.

나는 광복이 나는 해에 결혼을 했거든.

참 재수가 좋게 그 이듬해에 농사도 잘되고 송아지를 팔아 돈이 생겼소. 그러자 엄마는 그 돈으로 안쪽에 가서 솜을 사다가 이불도 만들고 실을 내서 옷도 짜 입자고 하였소. 그래서 나는 장인과 함께 안쪽에 들어가 솜을 많이 사왔소. 그러자 나의 안해와 엄마는 온 겨울 쉬지않고 부지런히 솜으로 실을 뽑아 천을 짜고 옷도 지어 입었고 이불도 만들었소. 물론 나도 힘껏 도와나섰지. 그 이듬해에도 또 솜을 사서 천도 짜고 옷도 만들고 나머지는 팔아 돈을 벌게 되였소. 그래서 난생 처음으로 나와 안해의 구두를 한컬레씩 사게까지 되였소.

동네에서는 모두들 우리를 부러워 하면서 《해련이네는 청산을 맞아도 제격 부자가 됐다.》고 하였거든. 그럴 때마다 나는 《상급의 정책이 좋아서 그런거지. 마음을 바로 먹고 부지런히 자기 두손으로 벌기만 하면 누구나 다 잘 살수 있을거요.》라고 말했지.

리광평: 토지개혁이 끝난 다음 호조조를 세우지 않았습니까?

정해련: 그래. 호조조가 나왔지. 1948년에 남도촌의 최동필이 맨 처음으로 호조조를 꾸렸소.

그러자 나도 인차 무주툰의 작은아버지를 모셔오고 처가집 등 8세대의 친척집과 짜고 들어 친척호조조를 꾸리고 호조조 조장을 맡게 되였소. 처음으로 자기 땅을 가지고 나라의 주인으로 된 우리는 서로 믿고 돕고 양해하면서 밤낮없이 이악스레 일하였다오. 여러 사람들의 노력으로 우리 호조조는 안도현의 모범호조조로 선거되였고 나도 안도현 모범호조조 조장으로 추대되여 처음으로 안도현회의에 참가하고 일등호조조 상장까지 타왔다오.

리광평: 안도현 일등호조조 영예까지 따내느라고 수고가 많았겠습니다. 호조조 다음엔 합작사를 꾸렸지요?

정해련: 그랬소. 1952년 남도촌에서는 최동필이가 처음으로 초급농업합작사인 동성사(東盛社)를 세우고 1954년에 박기봉이가 초급농업합작사인 화성사(火星社)를 세웠다오. 그때 나는 화성사 1대 대장을 맡고 한해 동안의 합작사농사를 지었댔소. 그런데 마음에 들지 않아 그 이듬해에 애당초 초급사에서 나와 혼자 개인농사를 하기로 했소. 그러자 친척들도 따라나와 다시 친척호조조를 묶자고 하면서 나를 또 조장으로 선거했다오. 이러자 상급에서 내려온 공작조에서는 나한테 개인주의가 많다느니, 농업합작화와 엇선다는지 하면서 심한 정치공세를 들이대는것이였소.

그러자 나는 입사와 퇴사는 자유라고 한 규정이 있지 않는가? 농업합작화를 반대하지 않는다. 그런데 지금 인력과 물력, 시간적 랑비가 많고 관리가 따라가지 못하고있지 않는가고 시비하면서 굽어들지 않았다오.

우리는 1954년도의 큰 흉년 때문에 콩기름을 짠 찌꺼기(豆餅)을 먹으면서 악전고투한 보람으로 1955년엔 대풍년을 맞이했댔소. 두초급사 사원들이 집단적으로 떠들썩하면서 탈곡하건만 우리 친척호조조에서는 품앗이방식으로 서로 한집씩 돌아다니면서 가족맛이 나게 조용하면서도 깐지게 일했다오. 나중에 두드려 보니 친척호조조 가족들의 낟알소출이 훨씬 더 많았고 비용도 더 적게 들었다오. 하여 많은 사람들이 친척호조조를 부러워했다오. 그러자 최동필주임은 《그걸 부러워 하지 마시오. 아무 때건 우리한테 들어올걸.》라고 했다오.

그런데 1956년엔 상급에서 내려와 삼도향의 삼도, 북도와 남도를 하나로 합쳐 고급농업사를 세웠다오. 전국적으로 농업합작화 바람이 세차게 일고 반우파투쟁의 폭풍우가 닥쳐오는지라 친척호조조는 어쩔수없이 헤여지지 않으면 안 되였소. 그래서 남도촌사람들이 삼도촌에 가서 기음을 매기도 하고 북도촌의 사람들이 남도촌에 와서 탈곡을 하기도 했소. 모두 한개 사에 속했으니 서로 다니면서 일을 했다오. 그래서 이곳 한족사람들이 이런 창가를 짓기도 했다오.

인민공사가 좋구좋네. 사회주의가 좋구좋네. 어디에 수요되면 그 어디로 가고 밥을 먹어도 공짜라네.

人民公社好, 社会主义好, 哪里需要哪里去, 吃反不要钱。

그래서 3년 농사를 해보니 망태기가 되었다오. 사람들을 관리할수 없고 농민들의 생산적극성을 발휘할수 있어야지? 그래서 고급합작사는 각 부락대로 갈라져서 부락핵산을 하게 되었다오. 그때는 작업구라더라.

남도작업구는 또다시 그전대로 동성사와 화성사로 갈라졌댔소. 또 1년 지나서 상급에서는 남도는 하나로 뭉쳐야 한다고 하여 남도대대로 되었소. 그래서 삼도에 올라갔던 최동필이가 다시 남도대대로 돌아와 대대장을 맡았댔소. 대대안에 생산대 6개를 내왔다오. 나는 제1생산대에 속했는데 최동필이 나더러 1대 대장질을 하라고 했소. 그래서 나는 대장질을 약 3년을 했소. 그때 다른 생산대 대장들은 고생만하지 먹을것이 없다고 하면서 모두 1~2년씩 하고는 다 나누웠소.

남도대대에서는 후에 다시 6개 생산대를 3개로 다시 편성하였소. 그러자 모두들 생산대장질을 안하겠다고 우겨댔소. 그래서 년말에 사원대회를 열고 대장선거를 다시 하느라 야단이었소.

그해 가을 대대총결을 지을 때 최동필이 나하고 물었소.

《해련아, 너는 어찌 할테냐? 대장질을 계속 할래?》

《나는 또 하겠습니다.》

《어째소 또 할래?》

《내 생각이 옳은지는 모르겠습니다. 나는 어려서 돈이 없어 공부도 못했습니다. 그런데 그후에 호조조 조장, 생산대 대장질을 하면서 보수도 받고 얼마나 많은 공부를 했는지 모르겠어요. 모주석덕분에 사업을 하였기에 이젠 저절로 이름도 쓸수 있고 신문도 볼수 있고 사업방법도 배웠고 사원들 심부름을 하면 술 한잔 대접받아 좋았지요. 이렇게 좋은 일을 왜 안하겠습니까? 만약 사원들이 나더러 대장질을 하지 말라고 하면 안 하겠습니다.》

《그럼 내가 너더러 계속 하라고 하면 할테냐?》

《그렇다면 난 계속 하겠습니다.》

《너는 골이 비상하고 부지런하면서도 마음이 좋으니 계속 대장질을 하여라.》

이리하여 나는 계속 생산대장질을 하게 되였다오.

그래 대장질을 하면서 나는 남보다 앞장서 일하여 남들한테 본을 보여줬소. 나는 사원들을 이끌어 농사를 잘 지었을뿐아니라 여러 가지 돈벌이도 조직하였댔소. 그래서 우리 생산대의 경제수입이 늘 다른 생산대보다 높았소. 이걸 보고 다른 생산대 사원들이 부러워 하면서 모두 우리 생산대로 이사를 오고싶어 했거든. 그래서 나는 늘 모범대장이 되였다오. 아마 남도촌력사에서 내가 생산대장질을 제일 오래 했을거요.

나는 남도촌사원들과 함께 1958년의 인민공사화와 대약진운동, 3년 재해와의 간고한 투쟁, 농촌사회주의교육운동, 그리고 무산계급문화대혁명이란 여러 가지 어려운 력사시기를 힘겹게 걸어왔다오.

리선생, 리선생은 조선사람들의《3척》이란 무엇인지 아나?

리광평: 《3척》이라니요? 처음 듣는 말씀입니다. 선배님께서 가르켜주십시오.

정해련: 예로부터 조선사람들은 실속이 없이 허풍을 치기를 좋아하지 않았소? 그래서《없으면서도 있는척, 못난것이 잘난척, 모르면서도 아는척 하거든.》그렇지 않소? 바로 이것을《3척》이라고 한단말이요.

그러니 마음 가짐을 잘하고《3척》하지 말고 착실하게 살아야 하지 않겠소?

호도거리농업생산책임제의 선행자

리광평: 로인님께서 남도촌을 위하여 정말로 많은 업적을 쌓으셨습니다. 참 존경스럽습니다. 그러면 호도거리농업생산책임제는 언제부터 실시하였습니까?

정해련: 그거야 안도현에서도 내가 제일 먼저 시작했지.

그게 바로 1981년 이른 봄이였소. 내가 제2생산대 대장질을 하고있을 땐데 안도현에서 숱한 간부들이 내려와 회의를 소집하는것이였소. 회의에서 들어볼라니 현에서 수전지구에서의 농호도거리농업생산책임제를 시범적으로 하겠는데 시점을 할 생산대를 찾는다고 하거든. 나는 명심하여 농호도거리에 대한 정책과 내용들을 들으면서 우리 생산대정황과 반복적으로 비겨해보았소. 그런데 들으면 들을수록 이런 책임제대로 생산대를 꾸리면 나라도 좋고 사원들도 좋고 나도 좋을것같더란 말이요.

회의에서 모두들 된다는둥 안된다는둥 의론이 자자하더군. 나는 잠자코 생각에만 몰두했소. 그 누구도 나서는 사람이 없었으니깐. 그러는데 현간부가 나의 이름을 부르면서 묻는것이였소.

《정대장, 남도대대에서 경험이 제일 풍부하고 언제나 남보다 앞장을 서는 당신이 이번에도 앞장을 서지 않겠습니까?》

《만약 상급에서 나를 믿어준다면 죽이되던 밥이 되던 제가 한번 먼저 해보겠습니다. 그런데 전제조건이 하나 있습니다.》

《무슨 조건입니까? 우리 현에서는 정책에 어긋나는것이 아니면 전적으로 도와드리겠습니다.》

《나는 중국에 12살에 왔습니다. 그래서 해방전의 쓴맛과 해방후의 단맛을 다 보았고 개체농사, 호조조와 합작사, 인민공사화의 길을 다 걸어왔습니다. 돌이켜 보니 그래도 호조조농사를 할 때가 제일 좋았습니다. 만약 이번에 농호도거리 생산책임제를 실시하자면 호조조 때의 방법을 많이 써야할것 같습니다. 그런데 그렇게 하자면 토지와 생산품을 나누어주고 도거리생산체계를 형성하고 구체적인 시달을 하자면 적어도 3년이란 시간이 걸릴겁니다. 그러니 현에서 저하고 농호도거리를 시작한 다음 5년전에는 절대로 이 책임제도를 변경시키지 않는다는 계약서를 쓰자는것입니다. 만약 이러한 정책성적보증이 없이는 나서지 않겠습니다. 만약 이런 계약서를 쓴 다음 내가 계약서를 어기면 현에서 내리는 처분을 달갑게 받겠습니다.》

그러자 현의 간부들이 한참이나 진지하게 의론하더니 그렇게 하겠다는것이였소. 이리하여 나는 현과 공사의 간부들과 농호도거리책임제실시 5년불변 계약서를 쓰고 서로들 도장을 빡빡 찍었다오. 그래도 많은 사람들은 반신반의하는것이였소.

이리하여 나는 안도현적으로 제일 먼저 1981년부터 농호도거리생산책임제를 실시하였소. 나는 대무위원들을 모아놓고 상세하게 정책도 설명하고 나의 실시방안도 이야기했소. 생각밖으로 모두들 좋다고 지지해 나섰고 공사와 대대의 지도를 받으면서 호도거리실시방안까지 깐지게 짰다오. 그런 다음 사원대회를 열고 함께 토론했더니 모두들 기뻐하면서 진심으로 찬성해 나섰소.

리광평: 사원들의 열정도 높았습니까?

정해련: 사원들이사 대단히 찬성이였지. 자기들의 직접적인 리익에 관계되니깐. 그런데 세 젊은 이가 호도거리를 못하겠다고 고집했소. 원용수란 젊은이가 볼 부은 소리를 하는것이 아니겠소?

《정대장, 난 못하겠습니다. 이때까지 부업할라만 다니던 내가 논갈이도 모르지 논물 볼 줄도 모르는데 어떻게 농사를 하겠어요? 》

《농사일을 모르는건 배우면 되잖아? 그걸 내가 배워줄게. 관건은 꼭 해보겠다는 마음을 가지 는거야! 호도거리를 하겠는가 말겠는가 하는 결론은 아직 내리지 말구 집의 어머니하고 잘 이야 기 해봐! 만약 어머니와 토론하여 다른데로 가겠다면 가고 그냥 나랑 함께 호도거리를 하겠으면 내일 아침 나를 찾아와. 알었지?》

열렬한 토론 끝에 모두들 집에 돌아가 더 잘 생각해 보기로 하였소.

이튿날 아침 푸름하여 원용수가 찾아왔더란 말이요.

《그래 너 어머니께서 뭣이라 하던?》

《저의 어머님은 정대장을 따라 하면 조금도 틀림없다면서 꼭 호도거리를 하라고 했어유. 저 도 잘 하겠으니 앞으로 많이 도와 주시유.》

《나 그럴 줄 알았다. 근심 말어라. 너는 나보다도 꼭 더 잘 할거다!》

내가 한창 원용수와 이야기를 하는데 다른 두 집 젊은이들도 다녀 와 도거리에 참가하기로 가족토론을 하였다는것이였소.. 이리하여 전 생산대의 33세대가 모두 한 사람처럼 떨쳐나서게 되였소.

며칠사이 사원들과의 반복적인 토론을 거쳐 구체실시방안이 결정되였지. 밭과 논은 좋고 나 쁜 것, 집과 거리의 멀고 가까움 등을 고려하여 인구에 따라 제비를 뽑아 나누었소. 생산대의 적 은 물건들은 값을 쳐서 고루 나누어주고 소와 같은 큰 재산은 값을 쳐서 몇 집에 주었소. 집단물 건을 가진 집에서는 그 물건값을 생산대에 바치였소. 인구와 도맡은 토지에 따라 공량, 구량임 무를 떨구고 정책에 따라 반드시 바쳐야 할 각종 부담금액도 집집마다 시달하였다오. 이 모든것 들은 사원들 자신이 토론결정한것이여서 모두들 자각적으로 그 계약들을 집행하더군.

나는 제때에 사원들에게 상급의 각항 지시정신을 전달하고 농업과학기술전수도 조직했으며 관계부문과 련락하여 자금, 종자, 비료, 비닐박막 등 생산물자공급을 담보해 주기도 했으며 곤난

있는 집들을 찾아서 생산계획도 세워주고 기술지
도도 해주며 애로들도 풀어주었소.

이렇게 되자 사원들의 로동적극성과 창조력은
전에 없이 발휘되었다오. 농사할 줄 모른다던 그
젊은이들은 나의 도움을 받은것보다 저절로 남 먼
저 나가고 남 늦게 들어오면서 부지런히 일한 보
람으로 감농군이 되였다오. 사원들의 노력으로 호
도거리를 한 첫해에 대풍작을 거두었는데 량식소
출과 경제수입은 모두 다른 생산대보다 훨씬 많았
다오. 공량과 구량 임무나 여러 가지 부담금액도
남보다 먼저 내였다오.

내가 앞장서 실시한 호도거리농업생산책임제
는 성공하였소. 현에서는 우리 제2생산대 성공경
험을 전 현에 보급시켜 1982년과 1983년에 전 현

다정다감한 정해련, 정정자부부.(2001.11.13)

적으로 호도거리농업생산책임제를 실시하게 하였다오!……

리광평: 로인님의 어머니는 언제 사망하셨습니까?

정해련: 내가 52살 때인 1979년 음력 8월에 나의 어머니께서 사망하고 안해도 그해 10월에
사망하였소. 홀애비로 된 나는 대장질을 안하겠다고 우겼댔소. 그러니 촌간부들이 나한테 녀자
하나를 소개해주겠다고 하였소. 그런데 그때 중학교를 다니던 나의 큰딸이 새어머니가 들어오
면 죽어버리든지 달아나버리겠다고 야단을 치는것이였소. 나는 딸과 네가 시집을 가기전에는
절대로 다른 엄마를 얻지 않는다고 맹세를 하였댔소.

에이구, 금년(2001년)에야 딸과 며느리가 나서서 권고하는 바람에 74살을 먹고서 로친을 얻었
다오.

죽어도 믿며느리로는 안 갈래

2004년 5월 7일 아침 9시, 나와 차광범은 오토바이를 타고서 룡정에서 출발하여 화룡시의 동성진, 룡수진, 팔가자진, 와룡향을 지나 로일령을 넘어 삼도림장부근의 작은 식당에서 점심을 사먹었다.

조금 쉰 다음 오후 1시 10분에 남도촌 최홍재 로인회장네 집에 도착하였다. 그리고 인차 집단이민로인님들을 만나기 시작했다.

우리는 최홍재의 안내로 먼저 집단이민 년장자이신 최기홍로인님집으로 갔다.

토성자리를 알려주는 최기홍.(2004.5.7)

리광평: 로인님께서 18세 때인 1939년에 이 남도촌으로 집단이민을 오셨지요? 그러면 1922년 전라남도 진한군 북구면에서 출생했지요. 와서 부락의 자위단질을 했지요?

최기홍: 나이가 되니까 자위단에 들어가지고 총을 메고 다녔소.

리광평: 정식총입니까?

최기홍: 그래.

리광평: 어떤 마을에서는 자위단들이 정식총을 못 가지고 나무총을 가지고 있었답디다.

최기홍: 그때 토총도 있고 또 보총인 38식, 99식도 있었어요. 밤이고 낮이고 총을 메고 보초를 봤지요.

리광평: 와서 토성도 쌓았지요?

최기홍: 쌓지 않구. 부락사람 모두가 나서서 쌓았지. 경찰들이 지켰단 말이야.

리광평: 경찰들이 여럿이 있었습니까?

최기홍: 여럿이 있었어. 그 사람들이 오래는 안 있었어. 대여섯 되기도 하고 많을 때는 한 20명 되고. 무장대지.

리광평: 총은 자위단에 몇자루나 있었습니까?

최기홍: 한 20자루는 되였지. 총이 많았어. 그리고 토비들(항일련군을 말함)이 들어와 량식을 거두어 간단말이요. 부락을 포위하고서. 량식을 가만히 파묻은것도 들추어 가고.

리광평: 위만경찰이 항일련군한테 총에 맞아 죽었다지요?

최기홍: 동경위보가 맞아 죽었소. 그게 부락의 제일 따관(大官)이지, 계급이 제일 높았지. 그때 달밤에 항일련군들이 들어와 총을 쏜게 대가리가 맞아 죽었어. 그때 경찰서는 삼도에도 없고 우리 부락에 경찰분주소가 있었지. 이곳에 자위단 무장이 한 2~30대 되지. 그래 우리는 밤낮으로 부락만 지키고 있었지. 바쁜일에만 참가하고.

하루저녁 항일련군들이 부락에 쳐들어왔단 말이야. 경찰분주소도 둘레에 작은 토성을 했어. 경찰 동경위보는 자기립장이 있으니까 얼굴을 들고 토성 넘어로 내다 보다가 항일련군들이 쏜 총에 맞아서 즉살했지.

최홍재: 그때 부락토성의 네귀에 포태를 다 쌓았다지.

리광평: 동경위보는 조선사람입니까?

최기홍: 그도 조선사람이야. 우에서 내려보낸 위만경찰이야. 분주소장은 아니야. 그 사람이 죽은 다음 이 부락 주위에 파묻었어.

리광평: 일본아이들이 비석이란 안 세워줬습니까?

최기홍: 안 세워줬소. 여기는 100호부락이란 말이야.

리광평: 로인님도 비적들이 들어올 때 총을 함께 쐈습니까?

최기홍: 2층포태안에서 총을 쏘기도 했소. 계급이 높은 사람들은 분주소안에 있었어.

리광평: 지금 토성자리랑 똑똑히 알립니까?

최기홍: 알리지 않고.

리광평: 그럼 좀 있다가 토성자리를 나가 봅시다.

최기홍: 지금 토성자리를 다 밀고 밭을 만들어서 흔적은 알리지 않지만 그 자리만은 알수 있소.

리광평: 그때 포태는 어떻게 만들었습니까?

최기홍: 포태는 떼짱으로 쌓았소. 네귀에 포태가 다 있었소. 포태에 아래층에 총구멍이 3개, 웃층에 총구멍이 3개씩 있었소.

　　최기홍로인님과 이야기를 마친 우리는 바깥에 나와 발방아호박에서 일하시는 최기홍부부의 장면을 촬영하고 또 땔나무를 정리하는 장면도 촬영했으며 토성자리를 찾아가 토성자리를 알려주는 로인님의 모습도 촬영하였다.

강아지를 기르는 최기홍.(2004.5.7)

최기홍은 근면은 장수의 비결이란다.(2004.5.7)

우리는 또 최홍재의 안내로 집단이민로인 류영동의 집을 찾아갔다. 류영동로인 께서 지난해 중풍을 맞아서 이야기도 못하시고 움직임도 아주 힘들어 하셨다. 부인 전금녀께서 우리를 반기면서 이야기를 나누었다.

리광평: 할머님의 명함이 전금녀(全今女)라지요? 년세가 어떻게 됩니까?

전금녀: 올해 딱 칠십(70세)이요. 1935년도 생이지요.

리광평: 생일은 어느 때입니까?

전금녀: 음력으로 동지달 초여드레날(11월 8일)입니다.

리광평: 고향은 어디입니까?

전금녀: 저 강 건너 조선의 갑산이지요. 함경남도 혜산군 대직면이지요.

리광평: 그러면 중국으로 어느 때에 건너 오셨습니까?

전금녀: 우리 부모네는 딸 여섯을 낳았어요. 아버지는 어머니를 괄시하면서 내가 아들이거니 하고 낳은게 또 딸이거든. 그래서 밸이나서 죽으라고 내버려 뒀대요. 그러다 어머니가 중풍으로 들어누워 8년만에 일어나셨지요. 그제야 아버지는 나를 죽으라고 내버려둔것이 그래도 용케 살

류영동과 부인 전금녀(2004.5.7)

아났다는 이야기를 하더군요.

그때는 이곳을 중국이라 하지않고 만주라고 했지요. 내 12살 때 나를 갑산에다 민며느리로 두고서 우리 엄마는 아이 둘을 업고 아버지는 쪽발기에 물건들을 싣고 중국으로 건너왔어요. 그래 낮에는 작난에 심해 모르겠던데 밤이면 엄마, 아버지가 어찌나 보고 싶던지. 그때 나는 1, 2, 3, 4도 모르는지라 밤마다 장대기로 금을 33개씩 그어 놓으면서 엄마, 아버지를 기다렸어요. 그런데 하루는 아버지가 만주에서 청년들을 데리고 술을 한통 가지고 우리 마을에 왔더군요. 그래서 나는 죽기내기로 아버지를 따라 나섰어요. 그때 지금 생각하면 시아버지될 분이 만주에 갔다가 3년되면 꼭 돌아오라는거지요. 그래서 나는 그러겠다고 하고는 아버지를 따라 백두산밑으로 걸어서 한도를 하면서 여기 집으로 왔어요.

그런데 와보니 6살나던 동생이 죽었고 세살난 동생도 문둥병에 걸려 쫄딱 망하는 판이지요. 우리 엄마가 나를 보고 울고불고 난시지요.

리광평: 그래 어디로 왔습니까?

전금녀: 부모님들은 흥릉하툰에 왔지요. 세살난 동생도 죽고 나 혼자 남았어요. 그러다 송강에 또 내려오고. 그러다 아버지가 노루함정에 빠져서 상했다가 사망했지, 엄마가 중풍을 맞아 8년을 고생했지.

그래 나는 한생을 고생으로 사오. 우리 언니가 조선 갑산에 셋이 있어요. 안도에 또 내 동생이 하나 있구. 그것도 남의 집에 주었다가 찾았어요.

내 자식이 5남매인데 참 부모들한테 효성해요. 저 령감이 지난해에 재풍을 맞는 바람에 저렇게 되었어요.

이야기를 마친 우리는 로인님들더러 한복을 곱게 차려 입히고 기념사진을 찍어드렸다.

5월 8일인 이튿날 아침 5시에 기상해 어제 봐두었던 마을풍경을 찍을 자리에 가서 촬영준비를 했는데 날씨가 흐리여 기다리다가 그런대로 찍고 돌아왔다.

아침에 최홍재네 양탕을 끓여주어 맛있게 먹었다.

아침을 먹고 나와 차광범은 최기홍로인님집에 갔다. 마당에서 나무를 패던 로인님이 《누구요? 뭘하는 사람이요?》라고 묻는것이었다. 그리하여 어제 촬영하려 왔던 사람들이라고 하자 그제야 생각이 나는지 반기면서 집으로 들어가자는것이었다. 할머님께서 인기척을 듣고 문을 열고서 어서 들어오라는것이다. 우리는 집안에서 할머님과 이야기를 나누었다.

리광평: 할머님의 명함이 무엇이지요?

박복순: 박복순(朴福順)이요.

리광평: 년세가 얼마입니까?

박복순: 일흔다섯(75세).

리광평: 생일은 어느 때입니까?

박복순: 음력으로 정월 스무엿새날(1월 26일).

리광평: 그러면 1930년 생입니다. 고향은 어디입니까?

박복순: 한국 전주에서 출생했소.

리광평: 중국에 아홉살에 왔습니까?

박복순: 아홉살에 왔으니까 아무것도 모르지뭐.

리광평: 아홉살이면 1938년도입니다. 어째서 중국으로 오게 되였습니까?

박복순: 그때 우리 아버지가 먼저 북만주로 갔다가 오셨대요. 그때 만주에 가면 먹을것이 흔하다고 하면서 이민모집을 왔지요. 그래 우리도 자보하여 집단이민을 오게 되였지요.

리광평: 그래 어디로 왔습니까?

박복순: 무주툰에 오는데 먼저 동남차툰에서 곁방살이를 했어요. 그래서 무주에 집을 지은 다

음 무주로 나왔지요.

리광평: 올때 집에서 누구랑 같이 왔습니까?

박복순: 그때 아버지, 엄마, 오빠 셋, 내 동생, 나, 모두 일곱이 왔습니다. 오자마자 동생이 죽었습니다.

내 15살에 이 집에 시집을 왔습니다.

리광평: 그러면 자식을 몇을 두었습니까?

박복순: 아들 셋, 딸이 셋이요.

리광평: 그러면 무주툰에 집단이민을 왔던 김량순할머님를 아십니까?

박복순: 김량순이라 누구더라?

리광평: 그때 무주툰에 몇호가 왔습니까?

박복순: 많이 실어왔지요. 50호가 왔어요. 나는 학교도 못 가고 아무것도 모릅니다. 와서 곤난하니까 오빠 셋도 학교를 못 다녔지, 나도 못 다녔지. 막내 오빠가 학교를 다니다 군대를 갔다 사망되고.

리광평: 그때 오자마자 무얼 잡수었습니까?

박복순: 만척회사에 좁쌀을 줍데다. 그래 조밥을 해놓고 먹기 힘들어 엄마가 울었지요. 고향에선 조밥을 못 먹었으니까. 썩은 조이를 주고 썩은 두병을 주고 했어요. 그래도 배가 고프니까 안 먹으면 안 되지요.

리광평: 그러면 집은 어떻게 지었습니까?

박복순: 처음엔 동남차툰에서 남의 곁방살이를 하면서 무주에 집을 지은 다음 나왔지요. 그러다 그 부락에 불이 나 가지고 거기서 살지 못해 아래로 내려와 다시 부락을 만들었어요. 그건 알려요. 무주에도 갔댔구만요.

리광평: 예, 우리 무주에 가서 하루밤 자기까지 했어요. 지금 우리가 조사를 하는것처럼 무주에도 다녔습니다. 그래서 김량순이를 만났거든요. 테레비죤에 나오던 할머님 말입니다.

박복순: 아, 혼자 사는 할매지. 그게 나의 올케요. 한국에 갔다 왔습니다. 옳소, 김량순이 옳소. 그 량반도 참. 자식을 못 낳아 남의 자식을 키워서 지금 락을 보고 있지요. 나의 오빠는 사망하

고. 거기도 이젠 이민을 왔던 사람들이 없을거요.

리광평: 예, 이젠 조선족들이 얼마 없습데다. 그때 부락을 앉힐 자리에 집들이 있습데까?

박복순: 집이라곤 없지뭐. 펀펀한 둔덕인데 나무가 꽉 찼지뭐. 그래 거기서 나무를 베여서 집을 지었지요. 아름드리 나무들이 꽉 찼댔어요.

리광평: 그 부락에 한국의 무주군에서 왔다고 부락이름을 무주툰이라고 했지요.

박복순: 그랬어요. 그 골안으로 올라 가면 양초구에도 집단이민들이 왔댔어요. 동남차에도 집단이민이 왔는데 지금은 다 없어요.

차광범: 우리 동남차에 안 들렸지?

리광평: 우리가 지나 다녔지. 조선족들이 없으니 조사대상이 없거든. 할머님은 고향에 가 보았습니까?

박복순: 못 가봤소. 이 량반도 못 갔지요. 조선엔 갔다왔습니다. 막내동생이 있는데 소식도 없어요. 동생 몇이 조선에 있어 한번 가 만나 보고 다시는 못 갔지.

부락마다 다니요? 정말로 수고를 하는구만.

인생의 동반자인 최기홍과 박복순.(2004.5.8)

이야기를 마친 우리는 두 로인님더러 한복을 입게 하고 집앞에서 기념사진을 찍어드렸고 발방아호박에서 두 로인님들의 세파를 겪어온 두 손을 클로즈업하였다.

금주를 구경시키고 안도로 보내다니

2007년 1월 25일 아침 7시, 요란한 전화별소리에 이어 남도촌 정주문(鄭注文)로인님과 최홍재 회장님의 목소리가 들려왔다. 이 부락의 리병희의 부인 김병순할머님께서 어제 사망하셨는데 내일 상여로 출빈하기에 촬영하려 오라는 긴급소식이였다. 이전에 저들은 그들에게 그 부락에서 누가 사망하여 상여로 출빈하기만 하면 촬영할수 있도록 알려달라고 부탁했으니 말이다.

그러는데 문득 유가족로인 한분이 들어오시더니 저들더러 촬영을 하지 말라는것이였다. 하여 저들이 아무리 사정을 하여도 저들이 낸 부조금도 돌려주면서 안 된다는것이였다. 이렇게 되자 우리는 우리들의 마음이니 부조금만은 받아달라고 사정하면서 제사상에 도로 올려놓고 바깥으로 나왔다.

하여 우리는 출빈장면을 촬영하자던 계획을 접고서 마침 최홍재의 집으로 놀려오신 최홍재의 이상 처남인 남주일(南周一)로인님의 이야기를 듣기 시작하였다.

남주일로인님과 이야기를 나누는 리광평.(차광범 찍음.2007.1.25)

리광평: 오래전부터 로인님에 대한 이야기를 많이 들었고 언제든 한번 찾아 뵙자고 벼르던 참인데 오늘 우연하게 만나게 되어 정말 기쁩니다.

남주일: 아이구. 남도툰에 집단이민을 왔던 사람들 가운데서 이젠 년세가 많던 분들은 다 사망하고 나 혼자밖에 안 남았지.

리광평: 로인님은 충청도를 떠나시여 어느 부락에 집단이민을 오셨습니까?

남주일: 제일 처음에 만보 신합평이지. 거기에 옛날에 서남툰이라고 있었소. 서남툰에는 먼저 강원도사람들이 이민을 왔더군. 우리 충청도사람들이 한해 늦게 왔으니 그곳에 곁방살이를 하면서 새 마을을 건설해야 했지비.

그래서 우리는 서한구라는 곳에 새 집단이민마을을 건설하게 됐지. 그런데 그곳이 항일련군 근거지와 가까워 공산당의 활동이 심했거든. 항일련군들이 뺑하면 놀라오지. 어떨 때는 물건을 가져가기도 하구. 어떨 때는 이웃집에 놀러오는것처럼 아무일도 없이 놀다가 빈손으로 슬그머니 가지뭐. 그래서 하도 오니까 그 사람들은 마을사람들과《수염이 더부룩한 령감이 안보인다》라고 롱까지 하지뭐. 그러니 마을사람들은 그들의 이름은 몰라도 면목은 다 알지. 이렇게 너무 익숙했으니까. 그래 그 사람들이 부락에 와서 소나 령식을 가져가면서도《이건 일본놈들이 준것이니 우리가 가져가도 일본사람들이 달라하면 또 줘.》라고 하거든. 사실도 또 그랬어. 일본사람들도 항일련군이 가져간걸 알고 또다시 소나 량식을 주었거든. 만척에서는 항일련군을 어쩔수 없었지뭐. 그래서 만척에서는 우리 부락 몽땅을 이 부락(남도툰)에 갔다놨지.

우리는 39년도에 와서 서한구에 집을 짓고 한해 농사를 하고 그 다음 40년도에 농사를 짓고는 남도툰에 다시 옮기겨왔어. 그때 우리 마을 하나만 그런것이 아니야. 같은 해에 충청북도 충주군에서 60호, 제천군에서 60호가 함께 오는데 충주에서 온 사람들은 선두방자(배를 타고 건너갔다는 뜻)에 자리잡고 우리 제천군에서 온 사람들은 서한구에 자리를 잡았지. 그런데 1940년도 말에 충주사람들은 영경에서 골짜기로 들어가면 고성툰이라고 있는데 그 부락에 옮기겨가고 우리는 남도툰으로 와서 합쳤어.

나는 약 4~5년전에 한 고향에서 온 사람들을 너무 보고싶어 고성촌으로 갔댔어. 내가 갔을때는 김정구란 사람이 지부서기질을 하더군. 젊은 사람인데. 그래 그 사람이 말하기를 이젠 다 가고 없대. 이젠 충청도사람들이 오면 자기가 주인질 한다는거지. 충청도사람들이 오면 모두 그집에서 자고 먹고 간다지뭐. 어떤 사람들은 산소가 있으니 계속 찾아 온다나.

리광평: 그럼 어느 년도 출생입니까?

남주일: 나는 올해 83세. 그러니까 1924년생. 사실은 1925년생인데 호적에 24년생으로 되있었어.

리광평: 생일은 어느 때입니까?

남주일: 음력 1월 26일.

리광평: 그럼 징병1기생입니다?

남주일: 징병1기생은 옳은데.

리광평: 그럼 로인님은 어느 때에 집단이민을 오셨습니까?

남주일: 여기에도 곡절이 좀 있어.

원래 1939년도에 우리 아버지랑 모든 식구들이 먼저 오고.

리광평: 어디로 오셨습니까?

남주일: 안도현 신합평의 서남툰으로 왔지요. 나는 고향에 떨어져 6학년 공부를 다 하고 1940년도에 서한구에 와서 가정들과 합쳤지.

리광평: 그럼 고향은 어디입니까?

남주일: 충청북도, 출생은 충주군인데 충주군과 제천군이 한데 붙었지. 그래 제천군에 와서 자라고 그곳에서 소학교를 다녔지. 이민은 제천군사람들과 함께 왔지.

리광평: 그럼 아버지랑은 1939년도에 왔군요. 그때 몇호가 함께 왔답니까?

남주일: 60호.

리광평: 그때 아버지네는 식구 몇이 왔댔습니까?

남주일: 할아버지가 있구, 아버지와 엄마가 있구. 동생네 둘이 있구. 모두 여섯이지.

리광평: 아버지의 명함은 어떻게 쓰십니까?

남주일: 남병찬(南炳贊).

리광평: 할아버지는요?

남주일: 남상대(南相大).

리광평: 어머니는요?

남주일: 리보선(李宝善). 내가 그곳에서 학교를 다녀야 하니 1년 떨어져서 왔지.

리광평: 로인님께서 올 때는 혼자 왔습니까?

남주일: 혼자 왔지.

리광평: 어디서 기차를 탔습니까?

남주일: 원주에서 탔어. 제천하고 원주가 가깝지. 그때 청량리에서 경상도 경주까지 통하는 철도를 건설중이였는데 그때 마침 기차가 원주까지 통했지. 그래 청량리를 경유해서는 원산, 청진, 남양으로 해서 두만강을 건넜지.

리광평: 그럼 명월구에서 내렸겠습니다.

남주일: 그래, 명월구에서 내려 신합까지 트럭을 타고왔지. 그때 트럭에 앉아도 참 출세를 하는것 같았지뭐.

리광평: 그럼 아버지랑 1939년에 서남툰에 와서 머물면서 서한구에다 토성도 쌓고 집도 짓고 하였겠지요?

남주일: 그랬지. 여기서 내가 또 할 말이 있지. 내가 직접 겪은것은 아니고.

선척에서는 우리 아버지네를 명월구에다 내려놓고 거기서 며칠 쉬게 했지. 그때 명월구에 《제천려관》이라는것도 있구. 제천 뭐라는 상점도 있구. 그 사람들이 다 제천에서 왔다나. 제 고향이 그리워 제 고향이름을 달아놓았다지. 아버지네는 내려서 제천이란 간판을 보고 거기로 찾아갔지. 서로 만나 이런저런 이야기를 하면서 반가워했지. 그때는 항일련군이란 소리도 토비란 소리가 없었지. 그때는 공산당이 령도하는 항일련군을 비적이라고 했지.

그 사람들이 말씀하기를 너희들이 가는 서남툰엔 비적들이 버글버글 한다고그래. 그러니 될 수록 그곳으로 가지 말았으면 좋겠는데. 그런 소리를 듣고 쉬는 사이에 두집인지 세집인지 도망을 해버렸지. 그래서 책임을 지고 데리고 오던 사람들은 큰일이 났다고 재빨리 사람들을 집중시켜 서남툰에까지 실어갔지.

그리구 명월구까지 오는데도 꿍꿍이가 있었거든.

제일 처음 제천에서 이민을 조직할 때 이민대표 2~3명을 선출해 이런곳으로 간다고 하면서 참관을 시켰지. 참관을 어디로 갔는가 하면 금주로 갔지. 금주를 구경시키고는《이런데로 이민을 온다. 그러니 돌아가 선전을 잘해》라고 했거든.

리광평: 그러니까 1939년도에 이민을 오기전에 그랬답니까?

남주일: 바로 이민을 오기 직전에 그랬지. 그러니 료녕성의 금주야 상당히 좋지뭐. 그 대표가 돌아와서《그곳은 일망무제 벌판이고 나무가 참 귀하더라. 비짜루두 귀하더라.》라고 했거든. 그래서 이민들은 이민올 준비로 쪽지게를 몇틀씩 만들고 비짜루도 크게 몇단씩 만들었어. 그리구 절구통, 도리깨도 만들었지. 이곳에 나무가 없다니까.

그런데 오면서 보니까 금주로 가려면 저쪽으로 가야겠는데 기차는 이쪽으로 온단말이여. 그래서 모두들 차안에서 무슨 일이 생겼다고그래. 모두들 와짝 떠드니 경찰들이 삑 둘러싸고 말을 못하게 하면서 명월구까지 오게했다고그래.

명월구에서 내려서 사방에 나무가 가득한걸 보고서도 자기 짐에 나무로 만든 물건들이 다 있는가만 살폈다지. 그래서 트럭을 타고 신합으로 가느라고 복만을 지나 황구령에 오르니 하늘을 찌르는 나무숲속의 길로 가거든. 아니 이게 나무가 없다던 곳에 이게 웬 말이냐? 그렇게 큰 나무들이 우리 충천도에는 없지뭐. 차에서 난리를 쳐도 무슨 소용이 있었겠어? 그래서 부득불 서남툰에 와서 내렸지.

두번 지은 집에 두번이나 불을 질러

남주일: 서남툰에 이르러서는 식구가 많든 적든 한집씩 곁방살이를 했지. 봄이 되니까 우리 제천사람들을 서한구라는 곳에 데리고 가서 너희들은 이곳에서 살아라 하거든. 둘러보니 주위엔 나무가 꽉 섰는데 훤한 벌판의 사득판이 펼쳐있거든. 그러면서 사득판에 물을 끌어들여 논을 풀라고 하거든. 그리구 주위의 나무들을 마음대로 베여다 집을 짓고 밭도 마음대로 일구라는거여. 또 집집마다 종자도 주고 소도 주고 술기(수레)도 주고 생활용품도 다 갖다줘.

이래서 우리는 집을 짓기 시작했어. 그 가운데 부지런한 사람들은 집도 다 짓기전에 들고서 그 집에서 살면서 집을 꾸렸지.

그러는데 하루는 비적들이 왔지. 지금 말하면 공산당이 령도하는 항일련군이지. 그 가운데는 남자들도 있고 녀자들도 있지. 그 사람들은 선전을 잘 하더군. 자기들은 항일련군인데 일제침략자를 반대하고 조선민족독립과 해방을 위해 싸운단다. 그래서 그날은 비적들이 인차 돌아가더니 며칠이 지나 다시 왔지.

이번에는 량식도 좀 가져가고 만척에서 내준 소도 끌고가고 또 의복도 가져갔어. 의복은 한국에서도 얻기 힘든걸 가져왔으니 값을 준다면서 실제 값보다 3~4갑절 될 돈을 주거든. 그리고 량식과 소는 만척에서 준것이니 그저 가져간다는 것이었어. 모은 량식을 자기들이 다 지지 못하겠으니 이민들더러 지어다 달라고 했지. 그래서 이민들은 마대에 량식을 넣어서 그들을 따라 지고 갔지뭐. 어떤 집들에서는 만척에서 준 자기집 소를 끌고가고. 이렇게 산으로 3~4일동안 메고 다녔지뭐. 그러자 비적들은 이젠 돌아가라고 하면서 요렇게요렇게 가라고 알려줬다는군. 그래서 그들이 알려준 길을 따라 걸으니 3~4일이나 돌던 길을 반날도 안되여 돌아오게 되었단 말이여.

그런데 집으로 돌아오니 일본군대들과 만군들이 가득 와서 짐을 지고간 사람들이 내려오기를 기다리고 있지뭐. 그래 놈들은 산에서 내려온 사람들더러 탄약도 지고 식량도 지고 자기들과 함께 비적들 잡으려 가자고 하면서 길안내를 하라거든. 모른다고 해도 안 되였지. 바로 이민들은 이렇게 여러면으로 고통을 받았지.

그런데 비적들이 자주 오지뭐. 부락에 와서는 마을사람들을 모여놓고 이야기도 하고 어떨때는《왜 얼굴에 수염이 더부룩한 사람이 안보인다.》라고 롱까지 하지뭐. 마을사람들은 또《야, 먼저번에 와서 춤추던 녀자는 이쁘게 생겼던데 왜 이번엔 안왔나?》라고 서로 롱을 하였지뭐. 이렇게 가깝게 지내게 되었지.

그러면서 집짓기를 완성했었지. 그런데 그곳은 안도현에서 서리가 일찍이 내리는 곳이여서 심은 곡식이 여물기전에 서리를 맞네. 그러니 먹을게 없지. 그래도 만척에서 식량을 대주니까 걱정은 안했지.

그런데 할일련군들이 자꾸 오는지라 만척에서는 그 성화에 어쩔수 없다면서 우리 이민들을 서남툰으로 도로 가라고 하더군. 그러면서 서한구에 새로 지은 집을 그냥 두면 비적들이 쓸것이라면서 몽땅 불을 지르라고 했어. 그래서 제가 지은 집에다 저절로 불을 놓고 우리는 서남툰에 돌아와 또 곁방살이로 겨울을 났지.

1940년도 봄이 되니까 만척에서는 우리 제천사람들을 다시 서한구에 가서 살라 하면서 다시 집을 지으라는것이지. 그래서 무슨 수가 있어? 우리는 다시 집을 지었지. 그런데 가을에 또 서리를 맞아 아무것도 없는데다 비적들이 자꾸 오는지라 만척에서는 다시 집에다 불을 지르게 하고 서남툰으로 옮기게 하더군.

만척에서 아무리 생각해도 안되였던 모양이지 1940년도 농사를 다 지은 다음 우리 제천사람들은 남도툰에, 저 충주사람들은 영경의 고성툰으로 각각 가게 하였소.

리광평: 그럼 로인님네는 1940년도말에 이곳으로 이사를 왔습니까?

남주일: 40년도말, 41년도초 사이였지. 그래서 41년도부터 이곳에서 농사를 짓기 시작했지. 이 마을도 1939년도 전라도에서 온 사람들이 세운 집단이민부락이였거든. 그런데 이 부락도 사람들이 줄어들었어. 그래서 우리 제천사람들을 이곳에 보내여 다시 100호부락으로 만들었다지. 그래 몇해 있다가 해방을 맞았지.

해방이 나자 이 부락도 한 40호밖에 남지 않았어.

그후 이곳이 살기가 좋으니 여러곳에서 이사를 왔어.

호조합작을 할 무렵에서 등소평의 도거리농사가 나오기전까지 그때가 이 마을의 전성기였댔지. 그때 여기는 전 연변적으로 농민수입이 제일 높은 곳의 하나였지. 물론 해마다 그런건 아니지만. 그리구 연변적으로 기계화정도도 상당히 높았거든. 그리고 논 원전화(표격화논판)도 전 연변적으로 제일 먼저 했더군. 그래서 우리는 이곳에서 사는걸 자랑으로 생각했어. 그리구 마을이 생겨서 지금까지 흉년을 모르고 살았기에 농사를 지어 밥먹고 사는데는 이곳이 하늘 아래 제일이라고 하거든. 여기 사람들이 말하는 흉년은 지난해보다 올해가 수입이 좀 못하다라는거지뭐. 아무리 농사가 안 되여도 자기가 먹고 남음이 있었거든.

선생님들도 조선족력사조사를 한다고 하니 알겠지만 우리 조선족들은 어디가나 엉치(엉덩이)를 붙이고 살기를 좋아하지 않습니다. 그 부락에서 아버지가 늙어 죽고 자기도 자식들을 낳고 살지만 날마다 이사를 간다는거지뭐. 저기 수광이란 한족마을은 선지 몇십년이 안되지만 인차 인구가 불어나고 모두 벽돌집을 지었거든. 여긴 마을이 선지 70년이 되지만 아직도 할아버지 때에 발라놓은 벽이 그냥 있거든.

내가 이 마을을 떠난것은 1983년도이요. 호도거릴 시작하자 떠났지.

리광평: 그러니까 로인님은 서남툰에 갔다가 다시 서한구에 갔고 그 다음 다시 서남툰에 왔다가 이곳으로 왔단 말씀입니까? 그러니 서한구에서 집을 두번 짓고 두번 불을 놓았단 말씀이지요?

남주일: 그래. 그쪽의 선두방자에 왔던 충주사람들도 똑 같이 그랬지.

나는 이 부락에서 호조합작을 해서부터 회계질을 하였어. 그리고 이 마을 촌사를 쓰는걸 좀 도와주었지. 이 부락에 정해련이란 분이 있었지. 그 사람은 전라도사람이니까 1939년도에 집단이민을 온 사람이였거든. 그 사람들이 처음부터 이 마을을 건설했지. 그 사람이 다른 사람들보다 더 령리해. 학교도 못다닌 사람이 어쩌나 총명한지.

이야기를 하는데 정주문로인님이 들어오셨다.

리광평: 지금 우리는 남아바이한테서 이야기를 듣고있습니다.

정주문: 들을 이야기가 참 많을겁니다.

리광평: 지난번 정해련로인님이 사망했을 때도 제가 갔댔습니다.

남주일: 정해련이의 둘째아들이 이 마을에서 살지. 나의 녀동생이 이 집에서 살기에 나는 연길에서 늘 여기로 온단말이여. 그래 그 령감하고 만나서 우리가 살아있을 때 이 마을건립 60주년을 맞으면서 촌사나 좀 적어 놓자고 의론했거든.

그래서 모여 않아 서로 이야기를 하면서 대수 써놓은걸 이 량반(최홍재를 가리킴)이 가져다가 다시 잘 정리를 했지뭐. 글쓰는 재간이 있으니까. 그렇게 된 촌사는 내용이 빠진것도 있겠지만 앞으로 젊은이들에게 도움을 줄수 있을거요.

리광평: 저도 많이 돌아다녔지만 이 마을처럼 촌사를 글로 정리한 마을을 아직 못 봤습니다.

남주일: 그래도 이 량반이 글쓰는 재간이 있어서 그렇지.

리광평: 그러니 로인님은 몇살에 집단이민으로 오셨습니까?

남주일: 16살에.

정주문: 리선생님이 이젠 우리 부락에 수차 왔다갔고 또 우리 조선민족의 력사와 풍속을 촬영하려고 애를 쓰고 계시거든. 더욱히 우리 형님(정해련을 말함)이 세상을 뜨자 우리가 련락하니 오시니 않았습니까? 직접 돈화의 화장터에까지 가서 제사지내는걸 다 촬영하셨거든요. 그런걸 생각해서 이번에도 전화를 했어요.

이번에 최선생(최홍재를 말함)이 이렇게 말해요. 리선생님이 우리들한테 토장을 하는것이 있으면 련락해달라고 부탁했으니 전화를 해보자고. 그래서 나는 리선생님의 명함을 찾아 오늘 아침에 행여나 해서 전화를 했거든요. 그래서 이렇게 바쁜 걸음을 시켰지요. 우리가 먼저 리봉희하고 상의를 하지 않은게 아니거든. 리봉희도 리선생님을 잘 알거든. 그래서 리선생님에게 알리자고 하니 그도 참 좋겠다면서 오게 하라고 했거든요. 그런데 오신 다음에 이런 일이 생겼으니까 아니 우리들이 볼면목이 없습니다.

리광평: 아닙니다. 미안해 하지 마십시오. 우리들이 리해합니다. 정로인님께서 와 최회장께서 이렇게 전화까지 해주시니 얼마나 고마운지 모르겠습니다. 앞으로도 이런 일이 있으면 알려주십시오.

최홍재: 참 일이 제대로 되지 않아 정말 미안하오.

정주문: 이런 일이 생기리라고는 생각밖이구.

리광평: 여러분들의 덕분에 이곳으로 왔기에 오늘 남아바이를 만나서 얼마나 좋은지 모르겠습니다. 하하하

정주문: 아니 선생님들한테도 미안하지만 리봉희네 집에도 실례가 되는것 같구. 이것 참.

최홍재: 이번에 우리가 리봉희네 집에 상여를 만들어 손잡이뜨락또르에 싣고 나가기로 제의를 했던거요.

류재학: 그 집의 정서를 고려하는것도 옳습니다. 다음 번에 어떤 행사가 있으면 또 오겠습니다.

리광평: 상사가 났으니 마음이 섭섭하니까 그럴수 있다고 봅니다. 괜찮습니다.

정주문: 리선생님이랑 우리 민족의 풍속습관이나 력사를 사진과 글로 기록하려고 애를 쓰는데 돕지 않고는 어쩌겠습니까?

리광평: 이제 방금 남아바이한테서 이야기를 들어봤는데 특히 인상적인것은 일본사람들이 집단이민을 모집할 때 이민대표들을 먼저 금주에 보내 구경시키고 나중에 이민은 금주가 아닌 이쪽에로 보냈단 그것입니다. 이것이 바로 선척과 만척에서 기편적수단으로 이민들을 모집했다는 새로운 근거로 되는겁니다. 금주란 료녕성의 대평원이고 기후도 좋은 곳이거든. 그러니 무산천리라고 지게요, 도리깨요, 절구통까지 나무로 만든 생산, 생활용구들을 가지고 오게 되였거든요.

그리고 다른곳보다 특수한 점이 또 있습니다. 만척에서는 집단이민을 서남툰에 부리워놓은 다음 그곳에서 약 5리가 떨어진 소한구에 가서 집을 짓고 살게 했거든요. 그러다 항일련군활동이 심하니 가을에 새로 지은 집을 태워버리게 하고 서남툰에 오게 하였거든요. 그 다음해에도 또 집을 짓게하고 가을엔 또 그 집에다 불을 질러버리고 서남툰에 다시 오게 하였거든요. 만척에서 이토록 못된짓을 한건 아직 다른 곳에서는 듣지 못했습니다. 일본침략자들이 얼마나 지독합니까?

그리고 백성들과 항일련군이 서로 롱까지 하며 한집식구처럼 지내던 이야기도 다른 곳에서는 듣지 못했습니다.

오늘 정말 좋은 이야기들을 잘 들었습니다.

로인님께서 그때 16살이였으니까 세상물정을 다 알 때입니다.

남주일: 그래, 다 알지. 그때 신합에 만척회사가 있었어.

리광평: 그때 스치개라고 했지요?

남주일: 스치개라고 했지. 그게 바로 북스치개지뭐. 그리구 또 남스치개가 있었구. 명월구에서 송강까지 들어오는 차길이 북스치개를 거쳐 났으니까. 마을이 두개 밖에 없으니까. 남쪽에 하나, 북쪽에 하나. 북스치개에 만척회사가 있었으니 중심이 되였지.

한생을 회계사업에 바쳐

리광평: 로인님은 북스치개에서 무슨 일을 하였습니까?

남주일: 나는 북스치개의 만척회사에서 일년동안 닥치는대로 심부름을 하였지. 일년이 지나

서 흥농합작사란 기구에서 일하였댔어. 흥농합작사란 지금 말하면 농촌신용합작사와 량식관리소, 농업기술보급소를 다 합친것과 같은 기관이였어. 거기 들어가서 보조 회계를 배웠지. 그래서 해방이 날때까지 그런걸 해먹었지뭐.

리광평: 그럼 로인님은 그냥 스치개에 있었습니까?

남주일: 스치개에는 일년 있구. 그 다음 흥농합작사에 있었지.

리광평: 그럼 흥농합작사소재지는 어디에 있었습니까?

남주일: 흥농합작사는 송강에 있었어. 그때 아버지, 어머니가 송강과 가까운 이 마을에 있었으니까 부모님과 가까운 곳으로 오느라고 송강에 왔었지. 흥농합작사에서 회계를 배우게 된건 내가 남보다 주산을 빨리 놓았으니까 그랬지. 아무튼 농사를 짓는것보다 더 편하다고 그 일을 계속했지.

리광평: 그때 송강은 안도현의 소재지지요?

남주일: 안도현 소재지이지.

리광평: 그럼 로인님은 숙박을 어떻게 했습니까?

남주일: 그곳에 쪼끄마한 려관도 있었어. 지금처럼 그렇지뭐.

리광평: 그때 로임을 받았습니까?

남주일: 그저 생활할만큼 저그마한 로임을 받았어. 하루에 약 1원, 1원 20전. 1원 50전, 해방이 날 림시에는 약 2원 50전씩 받았어.

리광평: 해방이 날때까지 그냥 흥농합작사에 있었습니까?

남주일: 아버지 어머니랑 다 무사하니까 그냥 거기에 있었지. 해방이 되자 아버지께서 상세났어. 아버지가 상세나니 집을 건사할 사람이 없어 집으로 돌아왔지. 그때 우리 아버지가 계셨는데 귀가 어찌나 어두운지 총을 쏴도 돌아보지 않거든.

그래 지금 촌사란 재료에 부족한것이라면 그전 사람들이 고난하게 살던것이 기록이 안된거지. 그때의 로인님들이 계시면 서로 이야기를 하면 알겠는데 안 계시니 방법이 없지.

해방후 당의 령도아래 호조조를 꾸리고 합작화를 실시하면서 거둔 빛나는 성과들이 있지뭐. 그런데 그런것들도 기록이 잘 안되였지. 그리구 이 마을에서 피해를 받은것도 있었지. 이런것들을 보충하여 넣었으면 이 마을을 료해하는데 더 도움이 되겠다고 생각하오. 그런데 이젠 그때 정황을 알만한 로인님들이 없지뭐.

리광평: 그래도 다행하게 이 마을의 최기홍로인님이 아직도 살아계시더군요. 그런데 그 분은 사유가 너무 안되더군요.

남주일: 재료를 할때 그 로인님을 찾아가니 참 재미있었어. 그 로인님이 자기는 몇년전에 서울에 갔다왔다나. 그러면서 《서울에는 삼층집들이 가득하데》라고 하지 않겠어? 그러니 기억력이 그렇게 퇴화되였거든.

리광평: 아까도(방금전) 내가 가니까 저절로 지금 70살이라 합데다. 그리구 비적이 부락에 들어왔을 때 총을 쏘던 이야기만 반복하더군요.

남주일: 아, 그러니까 그 재료도 빠졌단 말이여.

해방직후에는 김구가 배양했다는 특무들이 여기에 와서 활동한 일도 있지뭐. 최창렬이란 사람이 활동했다고 하거든. 이런 이야기들을 조사하여 보충했으면 좋았을걸.

리광평: 로인님께서 서한구와 서남툰에서 고생한 이야기들을 더 들려주십시오.

남주일: 내가 직접 겪은 일이 아니여서. 그때를 지금과 비기면 생활자체가 고생이지뭐. 나는 그래도 벌레에 안 물리구 땀도 적게 흘렸으니깐.

리광평: 그때 아버지는 년세가 어떻게 되였습니까?

남주일: 나보다 20살이 이상이였어. 아버지는 40살전에 이민으로 들어왔지요.

리광평: 할아버지도 년세가 많으셨습니까?

남주일: 할아버지도 아버지보다 한 20살 이상이였을거요. 우리 조선족들은 한 세대가 약 20년 차이이지.

리광평: 로인님은 광복이 나서는 기본상 이 마을에 와 있었습니까?

남주일: 그랬지. 위만때 기관에 있으면서 신경쇠약에 걸렸지. 그때 잘 한다고 하니 더 잘 하느라고 신경을 많이 쓰다가 신경쇠약에 걸렸거든. 그때 주산을 때리는 3급이야. 그래 돌아와 농사를 몇년 짓는 동안에 병이 떨어졌거든. 그래서 야, 나는 평생 농사를 지을 팔자이다라고 결론을 내렸지.

이 마을에선 1951년 안도현에서 제일 처음으로 황색연초(잎담배)를 심게 되었지. 우리 호조조에서 제1차로 심었어.

그때 정부에서 이런 회사도 세우고 저런 회사도 세우고 은행인지 하는것들을 한창 세웠지. 국가기구가 한창 서는 때지. 그때 안도현 림업과 과장이 나를 찾아와 지금 회계가 한창 수요되는데 나와서 사업을 하라는것이지. 그런데 나는 내 속궁리가 있었거든. 내가 농사를 지으면서 신경쇠약이 떨어졌는데 이제 다시 회계질을 하다가 병이 도지면 어쩌겠냐. 하여 거절했지. 그때는 조선전쟁 때가 아닌가. 그러니 과장이 하는 말이 지금 전쟁터에서 젊은이들이 적의 총탄을 헤치면서 싸우는데 네가 자기 신체만 고려한다면 어쩌냐? 이거 정말 무거운 몽둥이로 치기보다 더 무섭거든. 그래서 나는《예, 알만합니다. 제가 가서 공작하겠습니다.》라고 대답했지.

그런데 안도현적으로 제일 처음 황색연초재배를 시작해 놓았는데 내가 떠나가면 안 될것같았거든. 그러자 가을에라도 나오라는것이었지. 그래서 일년농사를 다 했지. 하루는 우리들이 탈곡하는데 어떤 사람이 찾아왔어. 그 사람이 나보고 봄에 김과장과 한 말이 있는가고 묻거든. 내가 있다고 하니 그럼 어쩌겠는가 하고 묻더군. 그래서 나는 뭘 어쩌겠는가, 말하면 한대로 해야지. 그러니 래일 못가겠소? 하거든. 그럼 래일 갑시다. 이래서 탈곡을 뿌려치고 공작에 참가했지뭐.

리광평: 그래 어디에 들어갔습니까?

남주일: 안도현 림업과에 들어갔어. 그때 한창 목재채벌을 하고있지. 그래 림업과에 가서 1951년도 겨울 목재를 하고 52년도에는 채종작업을 하고.

53년도 봄에 림업과에서 나한테 전화가 왔어. 지금 연변전원공서에서 120여명 회계인원을 대량 모집하는데 안도현명액으로 네가 요구하면 보내겠다. 그래서 나는《당신들이 보내기 편리하면 보내고 불편하다면 보내지 않아도 됩니다.》라고 대답했거든. 그러니 그들이 연길에 가라는것이었소. 그래서 나는 연길로 갔지.

리광평: 그래서 1953년도에 연길로 갔습니까?

남주일: 그래. 연길로 가던 해에 그때 말로는 연변3고중, 그후에 그 학교가 연변사범학교로 변했다더구만, 그래 그 학교를 지었지. 연변병원도 그해 같이 지었지. 그때 연변공정공사에서 100여명이 단꺼번에 학습을 했어. 그때 쏘련회계를 배웠소. 그때 우리는 나이가 한창 어리니까 회

계시간이 오라지 않았지만 새지식이 쏙쏙 들어오지. 거기서 두달인가 석달인가 학습을 했어.

그런 다음 나를 연변전원공서 교육처 수건위원회에다 안배를 하더군. 그래서 거기서 성본핵산을 하는데 정말 버릇이 떨어졌습니다. 그해에 연변3고중, 연변병원, 룡정고중, 훈춘고중, 연변보육원, 청년호텔부근의 구락부를 다 지었어. 그런데 그런 성본핵산을 하라지. 성본핵산이란 1전을 열번이나 더 쪼개는 일이지뭐. 아무리 바빠도 시키는대로 해야지뭐.

그런걸 하고나니까 연변재정처에서 데려다가 심계를 배워주더군. 약 두달 배우는데 연변고중(지금의 연변1중)의 회계가 탐오를 했다네. 그러니 심계를 배우는지라 내려가서 장부검사를 하라네. 내가 한 18개월 했지뭐. 그런데 그 학교에 회계가 없다고 나를 거기서 회계질을 하라네. 어쩌겠소? 못한다는 소리는 못하는게고. 그래서 나는 연변고중의 회계가 되였지. 그래서 1956년까지 있었는데 옛날의 병이 다시 도졌지. 그래서 자면 약 닷새씩 자고 안 자면 약 일주일씩 한잠도 못자고. 병원에 가도 진단도 못하지뭐. 체질이 70몇근까지 내려갔어. 이런데 어떻게 하라는가? 그 학교교장이 네가 앞으로 무얼 하던 너의 병은 우리가 고쳐서 내보낼게 하거든. 그런데 나를 놓고보면 나라에 큰 공헌도 없는데 무슨 국가신세를 지겠는가. 그러면 량심의 가책을 받아 안된다. 그러니 나는 내고향으로 가겠다.

그래서 나는 1956년도에 남도촌으로 다시 돌아왔지.

나는 부락에 돌아와 약 1년 동안은 누워서 일어나지도 못했어. 그러다 차츰차츰 병이 나았지. 그런데 그때는 고급사니, 인민공사니 하는데 거기에 해당되는 회계가 없네. 그때 삼도, 남도, 북도가 한개 대대라. 그런 결산을 할 회계가 없거든. 그래서 내가 조금 걸어다니게 되자 나를 붙잡는단 말이여. 정말 보니까 기가 딱 차지뭐. 그래 채 앓지도 못하고 내가 맡게 되였지. 2~3년 지나 삼도, 남도, 북도가 갈라졌지. 그래 남도에서 또 회계질을 했지. 그래 후에 회계를 배양했어.

우리는 남주일로인님과 한시간 훨씬 넘게 이야기를 했다. 로인님이 휴식해야 하고 또 저녁식사시간이 되였다. 우리는 남주일, 최홍재, 정주문 등 로인님들과 한담하였다. 우리는 이 마을에서 출빈습관에 대해 이야기를 나누었다. 그 내용을 종합하면 다음과 같다.

이 부락에서는 처음부터 고정된 상여가 없었단다. 사람이 사망하면 마을에서 간편한 상여를 만들어 상여로 유체를 넣은 관을 덮고서 메여내갔단다. 그리고 상여를 메여내간 다음 제사를 끝내고는 산에서 그 상여를 태워버린단다. 그래서 상여를 천으로 만드는것이 아니라 전부 종이로 만든단다. 상여에는 관을 메는 대채도 포괄된단다. 그래 상여군들이 대채를 메고 내간단다. 그런데 오늘 리봉희네 집에서는 나무틀우에 종이를 바르고 또 여러 가지 색갈의 종이꽃을 만들어 단 다음 그럴 관우에 씌운다. 그리고 대채는 없이 상여를 덮은 관을 손잡이뜨락또르에 실어 내간단다. 우리는 리봉희네 집과의 약속을 지키기 위하여 그 집의 상여를 촬영하지 않았다.

그런데 이상하게도 지금은 흔히 상여를 쓰지 않고 대부분 화장을 한다. 이곳에서는 돈화화장터로 간다.

이야기를 한참 한 다음 저녁식사를 하고 계속 한담을 하였다. 최홍재께서 신로인과 종수를 강변에서 화장하던 이야기를 하였다.

이어서 정주문로인님과 이야기를 나누었다.

리광평: 로인님은 이 마을에 언제 오셨습니까? 원래는 무주툰에 집단이민으로 오셨지요?

정주문: 야, 나는 무주툰에 1939년(문헌기록에는 1938년임)에 집단이민을 왔고 우리 사촌형님인 해련이가 1939년도에 이 마을에 이민을 왔거든요. 그런데 나의 큰 아버지께서 이 마을에서 세상을 떴으니 광복이 나자 형수님과 조카들을 모시고 조선 고향으로 함께 나가려고 아버지를 모시고 이 마을에 왔댔지요. 바로 해방된 이듬해에 고향으로 가자고 집이랑 다 팔고 1946년도에 이곳으로 왔지요.

이곳에 와보니 나의 큰사촌형님 해철이가 모질 앓고있었거든요. 그래서 해철이 형님이 나으면 함께 갈려고 기다렸지요. 그런데 해철형님이 1947년도에 불시로 사망했어요. 마침 그해에 토지개혁을 하고 조선으로 나가는 길이 막히는 바람에 고향으로 못가고 이곳에 주저앉게 되었어요.

리광평: 그러면 로인님의 고향은 어디입니까?

정주문: 전라북도 무주군 무주읍이지요.

리광평: 명함은 정주문이지요?

정주문: 예, 그 이름은 저의 아버지가 지은것이랍니다. 아버지는 아들을 기다리고 기다리다가 내가 태여나자 너무 기뻐서 동네에 나가《내가 아들을 주문해 왔소.》라고 했대요. 그래서 아들을 주문해왔다는 뜻으로 주문(注文)이라고 이름을 달았답니다.

리광평: 그 이름이 참 재미있습니다. 그럼 어느 해에 출생하셨습니까?

정주문: 1934년 10월 11일입니다.

리광평: 그때 무주에 모두 몇호가 왔습니까?

정주문: 모두 100호지요.

리광평: 지금 무주툰에 김량순(金良順)할머님이 살아계시지요?

정주문: 양, 김량순할머님이 이젠 80이 넘었습니다. 지금도 건강하십니다. 이 동네에도 왔다 갔습니다.

리광평: 그때 이민을 올때 로인님집에서는 누구랑 함께 왔댔습니까?

정주문: 아버지, 어머니, 그리고 조모, 저의 아래동생 하나, 또 나까지 모두 다섯이 함께 왔습니다.

리광평: 그래 처음에 와서는 동남차툰에 있었습니까?

정주문: 처음 와서는 마을이 없으니 동남차툰에서 곁방살이를 했습니다. 우리는 한족집에 들었습니다. 지금도 그 기억이 생생한데 정주문을 열고 들어서면 돌로 만든 맷돌이 있었어요. 그 맷돌로 옥수를 갈아서 쩬빙이랑 만들어 먹었거든. 그래 그 한족집에서 살면서 무주툰에 다니며 마을을 세운 다음 이사를 갔습니다.

리광평: 무주툰에서도 토성을 쌓았지요?

정주문: 토성을 쌓지 않구.

리광평: 이민을 와서 집부터 먼저 지었습니까 아니면 토성부터 쌓았습니까?

정주문: 집부터 지었어요. 집을 짓고 살면서 토성을 쌓았어요. 토성을 쌓고 그 밖에 구덩이를 넓게 파고 또 그 밖에 목성을 빽 돌려 세웠어요. 그리고 동대문이라고 마을 앞에다 턱 세웠지. 무주에는 동대문과 북대문이 둘이 있었어요.

리광평: 무주란 바로 김일성의 어머님 강반석께서 살다가 사망한 곳이지요.

정주문: 예, 그때는 경찰서가 동남차촌에 있었거든. 우리 무주는 툰이고.

리광평: 그럼 그 곬으로 썩 들어가면 양초툰이 있지요? 양초툰도 모두 무주툰처럼 동남차촌에 속하였겠습니다?

정주문: 그랬습니다.

남주일: 그러면 우리 남도툰은 어디에 속했던가? 아, 해방전에는 송강촌에 속했지. 동남촌이 그때 그렇게 힘이 있었나?

정주문: 아니, 그때 동남촌은 셌습니다. 촌이 지금의 향과 비슷한데 그때 동남차가 상당히 컸습니다. 그때 경찰서는 동남차촌에 있고 툰에는 경찰분주소가 있었어요.

남주일: 양초구도 원래는 조선 갑산의 이민부락인데? 동남차촌에도 조선이민들이 있었구.

정주문: 동남차촌에는 조선사람들이 얼마 없었습니다.

최홍재: 삼도향엔 집단이민부락이라는것이 남도와 북도구.

남주일: 아니 삼도도 집단이민을 박아넣은것이 있었어. 이 마을의 윤준환이가 삼도툰이민이야.

정주문: 그리고 조판식이두 삼도툰이민이지.

류재학: 이곳의 집단이민들은 어디서 온 분들입니까?

남주일: 전라북도, 충청북도. 충청북도사람들은 후에 따라왔지.

정주문: 제1차이민이 무주로 오고 제2차이민이 여기로 오고. 북도툰도 대부분 전라북도사람들이요.

남주일: 경상도사람들을 삼도툰에 넣은것이 일부 있구. 송강부근에도 전라도가 많지. 정읍, 사도, 장수 이게 다 전라도거든. 흥륭툰에도 일부사람들이 전라도고 한흥툰도 전라도고 또 금제라고 있었는데 후에 무주툰으로 가 버리구. 철수아버지, 리정섭이 다 거기 사람들이구. 영경에 가면 강원도사람들이 고성툰, 고등툰에 있구. 고성툰에 충청도사람이 있구. 장년툰에 충청도사람들이 있구. 장년툰이 해방이 나자 그저 없어지고 말았지.

리광평: 장년툰이라고 어디인가요?

남주일: 대사하에서 량강으로 가는 길옆. 조양을 좀 더 지나가서. 그리구 량강구에 가서는 전부 전라도 마을이구. 영경에서는 동청, 동청에 충청도사람들이 일부 있었구. 그리고 서포툰에 충

청도사람들이 있었구. 김화에 강원도사람들이 있구. 강원툰에 강원도사람들이 있구. 신합에 와서는 청구자의 원주툰에 강원도사람들이 있구. 그리구 거기의 서한구, 서남차엔 모두 강원도사람들이야. 한창구가 일동툰이라 해가지고 거기 사람들이 강원사람들일거야. 그래 거기는 전라도사람들이 없구 강원도사람들이 위주구. 그래 충청도사람들이 두개 부락이 들어갔다가 쫓겨나오고.

참 사람들은 고향을 그리는 이상한 마음이 있습니다. 하도 제 고향이 그리우니까. 도문시에서 약 20리 가면 충청도집단이민마을 정암툰이 있거든. 거길 내가 지난해 여름에 우정 갔다왔어. 충청도마을인데 내가 안가보고 누가 가? 그래서 일부러 차를 내가지고 찾아갔어.

리광평: 가서 누구를 만나보고 오셨습니까?

남주일: 충청도사람들을 만나보지도 못하고 쫓겨와 버렸지. 하하하. 그날 마침 마을에 들어가니까 커다란 뻐스 두대가 마을 길옆에 서있단 말이야. 그래 마을의 구락부에 가 옛말이나 하자고 찾아갔거든.

《나는 충청도사람이니 충청도마을을 찾아왔소. 고향을 찾아왔지.》

《야, 이거 오늘 잘 못 됐네. 부락에 오늘 잔치가 있어 모두들 도문으로 가야하는데. 그래서 지금 차를 타는중이지요. 이거 미안해서 어쩔거여?》

야, 참. 안 되었거든. 그렇다 하여 로인 몇분을 가지말라고 붙잡아 두겠는가.

《야, 참 좋은 일이군요. 우리 후대를 남기려고 하는 잔치인데 어서 가보세요.》

어쩌겠어요? 그래서 나는 동생하고 차를 타고 되돌아왔지. 나는 정암툰을 소개하는 글이 신문에 난걸 보고 찾아갔어. 그곳 지부서기가 뛰여다녀 길림성재정청 지원금을 얻어 전부 $100m^2$ 이상 되는 신식 벽돌기와집을 지었는데 참 대단하더군. 또 지부서기가 한국 충청도를 찾아가서 우리는 충청도에서 이민을 온 사람들인데 충청도에 인력이 수요되겠는데 애당초 우리 부락사람들을 데려다 쓰라고 했다거든. 이래서 로무송출수입을 대폭 늘였다거든. 그리고 부락 가까이에 대형록장을 세웠는데 외국에 나가지 못하는 사람들은 록장에서 일하게 하였다더군.

그래 나는 정암촌의 지부서기가 제일이라고 찾아갔단 말이여.

리광평: 저는 정암촌에 지난해 7월과 9월, 2000년에도 갔다왔습니다.

우리는 로인님들과 함께 식사를 하면서도 이야기를 계속 나누었다.

사라져 버린 집단이민부락 흔적들

눈에 덮인 오늘의 남도촌 모습. 2도강이 꽁꽁 얼어 붙었다.(2007.1.25)

남주일: 1939년도 이전에는 이곳이 무인지경이였어. 남도, 북도라고 했는데 강 남쪽에 있다고 남도고 강 북쪽에 있다고 북도라 불렀지. 이는 후에 나온 이야기지. 그 전에는 이곳을 태평구라 고 했어.

우리 조선족들은 앞으로 없어질거요. 그러니 우리 조선족들이 이곳에서 살았다는 증거를 내 기 위해선 한 5톤되는 자연석을 얻어서 그 돌에 남도촌의 력사를 새겨두면 좋겠다고 생각하오. 그래서 그 돌을 아무데다 내버려두어도 후세사람들이 그걸 발견하고 이곳에 조선족들이 살았다 는 력사를 알게 될거요. 아, 그런데 이것도 돈이 있어야 한다는거지. 이런 일도 해놓지 못하고 죽 게 되였으니 정말 아깝다우. 마을은 계속 륭성해 나가지만 우리 조선족들은 이 마을에서 없어질겁니다.

　리광평: 지금 이곳에 1호논, 2호논, 3호논이 계속 있지요? 그 논이름들은 이민들이 이곳의 논을 개척하면서 붙인 이름인데 그냥 그대로 전해오고 있는거지요? 그 논들이 부락에서 멉니까?

　정주문: 멀지 않아. 바로 부락 옆에 있어요.

　리광평: 그러면 래일 아침에 식사를 하시고 함께 그 논들을 돌아봅시다. 그래 이것이 1호논이라고 논자리에서 말씀하는 장면들을 사진 찍어야 하겠습니다. 그리고 여기의 옛날 토성자리랑 알립니까?

　남주일: 흔적은 완전히 없어졌지만 그 자리가 어디라는것은 빤히 알고있어.

　정주문: 바로 이 최선생(최제홍)네 바자있는데로부터 저 부락뒤의 바자있는데.

　리광평: 바로 최기홍로인님네 집앞의 밭을 가리키지요?

　정주문: 옳소. 거기가 바로 토성자리이지요. 그리고 서쪽으로 조금 가면 길이 있는데 그곳이 바로 서문자리입니다.

　남주일: 최기홍이 총을 가지고 싸움을 했다는 자리가 바로 학교를 짓자던 그 공터 앞부근이지.

　정주문: 학교　앞부근에 경찰분주소가 있었지요. 그곳이 그때 남도툰의 중심이였소. 분주소가 있는데 보초를 서는 망원대를 세웠지요. 그리고 분주소만 뺑 돌려 토성을 쌓았지요. 동경위보가 바로 그 토성우에 머리를 내밀다가 총알에 맞아 죽었답니다.

　남주일: 그때 경찰 하나가 죽었지. 동가가 죽으니 기념비를 세웠댔지. 그러다 해방이 나니 다 부셔버렸지.

　리광평: 그때 집단이민을 모집할 때 만주로 가면 조이이삭이 너무 길어서 허리띠를 하고도 남음이 있다는 말들이 있었습니까?

　남주일: 있구말구.

　정주문: 그때 이민을 와서 밭을 일구고 감자를 심으니 감자가 어찌나 컸던지 정말 놀랄 지경이였습니다.

　리광평: 제가 집단이민을 오셨던 로인님들을 약 300여명 넘게 만나보았습니다. 그래서 이야기들을 많이 들었습니다. 그런데 이야기가 좀씩 틀리기도 합니다.

남주일: 아무리 많이 만났다해도 이민1세대는 만나보지 못했지? 그 사람들이 살아있으면 백살은 넘을 건데? 제2대나 제3대를 만나 이야기를 했지?

리광평: 저는 이미 결혼을 하고 오신 분들은 3명밖에 만나지 못했습니다.

남주일: 그때는 녀자가 열여섯살에 시집을 간다는 노래가 많이 불러졌지. 우리 조선사람들은 28청춘이라고 하지 않소? 2곱하기 8이 바로 열여섯이 아니오?

리광평: 로인님은 일본군 강제징병나이가 되였는데 왜 군대를 안 갔습니까?

남주일: 거기에도 재미있는 이야기가 있어. 그때 나는 안도에 있으면서 군대신체검사를 연길에 가서 했지. 그때 간도성에서는 모두 연길에 가서 신체검사를 했거든. 나는 갑종합격이지뭐. 그런데 호적관계가 조선서 와야 된다는거지. 그런데 나의것이 해방이 되도록 안 왔지. 그래서 여기서 신체검사도 다 하고 훈련도 다 받고서 호적이 오기를 기다렸지. 그때 훈련을 할때 나는 잘했지뭐. 그때는 일본이 제일이라고 생각했기때문에 일본사람들이 시키는걸 잘 했지뭐. 그래 호적이 넘어오지 않은 탓에 군대는 안갔어.

그리고 이건 내가 직접 겪은 일은 아니지.

정택균이라는 나보다 한살 이상인 사람이 있었는데 제1기생이지. 그 사람이 신체도 실이실이 한게 일등이지. 그런데 이놈이 솔솔솔솔 빠진단말이야. 한번은 초신을 신고 병영고에 갔지. 가서 고장인 일본사람한테 자기가 일이 있어왔다고 했지. 그래 무슨 일인가? 내가 래일 모레면 군대를 가야하지요? 그렇지. 그러면 나는 군대에 가기전에 장가를 가겠습니다. 장가를 가면 되지. 그런데 나는 신이 없어 못가겠습니다. 고장님의 신을 좀 빌려주십시오. 그러니 고장이 신을 벗어 줬지.

그런데 이 놈이 장가를 가기는커녕 어디로 사라졌는지 찾을길 있어야지? 군대에 보내는 빨간 종이를 본인이 있어야 직접 주지? 두달이고 석달이고 소식이 없거든. 그런데 석달이 지나서 이놈이 나타났지. 아이, 고장님, 어째? 이거 신이 다 떨어져서 어떻게 합니까? 다 떨어진걸 어쩌겠나? 그만이지. 그만이라면 그만인데 나는 신고 다닐 신도 없으니 어쩌랍니까? 고장이 가만히 생각해보니 이 놈을 붙잡아둬야 군대로 보내겠는데? 고장은 화가 상투밑까지 올라왔어도 꾹 참고 찌께다비(끌신) 한 컬레를 줘서 집으로 가라고 했지. 일본놈 고장은 떡떡 거리면 그 사람이 놀라 달아날가봐 그랬거든.

그리고 병영고에서 인차 사람을 파견하여 붉은 종이를 정택균한테 주려고했는데 그가 집에 있어야지? 영영 사라졌거든. 그런데 해방이 되니까 이 놈이 다시 돌아왔단 말이야. 하여간 조선 사람들이 재간은 있어.

리광평: 그 사람이 재간은 있군요. 해방후에 그는 중국군대에 안 갔습니까?

남주일: 아, 중국군대는 갔지.

류재학: 강제징병에 끌려간 사람들이 많습니까?

남주일: 많지뭐. 송강에서 끌려가 죽은 사람도 있구. 제1기가 그렇고. 또 제2기, 제3기도 갔지. 나는 제2기인데 일본군대에 안갔어.

리광평: 로인님 친구가운데 일본군대에 갔다온 사람들의 이름을 기억하고 있는것이 없습니까?

남주일: 나하고 한 직장에 있던 현금철이라고 제2기생인데 송강에서 일본군대에 갔다가 살아서 돌아와 룡정현축목국 국장질을 했었지.

그리고 제1기생인데 박영화란 사람이 일본군대에 갔다왔지.

하여튼 훈련을 약 100여명이 함께 받는데 그중 간 사람이 많아. 그런데 지금 그 이름이 생각이 안 나지.

우리는 로인님들과 밤이 늦도록 이야기를 나누었다. 참 재미있게 많은 지식을 배우게 되었다. 우리는 정주문로인님의 안내로 촌사무실온돌에서 편안하게 잠을 잤다. 비록 김병순할머님의 출빈장면을 촬영하지 못해 서운하기는 했지만 로인님들의 좋은 이야기를 들은것으로 하여 저절로 위로하는수 밖에 없었다.

아침식사를 하는데 김봉련할머님께서 우리가 왔다는 소문을 듣고 찾아오셨다. 얼마나 반가운지. 마치 오래 갈라졌던 엄마를 만나는 기분이였다. 이런저런 이야기를 한참 나눈 다음 나는 두 로인님께 이전 집단이민부락의 흔적을 알려달라고 청을 들었다. 그리하여 지팽이를 집고 다리를 절룩거리는 남로인께서 앞장 섰고 김봉련할머님이 바싹 따랐다.

그들은 저들을 안내하여 먼저 촌사무소가 있는곳으로 나갔다. 로인님께서 촌사무소 북쪽켠 좁은 길로 들어서면서 지팽이로 울바자를 세운 곳을 가리키면서 그곳이 바로 그젯날 동쪽토성 자리라고 알려줬다.

남주일: 이 마을에선 먼저 토성을 쌓았지. 그리구 토성밖에 1~2m 도랑을 팠고 도랑 바깥에 목책을 세웠지. 그런데 그것이 언제 없어졌던가? 아마 목책이 먼저 없어졌지. 46년, 47년일걸. 토성은 그 후에도 있었지. 일부 농호들에서 토성을 허물면서 그곳에다 곡식을 심으니 잘되였거든. 그래서 한집, 두집에서 파면서 약 3~4년사이에 다 없어졌지.

우리는 촌사무소 북쪽켠 토성자리에 서 계시는 두 로인님들의 모습을 촬영한 다음 그들을 따라 촌사무소 마당의 동서로 뻗은 길로 서쪽으로 걸어갔다. 로인님들은 옛날의 추억들을 더듬으며 쉼없이 이야기들을 하시는것이였다.

내가 그때 마을복판의 십자길이 어디냐고 묻자 로인님들은 우리를 이끌고 지금의 한 십자길 교체점에 이르러 사방을 가리키면서 이야기를 하셨다.

남주일: 여기서 서쪽으로 곧게 바라보면 저기 송아지 한마리가 있는곳에 서문이 있었고 여기서 동쪽으로 보면 저기에 동문이 있었어. 동이라 해도 동남쪽이 될거여. 그래 이곳이 십자길 중심이라고 할수 있지. 혹시 군대들을 실은 자동차가 다닐 때는 바로 이곳으로 다녔지.

그리구 경찰분주소가 바로 이곳에 있었수(십자가 서북쪽 모퉁이). 분주소엔 조그마한 토성을 해놓고 경찰들이 안에 있었을뿐아니라 자위단들도 있었어.

어느 해든지 내가 마을에 없을 땐데 봄인가, 여름인가 비적들이 마을을 습격했지. 비적들이 마을을 향해 총을 쐈어. 그렇게 되자 몇이 안되는 경찰들은 비적들이 사람도 많고 싸움도 잘한다는걸 아는지라 총을 몇 방 안 쏘고는 분주소안에 숨어버렸지. 그러니 마을이 조용해졌대. 그래서 동개가 비적이 갔는가고 머리를 내밀고 보다가 땅하는 총소리와 함께 머리를 맞아 죽었지.

리광평: 그 싸움터가 바로 이곳입니까?

김봉련: 바로 이 부근입니다.

녀자 세분이 낮에 애기를 업고 정찰을 나왔지뭐. 왜 왔느냐고 물으니 자기 남편도 경위보인데 한달이 되도록 집에 안 들어왔으니까 남편을 찾아 왔는데 이곳에도 없다니 다른 곳에 가겠다라고 하더랍니다. 마을에서 점심도 해먹이고 이 동네와 삼도에 일본사람들이 얼마라는걸 다 말해줬다지뭐. 그래 그 사람들이 저녁까지 먹고 갔댔는데 바로 그날 저녁에 마을을 습격했습니다.

동경위보가 어떻게 죽었는가? 비적들이 마을을 습격하면서 공중에다 총을 쐈지뭐. 자위단들도 동원되였지뭐. 그런데 총소리가 나지않으니 동경위보가 비적들이 갔는가고 토성우로 머리를 내밀었다오. 그런데 바로 토성밑에서 비적들이 총을 쏜게 탄알이 턱으로부터 머리를 뚫고 나갔거든. 비적들이 네가 동경위보냐 하면서 총을 쐈단 말이요. 동경위보는 바로 이렇게 죽었대요.

그리고 두 로인님들이 우리를 이끌고 서쪽토성자리를 알려줬다.

리광평: 제가 2000년도에 이곳으로 왔을 때 리옥룡할아버지께서 저를 데리고 이곳에 와서 토성자리라고 알려줍데다.

김봉련: 우리 말하는것이 리옥룡이 말하던것과 비슷하지요?

리광평: 예, 그렇고 말고요.

동쪽토성자리를 알려주는
남주일과 김봉련.(2007.1.26)

부락의 십자가 중심마당옛터를 소개하는 두 로인님들.(2007.1.26)

동남대문자리에서 격정을 토하는 남주일.(2007.1.26)

항일련군들이 일제와 싸우던 이야기를 하시는 남주일.(2007.1.26)

남쪽토성자리를 거니는 두 로인님.(2007.1.26)

1호논, 2호논을 가르키면서 논개발이야기를 하시는 두 로인님들.(2007.1.26)

우리는 로인님들을 따라 부락 남쪽을 꿰뚫고 지나는 길을 따라 동쪽으로 걸었다. 그러자 김봉련할머님께서 이 길자리가 바로 이전의 남쪽토성자리라고 알려주었다.

김봉련: 지금 길 오른쪽에는 이전에 집이 없었어요.

남주일: 그러니까 남쪽토성자리가 여기요. 순태네 집이 바로 이 토성안에 있었지뭐. 저쪽에 목책이 있구.

김봉련: 그렇지. 바로 이 자리입니다.

남주일: 그리고 논은 바로 이 앞의것이 모두 1호논이요. 바로 동남쪽의 이 논들 말이요. 그때 봇도랑에서 물을 대는 물코순서에 따라 여기는 1호다, 두번째 물코로 대는 논을 2호논이다, 세번째 물코로 대는 논을 3호논이라고 했다오.

그때 남도구역이 상당히 컸어. 여기서 10리도 더 넘었어. 그러다 그후에 어떻게 떨어져 나간 줄도 모르거든. 우리 남도촌엔 논이 백쌍(정보)이 되고 원전화를 한것이 90% 되었다오.

김봉련: 오늘 선생님들이 오기를 잘했어요. 이 남회계가 오셨길래 이렇게 상세히 알수 있지. 이 길에서 저 우까지 1호논입니다. 이 집에서 송강으로 이사를 갔습니다.

리광평: 예, 리옥룡로인님, 김야순할머님집이지요?

김봉련: 아바이가 사망하니 아들집으로 갔지요. 이게 내 있던 집자리이고. 이젠 다 허물었어요.

집단이민부락흔적답사를 마치니 벌써 12시가 되였다. 우리는 그 즉시로 룡정으로 돌아오려고 하였다. 그런데 최홍재와 남주일로인님들께서 노여워 하는 바람에 점심을 먹고서야 일어날수 있었다. 나는 리봉희네 집에서 되돌려보낸 제사집부조금은 어쩔수 없어 받았지만 그 집에서 휘발유값이라고 준 돈 50원을 최회장부인한테 맡기면서 리봉희네 집에 전해달라고 부탁했다.

우리 차가 출발하는데 리봉희네 집 사람들이 나오시는것이였다. 최회장 부인이 내가 맡긴 휘발유값을 그 집에다 드리는것이였다.

우리는 차속도를 가했다. 우리를 행해 손짓하는 부락사람들 모습이 반사경에서 점점 멀어졌다.……

2. 북도툰집단이민부락터에서

2002년 5월 26일 오전, 양초촌에서 취재를 하던 나와 차광범은 오토바이를 타고 남도촌으로 달렸다.

남도촌에 도착한 나는 김봉련할머님께 내가 정리한 글《생사고락을 부상병들과 함께—중국과 조선에서 전선간호원으로 있었던 안도현 삼도향 남도촌 김봉련의 회상기》가 실린《일송정 제4기》를 드렸고 할머님을 촬영하기도 했다. 그리고 로인회장 최홍재네 집에서 점심을 먹었다.

점심을 먹은 다음 우리는 오토바이를 타고 송화1대로 다녀갔다. 그곳에서 우리는 강옆에서 부석(속돌이라고도 함)을 줏는 허상숙할머님을 만나 이야기를 나누고 사진도 찍었다.

그리고 한창 벼모를 내는 장면, 특히는 인력이양기로 벼모를 내는 장면들을 촬영하였다.

인력이양기로 벼모를 내고있는 송화촌농민들. (2002.5.26)

들꽃이 만발한 북도촌 모습. (2002.5.26)

오후 세시가 되자 나와 차광범은 오
토바이를 타고 북도촌으로 달렸다.

북도촌에 도착하자 나는 나의 사돈
이 되는 김종구(金钟久)로인님 집을 찾
아갔다. 이집은 나의 며느리 조금화의
이모부집이다. 처음 찾아간 사돈집이
라 어찌나 반갑게 맞아 주는지 오히려
미안한 감이 들었다.

짐을 맡긴 우리는 마을을 한바퀴 빙
돌면서 관찰하고 부락동남쪽 논판이
있는 곳으로 내려가 마을 경치와 벼모
내기를 하는 장면들을 해 질때까지 촬
영하였다.

집단이민들이 개척했던 논에서 모내기가 한창이다.

집단이민들이 개척했던 밭들이 지금은 옥토로 되었다. (2002.5.26)

사돈집에 돌아와 우리들이 찾아온
의향을 잘 설명하고 또 로인님들의 정
황도 료해하였다. 사돈네가 푸짐한 저
녁상에 막컬레를 대접하는것이었다.
술을 못하는 나였건만 권하는 정에 못이겨 취하도록 마이였다. 그러자 지친 몸에다 막컬레까지
과하게 마셔서인지 밥상을 물리기 바쁘게 잠자리에 곤드러지고 말았다.

이튿날 아침 4시 20분에 깨여나 밖으로 나오니 해가 뜨기 시작하는것이었다. 그리하여 마을
앞 내가에서 마을풍경을 촬영하였고 또 마을뒤 언덕에 올라 여러 곳을 돌면서 마을모습과 풍경
을 촬영하였다.

항일련군의 생식기를 베여서

27일 아침 7시에 아침식사를 마치고 사돈의 안내로 이부락에 집단이민으로 오셨다는 량재정(梁在丁)로인님의 집을 찾아갔다.

리광평: 로인님의 명함을 어떻게 쓰십니까?

량재정: 량재정이라고 합니다.

리광평: 출생 년대와 생일은요?

량재정: 여기 신분증이 있습니다. 1934년 9월 1일입니다.

리광평: 출생지는 어디 입니까?

량재정: 여기에 있지요. 전라북도 완주군 조촌면 화전리 614번지입니다. 이것이 한국 고향에서 부쳐온 나의 호적입니다.

리광평: 아버지 명함이 량문환(梁文煥)입니까?

량재정: 예,

리광평: 언제 중국으로 오셨답니까?

량재정: 한국에서 1938년 음력 2월 제2차 집단이민으로 출발해 이 북도툰에 직접 왔습니다.

리광평: 오실때 집식구들이 누구랑 왔습니까?

량재정: 그때 아버지와 어머니, 누나, 그리고 형님인 재갑, 재형, 재우, 그리고 나 재정. 모두 일곱식구가 왔습니다. 여기 내 동생은 중국에서 낳았습니다.

리광평: 그런데 호적에 올랐습니다.

량재정: 이곳에 와서 이듬해에 큰형님이 앓아서 우리 아버지가 데리고 한국에 나갔댔지. 그래서 한국의 족보에 동생도 올렸지. 출생지는 여기 북도로 썼단 말이야.

리광평: 그때 올때 모두 몇호가 함께 왔습니까?

량재정: 여기에 원래 99호가 왔지뭐.

리광평: 오신 분들은 모두 전라북도사람들입니까?

량재정: 군은 서로 다를수 있지만 도는 모두 전라북도야.

리광평: 그러면 대략 몇개 군에서 왔습니까?

량재정: 그걸 나는 모르겠소. 내 다섯살 때이니까 잘 모르지.

리광평: 그때 모두 몇개 반이였습니까?

량재정: 그때 반은 새개 밖에 안 되였어.

리광평: 그러면 한개 반에 20호가 넘었구만요. 아버지께서 학식이 있었다니까 반장이라도 했습니까?

량재정: 아니, 그때 년세도 많고 하니까.

리광평: 아버지는 한국에 있을 때 무엇을 했습니까?

량재정: 한국에 계실 때 서당 훈장질을 했어요.

리광평: 예, 정말 학식이 있는분이구만요. 그래 이곳에 와서는 안 했습니까?

량재정: 여기 와서는 안 하고 로인들과 함께 시조나 부르고 놀기나 하였지요.

리광평: 처음 이곳에 오니까 집들이 있습데까?

량재정: 아무것도 없지. 모두가 수림속이지뭐. 수림속이고 집이 있다는것이 저 송강에서 여기로 올라오는 길 아래쪽으로 한족사람 집이 한채 있었지. 우리가 오니까 그 집에서 삼도로 이사를 갔다가 송강으로 갔다오.

리광평: 그때 로인님들은 빈몸에 왔겠으니까 숙박은 어떻게 했습니까?

량재정: 집이 없으니 무인지경인 집터에 막을 치고 살면서 집을 지었지요. 집은 남의 방조도 없이 순 자기의 힘과 노력으로 지었소. 남도사람들은 우리보다 한해 후에 왔으니까 우리 부락에서 집을 빌려 들었으니 우리 보다야 나았지뭐.

리광평: 막을 까래로 쳤습니까?

량재정: 까래가 다 무었이요? 그것도 없어 새초를 베여다 대수간 막을 지었지. 막안에 풀을 깔고 살았지뭐.

리광평: 그때 이곳은 눈이 쌓이고 대단히 추웠지요.

량재정: 그때 대단히 춥더군요. 오다가 송강에 들렸는데 한족사람들이 네바퀴 무쇠바퀴수레

에 짐과 사람들을 실어주더군요. 그걸 타고 오다가 차가 번져지는 바람에 사람들이 아우성을 치면서 난시가 났댔어요. 정말로 고생이 많았지요.

일본사람들이 항일련군을 무서워서 99호 되는 큰부락에 먼저 팔뚝보다 실한 곧은 나무들을 베여다가 말뚝을 박고 높이가 한 5m되게 목책을 만들었습니다. 그 다음 목책안쪽에 호리가닥을 파고 바닥에 한 70cm높이로 좀 약한 나무를 박고 끝을 날창처럼 깎았지요. 그 다음 안쪽에 흙을 파고 떼짱을 떠다 한 4m 높이의 토성을 쌓았어요. 그것도 몽땅 우리들 손으로 했어요.

또 포태를 지었어요. 우리 집 앞이 바로 포태자리요. 대단히 넓지. 포태가 모두 3개였는데 대단히 크지뭐. 총구멍을 다 내고 늘 보초를 섰지요.

리광평: 그러면 대문은 어떻게 냈습니까?

량재정: 대문은 동쪽에 하나 내고 서쪽에 하나 내고 또 남쪽에 하나 냈지. 포태는 대문이 있는데 만든것이 아니요.

리광평: 오자마자 먼저 집부터 지었습니까?

량재정: 오자마자 먼저 막을 치고서 집부터 지었소. 남쪽 방향을 향해 줄집을 쪽쪽 지었댔소. 지금은 다 허물어지고 그 흔적이 없어. 나무가 흔하니 기둥을 세우고 예를 얽고 흙을 발랐지. 귀틀집을 지을줄 모르니 그런 생각조차 못했지. 귀틀집을 지으면 빠르지.

리광평: 집은 당해에 다 지었습니까?

량재정: 당해에 다 짓지 않구. 몽땅 6간집을 지었지요. 한집이 한채씩 지었는데 대체로 두 칸을 만들었지요.

리광평: 토성은 어느 때에 쌓았습니까?

량재정: 아이구, 토성도 당해에 다 쌓았어요. 일본놈들이 강박으로 시키는데 안 하고 되오? 집을 짓고 또 토성도 쌓았지뭐.

리광평: 떼짱은 어디서 떠왔습니까?

량재정: 떼는 부락주위에 다 있었어. 떼가 참 많았지. 그래서 떼를 삽으로 뜬 다음 손으로 안아다가 쌓았지. 녀자들은 머리에 이고.

리광평: 토성쌓기를 집집마다에 임무를 주었습니까?

량재정: 아니, 단체적으로 하였지요. 일본순사가 칼을 차고 지키고 만군경찰들이 총을 들고 지키는데 안하고 되오? 이곳에 경찰분주소는 없었지만 일본경찰 2명, 만군경찰 2명이 그냥 주둔하고 있었지요. 일본학교를 다녔는데 학교에도 일본경찰이 있었습니다.

리광평: 잡숫는것은 무엇이였습니까?

량재정: 좁쌀도 배급주고 한족사람들의 쟌빙(煎餅, 강냉이가루로 종이껍질처럼 얇고도 크게 구운 떡.)도 주더군. 그때 좁쌀과 강냉이가 주요한 량식이였어.

리광평: 소도 줍데까?

량재정: 온 해에 한집에 한마리씩 줬지. 밭을 일구는건 한족사람들을 시키더군. 한족사람들이 양가대기에 말 몇마리씩 메워가지고 갈아대는데 뜨락또르로 가는것 같더군.

리광평: 집을 짓는데 목수들을 청해왔습니까?

량재정: 목수는 청하지 않았지. 우리 부락에 목수일을 하는 사람들이 있었으니까. 우리는 몽땅 저절로 했어요.

리광평: 그때 부락에 인구는 대략 얼마나 되였습니까?

정재정: 99호였으니까 400명이야 넘었겠지. 보통 한집에 7~8명씩은 되였지.

리광평: 그때 로인님네는 밭을 얼마나 부쳤습니까?

정재정: 그때 밭을 조금 부쳤소. 갈아 준다해도 밭이 많지 않았지. 그때 반별로 밭을 나누어주면 반에서 또 호에다 분배해 주고. 제비놀음을 하고 집순서에 따라 떼여줬지뭐.

리광평: 첫해 농사가 잘 되였습니까?

량재정: 첫해 농사가 참 잘 되였소. 땅이 얼마나 좋은지. 첫해농사를 지으니 1년을 먹을것이 되더군. 처음엔 출하를 바치지 않았으니까.

차광범: 할머님의 명함은 어떻게 부릅니까?

량재정: 최복금(崔福수)입니다. (량재정의 부인)

리광평: 년세가 어떻게 됩니까?

량재정: 67세.

차광범: 출생지는 어디입니까?

량재정: 함경남도 갑산군 도인면입니다.

리광평: 몇살에 중국으로 들어왔습니까?

최복금: 조선서 다섯살에 들어와 잘 모르지뭐.

리광평: 들어올때 집에서 누구랑 함께 왔습니까?

최복금: 우리 엄마와 아버지, 언니 하나, 그 다음 나, 모두 넷이 들어왔어요.

리광평: 그래 어디로 왔댔습니까?

최복금: 먼저 흥륭하란데 왔다가 이도로 올라갔지뭐.

이도에 있을 때 보안대사람들과 팔로군이 싸움을 해가꼬 우리는 무서워서 감자굴에 들어가가꼬. 우리 큰어머니는 이 볼기짝이 다 나갔소.

우리 언니는 14살에 송강으로 갔다오다가 또 비적들 총에 맞아 죽었단 말이요. 총에 맞아가꼬 밸이 이만큼 나왔재.

우리 식구가 감자굴에 들어갔는데 팔로군들이 빨리 나오라는걸 무서워서 안 나왔단말이. 우리 엄마가《우리는 로백성이다, 로백성이다!》라고 소리를 질렀지. 그런데 나쁜놈들인가 해서 팔로군들이 감자굴안에다 수류탄을 던졌지. 하여 우리 언니는 여기를 맞고 우리 큰어머니는 여기 볼기짝이 다 나갔지. 팔로군이 우리 식구들이 수류탄에 맞아서 막 울고불고 하는데 상관하지 않더군. 그래 우리 언니랑 큰어머니랑 송강에 내려와 치료를 받았지. 그래서 숫한 난시를 겪었어.

그때 쌍병준의 보안대와 팔로군이 이도에서 서로 싸울 때지뭐. 광복이 난 다음 팔로군이 토비를 숙청할 때지뭐. 팔로군의 키 작은 사람이 권총을 차고 들어와 보안대하고 싸우겠는가고 물었대. 그런데 보안대에선 자기들이 사람이 많으니까 싸우겠다고 했대. 그래서 서로 싸웠지뭐. 그 바람에 백성들이 난시를 겪었지. 그런데 보안대가 팔로군의 많은 군대를 담당해 내오? 그래서 패배하였지.

량재정: 토비가 바로 송강의 쌍병준의 보안대였지.

여기서 저 골안으로 한 15리 들어가면 공산당마당이라고 있었는데 그 마당이 평평하게 참 크오. 지금도 그곳을 공산당운동장이라고 부르오. 참 소문이 있었소. 그때 항일련군들이 그곳에서 훈련을 했다오. 그 사람들이 먹을것이 없으니까 집단부락에 내려와 토벌해갔지. 그런데 우리 부락은 지형이 높아서인지 한번도 들어오지 않았소. 남도는 여러번 들어와 싸움도 했소. 밤에 싸움을 했다오.

리광평: 예, 그럽데다. 최기홍로인도 총을 쐈다고 말합데다. 할머님네는 중국을 어디로 해서 들어왔습니까?

최복금: 우리는 백두산 기슭으로 걸어서 들어왔소.

리광평: 갑산에서 떠나 백두산기슭으로 한도를 하면서 걸어서 내두산을 거쳐 왔지요?

최복금: 옳소. 바로 그렇게 왔소. 내 어려서 며칠을 왔던지 모르겠소. 아버지한테 업혀 왔소. 오던 생각이 나오.

량재정: 그때 키가 크고 40여 세 되는 참 잘 생긴 조선사람이 공산당마당이 있는데서 우리 부락에 정찰을 내려왔나봐. 그러다 자위단한테 붙잡혔거든. 그래서 자위단들이 그 사람의 불알통을 베여 가지고 송강에 가져갔단 말이요.

리광평: 그 사람을 이 부락의 자위단들이 붙잡았습니까?

량재정: 그럼. 나도 1951년도부터 삼림경찰대에 참가하였소.

리광평: 그러면 저 김현길이를 아십니까? 그 사람도 삼림경찰대에 있으면서 백두산에서 특무잡이를 했답니다.

량재정: 아, 지금 복만의 김현길이. 잘 알지. 나도 백두산 밑의 노랑봉에 주둔하고 있으면서 백두산으로 다녔는데. 나는 1955년도에 퇴대했지.

리광평: 로인님은 광복이 날때 이 동네에 계셨습니까?

량재정: 그럼. 이 동네에서 광복을 맞았지. 45년도 음력 7월달에 해방됐거든. 나는 이 부락에서 일본학교 4학년까지 다니다 광복을 맞았지.

리광평: 그러면 이 본부락에 일본학교가 있었습니까?

량재정: 있었지. 이도학교라고 했지. 마을이 서면서 인차 학교가 섰지. 이 마을의 아이들, 그 다음은 투도, 남도 이 세 부락의 아이들이 이 학교를 다녔지. 학교가 컸었어. 선생도 많았고.

리광평: 학교자리가 어디입니까?

량재정: 저 부락위에. 지금 학교기초자리가 있소.

리광평: 이 학교에서 졸업사진이랑 안 찍었습니까?

량재정: 찍기야 찍었지. 그런데 지금 어느 때요? 보관한것이 없지.

남도툰 남주일의 처남이 경찰이였지. 일본사람들이 우리 학교에 그 사람을 전문 파견했는데 큰칼을 차고 다니지. 그래서 학교에서 꼼짝 못했어. 조선말을 못하지. 조선말을 하면은 요만한 패쪽을 하나 주지. 그 패쪽을 가지면 욕을 먹고 변소청소를 해야지. 교무실에는 벽에다 일본천황을 상징하는 모형을 모시고 들어서면 먼저 경례를 올려야 했소. 우리는 이 부락에 살면서도 벤또밥을 싸가지고 학교로 가 집단적으로 먹지뭐. 밥먹기전에는 천황폐하께 빌고《이따다끼마스(잘 먹겠습니다)》라고 말하고 먹지뭐. 꼼짝도 못했소. 학생들두. 하도 어려서 일본말을 배워 이젠 다 잊어 먹었어.

리광평: 광복이 나자 조선사람들이 많이 고향으로 돌아갔습니까?

량재정: 많이 돌아 갔어. 한 20호가 나갔는가? 절반은 안 되였어. 대부분 생활이 괜찮은 사람들이 나가고 생활이 못한 사람들도 간것이 있었지.

리광평: 광복이 난다는 눈치를 챈 나쁜 일을 하던 사람들이 먼저 달아났지요?

량재정: 거야 뻔하지. 심지어 교원들도 도망간것이 있소. 교원들이야 무슨 죄가 있소? 다 도망을 가고 김광호란 허리 굽은 선생 딱 하나만 남았소. 선생들이 7~8명 됐지. 부락장, 자위단단장 등 사람들은 먼저 싹 도망을 쳤소. 심지어 반장질을 하던 사람들도 다 도망을 쳤소. 반장들도 많이 뜯어 먹었지. 회사에서 배급주는것도 뜯어먹고 그러니 싹 도망을 갔지.

우리 부락에 배석이란 그 사람이 부락장질을 했지. 사람은 순진하고 백성들과는 악하야 하지 않고 많이 못 뜯어 먹었어. 그리고 김한봉이라고 반장질을 했는데 참 역은 사람이여서 부락장보다 더 뜯어 먹었단 말이요.

배부락장은 순진한 사람인데 도망을 못 쳤단 말이야. 그래서 운동마다 얻어 맞느라고 고생을 했소. 나는 부대에서 퇴대하고 생산대에서 대장질을 하면서 하도나 불쌍하여 자꾸 강제로동을 시키는걸 가만히 빼돌렸지뭐. 그래서 그 로인은 나를 보기만 하면 량대장, 량대장 하면서 나를 존경했어. 연길에 가서 사망했는데 사망한지 4~5년이 되였는지.

그 령감이 한국에서 올때 로친 하나, 후로친 하나, 모두 로친 둘을 데리고 왔어요. 후로친은 술

집녀자인데 50원 돈을 주고 사왔다나. 본로친이 좀 순진하지. 후로친이 입이 드세서 본로친이 꼼짝 못했단 말이야. 후로친한테서 딸 둘, 아들 셋을 낳았지. 큰로친한테서 자식을 많이 낳았지. 친척이 한국에 있어서 다 나갔어요.

리광평: 이 부락에서도 고향을 방문을 갔다온 사람들이 있습니까?

량재정: 많지.

조선서 올 때 행두(상여)를 직접 가지고 왔어. 마을 밖에 행두막(상여당)을 짓고 행두를 보관했댔지. 해방전까지도 행두를 그냥 썼어. 해방후에 없어졌지.

리광평: 그때 이민을 올 때 꽃가마랑, 혼례복도 가지고 왔습니까?

량재정: 그래, 몽땅 가지고 왔어. 꽃가마, 쪽도리, 사모관대 등 혼례복, 심지어 밥상도 크고 작은걸 다 가지고 들어왔지.

리광평: 그때 가지고 온 물건들이 지금 있습니까?

량재정: 없어, 아무것도 없어. 우리도 할아버지께 올리는 작은 도리밥상도 가지고 왔댔는데 이젠 다 없어.

량재정부부가 사시는 정주칸모습. (2002.5.27)

마당앞 밭에서 기음을 매시던 량재정부부. 한족들이 즐겨 리용하는 호미를 쓰고있다.
(2002.5.27)

량재정부부와의 야야기를 하는데 할머님이 술과 안주를 준비하여 우리를 대접시키는것이였다. 술을 마시면서도 계속 이야기를 록음했다. 취재가 끝난 다음 우리는 로인님부부를 모시고 집터의 남새밭에서 로인님들의 일하시는 장면과 생활장면들을 기록하였다. 기분이 참 좋았다.

일본군짐 지고 갔다 동상을 입어

우리는 최복금할머님의 안내로 이 부락에 집단이민으로 오셨던 정다남할머니네 집을 찾아갔다.

리광평: 할머님의 이름은 어떻게 쓰십니까?

정다남: 정다남(鄭多男)이요.

리광평: 그러면 부모님네 딸이 많으니 아들을 낳게 해 달라고 이렇게 이름을 지었을가요?

정다남: 아니요. 내가 맏딸인데 딸 셋을 낳았는데 다 죽고 나 하나를 키웠단 말이요. 나의 외

할아버지가 지식이 많은 량반이야. 그래 내 이름을 이렇게 지었대요. 그후 남동생 하나를 낳았어요. 정해림이라고 후에 죽었어. 지금은 나 하나만 남았어.

차광범: 올해 년세가 어떻게 됩니까?

리광평: 74세?

정다남: 일흔넷이요.

리광평: 그러면 1929년생입니다. 생일은 어느 날입니까?

정다남: 류월 열사흘날(6월 13일).

리광평: 어디서 탄생했습니까?

정다남: 전라북도 남원군 곡성면에서 출생했소.

리광평: 중국은 어느 때에 건너왔습니까?

정다남: 이 북도툰에 집단이민으로 1938년도에 왔어. 우리를 먼저 송강에다 데려다 놓고 한족들 집에 들게 했어요. 그다음 여기 북도란데로 오니까 나무만 꽉 찼고 집도 없고 어디가 어딘지 모르겠지. 집이 없으니 땅굴을 파고 서까래를 덮고 그 우에 흙을 펴고 굴안에 새초를 깔고서 살면서 집을 지었어요. 땅굴에 뱀들이 구불구불 기여 다니고 춥고 습기가 찼지. 그래서 죽는건 죽고 사는건 겨우 살고.

리광평: 이민을 올 때 집에서 누구랑 왔습니까?

정다남: 우리 아버지와 어머니, 외할아버지와 외할머니, 나, 그렇게 왔소. 이젠 다 돌아가셨어요.

그때 1반, 2반, 3반, 4반, 5반까지 있었는데 반별로 땅굴을 파서 들었지. 어떤 집에서는 솥을 굴안에 걸고 불이 안드는 집에서는 솥을 바깥에 걸었지요. 어떤 집에서는 깔을 베여다 까래를 결어서 막을 치기도 했어요.

리광평: 잡숫는건 뭘 자셨습니까?

정다남: 먹는것은 말도 말아요! 강냉이 요만한것들을 송강에서 가져다 배급을 줘요. 그러면 그걸 발방아에 찧어서 죽을 만들어 먹는데 그것도 없어서 한 공기밖에 못 먹어요. 그래 그냥 배를 곯고 풀잎사귀들을 캐서 보태 먹었지.

그렇게 짐승처럼 살면서 이 산골을 다 우리들의 손으로 개척했어요. 그때 이곳엔 모두 나무였어. 앞벌에는 자그마한 다리를 놓고 건너다녔어요. 에이구, 말도 말아요.

리광평: 그러면 집은 어떻게 지었습니까?

정다남: 집은 지금 이 부락이 앉은 자리에 지었어요. 또 성을 쌓는다고 떼를 떠서 밤잠도 못자면서 일했어요. 하도 비적들이 많다고 해서. 남자들이 떼를 떠서 주면 녀자들이 널판자에 이어서 날랐어요. 그래서 대가리 여기가 다 부르터갔고 머리도 못 빗었지요. 아이고, 고생이야.

리광평: 아이고, 정말 고생을 대단히 했구만요.

정다남: 우리 령감이 그때 자위단에 들어갔어요.

그후 우리 령감이 생산대장을 23년이나 하였어요.

리광평: 남편의 이름이 무엇입니까?

정다남: 이름은 문봉도(文鳳道). 우리 생산대건설에 큰 기여를 했어요.

리광평: 그때 이곳에 오셔서 처음엔 땅막에 들어 있으면서 집부터 지었습니까?

정다남: 우리가 오니 만척에서 당지의 한족들을 시켜서 이미 집들을 다 세우고 서까래를 얹었더군요. 그래서 우리가 농사를 지으면서 그 집에 흙을 바르고 새벽을 하고 온돌을 놓고 집이 다 되니 들었지요. 그때 어떤 집은 흙을 바르니 집이 쓰러져 다시 세우기도 했어요. 만척에서 반별로 집들의 기둥을 세우고 서까래를 일부 올려 놓았더군요. 그래서 제비를 뽑아서 집을 잡고 자기 집을 꾸몄지요.

우리는 논도 풀고 밭농사도 하고 집도 짓고 또 토성도 쌓으면서 죽을 고생을 하였어요.

그리고 만군들이 부락에 들어와 이민들더러 자기들의 짐을 지고 가라고 동원하여 어쩌지 못해 끌려 갔어요. 무슨 방법이 있어요? 만군들이 부락에 들어와 량식도 다 처먹고 집승도 막 잡아가고 물건들도 막 빼앗아갔지요.

리광평: 그러면 외할아버지와 외할머님은 언제 돌아가셨습니까?

정다남: 오시자 얼마 안되여 광복전에 다 사망하셨어요. 외할아버지는 글이 많아 고향서 선생질을 하였댔는데 이곳에서 앓아 사망했어요.

리광평: 그때는 약을 썼습니까?

정다남: 약도 못 썼지요. 병원에 가고 약을 사려면 송강에 가야요. 피쩡이라는 병에 걸렸어

요. 지금 말하면 리질과 같은 병이지요. 그래서 많이 죽었어요. 한집에서 3~4명씩 죽어나갔지요. 우리 부락엔 전 가족이 몰살한 집은 없었지만 다른 부락에는 몰살한 집이 있었구요.

리광평: 고생이 막심했군요. 그때 이곳의 논은 우리 집단이민들이 풀었습니까?

정다남: 그랬지요. 그때 이곳에 논이 다뭐요? 우리가 한심한 풀더미를 밀어내고 흙을 날라다 논을 만들었지요. 그때 애기를 낳아 업고서 논을 푸는데 끌려 나갔어요. 애기를 업는데 포대기도 없고 띠가 없어 헝겊끈으로 동였는데 애기다리가 끈에 쫄려서 피가 막 났어요. 그래도 나가서 일을 해야하지요.

리광평: 일하려 나가면 밥을 논에 날라갑니까?

정다남: 집이 가까워도 점심밥은 일터에서 반별로 먹어야 하지요. 그래서 때가 되면 옹배기에 밥을 담아가지고 애기를 업고 날라 가지요. 나도 젊어서는 힘이 쎄서 애기를 업고도 쌀을 한 100근씩 이고 다녔고 쟁기질도 하였어요. 밤이면 또 쪽발기를 가지고 산에 가서 부식토를 실어다 논판에 깔았어요. 그래서 이곳의 어느 곳이나 우리들의 손이 안 미친 곳이 없어요. 그때 또 봇도랑도 파고 논두렁도 만들고 부식토를 날라다 논판에 깔았어요. 논은 우리들의 피땀으로 그렇게 만들었어요.

리광평: 그때 논농사는 산종을 했습니까?

정다남: 그때 첫해 벼농사는 산종을 했어요. 그 이듬해부터 벼모를 부어서 옮겼지요. 수상모를 길러 냈는데 산량이 높지 않아 밥을 먹을것도 안 나왔어요. 이곳은 산골이여서 서리가 일찍 내리니까.

리광평: 그때 이 마을에 일본사람들도 들어와 있었습니까?

정다남: 일본군대들이 그냥 와 있었지요. 비적을 잡으려 다닌다고 열번 왔지요. 밤이고 낮이고 막 다니지요. 신작로가 쩍 벌어지게 다니지. 일본군대들이 들어와서는 밥을 해내라고 하면 방법이 없어 밥을 해서 먹이지요. 그놈들이 밥을 처먹고는 놋숟가락이요, 놋저가락, 놋사발이를 막 가져 가지요. 그 사람들이 오면 막 무서워서 벌벌 기였소. 만군들도 많이 다녔어요.

리광평: 마을에 경찰분주소가 있었습니까?

정다남: 마을에 경찰분주소가 있어서 경찰들이 늘 박혀 있었지요.

마을에 토성을 삥 둘러 쌓고 대문을 3개를 만들고 보초를 보게 했지요. 와서 총을 막 쏘기도 했지요.

남도툰엔 비적들이 두세번 들어와 싸움을 하여 동가라는 경찰도 죽고 난시가 났지요. 그런데 우리 북도툰엔 못 들어왔어요. 자위단들이 막 총을 쏘니 못 들어온 모양이지요.

우리 아버지도 일본군대들의 짐을 지고 군대를 따라 돌다가 돌아가라고 하니 오다가 길을 잘못 들었대요. 그래서 며칠을 걸었는데 나중엔 손이 얼고 발이 다 얼어 송강병원에 입원하여 치료까지 받았어요. 그러다 몇해 못 가서 사망하셨어요.

리광평: 아버지께서 짐을 지고 나갔다가 며칠만에 돌아왔습데까?

정다남: 한번 가면 3달, 2달, 심지어 4달만에야 돌아오기도 했어요. 그때 짐을 지고 갔다 돌아올때는 갔던 길로 못 오게 하여 길을 못 찾아 정말로 애를 먹었대요. 짐을 지고 다니면서 욕을 먹고 발길에 채우고 배를 곯고 지쳐서 죽을 번 했대요.

리광평: 그때 만척회사에서 이민들에게 소와 수레를 줍데까?

정다남: 농사를 지으라고 한집에 소 한마리, 수레 한대씩 주었어요. 그때 가진 사람들은 가지고 또 못 가진 사람들도 있었어요. 와서 인차 죽은 사람들도 있고.

리광평: 광복이 나자 많은 사람들이 고향으로 돌아갔지요.

정다남: 고향에 간 사람들이 많았지. 한 절반 갔을가? 이 부락에 와서 간부질을 한 사람들이 대부분이 달아났어요. 그런데 배부락장이란 사람이 도망을 못 쳐서 잡혀 두들겨 맞았어요.

리광평: 할머님네는 왜서 못 갔습니까?

정다남: 우리도 떠났어요. 그런데 시할아버지, 시할머니가 계신데 로인들을 모시고 갈려니 너무 힘이 들어 못 갔어요. 그래서 주춤거리다 지체되여 떠났는데 요 아래 삼도툰에 가니 간부들이 막아서서 소를 뺏으면서 못가게 하더군요. 그래서 하루만에 마을에 다시 돌아오니 무슨 사람들이 그랬는지 집들을 다 털었더군요. 그래서 죽을 고생을 하였어요.

리광평: 할머님은 자식들을 몇을 두었습니까?

정다남: 지금 딸 셋, 아들이 셋이요. 지금 딸 하나와 아들 하나가 한국에 나갔어요.

리광평: 할머님은 학교를 다녀봤습니까?

정다남: 나는 학교문을 들어가 보지도 못했어요. 이민을 오자 처음엔 개인집에다 학교를 세웠다가 후에 학교를 크게 지었어요. 그러다 학교에 불이 나서 싹 타버렸어요. 광복전에 안목수라는 사람이 목수질을 하면서 지은 학교였는데 참 좋았댔어요. 그러다 이 마을의 학교가 없어졌어요. 지금 학교터의 기초를 했던 콩크리트가 그대로 있어요. 학교가 참 컸어요.

리광평: 할머님은 이 부락에 있는 학교도 못 갔습니까?

정다남: 나는 학교를 바라 보면서도 못 갔어요. 그때는 벌어야 살지. 우리 아버지가 학교로 못 가게 했어요. 학교를 어찌나 가고 싶은지. 학교 두레를 빙빙 돌았지요. 동학을 다닌다고 아이 하나를 업고 하나는 손을 쥐고서 다니자니 안 되겠더군요.

리광평: 할머님께서 옛날 노래들을 아시는것이 있습니까?

정다남: 나는 노래를 못 배웠어요. 해방후에도 자식을 키울라, 남편이 간부질을 하니 그 뒤바라질을 할라, 언제 어디 가서 노래를 배우겠어요? 생각도 못 하고 나가지도 못 하고. 그때 낮에는 나가 일을 하고 밤이면 기계가 없으니 도리깨질을 해야지, 아이들을 키워야지.

(내가 할머님께 옛날 이민을 올 때 가지고 온 물건들이 있는가고 묻자 할머님은 우리들을 데리고 집뒤마당으로 가시더니 처마밑 둔덕에 올려놓았던 질그릇을 가리키면서 이것이 이민올 때 가지고 온 물건이란다.)

리광평: 할머님, 이 질그릇이 무엇을 하는겁니까?

정다남: 이것은 우리 외할머니가 한국 고향서 쓰던 떡을 찌는 시루야. 이 시루바닥에 구멍이 숭숭 나지 않았나? 솥에다 물을 부은 다음 이 시루를 솥우에 올려 놓고 떡을 시루에 앉힌 다음 불을 때면 김이 이 구멍으로 올라오면서 떡이 쪄지지. 이 시루는 우리 외할머니가 이민을 오면서 가지고 온것이지요. 그리구 다른 물건은 없어요.

리광평: 저 오지독은 한국서 가지고 온것이 아닙니까?

정다남: 아니요. 저건 여기서 산거요.

리광평: 그러면 이 떡시루는 나이가 많은것입니다?

정다남: 조선에서는 질그릇을 많이 썼어요.

리광평: 예, 이건 떡을 찌는 시루이고. 잘 살펴보니 시루의 바깥에 란초꽃이 새겨져 있구만요. 안에도 꽃무늬가 있구만요.

한국 고향서 집단이민을 오실 때 가지고온 떡시루를 보관하신 정다남 할머님. (2002.5.27)

이민을 오실때 가지고온 떡시루를
이주력사의 증거물이라고 말씀하신다. (2002.5.27)

차광범: 질그릇인데 질기군. 영 딴딴하군.

우리는 할머님을 모시고 한국서 가지고 온 떡시루를 안고있는 할머님의 모습과 일상생활장면들을 여러 모로 촬영하였다. 할머님의 모습이 참 인상적이였다.

우리는 점심을 먹은 다음 오후 한시가 되자 송강을 지나 대흥(大興)촌으로 오토바이를 타고 떠났다.

8형제중 해방전에 6명 죽어

2004년 5월 8일에 남도촌에서의 취재를 마친 나와 차광범은 오토바이를 타고 오후 3시에 북도촌에 도착하였다.

북도촌 길가에서 량재정(梁在丁)로인님을 만나 인사를 올린 간단한 이야기를 나누고 정다남할머님댁으로 찾아 들어갔다.

정다남할머님이 하시는 말씀이 먼저번에 이야기 하던것과 별로 새로운것이 없고 또 말씀을 너무 낮게 하여 록음이 잘 안돼 이번에는 따로 정리를 하지 않았다.

할머님과의 이야기를 마친 다음 할머님께서 집출입문 앞에 놓은 검정고무신을 특별히 촬영하였고 또 가마목에 앉아 계시는 할머님의 모습도 촬영하였다.

한복차림으로 가마목에 앉아계시는 정다남 할머님.
바닥에 놓인 코신이 참 인기적이다. (2004.5.8)

이어서 우리는 집단이민인 로병택로인님의 집을 찾아갔다. 로인님 부부가 우리를 반기였다. 이젠 초면이 아니라 구면이니까. 우리는 먼저 로인님과 이야기를 나누었다.

리광평: 로인님의 명함이 무엇입니까?

로병택: 로병택(盧秉澤)입니다.

리광평: 로인님의 년세는 어떻게 됩니까?

로병택: 나는 올해 70세인데 1935년 11월 19일 한국에서 태여났습니다.

리광평: 출생지가 어디입니까?

로병택: 전라북도 남원군 주천면 호곡리입니다.

리광평: 몇살에 중국으로 왔습니까?

로병택: 내 다섯살에 왔습니다. 그러니까 1939년도이지요.

리광평: 어디로 오셨댔습니까?

로병택: 안도현 흥릉하촌 한흥툰(韓興屯)에 집단이민으로 왔습니다.

리광평: 그때 오실 때 몇호가 왔습니까?

로병택: 100호가 왔소.

리광평: 로인님네 식구는 누구랑 같이 왔습니까?

로병택: 아버지, 어머니, 할머니, 그리고 나, 모두 넷이 왔어요. 중국에 와서 동생들을 여럿을 낳았는데 다 죽고 하나만 남았어요.

리광평: 올때는 어떻게 왔습니까?

로병택: 남원에서 기차에 앉아 도문에서 두만강을 건너 안도역(명월구)까지 곧게 왔지요.

리광평: 100호부락이니까 10개 반이지요? 로인님네는 어느 반에 속했습니까?

로병택: 10개반이지. 우리는 6반이지요.

리광평: 반장이름이 기억이 납니까?

로병택: 기억이 나지요. 김영식(金永植)이라고.

리광평: 로인님의 기억력이 대단하십니다. 다섯살에 이민을 오셨다는데 이런걸 다 기억하시고.

로병택: 해방이 될때는 11살인가?

리광평: 명월구에서 여기로 들어올 때는 어떻게 왔습니까?

로병택: 자동차에 앉아 왔습니다. 우리 아버지에겐 삼촌이 두분 계시고 우리 아버지와 어머니는 자식을 따라 같이 들어왔지요. 그래 올때는 우리가 같이 왔지만 우리는 결국 자유이민이 되였습니다. 호주는 삼촌이였으니 그들은 배급이랑 타 먹었지만 우리 집은 안 주더군요. 나는 작은 할아버지를 따라 온거지요.

그래 집은 한흥툰에 잡았지요. 처음엔 흥릉에서 곁방살이를 하면서 한흥툰으로 다니면서 집을 짓고 집을 지으니 올라갔지요.

100호가 살았는데 1945년도에 해방이 될 때까지는 거지반 그대로 있었습니다. 우리는 작은할아버지네 집에 있다가 후에 집이 나니 나갔지요. 우리를 자유이민을 취급하더군요. 그러니 억울했지요.

그 부락이 기가 찹니다. 토성을 높이 쌓고 남대문, 북대문을 내고 토성두리에 호리가닥을 파고 거기에 말뚝을 박아놓고 그 주위에 또 전보대 높이만큼 나무를 촘촘히 세워 목책을 만들었지요. 그리고 토성 네귀에 다 보초막을 세워놓고. 또 대문에다 보초막을 만들고 밤낮으로 보초를 보고.

우리는 한흥툰에서 한 20년 살다가 나왔습니다. 우리는 이 부락에 60년대에 들어왔어요.

리광평: 그때 식량이랑 주지 않으니 어떻게 해결했습니까?

로병택: 우리 아버지는 나무를 해서 쪽지게에 지고 20리 넘어되는 송강에 지고 가서 팔아 식량을 사다 목숨이나 붙였지요. 우리는 집단이민호적이 아니라고 소도 안 주고 수레도 안 주고. 밭도 안 주니 산에 가서 밭을 자비로 일구지요. 그때는 모두 자기밭을 다루기에 남의 삯일도 못합니다. 그래서 밭을 일구었지요.

차광범: 그때 한흥툰에 왔던 분들이 지금 어디에 살고 있는지 압니까?

로병택: 이 부락에 온 분도 몇이 있습니다.

그때 내 나이는 어렸지만 항알련군들이 들어와 량식을 털어서 백성들에게 지워서 가던 일이 생생하게 기억납니다.

우리 아버지도 신선대가 항일련군 토벌을 가면서 량식짐을 지라고 해서 갔다온 적이 여러번 되였어요.

우리 한흥툰에 살 때 항일련군들이 뒤번 들어온것 같아.

해방후에는 또 토비들이 한 뒤번 들어와 난시를 겪었습니다. 해방이 되자 모두 고향으로 가느라고 다른 곳으로 가느라고 산산히 헤여졌지요. 한흥툰에서는 다 가고 한 50호가 남았댔습니다.

그후 1946년도, 1947년도에 조선서 또 많이 건너왔습니다. 그래 1949년도 그때도 한 7~80호가 살았습니다.

토비들은 마을에 들어와 아편을 내라고 지랄을 했어요. 한흥툰에서 조선에서 온 사람들이 아편 밀매를 했지요. 청산투쟁을 할 때 아편장사 하나가 맞아 죽었어요.

리광평: 로인님은 광복을 한흥툰에서 맞았습니까?

로병택: 그래 그 마을에서 맞았지요. 한번은 우리 아이들이 들판에서 소를 먹이는데 일본군대 한 3~40명이 마을에 들어왔어요. 패잔병들이지요. 그래서 부락에선 방법이 없어 밥이랑 해서 먹였습니다. 그리고 그들이 흥룽을 거쳐 백두산으로 가다 몽땅 죽었대요. 노랑봉에서 전부 죽었다고 합데다.

리광평: 위만때 아버지랑 일본사람들이나 지방결찰들한테 맞아대지 않았습니까?

로병택: 그때는 시키는대로 안 하거나 조금만 늦어도 얻어 맞아대는데 고생들이 심했지요.

리광평: 그곳의 물이 어떠합니까?

로병택: 물이 아주 나빴습니다. 흥룽의 강물이 시커멓습니다. 그래 그 물을 길어 먹었지요. 그때 100호에 아이들이 상당히 많았댔는데 한 두 셋을 내놓고 다 죽었어요. 데리고 온 어린아이들이 전부 다 죽은거나 마찬가지지요. 그 물 때문에 아이들이고 어른들이구 모두 다 토질병에 걸렸어요.

해방이 되여서도(1946년) 전염병이 돌아 많이 죽었어요. 한국에서 100호가 왔는데 데리고 온 아이들이 해방될 때까지 살아남은것이 5명 좌우밖에 안될거요. 여기에 와서 낳은 아이들도 거진 죽었어요. 모두 몇달이 지나거나 몇살씩 먹고는 죽지요. 내 동생도 5살 먹고서 죽었는데요.

리광평: 동생은 어떻게 죽었습니까:

로병택: 그때는 병에 걸리면 무슨 방법이 있어요? 송강에 약방이 있었는데 그걸 사다 먹여서 되오? 돈이 없어 약도 못 사는데 토방법을 대니 무슨 소용이 있겠소? 우리 엄마가 이곳에 와서 아이 여섯을 낳았는데 다 죽고 해방후 1947년에 낳은 제일 꼬맹이 하나만 살려냈지요. 그후에 다시 못 낳았어요. 그래서 나는 형제가 단 둘뿐이지요. 나는 한국에서 낳아 들어왔으니까. 우리 엄마가 모두 아이 8명을 낳았는데 산건 단 둘뿐이지요. 우리 집만 그런것이 아니라 전 부락이 다 그랬지요.

리광평: 야, 아이들이 어쩌면 그렇게 많이 죽습니까?

로병택: 야, 물이 나쁘지, 먹는것이란 맨 강냉이뿐이고 의사란것도 없지. 그래 어떻게 살겠어요?

차광범: 지금 그 마을이 있습니까?

로병택: 마을이야 있지. 지금은 맨 한족들이 약 150호가 살거요. 그곳은 땅이 좋아 농사는 잘 되고 축산도 잘 되지. 지금은 수도물이 있습니다.

리광평: 지금 그곳에 조선족이 있습니까?

로병택: 조선족이 없습니다. 그때 우리가 마지막으로 떠났으니까. 그때 산동에서 한족이민들이 오면서 한족마을로 되였습니다. 그래서 마지막 17호가 흥륭으로, 남도, 북도로 다 헤여져 나갔어요.

리광평: 그러니 동생 여섯이나 죽었습니다.

로병택: 물이 나쁘고 식량이 모자라고 의료조건이 따라가지 못하니 사람들이 많이 죽었어요.

차광범: 그때 아이들이 죽으면 관에 넣어서 파묻습니까?

로병택: 관은 무슨 관? 어른들도 제대로 못 해주는데. 아이들이 죽으면 천이나 노전에 둘둘 말아서 내다 흙구덩이를 파고 묻지.

차광범: 무덤도 없고요?

로병택: 무덤이라고 묻지만 제사도 안 지내니깐 꺼져 버리고 없어지는거지. 어른들이 사망되면 관도 짜고 무덤도 만들고 후에 관리를 하고 제사도 지내지요.

리광평: 5살 먹은 동생이 죽을 때 무슨 병이라고 합데까?

로병택: 무슨 병인지 모르지요. 토하고 싸고 열이 나면 다 죽어. 뭐 의사도 보이지 못 하는데 무슨 병인지도 모르지뭐. 그래 죽은 사람이 얼마인지 헤아릴수 없어요. 참 기가 막힌 일이지요.

그리구 해방이 나서 전염병이 돌아 어떤 집들은 몰살했는데뭐. 내 그때 학교를 다닐 땐데 죽는다 하면 하루에 몇십 명씩 막 죽어나갔어요.

죽는걸 보면 그래도 기주민들은 적게 죽고 집단이민들이 더 많이 죽었습니다.

리광평: 광복이 나서 조선에서 많이 들어왔습니까?

로병택: 예, 조선 이북에서 많이 들어왔어요. 우리 마을에만 한 40호가 넘어 되였어요.

리광평: 조선 이북의 어느 지방에서 많이 들어 왔습니까?

로병택: 갑산지구에서 많이 들어왔어요. 함경북도 등 변경지구에서 많이 왔습니다. 백두산 밑에 길이 있으니까 그길로 많이 들어왔습니다. 한쪽으로는 나가고 한쪽으로는 들어오고. 우리 집단이민을 왔던 사람들은 살지 못하겠다고 나가고 조선 변경지구에서는 여기가 살기 났다고 들어오고.

우리집 저 사람(부인을 가르킴)도 전라남도에서 살다 이북에 와 있다가 광복이 나니까 내두산으로 하여 중국으로 들어와 한대파라는데서 살았지요.

차광범: 이 마을에 집단이민으로 오셨던 분들이 지금 몇분이 계십니까?

로병택: 이 부락엔 이민이 99호가 왔다고 그래요. 집단이민을 와서 지금 살아있는 분들이 몇분 있습니다. 누구냐 하면 량재정, 그리고 오씨네도 있는데 이민을 왔던 어른들은 이미 사망하고 그때 나이 어려 들어왔던 분들이 있어요.

리광평: 한대파에 오셨던 분들도 있습니까?

로병택: 예, 강동석, 류문금이, 그 다음에 내가 있고. 다른 집들은 없구만요. 그 다음 류상근, 류명근이, 그들은 형제지요. 그리고 박명수라고 있는데 벙어리입니다. 그의 아들도 있고. 그래 한대파에 왔던 분들이 한 5집이 됩니다.

차광범: 그분들은 일을 합니까?

로병택: 일을 하지요.

차광범: 래일 아침에 이 부락의 로인님들이 모일수 있으면 저들이 면비로 단체사진과 기념사

진들을 찍어드리자고 그럽니다.

리광평: 방금 이민을 왔던 분들을 말하지 않았습니까? 우리는 지금 집단이민을 오셨던 분들을 다 사진을 찍어서 책에다 실으면서 이런 분들이 집단이민력사의 증인이라고 설명하려 합니다.

로병택: 모일수 있습니다.

리광평: 우리는 남도촌 최홍재네 집에 들어있습니다. 그러니 아침에 어느 때던 올수 있습니다.

차광범: 로인님들이 몇시에 모인다면 우리가 시간을 마추어 오겠습니다. 로인님들이 한복이랑 다 입고.

로병택: 한복이 있는 분들이 얼마 안 될겁니다.

리광평: 괜찮습니다. 옷은 있는대로 입어도 됩니다. 우리는 모든 사진을 무료로 드리겠습니다. 그리고 앞으로 책에다 여러 분들을 소개하겠습니다. 이분들이 집단이민력사의 증인들이 아닙니까?

로병택: 한대파에 왔던 사람들이 연길에도 있고.

차광범: 연길에 있는 분들의 전화번호를 압니까?

로병택: 한 두호나 아는지.

차광범: 아침 몇시에 오면 됩니까?

로병택: 아침 7시면 될겁니다.

차광범: 이 부락의 논이 있는 곳에서 집마을을 배경으로 찍으면 좋겠습니다.

로병택: 이 부락에 이민을 왔던 분들을 사진을 찍었는가요?

리광평: 전번에 두번 왔다가 만나지 못해 몇 분밖에 못 찍었습니다. 전번에 량재정의 부부간하고 정다남밖에 못 찍었습니다. 이번에 많이 찍어야 하겠습니다.

로병택: 전번이라면 언제인가요?

리광평: 2002년도 5월입니다. 그해 하반년부터는 우리는 왕청현지역을 돌았습니다. 그 전에는 안도현지역들을 돌고요. 이번에 다시 점검해보니 여기 북도랑 몇 곳이 빠졌습디다. 그래서 다시 왔습니다.

로병택: 이젠 집단이민을 왔던 부락도 없어지고. 정읍툰도 그렇고. 또 한대파우에 진기툰이라

는데도 집단이민들이 왔댔지요.

리광평: 그 진기툰이라고 어느 위치에 있습니까?

로병택: 한흥툰에서 좀 더 들어갑니다. 그런데 부락이 광복을 맞으면서 몽땅 없어졌습니다.

리광평: 책에는 진기툰이라고 기록이 없는데요.

로병택: 가능하게 기록이 없을거요.

리광평: 저들은 이 집단이민력사를 조사하려고 관계되는 책들을 많이 봤습니다. 그런데 진기툰으로 없습니다. 그곳엔 한국 어디 사람들이 왔습니까?

로병택: 한국 전라남도가 아니면 전라북도겠지.

리광평: 그때 몇호가 왔습니까?

로병택: 그건 잘 모르겠습니다. 그후에 가보니 아무것도 없더군요. 아마 몇호가 왔다가 갔길래 마을터도 없지?

로병택로인님과 이야기를 마치고 그의 부인님 옥영애와 이야기를 나누었다.

리광평: 할머님의 명함은 어떻게 습니까?

옥영애: 옥영애(玉永愛)입니다.

리광평: 옥씨라고요. 구슬 옥(玉)입니까? 성씨가 아주 희귀합니다. 년세가 얼마입니까?

옥영애: 륙십여덟(68세), 안 되네. 나이만 가득 먹었어.

리광평: 그렇게 안 돼 보입니다. 그럼 생일은 어느 때입니까?

옥영애: 음력으로 12월 22일.

리광평: 내 12월 29일입니다. 하루만 참으면 설날이겠는데 말입니다.

로병택: 아이고, 억울 하겠습니다.

리광평: 출생지가 어디입니까?

옥영애: 전라남도 장성군 진원면 산동리입니다.

리광평: 그러다가 북쪽으로 이사를 왔습니까?

옥영애: 한국에서 출생해 가지고 우리 할아버지랑을 따라 북조선에 이민을 갔대요. 그래서 해방이 된 다음 우리 할아버지는 먼저 한국 고향으로 나가고 우리 아버지는 집이랑 매매를 한다고 떨어졌지요. 그런데 길이 딱 막히면서 못 가고 거기에 남게 되였지요. 내가 맏이인데 열살을 먹고 8살, 5살, 3살을 먹은 동생들이 있었는데 살기가 말이 아니였대요. 그래서 해방이 난 이듬해인 1946년도 3월달에 중국으로 들어왔지요. 우리 아버지랑 한홍툰에다 집을 잡고 살았지요. 아버지가 병이 있고 엄마가 남의 집 품팔이를 하면서 살다가 여기로 들어왔지요. 내 나이를 먹은 게 학교를 다니다 말고 엄마를 도와 집에서 때도 끓이고 동생도 돌보고 했지요.

리광평: 참 고생을 많이 했구만요. 그럼 아까 왔던 분은 녀동생이 됩니까?

옥영애: 내 녀동생입니다. 그 애랑 조선서 함께 왔지뭐. 올 때 삯군을 하나 내서 그 애를 업어서 오게 하고 아버지가 짐위에 나를 앉히고 먼저 한 5리를 걸어가서 내려놓고 나더러 걷게 하고 그 자리에서 쉬다가 엄마하고 동생이 도착하면 또 인차 동생을 업고서 또 몇리 앞에다 내려놓고 또 나를 업고 가요. 그러니 아버지는 등에서 짐을 내릴수 없었지요. 엄마도 갓난 동생을 업었지요. 정말 고생이 막심했어요.

백두산 밑으로 오는데 눈이 무릎까지 쌓였습데다. 그래도 바깥에서 한도를 하였지요. 함박눈이 막 퍼붓지. 그래 며칠을 걸었는지 모르겠어요.

리광평: 그래 아까 그 동생을 전문 삯군을 내서 업고 왔단 말씀이지요.

차광범: 그때 그렇게 삯을 내면 돈을 얼마나 줍니까?

옥영애: 나는 어리니까 모르지요. 그렇게 들어와서도 고생을 많이 했어요.

리광평: 그러면 두분은 결혼을 어느 때에 했습니까?

로병택: 1954년도에 한대파에서 결혼했습니다.

리광평: 자식들을 여러 분 뒀습니까?

옥영애: 5남매인데요. 딸 셋에 아들 둘. 그래 지금 맏아들과 같이 있어요. 이젠 우리는 일을 못하지요. 딸들은 모두 먼데로 시집을 갔어요.

로인님들과의 이야기를 끝낸 다음 우리는 래일 아침 7시전에 오겠으니 동네 로인님들을 앞의

논이 있는 부근에 모이게 해 달라고 부탁을 드리고 오토바이를 타고 북도촌에서 나왔다. 그리고
는 남도촌의 원경을 촬영하였고 저녁에 일찌기 최홍재네 집에서 휴식하였다.

5월 9일 아침, 5시에 일어난 나는 촬영준비를 한다음 오도하를 지나 둔덕에 올라 남도촌의 풍
경을 촬영하였다. 아침 해빛이 참 좋았다. 아침식사를 한 다음 최홍재가족 기념사진도 찍어드리
고 우리도 그 집가족들과 함께 찍었다.

우리는 7시 20분에 북도촌에 도착하였다. 로병택로인회장께서 수고하시여 조선반도에서 출
생한 분들이 한복을 입게 하였다. 8시 반이 되니 로인님들이 나오셨다. 동네사람들이 나와서 구
경을 하고 있어 마치 명절날을 방불케 하였다.

먼저 조선반도에서 출생한 분들의 단체사진을 촬영했고 그 다음 바깥로인들과 안로인들을
갈라서 촬영하였다.

조선반도에서 출생하고 지금 이곳에서 사시는 로인님들. (2004.5.9)

조선반도에 출생하고 지금 이곳에서 사시는
바깥로인님들인 류근문, 량재정, 로병택과 강룡수. (2004.5.9)

조선반도에서 출생하고 지금 이곳에서 사시는
안로인들인 허순옥, 옥영문, 옥영애, 최복금, 정다남과 전라복. (2004.5.9)

바깥로인들로는 로병택, 량재정, 류문근(柳文根, 전북 남원군 출생, 자유이민, 현임로인회장.), 강룡수(姜龍朱, 전북

남원군 출생, 한흥툰집단이민).

로병택과 옥영애 부부. (2004.5.9)

안로인들로는 전라복(全羅福, 정읍툰 집단이민 박차순의 딸, 정읍툰 출생), 허순옥(許順玉, 빨간 치마, 함경북도 출신, 자유
이민), 옥영문(玉永文, 옥영애 동생), 옥영애, 최복금(崔福今, 함경북도 출신, 자유이민), 정다남할머님.

그리고 로병택과 옥영애부부사진을 촬영하였고 다른 기념사진도 찍었다. 우리는 사진을 로병
택로인님한테 부쳐주기로 약속하고 작별인사를 나눈 다음 9시가 되여 최홍재네 집에 들여 나의
오토바이안전모를 찾아가지고 송화촌으로 출발했다.

53년만에 만난 고모님들

2006년 7월 7일 오후, 나는 연변변대학 민족연구원 부원장 손춘일과 한국손님들을 모시고 영
경향 고성촌에서 출발하여 5시 반에 북도촌에 도착하였다.

부락에 들려 길가에서 동네분들과 물어 량재정로인님과 로병택을 찾으니 모두 한국으로 가
시고 없단다. 하여 나는 로병택의 부인인 옥영애를 찾아 그의 집으로 갔다. 그래서 옥영애와 물

으니 지금 정다남할머님이 계신다는것이였다. 그리하여 우리는 옥영애의 안내로 정다남할머님 집으로 갔다.

정다남할머님의 모습이 몰라보게 변하셨다. 머리칼이 더 희여졌고 허리가 너무 굽어 제대로 설수 없어 지팽이에 의거한다. 참 보기가 구차하였다. 세월이란 너무나도 무정한것이다.

우리는 이야기를 나누었다.

리광평: 할머님의 이름을 어떻게 쓰십니까?

정다남: 정다남.

리광평: 1929년도 출생이지요?

정다남: 이젠 몰라요.

옥영애: 한국의 로인들과 중국의 로인들이 달라요.

리광평: 이 할머님은 1929년 6월 13일 전라북도 남원군 곡성면 출생입니다. 1938년도에 이 북도툰에 집단이민으로 오셨거든요. 그때 몇살에 오셨습니까?

정다남: 내 아홉살 때 왔던가.

리광평: 전번에 보여주던 외할머님께서 조선서 가져온 떡시루가 그냥 있습니까?

정다남: 그냥 있어.

리광평: 그 다음 이 할머님은 성씨가 구술《옥(玉)》입니다. 옥영애입니다. 1937년도 12월 22일 생입니다.

옥영애: 고향은 전라남도 장성군 진원면 산동리입니다. 호적에 산동리라고 나왔습데다.

리광평: 그러면 할머님은 산동리에서 출생하고 언제 중국으로 왔습니까?

옥영애: 중국에 내 열살에 들어왔네요. 왜 열살에 들어왔는가하니 내가 네살때 북조선에 왔다가 쏘련군대가 들어오면서 길이 막혀서 못 갔거든요. 그래 한국에 갈려고 했다가 못가고. 그래서 할아버지와 고모는 먼저 내보내고 우리집은 식솔이 많아 움직이기 힘들어 남게 되였답니다. 그래서 내가 아홉살 때 거기서 설을 쇠고 1946년도 3월에 흥륭하란데 와서 거기서 한 10리 올라가면 한흥툰이라고 있었는데 지금은 영림이라고 한다던가? 그래 한흥툰에서 살았어요.

아버지는 나한테 늘 이야기를 했어요. 너의 고향은 한국 전라남도니까 어느 때던 조선이 통일되겠으니까 꼭 고향에 다녀가 할아버지랑 고모랑 만나보라고. 그때는 언제 한국으로 갈 생각을 다 했겠어요? 꿈도 못 꿨지. 그런데 지금은 시대가 좋아지니까 한국도 가고 떨어졌던 고모도 가보고.

리광평: 그래 한국에 가서 고모를 만났습니까?

옥영애: 예, 고모가 너무도 기 막혀 가지고 《아이고, 이게 웬 일이냐? 꿈이냐 생시냐? 네가 영애가 옳냐?》하면서 막 뛰쳐나와 서로 부둥켜 안고 울었지뭐. (할머님께서 정말로 막 흐느끼신다.) 그래서 가서 다 만나봤어요. 우리 아버지가 독신입니다. 독신. 그래 이상 고모님들이 둘이 있고 막내고모님이 한분 있고. 가서 6개월만에 돌아오고 다시 못나갔지요.

리광평: 이 분의 세대주가 로병택인데 바로 한흥툰집단이민입니다. 그분은 1935년 11월 19일 전라북도 남원군 주천면 호곡리에서 출생했는데 1939년 봄에 100호와 함께 안도현 송강촌 한흥툰에 집단이민을 왔습니다. 토병택이란 분은 해방후 촌에서 당지부서기도 맡았고 많은 사업도 했고 이야기도 참 잘하시는데 한국으로 가고 안 계십니다.

옥영애: 그 량반은 촌에서 지부서기, 회계, 못하는 일이 없었고 늘 모범으로 뽑혀 다녔지요.

리광평: 그러면 고모네 하고는 몇살때 갈라졌습니까?

옥영애: 내 애기 때니까 잘 모르지요.

리광평: 어느해 한국에 갔다왔습니까?

옥영애: 1999년이던가?

리광평: 참 일찍 갔다 왔구만요.

정할머님, 그때 이민을 오씰 때 집에서 누구랑 함께 왔습니까?

정다남: 아버지, 엄마, 외조부, 외조모와 나 다섯이 왔어요. 내가 맏이입니다. 1938년도 봄에 북도툰에 와서 집을 지었어요. 집을 짓기전에는 땅굴을 파고 살았어요. 회사에서 옥수를 량식으로 주었어요. 옥수를 이삭채로 주지요. 그것도 많이 주지 않아 방아에다 찧어서 먹었어요. 그리고 조이도 주었어요. 미역도 주고요.

동생들도 키우는데 먹을것이 모자라 결국은 죽고.

저 앞의 내가에 큰 나무를 걸쳐 놓고 건너 다니면서 논도 풀고 밭도 만들었어요. 나는 나이가 어린게로 집에서 강냉이를 찧고 조이를 찧고 밥을 해서 섬겼지요.

내 15살에 시집을 갔어요.

리광평: 그러면 시집은 어디로 갔어요?

정다남: 이 부락에 갔어요. 남편도 이민을 같이 왔지요.

리광평: 남편의 이름이 뭣입니까?

정다남: 문봉도(文鳳道)요. 문봉도 그 량반도 누나가 둘이였는데 큰누나는 일찍 시집을 보내고 작은누나는 남을 주었대요. 그후에 아무리 애를 써도 작은누나를 못 찾았대요.

그래 살다가 자식들이 생기고 두루 살게 되었어요 나는 딸 셋에 아들 셋이 있어요. 지금 막둥이를 데리고 있는데 37살인데도 아직 장가를 못 가서 속이 타요. 우리 딸 둘이 한국에 갔는데 소식도 없어요.

리광평: 그때 와서 집은 어떻게 했습니까?

정다남: 오니까 집은 틀을 다 세우고 서까래를 걸어 놓았더군요. 그래서 우리들이 벽을 바르고 이영을 예고 목수를 시켜 문을 해달고 온돌을 놓았지요.

메밀농사를 하는데 밭을 갈지 않고 씨를 뿌리고 쑥대로 막 끄스고 다녀도 씨가 잘 붙어 그렇게 잘 되여요.

회사에서 소를 쳤어요.

그때 1반, 2반, 3반, 4반까지 있었던가? 처음 와서 집이 없으니 땅굴을 파고 그 위에 서까래를 걸고 새초를 덮고 땅굴속에서 살았지요. 뱀이 막 굴로 들어오고. 아이고, 정말 고생이 심했어요. 그러고 집을 지었어요. 로동력이 강한 집에서는 먼저 새집에 들었어요.

해방이 된게로 밭을 일궈주더군요.

손춘일: 그때 이 부락에 이민을 몇호가 왔습니까?

정다남: 100호일거요.

손춘일: 이 부락에 온 분들은 모두가 전라북도의 사람들입니까?

정다남: 예. 그렇지요. 그리고 남도툰은 우리보다 한해 늦게 왔어요. 그 사람들도 집을 짓지 않

았기에 우리 북도에서 방살이를 하면서 집을 짓고 나갔어요.

리광평: 그때 와서 땅굴에 있으면서 집을 먼저 지었습니까, 아니면 토성을 먼저 쌓았습니까?

정다남: 집을 먼저 짓고 성벽도 쌓고 했지요. 한해에 다 볶아쳐서 집도 짓고. 떼짱을 떠서 널판자에 담아 이여 날라서 토성을 쌓았어요. 맨 떼짱으로만 토성을 뱅 돌려 쌓았어요. 대문을 세개 만들었어요. 남문, 북문과 동문을 냈지요.

그때는 또 비적이 온다고 총이랑 가지고서 만날 보초를 보지요.

리광평: 그때 토성의 네귀에 보초막을 지었습니까?

정다남: 예, 보초막이 있었어요. 보초는 남문에서 많이 봐요. 그런데 이 부락엔 항일련군들이 못 들어왔어요.

리광평: 논은 언제 일구었습니까?

정다남: 온해부터 논도 일구고 밭도 만들고 했지요.

리광평: 그때 이곳에 오니 논이 있습데까?

정다남: 논이 없었지요. 논은 우리가 와서 풀었어요. 논은 우리 이민들이 푼거지요.

손춘일: 광복이 나서 고향으로 돌아간 사람들이 많았습니까?

정다남: 많았지요.

리광평: 그때 밤에도 논판에 펼 흙을 나르던 이야기를 좀 들려주세요.

정다남: 밤에도 애기를 업고 일하려 나오는데 그때는 애기를 업는 띠나 있어요? 그래서 각반으로 아이를 동여매였는데 아이들의 다리가 각반에 긁혀서 벌겋게 부어오르고 피가 막 났어요. 그래도 아이를 업고서 산에 가서 흙을 파서 발기에 실어서 논에 폈지요. 아이구, 말도 말아요.

정혜경: 농사를 지어 소출이 나오면 그것이 모두 자기것이예요?

정다남: 아이고, 그게 어찌 다 자기거요? 나라에 공출을 바쳐야지, 얼마를 바치라면 얼마를 바쳐야지. 바치고 나면 얼마 없어요. 출하임무는 소출이 많아도 그대로 내야하고 소출이 없어도 그대로 내야 해요.

손춘일: 그때 토성을 쌓고 보초를 보는것은 비적 때문이라고 생각하고 비적을 미워하고 일본사람들을 미워하지 않았어요?

정다남: 지금 생각해 보면 비적이 아니라 항일련군이였거든요. 그때는 비적이라고 미워했지요. 비적이 바로 항일련군이였지요.

홍면기: 그러면 항일련군 가운데 조선사람들이 있었어요?

손춘일: 연변지역의 항일련군은 동북항일련군 제2군인데 그중 80%가 다 조선족이였지요.

정다남: 할일련군들이 부락을 들이치고서는 량식을 얻어가지고 부락사람들더러 지여다 달라고 하고는 산에 들어간 다음에 가라고 하지요. 돌아올때 갔던길로 가면 탈로가 날가봐 다른 길로 가라고 하지요. 그래서 고생을 많이 했대요. 우리 아버지는 비적의 짐을 지고 오다가 다리가 다 얼고 손이 다 얼었댔어요.

리광평: 할머님네는 집을 얼마나 크게 지었댔습니까?

정다남: 우리는 집을 세칸으로 했어요. 아마 6간집일게요.

리광평: 집의 세대주는 언제 사망했습니까?

정다남: 환갑이 지나고 돌아갔어요.

리광평: 남편 문봉도 이곳에 이민을 함께 왔지요?

정다남: 예. 여기에 와서 나와 결혼을 하였어요.

손춘일: 북도마을과 남도마을에서 왕래가 많겠네요?

정다남: 그래요. 서로 친척도 많고. 나는 공부를 못하여 글도 모르고 화토를 볼줄도 몰라요. 그때 논은 풀어서는 각 반별로 나누어주고 반에서 각호에 책임을 맡기지요.

손춘일: 그때 같이 왔던 사람들의 이름을 알만합니까?

정다남: 생각이 안 납니다. 이젠 다 죽고.

리광평: 그래도 제가 몇해 전부터 이곳으로 몇번 다니면서 사진을 찍고 록음도 하였기에 다행으로 기록을 할수 있게 되였습니다. 김종구네 집도 안도로 이사를 갔습니까?

정다남: 예, 안도로 갔어요.

리광평: 력사기록에는 집단이민이 왔던곳이라고 여러부락이름을 적었던데 저들이 답사를 하자고 가보면 조선족들이 한사람도 없는 곳이 많아요. 그래서 많은 부락에 안 들어갔어요. 가도 만날 대상이 없으니까.

찾아온 손님들의 질문에 대답을 주시는 옥영애 할머님. (2006.7.7)

2년 전보다 모습이 완전히 달라진
정다남 할머님. (2006.7.7)

이곳에서도 숯을 많이 구웠습니까?

정다남: 이곳에 와서 숯을 구웠지요. 회사에 구으라고 임무를 주니까. 숯을 대량으로 사들였지요.

홍면기: 애를 낳고나면 좀 도와주나요?

정다남: 도와주기는 누가 도와줘?

홍면기: 병이 나면요?

정다남: 병이 나도 방법이 없지.

두 할머님과의 이야기를 마치자 우리 일행은 다그쳐 이도백하로 들어갔다. 나는 차에서 송강과 정읍둔집단이민정황, 대흥둔집단이민정황 등을 소개하여주었다. 7시 20분에 이도백하에 도착하여 식사를 하고 샤워를 하고 쉬었다.

3. 송화촌에서 만난 전라북도 집단이민들

2002년 5월 27일오후 3시전에 나와 차광범은 오토바이를 타고 송강진 송화촌으로 찾아갔다. 먼저 우리는 송화3대에 들려 백래은이란 분을 만나 이야기를 나누었다.

이야기를 마친 우리는 백래은부부의 사진을 찍어 드리고 부랴부랴 송화4대로 달려왔다. 우리는 오후세시가 좀 지나 송화4대에 도착하였다. 그래서 마을에서 할머니를 만나 이 부락에 집단이민을 오셨던 분들이 있는가고 묻자 그 할머님은 자기도 량강 전북툰집단이민이라고 말씀하셨다.

하여 우리는 먼저 그 할머님과 이야기를 하기로 했다.

"위만경찰 둘을 처단했어"

리광평: 할머님의 명함은 무엇이라 부릅니까?

리정순: 리정순(李貞順)입니다.

리광평: 년세가 어떻게 됩니까?

리정순: 예순아홉.(69세)

리광평: 그러면 1934년생이구만요. 생일은 어느 날입니까?

리정순: 음력 팔월 스무이튼날(8월 22일)입니다.

리광평: 할머님의 고향은 어디입니까?

리정순: 전라북도 거창군입니다.

리광평: 몇살에 중국으로 건너왔습니까?

리정순: 다섯살에. 그건 기억이 똑똑 해요.

리광평: 다섯살이면 1938년도입니다. 그래 어디로 집단이민을 왔습니까?

리정순: 량강의 전북툰에. 이걸 수집해서 뭘 합니까?

차광범: 우리들이 책을 냅니다.

리광평: 우리 책을 묶어서 후대들이 우리 선배님들이 어떻게 살아왔다는걸 알게 하려고 합니다. 글도 만들고 사진도 내고. 그때 오실 때 집에서 누구랑 왔습니까?

리정순: 그때 아버지와 어머니, 언니, 나 모두 넷이 왔습니다. 작은 아버지는 왔다가 인차 돌아 갔습니다. 작은 아버지 한분은 조선서 일본사람들이 나오라 해서 따라 다니다가 발과 다리가 다 얼어서 병신이 되였습니다.

리광평: 전북툰에 오셔서 집은 어떻게 해결했습니까?

리정순: 집이란 무슨 집이 있겠습니까? 헌집이 하나 있어 거기에 들었습니다. 그래 집이 곤난 하다나니 학교를 5학년까지 다니였어요. 나는 골이 참 좋았는데 집안이 너무나도 곤난해서 학교에서 나왔어요. 그때 모범학생이였는데 무슨 방법이 있어요? 사람이 공부를 못하니 쓸모가 없어요.

리광평: 할머님 남편의 명함은 어떻게 쓰십니까?

리정순: 정근섭(丁謹燮)입니다.

리광평: 년세가 어떻게 됩니까?

리정순: 칠십둘(72세)

리광평: 그러면 1931년생이군요. 할아버지의 고향은 어디랍니까?

리정순: 충청도라고 합데다.

리광평: 어디로 집단이민을 왔습니까?

리정순: 그 량반도 량강의 강남툰에 집단이민을 오셨답니다.

리광평: 로인님은 이야기를 잘 하시지요?

리정순: 이야기를 하기는 하는데.

리광평: 아바이는 어디로 갔습니까?

리정순: 산으로 소를 먹이려 갔어요. 언제 올지 모르겠어요. 밤이 되여야 옵니다. 매일 갑니다.

차광범: 그러면 할아버지를 래일 오전 10시에 어디로 가지 말고 있으라고 하십시오. 우리들이 래일 찾아 오겠습니다. 오늘은 우리는 양초촌으로 간단 말입니다.

리광평: 우리가 래일 오전 10시에 오겠습니다.

정열에 넘치는 전북툰집단이민인 리정순 할머님. (2002.5.27)

우리는 할머님과의 이야기를 인차 마치고 래일 오전 10시에 이곳으로 찾아올걸 약속한 다음 오토바이를 타고 양초촌으로 달렸다. 아까 전화를 걸어 양초에 우리가 가겠다고 약속을 했기 때문이였다.

2002년 5월 28일 오전 오토바이를 타고 양초촌을 떠난 나와 차광범은 어제 한 약속을 지켜 9시 40분, 20분을 앞당겨 송화4대에 도착했다. 우리가 리정순 할머님의 집으로 고추 달려가자 리정순의 남편이신 정근섭(丁謹燮)로인님께서 마중을 나오시며 환한 웃음으로 반기는것이였다.

우리는 마치 자기 친할아버지를 만난듯 아무런 허물도 없이 직접 이이야기에 몰입했다.

리광평: 로인님의 명함은 어떻게 쓰십니까?

정근섭: 정근섭입니다. 삼가할《근(謹)》에, 빛날《섭(燮)》입니다.

리광평: 년세가 어떻게 되십니까?

정근섭: 칠십둘(72세)입니다.

리광평: 그러면 어느 년도 출생입니까?

정근섭: 나는 1931년 음력 8월 10일에 출생했습니다.

리광평: 고향은 어디입니까?

정근섭: 충청남도 공주(公州)군 계룡면 구황리입니다. 충청남도의 명산이 바로 계룡산이거든요. 나는 바로 계룡산에서 출생했어요.

리광평: 그러면 어느 때에 중국으로 오셨습니까?

정근섭: 나는 1944년 음력 2월 17일날, 안도현 량강촌 강남툰에 개척민으로 왔습니다. 이민이지요. 일본아이들이 량강에서 송화강을 건너가 남쪽에 개척민부락을 앉힌다고 그렇게 강남툰이라고 이름을 지었다고 합데다.

리광평: 그때 오실 때 로인님네 집에서는 누구랑 함께 왔습니까?

정근섭: 량친 부모하고 형, 나 모두 4명이 함께 왔습니다.

리광평: 그리고 올때에 모두 몇호가 오셨습니까?

정근섭: 공주군에서 50호, 부여군에서 50호, 모두 100호를 그곳에 앉혔습니다. 100호인데 집은 50채만 줄을 딱딱 마춰서 짓게 하고 길도 짝짝 빼더구만요. 집 한채에 두집씩 들게 하였어요.

우리가 와서 이듬해 봄에 일본아이들이 또 집을 짓게 하여 집단이민부락을 더 앉히지요. 그래서 우리 강남툰이 1호부락이 되고 이듬해에 또 50호를 지어서 2호부락을 만들고 그리고 또 3호부락까지 앉혔습니다. 3호부락엔 경상도서 이민들이 왔습니다. 그들이 이듬해 봄에 와 집을 짓다가 해방이 나는 바람에 다 달아나고 말았지요. 일본아이들은 4는 이름이 나쁘다고 빼고 5호부락을 연변간부휴양소 약수터자리가 있는 거기에 앉히려 계획했고 그 위에 또 7호부락까지는 밭을 일구어 이민을 안치하려고 하였지. 사람을 안배하여 다 답사를 하고 부락을 앉힐 계획까지 다 만들었지.

그리고 조선과 직접 련결시키려고 장백산까지 길을 다 냈지요. 그때는 길을 닦는데 다 인공으로 하니까 우리 이민들을 동원하여 나무를 베내고 흙길을 닦았지. 그런데 자갈은 못 깔았어요. 일본아이들이 그런 설계를 다 했답니다.

우리가 어떻게 되어 이민을 오게 되었는가를 말하자면 참 힘들지요.

일제가 조선을 침략해 가지고 2차세계대전에 참가하려고 처음에는 꼴꼴한 청년들을 추려서 뽑아갔는데 그 다음 자기네가 바쁘니까 병신이 아닌 청년들은 몽땅 막 뽑아서 군대로 보내지 않으면 일본 호까이도 탄광, 싸할린의 탄광 등 자기들이 수요하는 곳에 강제로 보냈지. 우리는 6형제인데 둘째형님이 일본 북해도(호까이도) 에 2년을 가 있다가 만기되어 되돌아왔지요. 19살에 갔다가 21살에 돌아오는데 로임도 많이 받고 멋쟁이가 되어 돌아왔지요. 그건 다른 청년들도 일본 제국의 말을 잘 들으라는 술법이겠지요. 2차대전이 터지자 끌려가는 사람들은 계약은 2년이였지만 그 다음부턴 2년이겠는지 5년이겠는지 언제 돌아올줄 모르지요. 16세, 18세 되는 처녀들도 특수하게 인물을 골라 일본군대 위안부로 데리고 갔는데 일본군대들의 노리개로 되었지요. 우리 조선사람들을 군대로 보내지 않으면 탄광이나 조선공장 등 제일 힘들고 위험한 일만 시키지요. 로씨야의 싸할린에 가서 죽거나 고통스럽게 산 사람들이 참 많습니다.

나의 위에 형님이 셋이 있었는데 한집에 다 있으면 꼭 붙들려 갈 판이지. 그래서 낮에는 다 어디에 숨어있다가 한밤중에야 집으로 들어와 밥을 먹고는 나가지 않으면 잠간 자고 가지요. 우리 형님이 학교를 졸업하자 아버지는 형님더러 집에 있으면 봉사대에 잡혀갈터니까 너절로 어디 가서 피해 있으라고 했어요. 그래서 형님이 집을 나갔어요. 그래 서울에 가서 이곳에서 한달, 저곳에서 몇달 잡일을 하면서 피해있었답니다. 둘째형님이 일본으로 한번 봉사를 갔다왔거든. 그래 집에 그냥 있으면 안되지.……

그러자 집단이민모집이 나왔더군요. 조선에 그냥 있으면 굶어죽거나 일본사람들 봉사에 뽑혀 잘못 될것 같거든. 그래서 이민에 자보를 했어요. 하여 고향서 기차를 타고 한번도 갈아타지 않고 사흘만에 명월구까지 왔어요.

명월구에서 도랑꼬(트럭)로 영경까지 우리 이민들을 운송해줍데다.

리광평: 도랑꼬란 지금의 화물을 신는 트럭을 말하지요.

정근섭: 예, 지금은 트럭이라고 하는가요? 영경에 도착하니 만척회사에서 먼저 온 사람들을 동원하여 발구를 가지고 와서 로인들과 아이들, 약한 사람들을 태우고 짐도 싣고서 떠나고 걸을 만한 사람들은 모두 걷게 하더군요.

길을 갓 닦았는데 자갈도 깔지 않아 길이 질지, 울퉁불퉁 하지, 겨우 걸었지요. 량강에 오니까 한족사람들과 학생들을 동원하여 줄을 서서 붉은 숫을 단 날창을 흔들면서 만세를 부르며 환영하더군요.

그때 우리는 어리니까 고생은 로인들이 했지요. 그때 우리 어머니랑 정말 고생을 했습니다. 남자들은 다 뽑혀 나가고 밭에서 기음을 맬 사람들이 없으니 녀자들이 죽을 고생을 했지요.

그러다 그 이듬해 8월 15일날 해방을 맞았지요. 그러자 젊은 사람들은 거진 고향으로 나갔지요. 그런데 우리 아버지는 그먼 고향으로 아이들을 데리고 가자면 너무 힘이 드니 여기서 살자고 하더군요. 그래서 우리 강남툰의 100호마을에서 13호만 남았거든.

그 어느 정부던 백성이 없으면 나라를 운영할수 없거든요. 그러니 우리가 강남툰으로 이민을 오니 만척회사에서 우리한테 좁쌀, 기장쌀, 강냉이들을 배급으로 줍디다. 농사를 하라고 소도 한 마리씩 주고 인구수에 따라 병아리도 나누어 주고 호마다 의무적으로 돼지를 먹이라고 새끼돼지 2마리씩 줍디다. 달구지를 10호에 한대씩 주는데 그 10호에서 제비를 뽑아 주인을 결정하고 그 10호가 서로서로 쓰게 하였어요. 하여간 집이나 모든 물건들을 준건 다 빚으로 매겨놓고 앞으로 갚으라고 했지요. 그런데 그 이듬해에 광복이 나는 판에 그 누가 갚는단 말입니까? 다 무효로 되였지요.

해방을 맞아 좀 잘살겠는가도 했는데 그곳엔 호적들이 많았지요. 호적이라고 압니까?

리광평: 지방 토비들을 말하지요.

정근섭: 그래, 토비들이지요. 토비들이 낮에 와서 정찰을 하고는 밤에 뛰여들어 무조건 백성들의 집을 털어서 가져가는 거지요. 야, 어찌나 무섭던지.

그래서 팔로군이 들어오더니 토비숙청을 시작했어요. 그래서 잡을 놈은 잡고 자수할 놈은 자수시키고 죄악이 큰 놈들은 총살하였지요. 토비질을 하면서 못돼야 한 사람 둘을 총살하였어요.

리광평: 그래 강남툰에서도 청산투쟁을 했습니까?

정근섭: 강남툰에는 총살당한 사람이 없고요. 우리 량강지구에서 조선사람을 총살한것이 딱 둘이였지요. 그 사람들은 이민이 아니라 기주민들이였는데 조선말도 잘하고 한어도 잘하지 량면파질을 하면서 항일련군의 심부름을 하고 일본놈들의 개질을 하였지. 하나는 성씨이고 하나

는 뭐라더라? 깜빡 생각이 안 나는데. 그가 바로 김국덕이라는 사람인데 얼마나 못돼야 했던지 복사 때 총살하기로 했는데 총살하면 너무 헐하게 죽는다고 사형이라고 선포하자 아이들이 올라타고 때리고 숫궁기에다 못을 박아서 죽였다고 합데다. 김국덕이와 성문혁이는 모두 경찰이였지. 그놈들이 한면으로는 항일련의 심부름을 하면서 돈받아 먹구 한면으로는 일본군대에 밀고를 하면서 얻어 먹구하였지. 그놈들이 또 장백산을 나들면서 아편밀매를 하는 사람들을 잡아서는 그 물건들을 빼앗아서 일부는 바치고 대부분은 뜯어 먹었지. 그것도 한두번이면 넘어가겠지만 여러 번 하다가 탈로가 되였겠지. 그때는 그놈이 무서워서 못 잡았지만 해방이 되니까 피해자들이 가만 있자고 하겠어요?

리광평: 그러면 둘을 죽였습니까? 다 경찰들이구요?

정근섭: 예, 그리고 소소한것은도 따로 처리를 했어요.

그때 우리가 개척민으로 오니까 이미 먼저 오셨던 집단이민들이 고생한 이야기를 하더군요. 강남툰에 항일련군들이 내려와 만척회사에서 내준 소들을 가져 가고 이민들의 량식을 가져 가고 하니 만척회사에선 강남툰집단이민부락을 철거시켜 강건너 전북툰에 옮기게 했답니다. 저의 장모님도 소를 뺐겼답니다. 내가 후에 전북툰의 장모님집에 놀려가니 항일련군들이 내려와 선전을 하던 이야기를 하더군요. 하루 저녁에 항일련군들이 강남툰부락에 들어와 회의를 한다면서 부락사람들을 다 모이라고 하더래요. 연설을 하는데 정말 눈물이 나게 말하더랍니다. 우리 조선민족은 일본놈들 때문에 나라를 잃고 중국 땅에 와서 짐승보다 못한 생활을 한다는것, 오직 일본제국주의를 중국과 조선에서 몰아내야 우리 가난한 사람들의 세상이 온다고.

그러면서 항일련군은 일제를 타도하기 위해서 가난한 사람들의 해방을 위해서 산속에서 싸우고 있으니 백성들께서 식량을 지원해 달라고 하더라군요. 그 말을 들으면서 많은 사람들이 울었답니다. 그 말이 딱 옳더랍니다. 그리고는 백성들한테서 식량을 구해가지고 백성들에게 지워서 함께 가자고 했고 만척에서 내준 소들을 총으로 쏴 죽이고 백성들더러 소고기를 먹으라고 하더랍니다. 그러면 만척회사에서 소를 또 준다고.

여기는 김일성의 활동지역이였지요. 김일성이 흥륭하에 있으면서 선생질을 했고 김일성의 어머님이 무주에서 사망하여 묘소를 무주에 썼댔는데 해방후에 조선정부에서 이장해 갔지요. 그리고 김일성부대에서 파묻었던 무기들도 파갔습니다.

우리는 후에 이민을 오다보니 먼저 오신 분들보다는 고생을 적게 하였지요.

일본군대가 싱가포르를 점령하였다고 경축한다면서 전 학교가 교학을 정지하고 일본기발을 들고 시위행진을 하면서 야단을 쳤댔어요. 실제는 미국아이들의 전술에 걸린것이지요. 몽땅 몰살을 당했지요. 그래서 일제가 발광적으로 군대를 막 모았지요.

리광평: 아바이는 군대를 안 갔댔습니까?

정근섭: 그래, 내 이젠 로실하게 이야기하지.

나의 맏형님과 세째형님이 남조선에 있거든요. 그런데 해방이 되자 소통이 잘 안 되였는데 그 때 고향에 편지를 보냈는데 우리 형님네가 받아보았지요. 그런데 이곳 정부에서 편지거래를 못 하게 했거든요.

그때 항미원조를 할때 자원하여 나가는 사람도 있었지만 많은 젊은 사람들은 전쟁터에 실제로 가기 싫어했지요. 그때 만약 나간다면 나는 고향에 있는 형님들과 서로 적이 되는 판이지. 하여 나는 한사코 안 나갔어요.

우리가 이민을 온 사람들 가운데 지금 살아있는 오윤택이가 나보다 3살을 더 먹고 조양의 림승철이라고 있지요. 림승철 량반이 이젠 78세인지 그럴겁니다.

리광평: 예, 오윤택도 우리들이 만나 봤고 림승철로인님도 만나 보았습니다.

정근섭: 림승철이란 량반이 우리들이 온 중에서 살아 계시는 분들로는 제일 좌상(년장자)일 겁니다. 우리 한 고장에 있었으니까요. 그 다음은 오윤택, 그 다음은 나입니다. 그외의 분들은 이미 사망되였어요.

리광평: 로인님들은 자식을 몇분 두었습니까?

리정순: 아들 둘에 딸 셋을 두었어요.

한복을 곱게 차려입은 정근섭과 리정순 부부. (2002.5.28)

정근섭. 리정순 부부가 사시는 초가집. 이제 벽돌집을 지을 계획이란다. (2002.5.28)

리정순할머님께서 정성 들여 차린 점심밥을 먹으면서 우리는 두 로인님과 계속 이야기를 나누었다. 식사가 끝나자 우리는 두 로인님들더러 한복을 입게 하고는 실내에서와 실외에 로인님들의 삶의 모습들을 여러 모로 촬영하였다. 로인님들께서 몹시 기뻐하시면서 잘 협조하여 주셨

기름진 밭과 한생을 함께 해온
정근섭 리정순 부부. (2004.5.9)

다. 정말로 고마운 분들이였다.

이번 2002년 5월 25일에 출발하여 28일 돌아오기까지 모두 530km를 달렸다. 참 공부를 많이 한 답사의 길이였다.

2004년 5월 9일, 나와 차광범은 송화촌에 으러러 리정순할머님과 그의 사위의 안내로 부락 앞의 밭에서 일하시는 정근섭로인님을 만났다. 밭에서 우리는 밭머리에 앉아계시는 부부의 모습들을 촬영하였다.

우리가 현귀동로인님을 만나 보련다고 하자 리정순할머님께서 일하시는 현귀동할아버지와 부인 박순희를 불러 현로인님집에 가서 이야기를 나눌수 있게 했다.

리광평: 로인님의 명함은 어떻게 쓰십니까?

현귀동: 현귀동(玄貴童)입니다. 귀할 《귀(貴)》, 아이 《동(童)》자입니다.

리광평: 년세가 어떻게 됩니까?

현귀동: 69살입니다. 1936년 3월 27일 생입니다.

리광평: 고향은 어디입니까?

현귀동: 전라북도 금산군 진산면 산거리에서 출생했습니다.

리광평: 로인님이 몇살 때 중국으로 들어왔습니까?

현귀동: 내 세살에 안도현 소사하 양초구에 집단이민으로 왔습니다.

리광평: 세살 때면 1938년이겠습니다. (문헌에는 1937년)

현귀동: 예, 그전에 거기에는 100호가 넘어 살았댔습니다.

리광평: 그때 오실때 집에서 누구랑 같이 왔습니까?

현귀동: 아버지, 엄마하고 누님 하나, 나까지 모두 4명이 들어왔습니다. 누이가 둘이였는데 만누이는 한국에 남고.

리광평: 그때 올때 몇호가 왔다고 합데까?

현귀동: 그때 들어오기는 많이 들어왔는데 100호가 될겁니다.

리광평: 기차를 타고 명월구에 와서 내렸겠지요? 그러면 양초구까지는 어떻게 왔습니까?

현귀동: 트럭을 타고 만보를 거쳐 양초까지 왔지요.

리광평: 양초로 오니까 부락이 있습데까?

현귀동: 기주민부락이 있습데다. 조선사람들인데 개털모자를 쓰고. 일본아이들이 집단이민부락은 원 부락에서 좀 나가 따로 건설하게 했단 말입니다. 토성도 쌓고 집도 짓게 하고. 일본아이들이 한집에 하나씩 소도 주고 수레도 주어 농사를 지었지. 그애들이 정치가 나빠 그렇지.

리광평: 그때 어째서 한국에서 오게 되였습니까?

현귀동: 지내 못 살다나니까 땅이 많은데 들어오느라고 왔지. 일본사람들이 만주는 땅이 많구, 량식이 많다는거지.

리광평: 집은 어떻게 해결했습니까?

현귀동: 처음엔 기주민들의 방에 들어있었지. 그러다 집을 짓고 나갔지요. 토목나무를 척척 쌓아서 귀틀집을 지었지요.

리광평: 그래 집집마다 독집을 지었습니까?

현귀동: 한집이 한채지. 독집을 지었어. 나무가 흔하니 마음대로 지었어요. 능력이 있는 집은 팔간집도 막 짓고.

리광평: 집은 통일적으로 설계를 한것은 아니고요?

현귀동: 집터는 통일적으로 떼여줬지만 집은 마음대로 짓게 하였습니다. 잘사는 사람네는 팔간집들을 멋있게 짓고 못사는 사람들은 귀틀집을 짓고 하였지요.

리광평: 로인님은 학교를 다녔습니까?

현귀동: 매부때문에 한 4학년까지 겨우 다녔습니다. 아버지가 내 열살에 사망되였는데.

리광평: 그래 어느 학교를 다녔습니까?

현귀동: 거기 양초학교를 다녔지. 일본학교였어요. 아버지가 내 열살에 사망하였으니 매부가 나를 학교에 다니게 했어요. 집에 버는 사람이 없으니까.

리광평: 그때 고생하던 이야기들을 좀 말씀하여 주십시오.

현귀동: 고생이야 죽게 했지뭐. 항일련군들이 부락에 들어와 막 털어가는데 겁이 나서 감자굴 안에 막 들어갔지. 나이 어릴 때이니까 막 죽이는가 해서.

리광평: 그때는 비적이라고 했지요.

현귀동: 비적, 호적이라고도 했지. 막 들어와서 털어가는데. 소도 몰아가고, 량식도 뺏아가고. 야, 여러번 털어갔어요. 철알은 갈 때만 쏘고 안 쏘는데. 개가 짖으면 찌통(폭죽)에 불을 달아 던져 주는데뭐. 총은 안 쏘오.

그전에 김일성부대가 이곳에 와서 싸움을 했는데.

리광평: 여기 양초. 저기 고성 등 부근에서 전투가 많이 있었습니다.

현귀동: 동북에서 사평전투가 셌을거요.

리광평: 그건 해방이 난 후에 일이고.

정근섭: 그때는 백성들의것을 털어간다고 항일련군을 비적이라고 했지요.

현귀동: 저녁에 딱딱 들어와서 량식을 마대목까지 꽁꽁 채워서 가져가고 소도 자기 소처럼 척 척 끌고 가지뭐. 소는 산에 끌고가서 잡아 먹지뭐.

리광평: 로인님은 광복을 양초에서 맞았습니까?

현귀동: 예, 광복이 난 다음 잘사는 사람을 청산하고 늙은이던 누구던 사정없이 무릎을 굽혀 놓고 투쟁을 했는데. 참 대단했는데뭐. 지주요, 부농이요, 딱지만 붙으면 청산한단 말이요.

리광평: 저, 할머님과 좀 물어봅시다. 할머님의 명함은 어떻게 쓰니까?

박순희: 박순희(朴順姬). 나는 여기서 태여났는데.

리광평: 년세가 어떻게 됩니까?

박순희: 예순다섯(65세)이.

리광평: 출생지가 어디입니까?

박순희: 여기 양초요.

리광평: 그러면 부모네는?

박순희: 한국에서 제2차이민으로 왔다고 하더군요.

현귀동: 저집 부모님들이 우리와 함께 이민을 왔어요.

리광평: 부모님 고향은 어디랍니까?

박순희: 전라북도 금산군 매밀봉이랍니다.

리광평: 할머님이 65세라면 1940년 출생이구만요. 생일은 어느날입이까?

박순희: 음력으로 8월 15일입니다.

리광평: 그러면 결혼은 어느 때에 했습니까?

박순희: 내 18살에 결혼을 했습니다. 한 부락에서 결혼을 했습니다.

차광범: 그때는 자유련애를 했습니까 아니면 소개를 해서 했습니까?

박순희: 그때는 중매를 서서 했어요. 지금과는 달랐어요.

마을의 길에서 다정하게 기념사진을 남긴 송화4조의 조선반도에서 출생한 로인님들. (2004.5.9)

현귀동 박순희 부부. (2004.5.9)

서로 손을 잡은 정근섭 부부모습 너무나도 보기 좋았다.
(2004.5.9)

이야기를 마치고 우리는 바깥 부락이 보이는 큰길에서 리재연, 리정순, 정근섭, 현귀동과 박순희가 함께 서있는 장면을 촬영했고 부부간도 따로 촬영하였다. 정근섭, 리정순 부부가 서로 손을 잡고 걷는 모습은 참 재미가 있었다.

촬영이 끝나자 우리는 작별인사를 나누고 10시반이 되여 오토바이를 타고 룡정을 향해 출발하였다. 영경에서 오토바이 뒤바퀴에 공기를 더 넣고 또 빵을 사서 챙겼다. 그리고 동청을 지나 강옆을 따라 달리다가 강옆의 버드나무가 우거진 곳에 들어가 손과 발을 씻고 빵을 먹었다. 그리고 시원한 그늘밑에 누워 잠간 낮잠을 잤다.

오후1시가 되자 우리는 오토바이를 타고 다시 질주하였다. 차조구부근에서 달리는 기차와 경쟁을 하면서 말이다. 우리는 오후 4시 40분이 되여 룡정에 도착하였다,. 저녁에 목욕을 하고 랭면을 시원히 먹었다.

　5월 7일에 떠나 9일 집으로 돌아오기까지 나는 모두 362km 길을 달렸고 120형 슬라이드필름 6통, 120형흑백필림 8통, 135형네가티브필림 하나를 찍었다.

2장 만보진 지역

1. 금화툰집단이민부락터에서

2001년 11월 13일에 손룡문과 함께 안도현 만보진 공영촌에서 정해련로인님을 방문한 이튿날, 우리는 만보진 금화촌이 바로 강원도사람들이 세운 집단이민부락이란 정해련로인님의 이야기를 듣고 아침식사를 마치자 택시를 타고 찾아 떠났다.

정해련로인님의 소개대로 우리는 먼저 이 부락의 좌상로인이신 강금순(康今順) 할머니네 집을 방문했다. 년세가 많은 할머님께서 잘 듣지 못하기에 대화가 불편하여 그의 아들 로승천(盧勝天)이 할머님께 우리들의 의사를 전해주었다.

세번이나 소포툰집단이민부락을 습격한 항일련군

집마당에서 일하시던 김봉덕(金鳳德)로인님 부부께서 우리들을 반갑게 맞아주었다. 김봉덕로인님이 들려준 이야기를 종합하면 다음과 같다.

1927년 1월 17일 한국 충청북도 계산군 청천면 순평리에서 출생한 김봉덕은 12살을 먹는 해인 1938년도에 부모님을 따라 안도현 대전자 소포툰에 집단이민을 왔는데 그들을 포함한 100호가 함께 이 부락에 정착하게 되었단다.

이민을 오자 그는 대전자중심소학교를 다녔는데 일본말만 배워주더란다. 광복이 나기전까지

김봉덕과 부인 강안순.(2001.11.14)

소포툰의 여러 집들이 도망을 갔으므로 광복 때엔 모두 80호만 남았단다.

광복이 나서 2년 사이에 대부분 이민들이 고향으로 돌아갔거나 오상 등지로 이사를 갔단다. 그들도 1947년에 소포툰을 떠나 하북촌으로 갔다가 만보에서 산재한 조선족들을 집중시켜서 논개발을 시키는 바람에 10여호와 함께 금화촌으로 이사를 왔단다. 지금은 그 소포툰자리가 없어지고 림산작업소가 들어 앉았단다.

광복이 날때까지 소포툰엔 물이 나빠 마일 물을 3리나 떨어진 곳에서 길어와야 했단다. 그리고 고향생각, 친척생각에 가슴이 쓰리고 일본군과 만군, 비적들이 서로 덮쳐드는 바람에 날마다 조마조마하게 살아야 했단다. 사실 집단이민부락은 일본군의 경비초소와 마찬가지였단다.

그래서 광복이 나자 아버지 김명환(金明煥)께서 가정회의를 열고서 앞으로 국세가 어떻게 변할지 모르니 일부는 한국 고향으로 돌아가고 일부는 이곳에 남아 있다가 앞으로 국세가 평화로워지면 고향이나 아니면 이곳에 다시 모여 살자고 했단다. 하여 량친 부모와 둘째형님네 내외, 동생 둘과 조카들이 귀국하고 김봉덕과 동생이 이곳에 남았단다. 그리하여 아버지께서 환갑을 세고 눈물을 흘리시며 고향으로 돌아갔단다.

이어 김봉덕의 부인 강안순(姜安順)께서도 이야기를 들려줬다.

전라북도 임실군 임실면에서 1935년에 출생한 강안순은 세살 때인 1938년도 봄에 부모님들을 따라 안도현 송강촌 장수툰에 집단이민으로 오셨단다.

친정부모께서 모두 장수툰에서 사망하셨고 그도 14세에 시집을 왔단다. 자식 7남매를 두었는데 아들 김영수(44세)가 19세에 군대를 갔다가 돌아와서 금화촌의 당지부서기를 약 20년동안 하였단다. 지금 금화촌에는 모두 44호가 있는데 그 가운데 한족 3호가 있단다.

김봉덕의 구술에 의하면 광복전 소포툰에 항일련군들이 3번이나 쳐들어왔단다.

한번은 초겨울인데 항일련군들이 부락대문을 두드리면서 자위단더러 문을 열어달라고 했단다. 그러자 질겁한 자위단원들이 경찰분주소로 달려가 경찰을 불렀단다. 그런데 항일련군들이 어느 새에 벌써 토성에 올라서서 총을 들고 섰더란다. 경찰들이 《누구냐?》고 소리를 지르자 항일련군들이 《누구긴 누구겠냐? 한번 총에 맞아봐라!》라고 소리치면서 총을 땅땅 쏘더란다. 그런데 항일련군이 쏜 총알이 한 자위단단원의 불알을 뚫고 홍문으로 빠져나오는 바람에 그 자위단원이 당장에서 죽고 말았단다. 그러자 혼쌀이 난 경찰이든 자위단원이든 모두 숨어버리더란다.

바람같이 토성에서 뛰여내린 항일련군들이 대문을 열자 전신무장을 한 항일련군 20 여명이 쏜살같이 마을에 들어오더란다. 보초를 서는 한편 항일련군들은 부락사람들을 부락중심마당에 모여놓고 연설을 하더란다. 자기들은 일본침략자들이 말하는 그런 《비적》이 아니라 가난한 사람들과 민족해방을 위하여 싸우는 백성의 군대라는것, 이제 일제는 몇해가 안되여 멸망하고 인민의 정권이 세워진다는것, 일본침략자들이 내준 소나 량식은 항일련군들이 가져가도 만척에서 또 내준다는것 등이라 말하면서 량식과 소를 내라고 하더란다. 공포에 잠긴 백성들은 어쩔수가 없어 항일련군들이 하라는대로 하였단다.

그들의 부락에는 토비들도 들어왔댔단다. 토비들은 부락에 들어오면 무조건 백성들의 집을 발칵 번지면서 자기들이 욕심나는건 남김없이 막 털어가더란다.

이렇게 소포툰의 집단이민들은 2중, 3중의 압박과 착취를 받으면서 죽지못해 살았단다.

가볍게 점심을 자신 나와 손룡문은 오후 1시반이 되자 다음번 다시 오기로 약속하고 정해련

로인네 집으로 돌아왔다.

항일투사 목을 자른 일본침략자들

2002년 1월 26일 오전 안도현 복흥향 발재촌에서의 취재를 마친 나와 차광범은 점심을 자신 다음 만보로 가는 소형뻐스를 타고 만보진 금화촌으로 향했다.

오후 4시가 되여 금화촌에 도착한 우리는 김봉덕로인님의 집을 찾아 그의 안내로 촌장 리일범(李日范)과 로인회회장 김룡철(金龙哲, 1944년 1월 24일 연길 탄생)을 만났다. 우리가 찾아온 의향을 말하자 그들은 아주 반기면서 조선민족을 위해 좋은 일을 하는만큼 있는 힘껏 도와주겠다고 하셨다. 우리는 김룡철 로인회장의 안내로 박룡구로인을 만났다.

리광평: 로인님의 명함은 박룡구입니까?

박룡구: 그렇소.

리광평: 로인님의 출생지는 어디입니까?

박룡구: 나의 고향은 한국 전라북도 부암군 백산면 원천리이요.

리광평: 생일은 어느 때입니까?

박룡구: 나는 1930년 음력 1월 26일에 태여났소.

리광평: 그러면 언제 중국으로 오게 되였습니까?

박룡구: 일본놈들이 집단이민을 모집하는 통에 1938년 음력 2월 이민을 왔소.

리광평: 그러면 어느 곳에 오셨습니까?

박룡구: 그곳이 바로 안도현 량강촌 전북툰이였소. 전라북도에 온 사람들이 꾸린 부락이라고 해서 전북툰이라고 불렀소.

리광평: 그때 전북툰에 모두 몇호가 함께 왔습니까?

박룡구: 모두 110호였소.

리광평: 로인님은 그때 몇살이 됩니까?

술을 드시면서 이야기를 슬슬 엮어가는 박룡구.(2002.1.27)

박룡구: 내 그때 아홉살이였소. 세상을 좀 알때지. 그래서 나는 지금도 내고향마을지도를 그리라면 그릴만 하오.

리광평: 그때 함께 온 집식구들은 누구입니까?

박룡구: 그때 우리 집에서는 부모님들, 형님 하나, 나, 동생 셋, 모두 일곱명이 왔소. 그때는 아이들이 많았지. 나는 둘째요.

리광평: 그때 물건들을 많이 가지고 왔습니까?

박룡구: 이사짐이란게 별로 없었소 우리는 이불 하나 없는 거지였소.

리광평: 오니 들 집이 있습데까?

박룡구: 무슨 깨뿔같은 집이겠소. 오자마자 헌집에다 처넣더구만. 그리고 한해 여름동안 집을 지었소.

리광평: 그러면 와서 학교를 다녔습니까?

박룡구: 그때 량강에 소학교가 있었는데 나는 10살에 거길 다녔소. 일본놈들이 1931년 만주사변을 일으키고 만주를 침략하고 량강학교도 일본사람들이 세운거라오. 부모들 욕심은 자식들

을 공부시키자는것이였지. 학교에서는 일어를 배워주더군. 나는 1학년부터 6학년까지 늘 최우등을 했소. 그때의 림봉설이란 선생님께서 지금 연길에 생존해 계신다고 하오. 아마 80세는 훨씬 넘었을거요.

리광평: 그때의 이야기들을 들려주십시오.

박룡구: 나는 해방이 날 때인 16살에 부모를 잃었소. 부모가 사망하자 내가 동생들을 업고 류랑생활을 했소. 객지생활을 했지. 지금 그때를 생각하면 눈물이 나오.

리광평: 그럼 전북툰에 와서 토성이랑 쌓았습니까?

박룡구: 우리는 전북툰에 온 다음 집도 짓고 토성도 쌓았소. 아마 토성 밑너비가 한 2m, 토성 꼭대기너비는 한 1m, 토성높이가 한 3m가 될거요. 그때 어른들은 쪽지게로 떼짱을 날라다 토성을 쌓았소. 그런데 토성을 쌓는데 비적이 들어오지 않았겠소? 그 비적이 바로 김일성부대인 림참모가 거느리는 항일련군이지. 우리는 림참모를 직접 보았소. 그 사람은 키도 크고 또 잘 생겼더군. 그때 림참모는 김일성과 련락이 끊어졌을 때였소. 림참모부대의 활동중심지역이 바로 량강이였거든.

림참모가 거느린 부대가 우리 부락에 들어왔는데 우리들을 보고

《모두들 일제놈들에 의해 강제이민을 와 가지고 고생을 많이 하십니다!》

라고 인사를 하고는 회의를 하자면서 마당에 다 모이게 하였소. 그러고는 항일구국사상에 대하여 연설을 냅다 하고는 만척회사에서 내준 소 두마리를 칼로 찍어 죽여놓고는 이민들이 이곳에서 먹지도 입지도 못하면서 죽을 고생을 하는데 이 소고기나 팍 잡수라고 나누워 주었댔소.

그 이튿날 일본경찰들이 와서 봐도 항일련군들이 소를 죽였는지라 어쩌는 수가 없지. 그때 우리 부락은 110호에 700 여명이나 되는 집단이민들이 살았댔소. 항일련군들은 부락에 와서 소금, 된장, 량식들을 가져갔소. 만척회사에서는 집단이민들에게 식량과 소를 다시 내주군 했소. 그렇지 않으면 집단이민부락을 운영하지 못하거든. 항일련군들도 산에서 견지하자면 그것이 없으면 안되니까 가지려 오는것이겠지. 그러니까 백성들에겐 다른 피해를 안 주었소.

바로 내가 소학교 2학년을 다닐 때 생긴 일이요. 그때 항일련군들이 많이 내려왔소. 항일련군들이 부락복판의 십자가길에 중기 두대를 걸어놓고 쏘아댔소. 그때 부락엔 자위단실이 따로 있

었고 우리 아버지도 자위단원이였소. 경찰분주소는 또 따로 자그마한 토성을 둘러 쌓았댔소. 항일련군들은 《야, 토성안에 또 토성이 있구나!》라고 웨치더군. 그때 경찰분주소엔 경찰 5~6명밖에 안되였소. 그때 우리 아버지는 보초당번이였소. 그래서 항일련군이 무리를 지어 총을 쏘면서 들어오자 걸음아 나를 살려라고 자기 집으로 달려 들어와 제꺽 땅바닥에 누웠댔소. 항일련군들은 백성들을 보면 공중에 총을 쏘지 사람한테는 안 쏘거든. 나는 아버지를 보고 절대로 일어나지 말고 누워있으라고 했소. 그러면 총에 안 맞으니까. 리병구란 사람이 피하지 않고 자위단실에 누워있다가 면바로 목침을 벤대로 총에 맞아 죽었댔소. 그러자 집에 달려 온 아버지께서는 리병구가 죽었다고 말하더군. 그날 항일련군들은 부락사람들을 짐꾼으로 썼소. 우리 부락에서 한 3~40명이 짐을 지고 갔소. 우리 아버지도, 우리 옆집의 세대주도, 앞집의 세대주도 다 갔댔단 말이요.

그 이튿날 아침 마당에 나가니 사람을 잘 때린다고 장몽둥이라고 소문난 키가 작은 경찰서 경장놈이 부락에 들어오더니 자위단장을 불러 세워놓고 《너희들은 뭘 했느냐?》라고 고함을 지르면서 군도를 뽑아들고 칼등으로 자위단 단장의 잔등을 막 내리치는데 살이 뚝뚝 떨어져 나가더군. 야, 참 보기가 으쓸하기도 하고 무섭기도 하였소. 야, 얼마나 지독하던지. 자기 경찰들과는 어쩌지 않으면서 우리 백성들과 왜 그렇게 못 돼야 하는지?

항일련군들이 우리 부락을 들이칠 때 경찰들은 다 도망을 치고 자위단원 리병구 하나가 죽었소. 아이고, 장몽둥이란 놈이 얼마나 지독하던지. 같은 조선사람인데도 일본놈들의 개질을 하면서 말이요. 광복이 나자 피해를 받은 백성들이 그 놈을 잡겠다고 달아다녔소. 아직 상급에서 그놈을 잡으라는 지시도 없는데 분노한 백성들이 그놈을 잡겠다고 쫓아다녔소. 그래서 그놈이 너무 바빠 부엌아궁이로 기여 들어갔는데 피해자들이 부엌의 솥을 들고서 수류탄을 던져넣는 바람에 장몽둥이는 황천객이 되고 말았소. 백성들이 얼마나 괘씸했으면 그렇게까지 하였겠소? 그 장몽둥이의 아들이 바로 내 아래반에 다녔댔소. 내가 그 애를 잘 알지.

그날, 항일련군의 짐을 지고 항일련군과 함께 가던 우리 부락사람들은 그만 일본군대의 습격을 받게 되었다오. 일본군들이 비행기까지 출동시켜 항일련군들이 가는걸 추격하면서 폭격도 했다오. 짐꾼들을 지휘하는 항일련군 군인이 《모두들 그 자리에 업더라!》고 소리를 질렀다오. 그래서 한창 강바닥 얼음판으로 걷던 부락사람들은 무작정 제자리에 업디였다오. 그런데 얼음우로 흐르는 옅은 물에 대인 몇사람의 머리카락이 그 사이에 얼음에 얼어 붙었단 말이요. 그래서 다른 사람들이 얼음을 까쳐서야 머리를 들고 일어날수 있었다오. 일본군들은 비행기에서 항일련군을 모독하는 삐라를 떨구기도 했소.

항일련군들이 있는 심산속에 들어가니 그곳엔 막들을 쳐놓고 있더라오. 그들이 도착하자 당나귀를 잡아서 가마에 넣고 삶다가 그 가마에 콩물을 넣어서 콩죽을 끓이고 그걸 사발에 담아 훌훌 불며 먹으라 하더라오. 우리 아버지랑은 한달만에야 집으로 돌아왔소. 그런데 아버지의 얼굴과 몸이 형편없이 째웠더란 말이요. 결국 아버지께서는 오래 살지도 못하고 광복이 나기 직전에 세상을 떴소. 그래서 나는 네살되는 동생을 데리고 류랑자생활을 하였소.

한국에서 이민을 올 때 우리 집안의 형님벌 되시는 분이 툰장으로 임명되여 왔댔소. 명함은 리옥동(李玉同)이라고 불렀는데 원래는 사진사였소. 그래서 할빈에 와 살기도 했소. 한국에서 집단이민을 모집한다니 만주가 살기 좋다고 우리 친척들 11호를 조직했는데 툰장으로 임명되여 왔단 말이요.

우리 부락 경찰분주소엔 경찰 5~6명이 있었는데 참 건방지고 덜돼 먹은 놈들이였소. 한번은 한 운전수가 열바퀴짜리 트럭을 몰고 우리 부락에 들어와 차바퀴가 미끌지 말라고 바퀴에 쉬사슬을 동이고 있었소. 그때 열두살인 나는 트럭옆에서 구경하고 있었거든. 그런데 키꺽다리 경찰놈이 우쭐대면서 3·8식보총을 꺼꾸로 메고서 거들먹 거리면서 그 운전수한테 다가가 왜 증명도 없이 부락에 들어왔는가고 걸고 들었소. 하지만 나이가 40세가 넘을 그 운전수는 들은척도 않고 자기의 일손만 다그치였지.

그러자 경찰놈이 뻰지를 잡아쥐고 운전수한테 던졌어.

《이 새끼, 어디서 이 따위냐?》

그제야 운전수도 밸을 확 쓰면서 일어서자 바람으로 뻰지를 쥐여서 경찰한테 던졌는데 빗 나갔소. 그래서 둘이 싸움이 붙었거든. 젊은 경찰이 확 달려들면서 운전수의 하이카라머리카락을 움켜 쥐였지. 경찰은 뺀뺀돌이니까. 이렇게 되자 부락의 청년들이 접어들어 둘을 풀어 놓았소. 그런데 어느 사이 운전수가 어디에서 났는지 권총을 꺼내들더니 경찰을 향해 방아쇠를 당기거든. 그런데 탄알을 안 넣었는지 철컥하고 말거든. 밸이 치민 운전수가 그 권총을 경찰놈한테 휙 던졌다오. 그런데 그 권총도 경찰이 피하는 바람에 마구칸에 가서 철썩 떨어졌거든. 아니 글쎄 권총을 본 경찰은 덜컥 겁을 집어 먹었지. 그때도 권총은 아무 사람이나 가지고 다니는것이 아니니깐. 잘 못 걸렸지! 그 운전수의 동생이 바로 안도현경무과 과장이였거든. 상투밑까지 화가 치솟은 운전수는 트럭의 발동을 걸때 쓰는 쇠몽둥이를 휘둘러 경찰의 대가리를 내리 족쳤소. 그 바람에 경찰의 머리에 구멍이 평 나면서 피가 쿨럭쿨럭 치솟더군. 야, 일이 잘못 되는 판이지.

하여 동네청년들이 툰장네 집에 달려가 밀가루에 된장을 버무려서 경찰머리의 상처를 막고 헝겊으로 싸매주었소. 그때 트럭을 세운 웃집이 보도원네 집이고 아랫집이 바로 툰장네 집이였으니까. 《버르장머리가 없는 이놈아 가자!》 운전수가 호령을 치면서 경찰의 뒤덜미를 잡아쥐고 구두발로 엉덩이를 들이 차면서 핍박하는데 어쩔수 있나? 경찰놈은 빌빌 울면서 죽은 개 끌려 가듯 운전대에 올랐소. 그래서 운전수가 자기의 권총을 챙긴 다음 차를 몰고 송강으로 갔소. 혼빵이 난 그 경찰은 구류소에 한달이나 갇히여 있다가 나왔는데 구멍이 났던 곳엔 머리칼이 다시 못 자라더군.

그리고 또 력사이야기를 하나 하겠소.

한국서 집단이민을 와 정말 고생을 많이 하였소. 나의 부모님은 모두 광복전에 사망하였소. 아버지 박종엽(朴鍾曄)은 57세에, 어머니는 44세에 사망했거든. 내가 어릴 때에 엄마가 사망하시여 사실상 엄마정이 그리 깊지 못했소. 나는 네살되는 동생을 업고서 사처로 류랑하면서 살았소. 걷기도 하고 도적차를 타기도 하면서 늘 떠돌아 다니면서 목단강, 해림, 신안 등지에 빌어먹었소.

나는 1959년에 조선의 복구건설에 나갔다가 1962년에 다시 돌아와 이곳에 자리를 잡았소. 조선의 복구건설에 가서 자동차운전수질을 했댔소. 그래도 나는 목단강시자동차학교 제1회졸업생이요. 조선서 자동차운전을 하면서 북조선의 어느 곳이나 거진 돌아보았소. 그런데 중국에 있는 형제가 그립고 제집이 그리워 동생을 데리고 큰마음을 먹고 금화로 돌아왔댔소. 그때 내동생이 함흥에서 학교를 다니는데 평양군부에서 영화배우로 배양하겠다고 데리려고 왔댔소. 하지만 나는 영화배우고 뭐고 동생을 끌고서 가만히 개산툰으로 두만강을 건너 금화로 왔소.

1962년도에 연변주공작대가 우리 부락에 와서 우리의 호적을 올려주더군. 그러다가 문화대혁명이 터지는 통에 숱한 고생을 했소. 그 무슨 조선특무라고 끌려다니면서 일년 동안 로동개조를 하였소. 그 무슨 조선서 특무로 파견되여 들어왔다나? 아무리 억울해도 누가 변명을 해주는 사람도 없는데. 그렇지 않아도 공사의 장성진이란 특파원이 그 박룡구는 특무가 아니라고 말했다가 반란파들한테 잡혀서 나와 함께 끌려다니면서 비판투쟁을 받았댔소. 문화대혁명의 량심 (两深, 두가지를 깊이 파는것인데 그 가운데의 한가지가 숨어있는 지주, 국민당, 특무, 반혁명 등 계급의 적을 파내는것)이 끝난 다음 나는 정책시정을 받고(平反) 1970년도에 중국공산당에 가입하였소. 아니 글쎄 그때 입당비준이 내리기전에 대대당지부의 서기를 시키는것이 아니겠소?

나는 입당을 하면서 진심으로 백성들을 위해 복무하자고 결심하였댔소. 나는 집단이민을 와서 고생하였고 또 제집도 없이 사처로 류랑생활을 하면서 고생을 하였기에 곤난한 사람들의 마음과 사정을 잘 알고 있소. 그래서 백성들을 위해 자기의 보수를 따지지 않으면서 몸을 내번지였소. 문화대혁명의 가장 혼란한 시기에 연변제7건축공사에서 내려온 공인선전대 강아무개는 아무 문제도 없는 나를 중점으로 량심운동을 하였거든. 후에 정책시정을 받자 나의 둘째아들이 그 사람께 복수를 하겠다고 벼르고 별렀소 그러나 내가 견결히 반대하고 그러지 못하게 했다오. 강아무개의 아들이 나의 둘째아들과 같은 대학교에 입학하였댔는데 나의 아들이 무서워 그 대학을 그만 두고 말았다오. 그후 강아무개도 문화대혁명문제 때문에 잘 되지 못했다고 하더군. 나는 1970년도에 입당한 다음부터 1986년도까지 금화촌의 당지부서기를 맡았댔소. 그 전엔 생산대 대장, 대대의 회계 등 일도 했소.

1947년 조선인민군협주단이 량강에 와서 공연을 했는데 나는 협주단에 갔다가 사직하고 인차 집으로 돌아왔소.

나는 소학교를 다닐 때에 공부를 잘했소. 량강은 일본군들의 천하였소. 량강의 우리 학교교사 곁에 특설부대본부와 유격대본부가 있었소. 어느 하루 유격대본부에 있는 무기창고가 굉장하게 폭발되였소. 초저녁부터 새벽까지 밤새껏 탄알들이 통탕통탕 튀는데 그 누구도 감히 가까이에 갈수 없었다오. 그 이튿날 학교로 가니 문을 닫아걸고 며칠 휴식한다오. 그때 항일련군들의 활동이 그냥 빈번했소.

그리고 내가 12살때에 또 이런 일이 있었소. 1941년도에 일본수비대 옷을 입고 각반을 치고 일본 센또보스를 쓰고 싸창을 꽁지에 찬 항일투사 한사람이 유격대본부에 잡혀와 고문을 받았소. 우리 교실과 유격대본부가 가까우니 모든걸 직접 볼수도 있고 소리도 들을수 있었소.

그 항일투사를 고문하는데 먼저 반드시 눕혀놓고 바줄로 꽁꽁 묶은 다음 고추물을 풀어서 주전자로 항일투사의 코와 입에 좔좔좔 부어넣어 까무러치게 하였소. 그러면 랭수를 끼얹어 정신을 차리게 하고는 런이어 꺼꾸로 달아매 놓고 채찍으로 후려 갈기면서 불라고 악다구니질 하더군. 그때 그 사람은 50세가 넘어 보였는데 아무리 악독하게 고문을 해도 그저 비명만 지르면서 모른다고 할뿐이였소. 나는 교실에 앉아서 그 비명소리 때문에 공부에 신경을 쓸수 없었다오. 그러자 놈들의 고문에 견디기 어려울가봐 그 항일투사는 나중에 이빨로 자기 혀를 끊어버렸다오. 더는 고문을 할수 없으니까 놈들은 그 항일투사를 죽이기로 했소.

놈들은 량강의 기관, 단체, 학교와 주민들 약 1,000 여명이나 학교운동장에 동그랗게 모이게 하고 한 가운데에 새까만 천으로 눈을 싸맨 그 항일투사를 끌어다 꿇어 앉히였소. 그리고는 시꺼먼 안경을 건 일본헌병이 기다란 군도를 뽑아들고 흉악스레 서있더군. 시간이 좀 지나 군관의 명령소리와 함께 군도를 빼들었던 일본헌병이 칼을 버쩍 쳐들더니 악! 하고 칼을 휘둘러 단번에 그 항일투사의 머리를 썩뚝 잘라 버렸소. 그러자 머리가 저 멀리로 뒹굴어 가고 목에서 피가 왈칵 솟고 몸뚱이가 푸들푸들 뛰다가 쿵 하고 넘어지였소. 시체의 주위에는 뻘건 피가 즐벅하였소. 이런 참상을 직접 목격하는 나는 너무나도 무섭고 으쓸하여 치를 떨었소.

이어서 일본헌병 몇이 나서서 그 죽은 항일투사의 귀를 쇠줄로 꿰더니 그 머리를 량강시가지 중심거리 전선대에다 달아 놓았소. 그래서 오고가는 사람들이 그 머리를 구경하라는거였지. 일본놈들은 얼마나 지독하오? 그후 얼마간의 시간이 지났는지는 모르나 쇠줄로 꿰맨 귀가 썩으면서 공산군의 머리가 땅에 떨어지게 되였소. 그러자 개들이 그 사람머리를 뜯어 먹느라고 서로 물고 다녔다오. 그때 우리는 사람머리를 달아맨 그 전선대 옆으로 학교를 다녔댔소.

안도현 제1차빈하중농대표대회가 1948년 송강에서 열렸소.

그리고 안도에 있던 일본부대와 그 가족들이 광복이 나자 조선을 거쳐 일본으로 가야 했소. 그때 송강에 쌍병준이 령도하는 국민당부대가 있었는데 먼저 손을 써서 조선으로 가는 길목의 노랑봉에 가서 지키다가 송강일대의 일본군과 가족들 300 여명이 가는걸 몰살시켰다오. 1950년도에 장백산 삼림조사를 할 때 나도 조사대를 따라 노랑봉이 있는데로 갔댔소. 아니 그곳은 백골더미더군. 그래서 삽으로 그 백골들을 치우고 풍막을 쳤댔소. 삼림조사대는 중앙에서 파견한 조사대였소. 1950년도에 우리가 갔을 때 그곳엔 일본군철갑모, 현족구화, 허리띠, 나팔, 칼 등이 그대로 널려있었소. 현족구화안에는 발뼈가 그대로 있더군. 지금도 그곳에 가면 일본놈들이 죽은 흔적이 있을거요.

쌍병준은 원래 대지주였소. 그는 일본제국주의 때부터 명성이 높았는데 자기로 지방무장부대를 조직하였소. 그는 일제와 타협하다가 일제가 망하자 국민당을 따르고 토비질을 하면서 조선의용대와 팔로군과 맞섰소. 그러다 의용군, 팔로군이 들어오자 저항을 하면서 송강으로부터 길림의 국민당본부로 도망을 갔다오. 나는 그때 안도보안퇀에 있었소. 팔로군들이 쳐들어 오자 쌍병준이는 마파리에 짐들을 싣고 송화강의 얼음판을 타고 길림으로 도망을 갔다오. 우리 팔로군들이 그들을 뺐겼단 말이오. 쌍병준은 길림의 북산전투에서 죽었다고 했소. 팔로군들이 북산을 향해 진공하자 국민당군들이 북산에 오르는 곳에 물들을 뿌려 얼음판을 만들었댔다오. 그래서 우리 팔로군들이 숱해 실패를 봤다오. 팔로군들이 많이 희생되였소.

리광평: 로인님은 어쩌면 아시는것도 그렇게 많고 이야기도 그렇게 잘 합니까? 정말 재미있습니다.

물에 빠진 아이를 살려

박룡구: 그러면 내가 죽은 사람을 살리던 이야기를 할가?

그건 1967년도 봄에 있은 일이요. 나의 막내아들이 친구들과 함께 큰봇도랑 다리를 건너다가 친구가 장난을 치는 바람에 그만 큰도랑에 빠졌단 말이요. 그런데 물이 깊은 도랑엔 얼음장이 덮여 있었거든. 그래서 다리에서 떨어진 막내아들은 쿵하고 얼음장을 뚫고 물속에 잠겨 옴짝달싹 못했다오. 그때 마침 우리 부락의 양씨라는 한족사람이 자전거를 타고 땅막에서 내려오다가 아이가 물에 빠지는걸 봤거든. 그래서 그 양씨가 사람을 살리라고 고함을 쳤다오. 그러자 그 소리를 들은 우리 부락의 박회계가 쏜살 같이 달려가 솜바지를 입은대로 도랑에 뛰여 들어 얼음장을 깨고서 나의 막내아들을 구해내고 즉시로 촌위생소로 가져갔다오. 그때에 나는 아파서 일도 못하고 집에 누워있는데 나의 제수가 달려와 나의 막내아들 동명이가 물에 빠졌다가 촌위생소에 갔다고 알려줬소. 그러자 나는 제정신없이 촌위생소로 달려갔댔소.

그런데 위생소에 와보니 이미 늦었다나? 아이가 숨이 간간하거든. 이미 시간이 너무 지나 입으로 빨고 주사를 놓아도 희망이 없다는거지. 그러자 나는 다짜고자로 아이를 다시 테불우에 엎어놓고 그 애의 코에다 입을 대고 젖먹던 힘까지 다 내여 힘껏 빨고 빨았소. 그런데 아무리 빨아도 끄떡도 않거든. 그래도 나는 계속 힘주어 빨았소. 그러니 피가 막 나오더구만. 어쨌던 호흡도와 폐에 들어간 잡질들을 빨아내야 숨통이 열리겠는데. 그래서 나는 계속 죽을 힘을 써가면서 빨고 빨았소. 그러니 옆의 사람들은 나를 헛수고만 한다고 말리였소. 그런데 일하려 나갔던 나의 로친이 막내가 죽었다는 기별을 듣자마자 그만 졸도하여 촌위생소에 업혀 왔거든. 정말 난시가 났지. 나는 남이야 말하던 말던 죽기내기로 아이의 코를 빨았소. 그런데 한참 지나니 아이가 조금 움직이거든. 아차, 아이를 살릴 희망이 보이는구나! 나는 더 힘을 주어 아이의 코를 빨고 입을 빨기도 했소. 아이고, 하늘이 도왔는지, 내 정성이 지극해 그러는지, 아니면 나의 동작이 병에 맞았기 때문인지 죽었다던 나의 막내가 왕 하고 울음을 터뜨리는것이 아니겠소? 그러자 모두들 기적이 났다고 야단을 쳤소. 그 바람에 나의 로친이 정신을 차리고 막내가 우는것을 보더니 펄쩍 일어나는것이 아니겠소? 나는 후닥닥 아이를 끌어안고 집으로 달음박질 하였소. 그후 동네사람들은 나를 보통사람이 아니라고 혀를 차는것이였소.

이 일이 지난 후 1993년도인지 아니면 1994년도이던지 6월 달에 또 이런 일이 생겼소. 세살인 나의 세째손자가 그냥 우리 집으로 드나들었소. 우리 집 바로 앞에 봇도랑이 있어 그우에 나무널판자로 다리를 놓았거든. 그때는 벼모랑 다 끝냈기에 봇도랑에 물이 많았소. 우리 옆집이 바로 사돈집이였는데 하루는 사돈네가 소를 잡아서 소잡이를 하던 사람들을 불러 함께 소고기를 불에 구워 먹고 있었소. 그런데 아이들이 뛰여와 성호(成豪, 나의 세째손자의 이름)가 도랑물에 빠져 떠내려간다고 소리를 치더군. 깜작 놀란 나는 제정신 없이 일어서서 논판에 빠지면서 냅다 달렸소. 손자가 약 150m는 떠내려가더군. 그런데 어느 사이인지 나의 네째, 세째아들들이 날래게 달려가더니 세째가 먼저 물도랑에 뛰여 들어 아이를 건지였소.

　그러자 뒤따라 간 나는 보뚝옆 밭머리에 앉아 아들들을 보고《야, 빨리 안아라. 죽기는 한것 같지만 여하튼 살려보자!》라고 소리를 쳤소. 나는 인차 손자의 코에다 입을 대고 힘주어 빨았소. 그런데 한 3분이 지났는데도 아무런 반응이 없거든. 그래서 나는 손자의 홍문이 풀렸는가를 보라고 했소. 다행이 똥이 좀 나오고 있거든.《그러면 살릴 희망이 있다!》나는 또 다시 힘을 주어 빨았는데 막 피까지 나왔소. 소식을 접한 마을의 남녀로소가 나를 둘러싸고 긴장한 나머지 아무런 소리도 내지 않으며 지켜보는것이였소. 그래도 나는 신심을 잃지 않고 계속 안간힘을 써가면서 코를 빨았소. 한참 지나니 손자가 약하게 숨을 쉬면서 움직이더니 와 하고 울음을 터치는게 아니겠소? 그때 여름인데 나의 옷은 피투성이였소. 손자의 호흡도와 페에서 나온 잡물이 피에 섞여 나의 입을 거쳐 나왔으니깐. 손에 땀을 쥐고 바라보던 주위의 사람들도 야 하고 환성을 울리는게 아니겠소? 그러자 나는 인차 손자를 안고 손잡이뜨락또르에 앉아 병원으로 갔소. 병원에 가 전면검사를 하니 손자는 모든것이 정상이였소. 그래서 주사를 맞혀 가지고 집으로 돌아왔소.

　일제통치시기에 나도 조꼬만한것이 노가다판에 다니였댔소. 보통사람과는 달리 발랑거렸지 뭐. 흑룡강에 흑하가 있는데 그 변계가 흑룡강과 백룡강이요. 강물은 한 갈래인데 왜서 흑룡강이요 백룡강이라고 했는가? 그 강의 절반은 쏘련에 속하고 다른 절반은 우리 중국에 속하거든. 그래서 그렇게 부르는것 같았소. 그때 그 강에서 일본놈들이 중국의 조선인인부들을 고용하여 떼목을 묶어서 목재운반을 하였소. 그런데 목재운반을 하는데는 나보다 몇살 이상인 안영일(安永逸)이라는 나의 친구가 있었소. 나이가 16살인지 했건만 몸덩치가 크고 힘도 세고 머리가 비상했소. 그런데 인부들을 지휘하는 그 일본감독놈이 어찌나 얄밉고 악독하게 노는지 모두들 그놈을 없애 치우자고 벼르고 있었댔소.

　하루는 안개가 폭 끼여 멀리가 잘 보이지 않는 날씨인데 강물로 흐르던 떼목들이 서로 한곳에서 엉키게 되였소. 그래서 떼목에서 슬슬 걸어다니던 안영일이 일본감독놈의 주위를 슬슬 돌면서 기회를 노렸소. 마침 일본놈감독이 멀리를 바라보면서 주의하지 않는 순간 그놈의 뒤에 다가간 안영일이 쇠갈구리가 달린 떼목을 운전하는 막대를 버쩍 들더니 일본감독놈의 대가리를 힘주어 콱 내리쳤소. 그러자 머리에 구멍이 펀히 뚫린 그 감독놈이 앗 소리도 지를 사이없이 풀렁 꺼구러졌다오. 그놈이 넘어지여 움직일 때마다 팡 뚫린 구멍에서 피가 줄줄 흘러나오거든. 이윽하여 안영일이 쇠고랑막대기로 옆의 떼목을 쑥 밀어 두 떼목사이에 틈을 낸다음 발로 쓰러져있는 그 감독놈을 틈사이에 쳐 넣었소. 시체가 물속에 잠기자 쇠고랑이막대로 저쪽 떼목을 끌어당기니 두 떼목이 척 붙어버렸거든. 그런 다음 안영일은 발로 물을 차서 떼목우에 흐른 피를 씻어버렸소. 그러니 아무런 흔적도 찾을수 없었다오. 이 모든것은 정말로 눈 깜빡할 사이에 벌어지고 끝이 났소. 그래 일본놈감독이 얼마나 악독하게 놀았으면 이런 봉변을 당했겠소?

일이 이렇게 번지자 옆에 있던 어른들이 《야, 너 여기에 더 못 있는다. 빨리 피해 달아나거라!》라고 권고하였소. 그러자 여러 인부들은 영일한테 자기의 돈지갑을 털어서 돈이 있는대로 로비에 보태라고 주었소. 그래서 영일이는 그 걸음으로 조선을 내뺐였소. 그때 노가다판에 다니는 사람들은 대부분이 결의형제를 묶고서 서로 의지하면서 살았소. 이 일은 아마 1944년 여름에 있은것이오. 그러다 그후에 안영일은 조선인민군에 참가했다가 다시 중국에 들어왔댔다오. 그래서 나는 목단강에서 안영일이를 한번 만나 보았댔소.

박룡구로인님과의 이야기는 저녁 8시반까지 계속되였다. 우리가 떠나자고 하자 박로인님은 나의 손목을 꼭 잡고서 자기의 마음이니 술 한잔이라도 마이지 않으면 못 간단다. 그러면서 비닐주머니에 넣은 흰술을 컵에다 부어주고 배추김치와 갓김치, 마른 새우들을 안주라고 권한다. 일생에 술을 이런 안주로 마이기는 처음이다. 그러나 로인님이 눈물이 글썽하여 자기의 마음을 마시라고 하는데 어찌 사양할수 있겠는가?

《로인님의 마음을 마시자!》

나와 차광범은 로인과 잔을 치고는 1량이나 될 술을 꿀꺽 마이였다. 로인님의 얼굴주름살이 깊어지면서 행복에 넘친 환한 미소가 피여났다. 배추김치를 한잎 썩뚝썩뚝 씹어 삼킨 나는 또 다시 1량 술을 넘겼다. 그제야 로인님은 곤하겠는데 어서 가서 쉬라는것이였다. 나는 로인님과 작별인사를 하면서 오늘 학생이 되여 많은걸 배운만큼 다음번에 오늘 배운걸 글로 써서 선생님한테 숙제검사를 마치겠다고 말하였다.

로인님은 몹시 기뻐하시면서 언제든 찾아오라는것이였다. 나와 차광범은 작별인사를 올리고는 울렁거리는 배를 잡고서 숙박집으로 향했다.

2002년 5월 13일, 안도현 소사하의 조양촌에서 취재를 마친 나와 차광범은 비가 내리는지라 고성촌으로 가자던 계획을 바꾸어 량병태로 가기로 하고 오토바이를 돌려 세웠다. 아침 8시 7분에 조양촌에서 출발한 우리는 만보진소재지를 지나면서 금화촌 박룡구네 집에 들렀다. 마침 전번에 만나보지 못한 박룡구로인의 부인 리금선(李今善)께서 집에 계시는지라 그와 이야기를 나누었다.

이야기를 하는데 박룡구로인님이 우리가 왔다는 기별을 듣고 달려왔다. 우리는

박룡구와 부인 리금선.(2002.5.13)

쪽지게를 진 모습 등 그들의 삶의 모습들을 여러 모로 촬영하였다. 촬영을 마친 우리는 급기야 떠났다.

2002년 9월 18일, 아침 일찍 안도현 량병진의 허상욱로인님한테 전화를 걸고 또 조양촌 김은호의 누님 김숙자를 찾으려고 김숙자의 사위 리창복한테도 전화를 걸었다. 그런데 김숙자할머님께서 안도현 만보진 신흥촌에 사촌이 풍을 맞아서 위문을 갔다는것이였다. 그리하여 량병으로 가자던 계획을 바꾸어 만보로 가서 김숙자할머님 을 만나려고 가기로 했다.

그러고 우리는 오후 두시에 오토바이를 타고 금화촌으로 달려갔다.

우리가 곧게 김봉덕할아버지네 집에 이르니 때마침 김봉덕, 강안순, 김광수와 리종호로인님, 또 그들의 친구인 림산작업소에서 퇴직한 리상렬로인님이 마당에 앉아서 한창 한담을 하고 있

버들가지로 키를 틀고있는 박룡구.(2002.5.13)

쪽지게를 진 박룡구의 모습이 참 당당해 보였다.(2002.5.13)

었다. 그래서 우리는 아무런 간섭도, 연출도 없이 먼
거리와 가까운 거리에서 한담하는 로인님들의 장면
들을 촬영하였다. 조금 지나니 로승천도 오셨다. 하
여 우리는 그들을 여러모로 촬영하였다.

박룡구로인님 모자를 쓰고 열심히 촬영하고 있는 리
광평.(차광범 찍음. 2002.5.13)

2004년 10월 5일, 만보진 공영촌 정해련집에서
취재를 마친 나와 차광범은 택시를 타고 금화촌으
로 갔다.
　금화촌부락에 들어서는데 마침 길옆 콩밭에서 박
룡구로인님께서 아들과 함께 손잡이뜨락또르(경운기)
로 콩신걷질을 하고 있었다 80십에 가까운 박로인
께서 경운기에 실은 2m 높이가 될 콩무지위에 서서

한담을 하시는 리상렬, 김봉덕, 강안순, 리종호와 김광수.(2002.9.18)

추억에 잠긴 김봉덕과 부인 강안순.(2002.9.18)

부엌에 서 계시는 강안순. 따스한 가마목 온돌에서 붉은 고추를 말리고 있다.(2002.9.18)

아들이 섬기는 콩단을 척척 받아서 차곡차곡 쌓고 나중엔 바줄로 꽁꽁 동이는것이였다. 참 좋은 장면이였다. 나와 차광범은 각도를 바꿔가면서 여러모로 일하는 장면들으 촬영하였다. 연출을 해서는 이런 생동한 장면을 찍을수 없을것이다. 그들이 콩을 싣고 집으로 가자 우리도 따라 가서 콩을 부리는 장면, 탈곡기옆에서 휴식하면서 담배를 피우는 장면 등을 부지런히 촬영했다. 참 기분이 좋았다.

우리는 박룡구로인더러 김광수로인님 집까지 안내해 달라고 부탁했다. 길가에서 농민들이 콩탈곡을 하는 모습도 촬영했다.

경운기에 콩을 싣은 박룡구와 그의 아들.(2004.10.5)

콩타작을 하는 금화촌농민들.(2004.10.5)

2. 공영촌에서 만난 전라북도 집단이민들

"죽은 호랑이가 살아있는 돼지를 잡다니?"

2002년 1월 28일, 만보진 금화촌에서 취재를 마친 나와 차광범은 점심을 먹은 다음 큰길옆에 나와 12시반에 택시를 잡아 타고 만보진뻐스역에 이르렀다. 장마당에서 돼지고기, 마른두부(干豆腐), 콩나물, 시금치 등 반찬감을 사들고 정해련로인님집으로 왔다. 인정 많은 부부가 우리를 자식처럼 반기며 맞아주었다. 나도 친부모네 집에 온것처럼 마음이 후련하고 편안하여 마음대로 옷을 벗고 세수도 하고 이야기도 나누었다.

나는 정로인님이 들려준 이야기를 정리한 《남도툰의 풍운》이란 글을 읽어드렸다. 귀를 가다 듬고 명심히 듣던 로인님 내외는 참 잘 썼다면서 반가워하시는것이었다. 그리고는 몇가지를 더 보충해야한다고 말씀하셨다. 참 좋은 건의였다. 이어서 우리는 공영촌(共榮村)의 로인협회정황들을 물어보았다. 그러자 정로인님은 우리들더러 촌로인회 리상근(李相根)회장을 만나보려 가자는 것이었다. 우리는 얼싸 좋다고 따라 나섰다.

우리는 리상근 회장의 안내로 신현만 로인님을 만나게 되였다.

리광평: 로인님의 명함은 어떻게 부릅니까?

신현만: 신현만입니다.

리광평: 출생지는 어디입니까?

신현만: 충청남도 부여군 충화면입니다.

리광평: 생일은 어느 때입니까?

신현만: 음력으로 1933년 5월 3일입니다.

리광평: 그러면 언제, 어디로 집단이민을 오셨습니까?

신현만: 1944년도 음력 3월에 안도현 량강구 강남툰에 집단이민을 왔소. 그때 모두 100호가 왔는데 50호는 충청남도 부여군 사람들이고 나머지 50호는 충청북도에서 왔댔소. 우리가 이민

을 와서 일년이 좀 지나니 광복이 나서 대부분 사람들이 한국으로 나가고 우리 마을엔 10호만 남았댔지. 지금은 그때 오셨던 분들이 남아있는분이 없어. 3호부락에도 1945년 음력 3월에 집단이민들이 왔댔는데 그해 8월에 광복이 나자 몽땅 자기고향으로 돌아갔지. 지금 전라북도 익산군에서 량강구 전북툰에 집단이민을 오셨던 류영석(刘永锡)이란 로인님이 우리 부락에 살고 계시오. 그 로인님이 년세가 많으시여 그때 정황들을 잘 알겁니다. 그리고 이 부락에선 또 조복수(曹福洙)가 좀 알거요.

리광평: 그러면 그때 로인님의 집식구들은 누구랑 함께 왔습니까?

신현만: 어머니, 아버지, 나하고 녀동생 하나, 남동생 하나, 모두 다섯식구가 왔어. 그때 오니 일본놈들이 바글바글 하더군. 그리고 사람들이 어찌나 많이 죽는지? 하루 밤을 자고나면 누구네 집의 누가누가 죽었다는거지. 나의 아버지 신창수(申昌洙)와 남동생이 이민을 와서 한달이 되는 음력 4월달에 련속 사망되였어. 어머니 윤성녀(尹成女)는 밤낮 눈물로 지냈어요. 그러다가 강남툰에 항일련군들이 너무 들어오는 바람에 모두 전북툰으로 옮겨왔소. 전북툰에서 몇년을 살다가 만보로 이사를 왔어. 그때 부락에 전염병인 장질부사가 돌아서 많이 죽었지. 그 병은 땀을 내면 산다고 합더군.

이민을 오자 집은 있었소. 류영석 그 량반들은 일본놈들이 지어놓은 집에 들게 되였어. 그때 김일성부대의 림참모가 항일련군을 거느리고 부락에 들어와 만척에서 내준 소를 잡아서 자기들도 가져가고 백성들이 먹으라고 나누어주었지. 그러면서 자기들은 비적이 아니라 가난한 사람들을 위하고 일본침략자를 몰아내는 항일련군이라고 선전하더군. 전북툰에 가니 더 깜깜하더군. 100호가 살게끔 집을 지었는데 맨 모래밭이여서 문만 열면 모래가 집안에로 막 날려 들어오고 또 승냥이들이 무리를 지어서 덮쳐들기도 했소. 그 부락엔 어째서 돌도 그렇게 많은지. 전북툰은 이 강보다 더 큰 강을 끼고있어 강을 마음대로 건널수 없었소. 산에서 비적들이 내려오면 강을 건너지 못해 어디로 도망을 칠곳도 없었구. 산에서 내려온 비적들은 부락에 들어와 만척에서 내준 소들을 끌고 가면서 이 소들은 만척에서 내준것이니 자기들이 가져가면 만척회사에서 다시 줄거라고 하였소. 그리고는 총으로 소를 쏴 죽이고서 우리 백성들더러 소고기를 나누어 먹으라고 하였지.

우리가 이민을 오니 부칠 밭이 없으나 다름 없었소. 그래서 만척에서는 말 5~6필씩 메우는 큰 양가대기로 밭을 번지는 한족들을 데려다가 황무지를 번졌지. 첫해에 농사가 잘 안되어 당콩이나 팥을 심었는데 종자는 만척에서 대여주었소. 식량은 만척에서 옥수수나 좁쌀을 주었어. 옥수수를 통이삭채로 주는데 그걸 먹을 줄 알아야지? 고향에서는 통옥수를 먹지 않았거든. 옥수알을 매돌에 갈아서 먹어야 하는걸 처음엔 통채로 맨물에 삶아서 먹자니 맛이 없어 먹을수 없었지. 만척회사에선 또 천도 조금 주고 실도 좀 주고 수레는 몇집에 하나를 주었소.

리상근: 우리가 왔던 대흥툰집단이민들에게는 집마다 소 한마리에 수레 하나씩 주었습니다. 일본사람들은 민족모순을 만들기 위해서 일본사람들은 일등국민이라고 하고 조선이주민들을 2등국민이라 하고 한족 등 다른 민족사람들은 3등국민이라고 하면서 일등국민에게는 입쌀을 주고 2등국민에게는 좁쌀을 주고 3등국민에게는 수수쌀, 옥수쌀만 주었습니다. 우리도 처음엔 통옥수를 먹을줄 몰라 알을 까서 닦아 먹지 않으면 맨물에 넣고 삶아 먹었습니다.

일본이주민들도 마을을 잡고 있었는데 그 마을입구에 《사람은 들어와도 개는 못 들어온다》라는 패쪽을 걸 대신 《개와 중국사람들은 못 들어온다》라는 패쪽을 달았댔습니다. 바로 그렇게 민족차별시정책 을 실시했던겁니다.

신현만: 만척회사에서 배급을 주는데 조선사람들에게는 좁쌀을 주고 입쌀도 좀 줬는데 한족사람들에게는 수수쌀이나 통강냉이를 주고 좁쌀은 안주었댔소.

아버지와 남동생이 한달 사이에 사망하고 우리 어머니도 사망하였소. 나의 녀동생이 지금 이 부락에 살고있어. 한국에서 이민을 올때 곤난한 사람들만 왔지. 돈이 있고 땅이 있는 사림들이야 왜 오겠어? 일본사람들이 이민을 모집할 때 만주로 가면 다 준비해 놓은 밭과 논을 가질수 있다고 했소. 우리 고향엔 밭이란 없고 논농사만 하는데 논두렁에 콩이나 심었댔지. 선척에서는 만주엔 나무가 귀하니 부시땡기라도 다 가지고 가라고 하지 않겠소? 그래서 우리는 쪽지게까지 기차에 싣고 왔거든. 정작 이곳에 오니 정말 막연했지. 산도 고향의 산보다 더 험하고 수림도 고향의 수림보다 더 울창하고 무서웠지. 정말로 사람이 살곳이 아니었어.

만척회사에서는 한족들이 번진 밭을 반별로 나누어주고 반별로 모아서 농사를 짓게 했어. 우리 충청남도에서 온 사람들 반이 모두 10개였고 한반에 7~8호씩 되였소. 큰 가대기로 번진 땅은 뻘건 생땅인데다가 나무뿌리랑 한데 막 갈아 번져서 씨붙임도 잘 안되고 곡식도 잘 자라지 못했고 산량도 얼마 되지 않았지. 더욱히는 고향에서 밭농사를 해보지 못했기에 밭을 가꿀줄 알아야지요? 그래서 대수 흉내를 내면서 농사를 짓다가 광복을 맞았소.

이어 우리는 전북툰이란 곳에서 살게 되였소. 그런데 전북툰에서는《죽은 호랑이가 살아있는 돼지 두마리를 잡아갔다》는 전설같은 이야기가 생겼거든.

리광평: 뭣이랍니까? 어찌 죽은 호랑이가 살아있는 돼지를 잡는단 말입니까?

신현만: 아니 글쎄 들어보오.

전북툰집단이민부락에는 우리보다 먼저 이곳에 집단이민으로 온 리귀환(李貴煥)이란 분이 계셨는데 1944년 12월에 부락사람 12명과 함께 수레에 콩을 박아싣고 대사하(지금의 영경)로 출하를 바치려 줄지어 떠났지. 농사를 하면 그때는 출하를 바쳐야 했어. 지금은 공량이라고 했지만. 량강에서 대사하로 오자면 한 40리가 된단 말이요. 그때 리귀환이가 제일 뒤에 섰댔어.

그래 강옆의 둔덕길로 소를 몰고 한창 가던 리귀환은 문득 호랑이 한 마리가 강옆 언덕에 턱 엎디여있는걸 보게 되였거든. 하도 이상하여 잘못 보았는가고 눈을 비비고 다시 봐도 틀림이 없었대. 깜짝 놀라 기침을 하고 인척기를 내도 호랑이는 깜작하지 않거든. 그래서 더 가까이 가면서 큰 소리를 질러도 그냥 움직이지 않더래. 아니, 정신만 올똘하면 죽지 않겠지. 큰 마음을 먹은 리귀환이 살금살금 다가가 보니 아니 글쎄 호랑이가 땡땡 얼어붙어 있는것이 아니겠어?

야, 이거 큰 돈벌이를 만났구나!

이렇게 생각한 리귀환이는 수레를 몰고 가는 자기 동네 사람들에게 고함을 질렀다오.

《여보소, 모두들 소를 세우소. 내가 돈을 주었소!》

그래 모두들 소를 세우고 바라보니 정말 호랑이 한마리가 얼어붙어 있었거든. 그때는 혹독히 추운 겨울이라 다른 사람들은 개털모자를 눌러쓰고 길만 살피다나니 그 누구도 그 죽은 호랑이를 발견하지 못한 모양이였지. 그래서 리귀환이는 자기 수레의 출하를 바칠 콩들을 다른 사람들의 수레에 나누어 싣게 하고 몇사람과 함께 호랑이를 뜯어서 리귀환의 수레에 싣게 하였소. 그래서 리귀환이는 호랑이를 싣고 집으로 돌아오고 다른 사람들이 그를 대신하여 출하를 바치게 하였다오.

부락에 돌아온 리귀환이는 경사가 났다고 집에서 기르던 돼지 두마리를 잡고 큰 잔치를 차려 출하를 바치려 갔던 사람들과 동네사람들을 청하여 대접하려고 준비하였소. 그리하여 동네사람들이 축하하려 모였는데 어디서 소문을 들었는지 난데없이 만척회사와 일본경찰서에서 무리를 지어 부락에 뛰여들더니 그 호랑이를 당장 내놓으라는것이 아니겠소? 그러자 리귀환이가 이건 자기가 주은 호랑이인데 만척회사와 무슨 상관이 있어서 가져가려 하는가고 따지고 들었다오. 그러니 만척회사의 일본사람이 나서서 이민들을 조선서 여기까지 실어오느라고 판 돈, 집을 지어주고 밭을 나누어주고 소를 내준 돈, 모든걸 합하면 호랑이 하나 값보다 더 많다는것이였어. 그러면서 이런 빚을 어느 집에서나 다 갚아야 한다면서 이렇게 허망 돈이 생겼을 때 만척회사에 진 빚부터 갚아야 한다는것이였지. 그러자 이민들이 일본사람들이 무상으로 대준다던 선전은 거짓인가고 따졌어. 그러자 일본사람들이 독을 쓰면서 기어코 호랑이를 앗아가거든.

그제야 우리 이민들은 만척회사에서 이민들에게 내준 모든것들을 값을 쳐서 빚으로 매겼고 그 빚을 꼭 받아간다는걸 알게 되였지. 그러니 이전의 선전은 모두 우리 이민들을 기편하는 새

이야기를 잘 하시던 신현만 로인님.(2002.1.28)

빨간 거짓말이 아니겠소? 우리 이민들은 분통이 터져도 총과 권세를 가진 일본사람들 앞에서 무슨 시비도리를 따진단 말이요?

이로부터 전북툰 사람들은 이 일을 비꼬아서 《죽은 호랑이가 살아있는 돼지 두마리를 잡아갔다.》는 일제놈들의 추악한 침략본성을 적발하는 이야기를 만들었어. 그래서 지금까지 그 이야기가 후세에 전해오고 있다오.

신현만로인님과 한창 신나게 이야기를 나누는데 가지고 간 록음띠가 다 떨어졌다. 우리는 할 수 없어 이후에 다시 와서 듣기로 하고 로인님이 이야기하는 장면과 식사하는 장면을 촬영하였고 또 문앞에서 신현만로인님 부부간의 사진도 찍어드렸다.

우리는 로인님들을 만나 이야기를 하면서 이제 만나야 할 로인님들도 알게 되었다. 이 공영촌에 사시는 전북툰집단이민인 류영석, 만보하자의 집단이민인 조복수, 그리고 충청도에서 1943년 안도현 송강촌 대흥툰에 집단이민을 오신 김영식(金英植)로인님을 찾아야 했다. 저녁이 되자 일기를 쓴 다음 일찍 자리에 누웠다. 어찌나 곤하던지.

1월 29일 아침 6시반에 바깥에 나가니 지는 달이 아침노을에 물들면서 넘어가는것이 참 인상적이었다. 촬영하려고 카메라를 찾아가지고 나가니 달은 이미 이그러지고 아침 해가 얼굴을 내밀기 시작하였다. 진붉은 아침노을로 단장된 만보진의 경치는 참 보기 좋았다.

아침식사를 마친 우리는 8시반에 공영촌의 한국빈(韩国彬)네 집에가서 로인님들을 기다리면서 오시는 족족 한분한분 기록하였고 또 개별적을 여러 가지를 묻기도 하였다. 나는 로인님들이 모이자 우리가 집단이민조사를 하는 목적과 의의를 설명해주고 로인님들의 리해와 협조를 바랐다. 그리고 로인님들께 무료로 집단사진을 찍어주었고 조선반도에서 출생한 분들도 따로 촬영했으며 개별적기념사진도 많이 촬영해 드리면서 로인님들과의 감정을 더 깊이하였다.

점심식사후 우리는 류영석(刘永锡), 곽현숙(郭贤淑)부부네 집을 찾아갔다. 우리는 먼저 류영석로인님과 이야기를 나누었다.

조선반도에서 출생하신 공영촌의 로인님들.(2002.1.29)

리광평: 로인님의 명함은 어떻게 부릅니까?

류영석: 류영석이라고 하오.

리광평: 년세는 어떻게 되십니까?

류영석: 나는 올해 79살이니까 1924년도 출생이요.

리광평: 그러면 생일은 어느 때입니까?

류영석: 음력으로 4월 26일이요.

리광평: 로인님의 출생지는 어디입니까?

류영석: 한국 전라북도 익산군 오산면 남전리요.

리광평: 그러면 언제 중국으로 들어왔습니까?

류영석: 강덕6년(1939년)의 봄에 집단이민으로 들어왔소.

리광평: 그러면 어느 곳에 집단이민으로 오셨습니까?

류영석: 우리는 안도현 량강촌 강남툰에 100호와 함께 왔소.

리광평: 그럼 집식구들은 누구랑 함께 왔습니까?

류영석: 그때 아버지와 어머니, 형님, 나, 그리고 녀동생 하나, 남동생 하나 모두 여섯이 함께 왔소.

리광평: 오시니 들 집이 있습데까?

류영석: 집이 다 뭐이겠소? 아무것도 없지. 우리는 나무를 베여다 틀을 만들고 그 우에 돈자리를 씌워 가리고야를 만들고 그 속에 들게 되였소. 막안에는 난로도 없고 언땅우에 마른 풀들을 깔고 그 우에 돈자리를 폈소. 한막에 한 50명씩은 들었는데 정말로 기가 막혔지. 음력3월이라고 하지만 이곳은 너무 추워서 많은 사람들이 감기에 걸렸소.

리광평: 식량은 만척에서 내여줍데까?

류영석: 만척에서 식량을 배급주었는데 다 뜬내가 나는 수수쌀도 제대로 배부르게 주는것이 아니였소. 그걸로는 배를 불릴수 없었어.. 그때 우리 집에서는 안 죽었지만 동네에서는 많은 사람들이 죽었소.

우리 부모님들은 가리고야에서 살면서 나무를 베여다가 집짓기를 했소. 그래서 여름에 집짓기를 끝냈는데 한채에 한호씩 들게 되였지.

그리고는 토성쌓기를 하였소. 비적들이 들어온다고 토성을 쌓는다지. 토성을 3m높이로 올리 쌓고 대문은 동쪽토성 가운데다 하나만 냈으며 토성의 네귀에 포태를 짓고 자위단들이 경비를 서게 했어. 우리 형님도 자위단이여서 늘 보초를 섰소. 마을안에 집을 약 50호를 지었댔소. 그런데 이민들은 오자마자 다른 곳으로 도망은 못 가겠더군. 돈 한푼도 없지, 먹을것이 없지, 또 만척과 경찰들이 눈에 쌍불을 켜고 감독하거든. 밭은 풀뿌리를 번지고 일구었소. 그런데 우리 고향 익산에서는 밭농사를 해보지 못하고 논농사만 했댔는데 논이 없는 이런 산골에 배치하니 밭농사를 지을줄 알아야지? 그래서 다른 곳으로 도망을 치는 집들도 있었어. 우리는 집도 다 지어놓고 밭도 일구고서 일년만에 논농사를 하는 대전자로 이사를 가겠다고 만척회사에 대고 떠들었소. 만척회사에선 빚을 안 갚고는 못간다는것이지. 그래도 우리가 견결히 가겠다고 하자 만척에서는 방법이 없는지 더 막지는 못하더군. 그래 그때 여러 집이 대전자로 이사를 와서 벼농사를 하게 되였소.

리광평: 그럼 로인님께 이전의 사진들이 있습니까?

류영석: 그때는 못사는게 사진을 언제 찍어봤어? 증명서를 내느라고 찍은 아버지의 사진이 어디 있긴 했는데 찾을수 없다오.

리광평: 그때 대전자엔 사람들이 많이 살았습니까?

류영석: 대전자엔 사람들이 많았소. 조선사람이나 한족사람들도 많았거든. 대전자로 오니 만척회사에서 우리한테 소를 다시 내여주더군. 강남툰에서 가졌던 소를 만척회사에 바치고 왔으니까. 집터는 사서 집을 지었고 만척회사에서 주는 논 한쌍을 가꾸었소. 그때 출하는 논과 밭의 면적에 따라 바치였다오. 우리 집에서는 논 한쌍을 부치는데 벼소출이 2,000근이 되나마나 하였지. 그런데 출하는 벼로 1,000근을 바쳐야 했거든. 그러니 소출의 절반을 출하로 바치는셈이지. 그때엔 농사가 잘되던 못되던 그 1,000근은 무조건 바쳐야 했소.

그래서 그럭저럭 살아가다가 대전자에서 광복을 맞았소.

눈물을 흘리며 집단이민 이야기를 하는 류영석의 부인 곽현숙. (2002.1.29)

우리는 류영석로인님과 이야기를 나눈 다음 다그쳐서 로인님내외의 생활모습을 촬영하였다. 우리는 인차 안도로 가서 기차를 타고 집으로 돌아가야 하기에 더 지체할 시간이 없었다. 우리는 로인님들과 다음에 다시 찾아오겠다고 약속하고는 인차 뻐스를 잡아타고 명월구로 가서 기차를 타고 연길에 내렸다가 다시 택시를 타고 룡정으로 나왔다. 집에 도착하니 저녁 8시가 넘었다.

2002년 4월 17일, 저녁식사후 밤 6시 반이 되자 나와 차광범, 손룡문은 공영촌에 사시는 집단이민 신현만(申鉉萬)로인님의 집을 찾아갔다. 마침 로인님께서 만보소학교 밤경비를 서려 나가신다기에 그와 함께 만보소학교 경비실에 나가서 이야기를 나누었다.

4월 17일 아침 5시에 일어나보니 바깥에서 4~5급의 바람이 불면서 흰눈이 흩날리고 있었다. 아마 지난 밤에도 눈이 더 내린듯 했다. 정해련 부부들께서 정성들여 지은 아침밥을 맛나게 먹은 우리는 7시 25분에 어제 한 약속대로 신현만로인네 집으로 찾아갔다.

아침식사를 하시는 신현만. 한족 어린애를 돌봐 주고있다.(2002.4.17)

신현만과 부인 리해덕이 상추 자램새를 보고있다.(2002.4.17)

신현만부부는 동네의 한족선생님의 2살 되는 한족어린이를 봐주고 있었다. 참 화기애애한 가정분위기였다. 우리는 신현만의 부인 리해덕(李海德)할머님과 이야기를 나누었다. 신현만부부와의 이야기를 마친 다음 우리는 집안과 바깥에서 내외간의 사진들을 여러 모로 찍어드리고 앞으로 또 찾아올 약속을 하였다.

폭설속에서의 생사박투

2002년 4월 16일, 화룡의 손룡문이 아침 6시 15분에 전화를 걸어 자기가 지금 연길 동북아중심뻐스역으로 출발하여 직접 만보진 공영촌의 정해련집으로 가겠으니 저들더러 정해련네 집에서 만나자는것이었다.

나는 인차 차광범한테 전화를 하고는 정정도편사로 달려갔다. 그런데 아침의 날씨가 흐리여 기분이 잡혔다. 그래도 손룡문과 한 약속이 있는지라 차광범이 오토바이를 몰고 내가 뒤에 앉아 만보를 향해 출발하였다. 내가 타던 오토바이가 너무 낡아 자꾸만 고장이 나는지라 애당초 내동 댕이를 쳤던것이다.

8시 9분에 출발하여 8시 39분에 연길 개발구에 도착했다가 9시 13분에 로투구에 이르렀다. 공교롭게도 로투구의 보흥촌 고개길을 넘는데 가랑비가 내리기 시작했다. 10시 12분에 안도에 도착하자 안도뻐스역 길건너의 작은 음식점에서 점심삼아 식사를 했다. 차광범이 지난 밤 사진 관 일 때문에 늦게 자고 아침에도 늦게 일어나 아침을 못먹어 참기 어려워 하였기 때문이다. 비 가 점점 더 크게 내렸다. 보통 때 같으면 애당초 오토바이를 타지 말아야겠는데 손룡문과의 약 속을 지키기 위해 큰 마음을 먹고서 비옷을 입고 10시 52분에 다시 만보로 출발하였다.

복흥을 지나자 비가 제법 쏟아지는데 안전모자 유리판이 빗물에 가리여 앞도 잘 보이지 않았 다. 지나가는 자동차들이 속력을 내는 바람에 흙탕물들이 오토바이와 사람들 온몸에 마구 들쒸 웠다. 손에 낀 장갑에서 물이 뚝뚝 떨어지는데 오토바이속도로 생긴 칼바람에 손끝이 얼어들어 바늘로 쏙쏙 찌르는듯 했다.

그런데 우리의 의지와 재간을 검증이라도 하려는지 대황구령에 오르자 순식간에 거위털같은 눈송이가 펑펑 쏟아지고 찬바람이 불어댔다. 사위는 온통 백색세계로 변했다. 몇초 사이면 안전 모자유리판에 흰눈이 쌓이고 입김이 날아올라 유리판안쪽에 안개가 덮혀 손으로 수시로 쓸어 내지 않으면 앞을 볼수 없었다. 지나가는 자동차가 뿌리치는 흙탕물이 온몸에 들쒸우고 눈과 빗 물이 목을 따라 가슴팍을 거쳐 아래배까지 흘러 내린다. 온몸이 오싹오싹하고 이가 덜덜 쫓기고 정신도 아찔해 난다. 손에 낀 장갑이 얼어서 손끝이 아픈줄도 모르겠고 무릎도 이젠 시리다 못 해 무감각하다. 오토바이바퀴가 눈속에 묻히는데다 무거운 카메라가방까지 둘러멘 내가 뒤에 탔으니 오토바이핸들이 말을 듣지 않는다.

겨우 신합까지 내려오자 더는 참을수 없어 차를 세웠다. 서로들 쳐다보면서 우습깡스러운 대 방의 모습에 허리가 불러지게 앙천대소하였다. 참말로 이런 특수한 천기에 아무리 재간있는 오 토바이선수라 해도 어쩌지는 못할것이다.

나는 이건 정말 장난이 아니라면서 오토바이를 길옆에 세워두고 지나가는 뻐스를 타자고 했 다. 그런데 이런 날씨에 뻐스회사에서 뻐스를 보낼수 있겠는가? 아무리 기다려도 뻐스는 안 나타나고 목재를 실은 대형트럭들과 하이야가 드문드문 지나갈뿐이다.

차광범이 《짠짜라, 짠짜짜라,……》 환영곡을 부르면서 다시 출발하잔다. 나도 다시 올라앉았다. 청구자(靑溝子)부근에 이르니 눈이 점점 더 크게 내렸다. 부락사람들이 큰 구경거리가 생겼다고 어이없이 바라본다. 이런 날에도 오토바이를 타는 정신환자들이 있단말인가고?

청구자를 지나 만보로 향한 내리막길에 들어섰다. 올리막보다 내리막길이 더 위험하거든. 벌써 새까만 하이야 한대가 미끌어져 길옆 가름대에 걸려있었다.

우리가 203성도(省道) 58~57구간 내리막길에 이르렀을 때 트럭 한대가 미끌어져 길 복판에 가로 서있는데 차에 앉았던 사람들이 길옆에 나서서 구원차를 기다리는 모양이었다. 오토바이가 막혀선 트럭을 피하느라고 핸들을 돌려야 했다. 그런데 속도가 아무리 늦어도 내리막길에서 생긴 관성이 크고 또 두텁게 쌓인 눈이 너무 미끄는 바람에 차체가 평형을 잃기 시작하였다. 차광범이 아무리 침착하게 제동기를 잡지 않으면서 운전했으나 뜻대로 안되었다. 차가 비틀거리다가 그만 왼쪽으로 쏠리고 넘어지면서 눈우에서 미끌어 내려갔다.

차광범이 령리하게 제동을 걸었으나 차와 사람이 약 10여m가량 썰매를 탔다. 핸들을 잡은 차광범이 핸들을 쥐고 넘어졌지만 뒤에 앉았던 나는 어느 사이에 관성에 의해 짐과 함께 3~4m 더 멀리 미끄러져갔다. 그런데 저들 뒤에 내려오던 트럭 한대가 빽 급정거소리를 내면서 넘어진 우리들의 옆을 쌩 지나가는 판이였다. 정말로 생사박투의 아슬아슬한 찰나였다.

차도 채 세우지 못한 차광범이 달려와 나를 부축하였다. 다행히 내가 멘 카메라가방이 무거웠기에 그 가방이 먼저 땅에 대였고 또 눈이 두터웠기에 나는 아무곳도 다치지 않았다. 천만다행으로 차광범이나 오토바이도 상한데가 없었다. 아마 앞바퀴뒤에 장치한 안전보호틀이 큰 역할을 했기 때문일거다. 눈 때문에 넘어지고 또 눈 때문에 상하지도 않았다!

죽음의 고비에서 살아난 우리는 안도의 숨을 쉬고서 애당초 차를 세워놓고 제자리에 몸을 놀려 온기를 회복하고는 서로 기념사진도 찍고 설경도 촬영하였다.

눈도 더 두터워지고 내리막이 더 험하니 우리는 차를 밀면서 조심스레 걸었다. 걷고 걸으니 몸은 열이 나는데 손이 그냥 시리고 신안에 찬 물들이 출렁출렁 신바같으로 튀여나왔다. 내려오는데 트럭 한대가 길가에 미끌어진대로 서있었다.

대정자(大頂子)에 이르니 내리막이 심하지 않고 쌓인 눈도 그리 두텁지 않아 차를 탈수 있었다. 우리는 조심조심 차를 타고 간신히 만보진에 도착했다. 나와 차광범은 장마당에 들려 돼지고기와 술, 배추와 시금치 등 여러 가지 식품들을 사가지고 정해련할아버지집에 들어섰다. 정해련부부가 이런 날에 어떻게 용케도 왔는가하면서 저들의 짐을 받아올리고 빨리 옷들을 갈아입고 가마목에서 몸을 녹이라는것이였다.

나의 옷과 가방은 물론 빤즈까지 즐벅 젖어 할아버지의 옷들로 전부 바꿔입었다. 할아버지께서 저들의 신안에서 물을 쏟아 내고는 부엌문을 열고 활활 이는 불길에 말려주었고 할머님께서 서둘러 반찬을 만들었다. 손룡문이 우리들의 카메라들을 마른 천으로 닦은 다음 뜨시한 온돌에 줄지어 놓아 습기를 제거해 주었다.

우리는 오후 4시 28분이 되여서 점심 삼아 저녁 삼아 로인님부부가 정성들여 만든 음식을 배불리 먹었다.

전사라고 왜 리직간부대우를 못 받나?

신현만로인님께서 저들을 안내하여 집단이민으로 오셨던 류영석할아버지네 집으로 찾아갔다. 류영석과 그의 부인 곽현숙은 모두 량강 강남툰집단이민이란다.

리광평: 로인님의 명함이 류영석이 맞지요?

류영석: 예. 류자가 류소기라는《류》자 다시 말하면 죽일 류《류(劉)》, 길 《영(永)》, 주석 《석(錫)》이요.

리광평: 그래 어디로 집단이민을 오셨습니까?

류영석: 량강구에 전북툰, 익산툰 , 강남툰이 있었는데 나는 강남툰에 왔소.

리광평: 올때 명월구까지 기차를 타고왔습니까?

류영석: 명월구까지 기차를 타고왔어. 그런 다음 마차를 타고 영경까지 와서 령을 넘어갔지.

리광평: 그럼 강남툰에 가니까 집들이 있습데까?

류영석: 없지뭐. 밭도 없고. 우리가 모두 개척했지뭐.

리광평: 그때 아름드리 나무들이 꽉 들어찼습데까?

류영석: 예.

리광평: 그래 처음엔 어디에 있었습니까?

류영석: 《가리고야》를 치고 있었지뭐. 그래서 그때 죽기도 많이 죽었어. 얼어 죽구, 굶어 죽구.

리광평: 그때 집도 없어 추워서 많이 죽었습니까?

류영석: 예, 우리 집에서는 아버지가 그때 죽구(눈물을 흘리신다).

리광평: 그럼 아버지는 어떻게 상세났습니까?

류영석: 아버지가 다리가 붓구. 결국은 핏증으로 사망했소. 내가 군대로 나간 다음에.

리광평: 아바이 군대를 어느 때 갔습니까?

류영석: 광복이 나가지고 7월달에 갔어. 호적들이 살판을 치여 백성들이 피해를 받고 하니 군대를 갔지.

우리 아버지도 림참모부대(항일련군)가 오는 바람에 짐도 지고 갔댔지.

리광평: 듣자니 그때 림참모부대가 마을에 들어와 소도 가져가고 백성들을 먹으라고 소를 잡아주었다지요?

류영석: 그래 소를 막 죽여놓고 우리 백성들을 먹으라고 했지. 그때 보지는 못하고 들었지. 그 사람들이 그러고 가니 만척회사에서 소를 다시 주지.

리광평: 그때 아버지도 짐을 지고 갔습니까?

류영석: 지고 간 사람들이 많지뭐. 갔다가 돌아온 사람들두 있구.

리광평: 그럼 로인님은 몇살에 군대를 갔습니까?

류영석: 그때 나이를 많이 먹었수. 그때 식구가 많은 집들에서 군대를 가라고 동원하거든. 그래서 나는 21살 먹고 군대를 갔어.

리광평: 군대는 어느 부대에 갔습니까?

류영석: 사평전투에 참가했지. 나는 독립4퇀에 있었어. 형님이 담가대로 나간걸 부대에서 보았어. 나는 내 군복을 벗어서 형님한테 주었소. 그리고 우리는 저 안쪽으로 들어갔지뭐.

그때 우리는 4야전군이였지. 그래 장강을 넘고 해남도까지 갔어. 우리는 사천에로도 갔댔구. 우리는 광서에서 모주석도 만나 보았어. 모주석께서 연설도 하시더군, 그런데 그때는 모주석인 줄을 몰랐지. 접견이 끝난 다음에 모주석이라고 하더군.

리광평: 그때 모주석의 연설을 들은 군인들이 많았습니까?

류영석: 한개 병퇀이 다 함께 들었지. 그리고 계속 남으로 내려가 해남도까지 갔어요.

리광평: 그리고는 조선전쟁에까지 나갔습니까?

류영석: 우리가 해남도에서 나오는데 우리들에게 새로운 임무가 있다더군. 무슨 임무인가 물어도 말하지 않더군. 나는 조직원(공산당원)이니 규률을 지켜야지. 그래서 더 캐고 묻지 않았어. 우리 조선족군인들이 정주에 와서 집결하였소. 거기서 고향으로 돌아가는것이 아니라 조선으로 간다고 하더군. 그래 우리 조선족군인들이 안동을 거쳐 신의주로 해서 조선에 나갔지. 조선에 가서 조선인민군 군복을 다 갈아입고 조선인민군에 편입되였소.

리광평: 그럼 로인님은 입당을 어느 때에 하셨습니까?

류영석: 입당은 1947년도에 남하행군을 할때 했소. 그때는 공개당이 아니고 비밀당이요.

리광평: 로인님께서 고생을 많이 하신 모양입니다. 입당도 다 하고.

류영석: 고생이사 죽게 했지.

리광평: 전투에 많이 참가했지요?

류영석: 그거야 더 말할것도 없지뭐.

리광평: 전투에서 공도 세웠지요?

류영석: 공은 한번 세웠지요. 남하행군을 하는 도중에서 세웠어. 대회에서 공을 세웠다고 선포하고. 나가면서 토비숙청도 하고.

리광평: 그럼 대공을 세웠습니까?

류영석: 예, 대공을 세웠소. 전투를 하다 세운것이 아니라 애민공작을 하는데서 내가 앞장섰다고 1등공을 주더구만. 군대니까 숙영지에 들어가면 백성들의 물도 길어주고 마당도 쓸어주고 선전도 잘 하여줬지.

리광평: 조선전쟁에 가서는 어떠했습니까?

류영석: 조선전쟁에서사 싸웠지뭐. 원산에 있었어.

리광평: 조선전쟁에 참가했다가 어느 때에 돌아오셨습니까?

류영석: 정전이 되니까 1953년도에 돌아왔어.

리광평: 조선전쟁에서 또 공을 세웠댔습니까?

류영석: 아니.

리광평: 조선전쟁 때에 무슨 병종에 있었습니까?

류영석: 나는 중국에서는 경기사수였는데 조선에 가서는 포병질을 하였소. 그러면서 시시껍질한 일들도 많이 하고.

리광평: 그리고 조선전쟁에서랑 부상은 안 입었습니까?

류영석: 부상이사 여러번 당했지. 제일 심한것은 이 다리에 당한 부상이였소. 미군 비행기폭탄에 얻어 맞았소. 그래서 나는《2등 을(二等乙)》잔페군인이 되였소. 잔페금이 좀씩 나오지. 새벽에 전호에 있는데 미군 비행기가 날아와 폭탄을 던진게 내가 다리를 맞아 거기서 쓰러졌어. 그래 군대병원에서 치료를 받다가 나왔지. 부상을 당해 기차에 실려 나오는데 비행기폭격이 심해 겨우 72호병원에 소송되였소. 그러다가 중국에 건너와 장춘에서 치료를 받았소.

리광평: 그래 로인님은 군대에 있을때 패장급간부가 아니였습니까?

류영석: 개새끼들이. 그 말만 나면 분이 치밀어서. 부패장이상 급은 돈이 나온다 하지 않소? 그런데 나는 부패장급이 아니라고 리직간부는 안된대. 그래서 나는 그렇게 평하는 사람들을 개새끼들이라고 욕하오. 어떤 놈은 군대도 안 갔다와서도 타먹고.

군대서 집으로 돌아가라니 방법이 없어 돌아왔지. 군대에선 간부들보다 우리 전사들이 앞장서 더 피를 흘리면서 최전선에서 싸우지 않았겠소? 전사들이 없으면 군관이 어디 있고 전사들이 없으면 전쟁의 승리가 어디 있겠소? 피를 더 흘린 사람들은 리직간부대우를 못받고 피를 적게 흘린 군관들이 리직간부대우를 받으니 이게 어디 공평하우?

류영석로인님과의 이야기는 좀 힘이 들었다. 로인님께서 청력이 떨어져 여러번 말해도 알아듣지 못하여 질문과 관계없는 말씀을 하기도 했고 사실은 이야기하는데 그 과정을 이야기하지 못하는것이였다. 그리고 자꾸 캐고 물어서야 한마디씩 겨우 대답할뿐이였다. 참 갑갑하기도 했다.

우리들이 한창 이야기를 하는데 류영석로인님의 부인 곽련순(郭賢淑)께서 집안으로 들어오셨다.

곽현숙: 오늘 선생님들이 찾아와 주어서 대단히 감사하오.

그런데 우리가 힘이 없으니 저 령감이 리직간부대우도 못받고 자식들도 출세를 하지 못하여 참 억울하오. 그렇다하여 우리는 어디 가서 말도 못하고.

류영석: 전쟁터에서 진짜 고생한 사람들은 우리 전사들이요. 평양을 들이칠 때도 새벽부터 저녁까지 쳐들어 가는데 사흘간이나 밥도 먹지 못하고 물도 마이지도 못하고 피투성이 흙투성이가 되였지만 끝끝내 승리를 했지. 얼마나 되는 전사들이 목숨을 잃었어? 그때를 생각하면 정말 기가 막히고 가슴이 터지는것 같소.

로인님께서 주루루 눈물을 흘리시며 흐느끼신다. 나도 코등이 찡해나면서 눈물이 솟는것을 억제할수 없었다. 이야기가 한창 멈추어졌다.

곽현숙: 이 령감이 이젠 년세도 많고 하니 깜빡깜빡 하면서 금방 한 일도 잃어 버리고 잘 몰라요. 그 말만 나오면 저렇게 서럽게 울어요. 땐쓰(텔레비죤)를 봐도 전문《상감령》,《남정북전》등 전투영화만 보오. 그러면서 영화에 자기 전우가 나오지 안나 살피면서 울기만 한단 말이요. 내 마음도 정말 안타깝습니다.

류영석: 내가 군대로 간 다음 아버지가 사망하셨으니 아버지 사망하는것도 보지 못했소! 나는 불효자식이야!

지금 나는 몸이 점점 나빠지고 부상당한 다리가 너무 아파 지팽이를 짚지 않으면 안되오.

리광평: 로인님께서 자식을 몇분 두었습니까?

류영석: 3남 1녀를 두었소.

리광평: 할머님은 몇살에 결혼하였습니까?

곽현숙: 열여덟 살에 했어요. 그때 나는 송강에 있었고 이 량반은 전북툰에 와서 1년 살다가 강남툰에 갔다나. 그러다 이 만보에서 수전을 푼다고 하니 이사를 왔지요. 그래 이곳에 이사를 오는 해에 우리들이 잔치를 했어요. 우리는 너무 가난하여 밥상도 못받고 잔치를 했어요. 그래도 아들 딸 낳고 사네. 우리 큰 아들이 48살, 둘째가 44살. 세째가 39살, 막내인 딸이 34살, 이렇게 모두 자식 넷이 있소.

리광평: 할머님은 이민을 어디로 왔습니까?

곽현숙: 우리는 안도현 송강촌 사도툰이란데 왔소.

리광평: 그때 할머님은 몇살이였습니까?

곽현숙: 내 네살이였소. 그러니까 1939년에 왔소. 그런데 그때 일이 일부 기억이 나거든요. 그때 우리 사도툰에 왔던 사람들도 다 죽었소.

우리는 류영석로인님께서 제공하는 옛사진 몇점을 소장할수 있게 되었다. 참 귀중한 사진들이였다.

류영석과 부인 곽현숙.(2002.4.17)

군인시절의 류영석.(류영석 제공)

1949년 해남도를 해방하고서 반장과 함께 해남도에서 찍은 기념사진. 오른쪽 사람이 바로 류영석이다.(류영석 제공)

전우들과 함께.(류영석 제공)

류영석부부와의 이야기를 마친다음 바같에 나와 두 로인님의 생활모습장면을 촬영하였다.

동생은 죽고 나는 살았어

오후 한시반이 되어 조점순(曹占順)할머님을 찾아가니 로인님들이 계속 화토놀이를 하는것이였다. 우리는 그 장면을 아무런 연출없이 그대로 기록하였다. 그리고 로인님들의 허가를 맡고 조점순할머님과 이야기를 나누게 되였다. 조점순이 사람을 보내 자기 동생 조복수(曹福洙)를 데려왔다.

리광평: 로인님의 명함이 조복수이지요?

조복수: 예.

리광평: 년세가 어떻게 됩니까?

조복수: 68살입니다.

리광평: 생일은 어느 날입니까?

조복수: 음력 윤3월 26일입니다. 음력 윤3월은 몇년에 한번씩 있거든요. 그래서 윤3월이 없을 때는 음력3월에 생일을 셉니다.

리광평: 그럼 출생지가 어디입니까?

조복수: 전라북도 고창군 아산면 명안리이지요. 거기서 살다가 익산군으로 이사를 왔단말이요. 그래서 거기서 이민수속을 번접해 가지고 중국으로 왔지요.

리광평: 그때 이민을 올때 로인님은 몇살이였습니까?

조복수: 내 세살이였지. 그게 제2차이민이라고 하던데 강덕5년(1938년)일거요.

리광평: 올때 어떻게 오셨습니까?

조복수: 기차를 타고 명월구까지 왔지. 그리고 강남툰에 수레에 앉아 오고.

리광평: 그때 강남툰에 모두 몇호가 함께 왔습니까?

조복수: 100호가 왔지. 100호부락이란게 토성길이가 100m~200m 되지. 대단히 크지. 한족사

람들을 동원하여 술기(수레)에다 짐도 싣고 아이들과 늙은이들을 실어서 강남툰에다 부리우더군. 어른들은 량강까지 걸어갔지.

조점순: 그때 영경에서 하루밤 자고 다음날 마차 타고 강남으로 들어갔어요.

리광평: 그때 오실 때 집식구들이 누구랑 왔댔습니까?

조복수: 부모, 나, 형님, 누님. 모두 다섯이 왔지. 그후에 와서 또 낳았어요.

리광평: 그때 올 때 무슨 짐을 가지고 왔습니까?

조복수: 별거 없었지요. 아마 누님이 이상이니 더 알겠는지. 이것이(백석 다듬이돌) 바로 우리 누님의 시어머니네가 한국서 가지고 온 다듬이돌이지요. 이 빨래다듬이돌이 나이가 많아요.

리광평: 그때 강남에 들어가니까 집이라고 있습데까?

조점순: 우리가 제2차이민이라 1차이민들이 와서 먼저 지은 집에서 곁방살이를 했어요.

조복수: 쪼꼬만한 칸에서 비좁게 살았지요. 그러다 여름에 집을 짓고 나갔어요.

조점순: 지금 말하면 쪽지게지. 그것으로 재목을 지어다가 집을 지었어요.

리광평: 그러면 강남툰에 먼저 집단이민들이 왔댔습디까?

조점순: 먼저 왔습데다. 그래 저절로 집을 짓고 살다가 전북툰으로 건너왔지요.

리광평: 오니까 토성을 쌓았습데까?

조점순: 토성은 우리가 다 쌓았어요.

조복수: 남자들은 지구, 녀자들은 이구. 한해에 다 끝나는게 아니였어.

조점순: 오니까 토성이 없지. 집만 덜렁 지어놓고 있더구요. 그래서 우리가 토성을 쌓았어요. 그런데 지금 말하면 항일련군이지. 그때는 비적이라 했지요. 비적들이 와서 너무 털어가서. 매일 저녁마다 량식이랑, 반찬, 놋그릇, 숟가락이랑 다 가져가지. 그래서 우리 아버지랑 놋그릇과 숟갈들을 감추니라고 부엌에다 막 넣지요. 그리고 소를 끌고 갔습니다. 그러고는 소를 막 잡아놓고서 우리 이민들이 고기도 못 먹는데 소고기를 잡수라고 하지 않겠어요?

한번은 비적들이 우리 집을 싹 텁디다. 싹 턴 다음 우리 아버지하고 짐을 좀 져달라고 합디다. 아버지가 짐을 지고 가자 우리는 얼마나 근심하고 기다렸던지. 산에 가서 그 사람들이 소 한마리를 잡아서 가죽을 홀딱 벗기더니 소가죽을 바줄로 나무에 달아매고 그 가죽에 물을 붓고 고기를 넣고는 가죽밑에 불을 달더래요. 그러자 고기는 그렇게 잘 익는데 소가죽은 안 타더래요. 그래서 대접을 잘 하더래요. 아버지는 하루 저녁을 있다가 왔습데다.

리광평: 아버지란 친정아버지이지요? 명함은 어떻게 부릅니까?

조점순: 조홍순(曹紅順)입니다.

조복수: 강남툰에는 항일련군이 들어오고 토비들도 들어왔어요. 그래도 공산군은 와서 물건을 달라고 하지만 토비들은 마구 뺏아갔지요.

조점순: 그래 우리는 거기서 살다가 너무 털어가는 바람에 살수 없더군요.

리광평: 그럼 토성은 어느 때에 쌓았습니까?

조점순: 토성은 강남툰에 이민을 온 해에 쌓았어요. 농사를 지을라, 집을 세울라, 토성을 쌓을라 별별 고생을 다 하였어요. 떼짱으로 토성을 쌓은 다음 그 바깥에 함정을 깊게 파요. 그런 다음 거기에 막대기를 박고 막대기 끝을 창날처럼 깎아요. 그 밖에 또 팔뚝만한 통나무들을 쪽 박지요. 그래도 그걸 항일련군들이 마스더군요. 오래 못가요.

그리고 보초를 보지요. 우리 아버지도 자위단에 들었지뭐. 보초 보는데 경찰이 와서 총박죽으로 얼마나 때리는지. 보초를 제대로 보지 못해 비적들이 들어왔다고.

조복수: 낮에는 나가서 일하고 밤에는 마을에서 보초를 봐야지. 그러니 보초를 서다가도 잠이 오지요. 만약 자다가 총만 뺏기는 날이면 큰일이나기에 총을 꼭 안고 자지. 그러다가 경찰에게 들키면 죽게 얻어 맞지요.

조점순: 우리가 살자니 비적들과 토비들이 너무 접어들어 살수 없다고 만척을 찾아가서 항의를 제출했어요. 많은 집에서 가만히 도망을 쳤거든. 그래서 만척에서는 강남툰이민들을 모두 전북툰으로 옮기게 하였어요. 그러다 광복이 난 다음 만보에서 수전을 개척하면서 조선사람들을 모집하니 이곳으로 왔지요.

리광평: 그럼 광복은 어디에서 맞이했습니까?

조점순: 전북툰에서 맞았지요.

리광평: 그럼 광복이 나기전까지도 비적들이 그냥 들어왔습니까?

조점순: 다녔지요. 그런데 광복이 나자 진짜 비적들인 토비들이 덮쳐들었어요. 다 아는 사람

들인데 밤에는 변복을 해가지고 들어와 집을 싹 털어가지요. 닭도, 개도, 돼지도 다 잡아먹고.

리광평: 아까 할머님께서 항일련군들이 마을에 들어와 소를 잡아서 이민들을 먹으라고 했다고 했는데 그 일이 어느 해에 있었습니까?

조점순: 와서 한 3년 되였을거요.

조복수: 만척에서 우리들에게 량식도 주고 채소도 좀씩 줍데다. 그런데 그걸 지금 말하면 대콴(대부금, 貸款)이지. 그걸 모두 빚으로 매겼단 말이요.

조점순: 미역을 많이 먹어야 한다면서 미역을 많이 내주지요.

조복수: 그때 내주던 간지미통(통졸임통)을 지금 보관하고 있어요. 그리고 일본사람들이 내주던 《다루사이》라고 나무쪼박을 무어서 만든 통을 내가 보관하고 있어요. 거기다 물도 담기도 하고 김치도 담가 먹고 소금통으로 하기도 했지. 패여서 땔가 하다가 그냥 보관하고 있습니다. 일본사람들이 그런걸 한개 마을에 몇개씩 나눠줬거든요.

리광평: 예, 그렇습니까? 그럼 좀 있다가 가서 봅시다.

조복수: 그때 항일련군들이 마을에 들어와 소를 죽여놓고 백성들을 먹으라 하고는 갔습니다. 또 소도 가져가고. 그러면 만척에서 또 소를 줍니다. 소는 집집마다 한마리씩 주고 수레는 몇호에 한대씩 줬댔습니다.

우리가 와서 밭을 일구어야 하지, 집도 지어야지, 또 비적들을 막느라고 토성을 쌓아야지, 보초도 봐야지. 야, 정말로 힘들었지요. 우리는 그래도 제2차에 왔으니까 제1차이민보다 나았지요. 1차이민들은 처음 와서 집이 없어 막을 치고 살면서 집을 짓고 밭을 일구었답니다. 처음 온 사람들이 죽은것도 많답니다.

리광평: 40년도, 41년도 그 때에 전염병도 많이 돌았답니다.

조복수: 예, 해방전에 전염병이 돌았습니다.

리광평: 전북툰엔 몇해만에 옮겨갔습니까?

조점순: 한 3년 있다가 갔어요.

리광평: 방금 공산군들이 소를 잡아서 백성들을 먹으라고 한것은 강남에 있을 때 일입니까?

조점순: 예, 강남에 있을 때 일이지요. 우리는 소가 없었지요. 이민을 온지 얼마되지 않으니까.

리광평: 아까 류영석할아버지께서 그 항일련군은 림참모가 거느리는 부대라고 하더군요. 그것이 바로 최현부대이지요.

조복수: 림참모라고 김일성 밑에서 참모질을 한 사람인데 그가 결국엔(나중엔) 귀순했단말입니다. 그 사람이 량강일대에서 주요하게 활동했지요. 후에 그 사람이 일본군한테 귀순을 하고 칼을 차고 말을 타고 거들먹거리면서 다녔지. 광복이 나자 도망을 쳤다지요.

리광평: 전북툰에 와서는 괜찮았습니까?

조점순: 전북툰에 와서는 비적들이 다시 들어오지 않았습니다. 좀 안정하기는 했어요. 그러나 보초는 그냥 봤지요.

조복수: 마을에 토성을 높게 쌓았어요. 토성바깥은 직선으로 곧게 올리 쌓아 사람이 오를수 없게 했어요. 토성 네귀에 보초막을 세우고 총구멍을 빼 놓았지. 토성안쪽켠은 2층으로 되여있고 새다리를 놓아 오르내릴수 있어 토성의 어느 곳이나 통할수 있었어요. 토성밖에는 또 호리가닥을 파고 거기다 뾰족한 막대기를 박아 공산군이 토성으로 올라가다 떨어지면 찔리라고 했어요. 그 바깥에는 또 목성을 세웠지. 저녁에는 또 보초를 봐야지.

농사를 지어야지. 가을이면 또 출하를 바쳐야 하지. 아이구, 그 고생이야 어찌 말로 다 하겠수?

리광평: 그때 농사는 잘 됩디까?

조복수: 이곳은 산골이여서 추워서 농사가 잘 안돼.

조점순: 그곳에는 수전(논)이랑 없고 한전(밭)만 있었어요. 한국에 있을때는 우리 집에 논도 없고 밭도 없어 여기로 왔지요. 우리 고향엔 밭도 있고 논도 있었어요. 우리 아버지는 늘 품팔이를 하고요. 여기 오면 논도 주고 밭도 주고 잘살수 있다고 하여 왔어요.

리광평: 그때 병들이 돌았지요? 그래 집에서 죽은 사람들이 없습니까?

조점순: 우리 동생들이 죽었소. 전북툰서 말입니다. 병에 걸리기만 하면 죽지요. 오빠하고 이 군(조복수를 말함)이 살았지 나머지 동생들은 다 죽었소. 왜 그런지 중국에 와서 낳으면 다 죽어요. 그래 우리 엄마가 여기에서 살수 없다고 했어요. 그런데 무슨 방법이 있겠어요.

조복수: 나와 동생이 함께 앓아 누웠지. 열이 어찌 나는지. 그런데 목이 갈려서 수박을 딱 먹고 싶었지. 그래 엄마가 수박을 얻어왔는데 파리들이 새까맣게 앉아있지. 그래도 먹었어. 그런데

나는 살고 내 동생이 덜컥 죽었거든. 중국에 와서 낳은 동생인데 세살이나 되였겠지. 그때 나도 죽었다그래. 그런데 우리 엄마가 《복수야, 복수야!》하면서 자꾸 운단 말이야. 엄마가 부르면서 우는 소리가 멀리서 약간씩 들리거든. 내가 아무리 대답을 해도 소리가 나야 하지? 그러더니 엄마소리가 점점 가까워 오더군.

조점순: 그때가 7월달이야.

조복수: 바로 내가 정신을 잃고 까무려쳤다가 정신이 다시 돌아오는 때겠지. 그러는데 엄마가 확실히 알려. 엄마가 내가 살아났다고 좋아서 또 통곡을 하는거여. 그래서 동생은 죽고 죽었다던 내가 다시 살아났어. 나는 흐리멍텅한 속에서 야, 나도 죽으면 저렇겠구나 하고 생각도 해보았댔어요. 그게 전북에 있을 때 일이지.

리광평: 그때 약이랑 없었습니까?

조복수: 그때 약이란 법이 없었어. 그때는 병원이란 법도 모르고 집에서 꿍꿍 앓다가 덜컥 죽지뭐. 내 알기로도 동생 셋이나 죽었어요.

조점순: 우리 엄마 아버지가 고생을 많이 했지요.

리광평: 아버지 이름은 무엇입이까?

조복수: 조홍승(曹紅承)이고. 어머니 이름은 김길녀(金吉女).

리광평: 아버지는 년세가 얼마에 사망했습니까?

조점순: 78세이던지, 팔월 달에 사망했어요.

차광범: 지금 전북툰에랑 조선족들이 살고 있습니까?

조복수: 없소. 그때 우리가 이민을 오니까 전북툰이라 하지 않고 팔라자라고 하더군.

리광평: 통양, 류수에는 조선족들이 있습니까?

조복수: 있어요. 호수가 많지 않지. 그리고 동청에도 조선족들이 있어요.

차광범: 영경부근에는 조선족마을들이 어디에 있습니까?

조복수: 영경에 조선족이 있소. 거기서 량강쪽으로 한 3리 떨어진 조양툰에 조선족이 있고 영경 동쪽컨의 고성툰, 고등이란 곳에 조선족들이 살고있어요.

리광평: 량강쪽에는 조선족들이 사는곳이 있습니까?

조점순네 집에서 화토놀이를 하는 할머님들.(2002.4.17)

조모님이 집단이민을 오실 때 조선서 가지고 온 다듬이돌을 쓰시는 조점순.(2002.4.17)

조복수: 거기엔 강남이라는데 몇호가 있을뿐이요.

리광평: 그곳엔 옛날 토배기로인님들이 계십니까?

조복수: 량강의 본 소재지에 우리 나이또래들이 몇이 있을거구. 량강소재지에 가서 오씨를 찾

으면 될겁니다. 70이 넘었습니다. 군대를 갔다와서 지금은 놀거요.

차광범: 할머님 집에 방추가 있습니까?

조점순: 있소.

차광범: 그러면 할머님께서 다듬이돌에 마주 앉아 다듬이질을 하는 장면을 좀 촬영합시다.

리광평: 이 다듬이돌은 어떻게 생긴거랍니까?

만척회사에서 내준 일본제 나무통을 지금까지 간수하고 있는 조복수. (2002.4.17)

조점순: 나의 시어머니가 쓰시던것이지요. 시집도 이민을 함께 와 한마을에서 살았지요. 시부모님들께서 한국서 이민을 올때 가지고 온거랍니다.

리광평: 시아버지의 성씨는 어떻게 쓰십니까?

조점순: 정씨. 이 다듬이돌을 연길민속촌에서 사려왔댔어요. 그런데 몇십원을 주겠다니 어디에 쓰겠어요? 그래도 한국서 이민을 올 때 가지고 온 기념품인데 그대로 두는것이 났겠지요. 그래 아까워서 안 팔았어요.

리광평: 이 다듬이돌이 몇살을 먹었을가요?

조점순: 우리가 이민을 온것도 70년이 오라지 않으니 한 백살은 먹었겠지요.

이야기를 마친 우리는 조점순할머님이 다듬이질을 하는 장면을 촬영했고 조복수와 함께 그의 집에 다녀가 그가 보관하고있는 일본사람들이 내주었던 나무통《다루사이》도 촬영하였다.

그리고는 조복수의 부인 최경녀와 이야기를 나누었다.

토비들의 악렬한 폭행

리광평: 아주머니 이름은 무엇입니까?

최경녀: 최경녀(崔京女)입니다.

리광평: 년세가 어떻게 됩니까?

최경녀: 나이가 65살이니 1938년 4월 9일 전라남도에서 출생했습니다.

리광평: 몇살에 중국에 왔다지요?

최경녀: 1939년에 안도현 량강촌의 안산툰에 집단이민을 왔습니다. 제3차이민이라 합디다. 안산툰에서 살다가 전북툰이라는데 이사를 왔습니다. 거기 가서 한 2년 살았는가? 토비들이 마을에 들어와 우리 아버지한테 고추가루물을 쏟아 넣으면서 막 뚜드리더랍니다.

한번은 내가 《항고》라는 일본군대들이 쓰는 납(알미늄) 밥통 뚜껑을 가지고 노는데 토비들이 온다고 하면서 엄마가 그 뚜껑을 뺏어서 구정물 나무통에 처넣습데다. 부엌에 넣어도 모르겠는데. 토비들이 와서 날창으로 구정물을 막 저으니 그 납뚜껑이 가벼워서 구정물우에 떴어요. 그러니 그 뚜껑 밑의 밥통을 내라고 우리 아버지를 그렇게 호되게 뚜드리지 않겠어요? 총박죽으로 어깨를 막 뚜드리고 날창으로 잔등을 찍자고 합데다. 그러자 우리 할머니께서 가슴을 내밀면서 소리를 치는것이였지요.

《개새끼들아, 죽이겠으면 날 죽여라! 일하는 사람을 이렇게 병신을 만들면 어떻게 하나?》

할머님께서 그 토비에게 죽기내기로 달려들자 그 놈이 날창등으로 할머님을 콱 밀어버립데다. 칼로 찍지는 않고. 그러면서 아버지를 때리던걸 멈추고 욕설을 퍼부으면서 집을 산산히 들추더래요. 그러다 해가 떠오르게 되니 달아나지 않겠어요?

리광평: 그건 토비들이겠지요?

최경녀: 예, 그건 진짜 토비라는 나쁜놈들이였지요. 오면 무얼 가져가는가 하면 고추장을 가져가고 사발을 주어가고 숫가락도 있으면 다 가져가지요. 우리 할머니가 만든 버선들과 10명이 거진 되는 집식구들이 함께 덮는 하나밖에 없는 이불마저 다 가져가지 않겠습니까?

그래서 거기서 한 6년 살다가 그 뒤의 소령툰이란데 넘어갔습니다. 거기에 가서 한 일년되니까 내 아홉살 땐데 어머니가 사망하였어요.(눈물을 흘리신다.) 내동생 두살짜리를 두고 사망했어요. 그래서 나는 학교도 못 다니고 동생을 돌보면서 살림살이를 했어요. 학교도 멀지요. 전북툰과 소령툰에서 모두 량강으로 다녀야 했는데 소령툰에서 약 15리는 넘을거예요. 그래서 끝내 학교는 못 다녔어요. 나는 글을 모르니까 내가 겪은 이런저런걸 기록하지 못하는게 정말 안타까와요.

소령툰이란 심심산골에서 강냉이밥만 먹기가 싫어서 우리 아버지가 신합으로 이사를 가자고 했어요. 거기 와서부터 벼농사를 하게 되었습니다. 우리 아버지는 한국에서 벼농사를 짓던 분이 였으니까요. 그때부터 살기가 괜찮았습니다. 나의 오빠도 있었지. 할머님께서 99세에 사망했거 든요.

리광평: 아주머니는 언제 결혼하였습니까?

최경녀: 내 22살에. 내 나이를 먹고도 시집을 가지 않는다고 동네에서《감주가 다 쉬어 빠지 겠어.》라고 놀려주기까지 했어요. 우리 오빠가 늦게 장가를 가다나니 나는 세간살이를 하느라고 시집을 늦게 갔지요.

리광평: 그럼 어머니는 어느 때에 사망했습니까?

최경녀: 해방이 나서 우리 엄마가 사회를 위해서 좋은 일을 많이 했어요. 지금 말하면 부락의 부녀주임이나 되겠는지. 없는 집들을 많이 도와줬어요. 그런데 그때 핏증(피똥을 싸는 병)이 돌았어 요. 우리 엄마가 입지도 못하고 고생을 많이 했어요. 삼을 삼아가지고 베천을 짜고 물레를 잣아 솜실을 만들어 옷을 만들어서는 팔아 재료임자와 절반씩 나누어 가졌대요.

그때 부락에 사는 한 할머니가 갑작스레 머리칼이 싹 빠지는 염병이 와 가지고 그집에서 굿 을 하려고 집안을 털어달라고 하니 우리 엄마가 가서 일했대요. 밤늦게 시루떡까지 쪄주었어요.

집에서 기다리지 못한 내가 애기를 업고 엄마한테로 나갔지요. 그런데 그때는 왜 짐승들이 그 렇게 많은지. 아니 승냥이가 애기를 물어가려고 막 포대기를 물어요. 그래서《엄마, 엄마, 개가 애기를 물어가요!》라고 고함을 질렀어요. 그 소리에 엄마가 놀라서 달려나오니 승냥이가 달아났 어요. 그래서 엄마와 남의 집에 들어가 누웠지요. 그런데 그집의 애기가 앓으면서 너무 울어대 니 그집 아이가 애기를 업고 바깥으로 나갔지요. 그런게 승냥이가 달려들어 애기를 빼앗아물고 달아났대요. 그래서 끝내 그 애기를 잃어버렸어요.

그래 그집 할아버지가 나를 집까지 데려다 주더군요. 엄마는 밤 11시가 넘게 일하고 돌아왔어요. 그때 아버지는 공량을 싣고 갔는데 하루밤 쉬고 온대요. 그런데 집으로 돌아온 엄마가 들어누워 앓음소리를 하더군요. 아침에 엄마가 할머님을 보고 가슴이 아파서 일어나지 못하겠다고 하더군요. 그러니 할머님이 《어디가 그렇게 아프냐? 온밤을 일까지 한 사람이 어째 그렇게 아프냐?》고 락노를 하면서 가슴을 어루만져 주더군요. 그런데 애기는 젖을 먹겠다고 자꾸 울어대지. 우리는 이민을 오다나니 친척도 없고, 가깝게 보내는 최가라는 집에 오빠를 보내 알렸지요.

그랬더니 굿을 합디다. 앓는 사람을 얼마나 두드리는지 몰라요. 애기가 너무 우니 내가 애기를 업고 강의사라는 집에 놀러나갔어요. 애기가 어째 그렇게 우는가고 하니 엄마가 아파서 운다고 했어요. 그러니 그 의사가 《굿을 해서는 쓸데 없다. 부황을 붙여야지.》라고 하면서 우리 집에 갔어요. 의사가 우리 엄마를 진찰하더니 급한 핏증이라고 합디다. 그 다음 잔등에다 부황을 붙이고 침을 놓습데다. 그런데 얻어맞은 엄마가 자꾸 들볶으니 의사가 안되겠다면서 돌아갔어요.

그래 해가 질무렵에 아버지가 집에 들어서는데 엄마가 사망하더군요.(눈물. 나도 눈물.)아버지는 떠날 때 편편하던 엄마가 잘못되리고는 생각하지 않고 할머니가 잘못되였나 하였대요. 그런데 할머니는 편편하고 엄마가 사망하였으니 하늘 땅이 무너지게 통곡을 하더군요.(눈물. 나와 광범이, 룡문이도 눈물.) 그때 내가 아홉살이니까. 아버지 설흔살에 혼자 났어요. 할머님이 계시지, 아이들이 넷이 있지. 만약 재혼을 한다면 우리들이 눈치밥을 먹을가봐 다시 재혼을 안했어요.

리광평: 그래 아버지께서 자식들을 몇분 두었습니까?

최경녀: 자식 넷을 두었어요. 3남1녀였어요. 그런데 가운데 하나가 죽었어요.

리광평: 아주머니네는 자식이 몇입니까?

최경녀: 5남매를 두었습니다.

이야기를 마친 우리는 그들 부부와 조점순 기념사진도 찍어드리고 자료사진들도 많이 찍었다.

한국빈부부와의 담화를 마친 우리는 기념촬영을 해주고는 저녁 다섯시가 되여 정해련할아버지집으로 돌아왔다.

조복수와 부인 최경녀.(2002.4.17)

저녁식사후에 정해련로인님이 우리들에게 아래와 같은 이야기를 들려주었다.

귀순한 림참모가 더 위험해

정해련: 김일성 밑에서 일하던 림참모가 일본군에게 귀순했어. 그래 항일련군이 큰 손해를 봤어. 신선대가 항일련군을 토벌하고는 항일련군들의 머리까지 떼여왔지.

리광평: 신선대가 항일련군들의 머리를 떼여왔단 말입니까?

정해련: 그렇지. 항일련군들이 신선대를 제일 무서워했어. 신선대는 모두 조선사람 포수들로 무어졌는데 총을 잘 쏘지. 전부 명포수들만 모였어.

저기 김만식이라고 신선대 대장이였는데 송강의 투도구란 산골에 살았어. 자, 여기서 100m 바깥의 지붕우에다 달걀을 올려놓고 이 자리에서 쏴도 달걀이 톡톡 터졌어. 김만식이란 놈이 림참모 말을 듣고 신선대를 데리고 항일련군을 잡으려 갔지. 김만식이는 총을 잘 쏬지.

해방이 되자마자 철퇴하는 일본군대들이 여기 삼도로 넘어 와서 송강을 거쳐 백두산으로 들어가려 했지. 그래 일본군대가 송강으로 가는데 송강의 보안대가 토성을 쌓아놓고 대문을 잠궈버리고 기관총을 막 쏘았지. 그래서 일본군은 철퇴를 했지. 그래 할수 있어? 일본군대는 우리 남도와 북도에 조선사람들이 있으니 그 부근에서 점심을 먹고나서 타고왔던 자동차 일곱대를 삼도 동쪽의 신발대에 세워놓고 불을 질러버렸어. 그리고는 일본군들이 짐을 질머지고 남도부락에는 들어오지 않고 강을 건너 송강을 피해 백두산으로 들어갔어.

이 일을 안 김만식이가 일본군 먼저 노랑봉에 가서 길목을 지켰대. 그래 일본군이 길목에 들어서자 김만식이 혼자 기관총을 메고 철퇴하는 일본군을 하나도 남기지 않고 다 죽였대. 그래서 김만식이가 공을 세웠다고 죽여야 할걸 죽이지 않았대. 원래 신설대 대장질을 했기에 죽일 놈인데 일본군 수십명을 혼자서 죽였다고 죽이지는 않았대. 그래도 운동만 돌아오면 얻어맞았지. 결국은 총알은 안 맞았어도 몽둥이에 맞아 죽었어.

리광평: 예, 그러니까 림참모가 김일성부대의 작전참모였습니까? 그러니까 부대의 군사비밀을 제일 잘 알았겠습니다.

정해련: 그래. 작전참모였는데.

리광평: 그래 그가 어느 때에 귀순을 했답디까?

정해련: 아마 해방이 나기전 3년이 되겠지. 42년도 쯤이나 될거요.

리광평: 그럼 전북툰, 유수툰이랑 들어왔을 때는 항일련군에 있을 때였지요?

정해련: 그렇겠지. 그리고 리상근(공영촌로인회회장)이는 1944년도에 이민을 왔으니 집단이민에 대해 모르지.

리광평: 림참모가 송강에 있었습니까?

정해련: 송강에 안도현이 있었으니간.

리광평: 그럼 광복이 나서 김일성부대가 림참모를 죽였겠습니다?

정해련: 그래. 김일성이 지시를 했겠지. 귀순을 한 다음 송강서 그가 개다리질을 하면서 잘 먹고 잘 살았겠지. 큰 말을 타고 군도를 차고 무릎까지 오는 구두를 신고 우쭐했지. 그러다 광복이 나자 김일성부대사람들이 그 놈을 향해 꽝하고 한방을 쏘니 자기가 갈데로 갔지. 김일성이 그놈

우리들에게 친부모정을 쏟아붓는 정해련과 정정자 부부.(2002.4.19)

사온 장작개비를 쌓아 올리는 정해련. 일손을 돕는 손룡문(모자를 쓴 사람)의 뒤모습
이 어렴풋이 보인다.(2002.4.19)

을 보고 이빨을 갈았겠지.

　　리광평: 야, 그놈 때문에 우리 부대가 손실을 대단히 봤겠습니다?

　　정해련: 그렇지. 그때 일본군과 만군 토벌대가 있었거든. 그래 그 놈이 어디에 가면 어떤 굴이

있고 병력이 얼마가 있다고 다 알려주니 그 손실이 대단히 컸겠지.

우리 만보에도 김일성부대가 세번 들어왔는데 와서는 군중들을 다 모아놓고 바깥로인들을 보면 《아바이》라고 부르고 안로인들을 만나면 《아매》라고 부르면서 자기들은 공산주의를 위해서 이렇게 산으로 다닌다지요. 그런데 식량이 없고 옷도 없으니 좀 달라고 하지. 그래서 군중들이 내놓으면 감사하다고 하고 안 내놓으면 자기절로 꺼내고 안된다고 하면 욕하거나 때리지. 우리가 앞으로 공산주의를 위해서 이렇게 싸우는데 강제로 뺏아가면 어쩌고 좋게 주면 어떤가? 백성들이 무슨 방법이 있소? 하는대로 가만 있어야지. 그러면서 이제 몇해 안 가서 우리 주의가 실현된다고 하지.

이야기를 마친 우리는 9시전에 잠들고 말았다. 몹시 곤하였던 모양이다.

2004년 6월 9일, 나와 차광범은 정해련네 집에서 정정자할머니가 들려주는 인생이야기를 들었다.

좀 휴식하고 오후 2시 45분에 우리는 공영촌의 조점순 할머님을 찾아갔다. 집에 들어서니 그렇게 정정하시던 조점순할머님께서 온돌에 누워서 점적주사를 맞고 계셨다. 우리는 인사를 올린후 점적주사를 맞는 할머님의 모습과 부엌 등 실내를 촬영하였다. 그리고 인차 조점순의 동생 조복수네 집을 찾아가니 집이 비여있었다.

나와 차광범은 인차 류영석로인님네 집을 찾아갔다. 우리가 대문을 열고 집마당에 들어서자 류영석로인님께서 휠처(輪椅)에 앉아서 볕쪼임을 하시는 모습을 보게 되었다. 참 가슴이 찡해 났다. 지난 2002년 4월 17일에 봤던 모습과 너무나도 처참한 모습이였으니 말이다. 할머님 곽련순과 물었더니 이전에 부상당한 다리가 아파나 지난해부터 잘 걷지 못하고 서지 못한다는것이였다.

조선전쟁은 끝난지 반세기가 되여 사람들의 기억속에서 아리숭해지건만 류로인님께 남겨진 전쟁의 상처는 반세기가 지난 오늘날 로인님의 몸과 마음을 더더욱 괴롭히고 있구나! 다시는 이런 비극이 이 세상에 반복되지 말아야겠는데!

류영석로인님의 부인 곽련순과 딸들이 우리를 잡아 끌면서 집에 들어가 좀 쉬라고 권했다. 우리는 애당초 로인님옆에 붙어서서 로인님께 인사를 올리고는 병문안을 하였다. 전쟁터에 상한 왼쪽다리가 모질 아파난단다.

우리가 로인님께 이전에 받은 메달들이 있는가고 몇번이나 물어서야 로인님께서 부인더러 아무 궤짝안에서 꺼내라고 말씀하시는것이였다. 우리가 전번에 두번 찾아왔을 때는 메달이 어디에 있는지 모르겠다고 딱 잡아떼던 로인님께서 오늘은 그래도 선뜻이 내놓는것이였다. 우리는 참 기뻤다. 우리의 정성과 진심이 로인님의 고집을 녹였는가보다.

휠처에 앉아 계시는 류영석을 돌보시는 곽련숙.(2004.6.9)

우리는 로인님을 도와 메달을 달아드렸다. 왼쪽 첫번째가《항미원조기념 (抗美援朝紀念, 1951년 전국정치협상회의)》메달이고 두번째가《간고분투기념장 ─동북인민해방전쟁(东北人民解放战争--艰苦奋斗紀念章,)》메달이며 세번째 메달이《화북해방기념(华北解放纪念)》이고 네번째 윗쪽의것이《중남군구제4야전군 ─해남도해방기념장(中南军区第四野战军─解放海南岛纪念章)》, 그 아래의것이《화중남해방기념장(解放华中南纪念章)》이며 오른쪽의 메달이《동북해방기념장 (解放东北纪念章)》이다.

전쟁의 포화속에서 만들어진 이런 메달들은 전쟁년대력사의 상징물로도 되고 또 당시 참전자들의 위훈을 자랑하는 영예의 상징물과 기념물이며 대대로 전해갈 귀중한 문화재이다.

그젯날 전쟁터에서 용맹을 떨치던 영웅용사가 지금은 전쟁이 남긴 상처때문에 괴로워 하신다. 얼마나 존경스럽고 평범하면서도 위대한 분인가? 그들의 피와 땀으로 오늘의 행복을 바꾸어왔고 그들의 정신자양분을 섭취하면서 천만의 후계자들이 자라났다. 하건만 그들은 아직 넉넉한 대우를 받지 못하고 계신다. 나의 가슴은 몹시 설레이기도 하고 쓰리기도 하였다.

나는 휠체어에 앉아계시는 로인님의 모습과 로인님의 다리상처부분 등을 여러모로 촬영했고 로인님부부를 비롯한 가족사진들도 여러모로 촬영해 드렸다.

나는 몹시 무거운 심정으로 정해련로인님네 집으로 돌아왔다.

우리는 정해련로인님댁에서 로인님께서 남새밭에 물을 주는 장면을 촬영했고 초상사진도 찍었다. 저녁식사후 우리는 로인님부부와 이야기를 나누었다.

공훈메달을 가득 달고 계시는 전쟁년대의 공로자.(2004.6.9)

년세가 많아 힘들지만 서로 아끼고 도우면서 살아가시는 정해련과 정정자 부부.(2004.6.9)

이 동네로인님들의 안부를 묻자 정로인님께서는 이 2년 사이에 8명 로인님들이 사망하셨다고 알려줬다. 그 가운데는 신흥촌의 김옥자할머님께서 2004년 3월에 사망하셨고 리봉운로인님께서 2004년 4월에 사망하셨다는것이다.

저녁에 정해련로인님과 정정자할머님께서 많은 이야기를 들려주었다. 특히 정할머님이 들려준 이야기는 참 인상적이였다. 그 이야기는 다른 기회에 따로 정리하여야 할것이였다.……

흘러 간 옛노래

2004년 10월 4일 아침 일찍 차광범이 먼저 오토바이를 타고 안도현 만보진 공영촌의 정해련로인님집으로 떠났다. 나는 6시 40분에 연길역에 도착하여 안도로 가는 버스를 타고 떠났다. 8시 20분에 안도뻐스역에 도착하고는 8시반 뻐스를 타고 만보로 떠났다. 내가 10시 10분에 정로인님댁에 도착하니 차광범은 약 반시간전에 도착했단다.

나는 오토바이수리부에 다녀가 나의 오토바이를 손질하는 정황을 보고 또 만보시장에 다녀가 돼지고기, 물고기와 남새, 술을 사가지고 정로인집에 돌아왔다. 때마침 로인님께서 집마당에 앉아 호박을 도끼로 짜개고 있었다. 우리는 일하는 로인님의 장면을 촬영하였고 돼지먹이를 주는 장면도 촬영하였다.

점심을 함께 자시는데 정로인님께서 두달째 식욕이 다 떨어졌다면서 밥을 자시지 않고 우유를 마이는것이였다. 연길의 딸이 와서 연변병원에 가서 아버지를 전면 검사하게 하려고 했는데 마당의것을 다 거두어 들이고 또 돼지를 판 다음 가겠다고 하셨다. 우리는 할아버지의 건강이 형편 없음을 발견하고 할아버지께서 오래 앉을것 같지 않다고 마음속으로 슬퍼했다.

점심식사후 푹 자고서 오후 3시가 되자 두 량주가 손을 마추어 바느질을 하면서 이불을 만드는 장면을 사진도 찍고 비디오촬영도 하였다. 참 인상적이였다.

그런 다음 오후 4시부터 저녁6시 10분까지, 그리고 저녁 7시반부터 밤 10시반까지 할머님이 들려주는 눈물겨운 이야기를 듣고 록음하였다. 이야기에 감동된 나는 밤잠도 제대로 이루지 못했다.

10월 5일날 아침 5시 15분에 일어난 나는 5시 45분까지 산책을 하고 아침준비를 하는 할머님의 모습을 촬영하였다.

아침식사후 정로인부부께서 함께 기독교회로 가신단다. 하여 우리도 따라 갔다. 우리는 교회에서의 정로인부부의 활동장면들을 비디오와 사진으로 전부 기록하였고 성금도 냈다. 그리고는 함께 돌아와 나무를 패는 정로인님의 모습을 촬영했다.

서로 손을 마추어 이불을 꿰매는 정해련과 정정자 부부.(2004.10.4)

정로인님께서 좀 휴식하시겠단다. 그러자 우리는 로인님더러 십진가곡에 맞추어 가사를 붙여 지은 《집단이민가》를 부르게 하고 노래를 부르는 감동적인 장면들을 기록하였다. 어쩌면 이번이 마지막 기록일수도 있었으니까.

우리는 정로인님과 이야기를 나누었다.

하느님을 믿는 굳건한 마음으로.(2004.10.5)

남 먼저 일찌기 만보진기독교회에 다녀가신 정해련부
부.(2004.10.5)

불편한 몸이지만 장작나무를 패는 정해련로인님.(2004.10.5)

정해련: 아, 리관장, 책으론 아직 출판이 안 되였구나.

리광평: 지금 조금조금 쓰고 있습니다. 그건 시간이 걸려야 합니다.

정해련: 나는 그래도 그 사이 이곳에 적게 다니니 책으로 출판하여 한국에 나갔는가 했어. 우리 큰아들이랑 한국에 간지 3년째 되는데.

차광범: 그럼 다음에 정아바이걸 편집하면 안 되는가?

리광평: 그렇게 할수 있지. 이제 돌아가 정아바이걸 먼저 정리하지.

정해련: 그애들이 서울에 가 있으니까 서울에 책이 나가면《아, 이게 정해련이가 나왔는데 이분이 바로 우리 부친이요.》라고 자랑할거 아니요? 둘째 아들이랑은 한 4년 있다가 오겠는데. 큰아들은 명년이면 5년이 되는게 돌아올거요.

차광범: 할아버지 이야기를 록음했습니까?

리광평: 했지.

차광범: 아, 손룡문이와 다닐 때 했겠구나!

정해련: 광복이 나서 토지를 농민 개인들에게 분배하여 줬지. 그래서 마음이 맞는 사람들끼리 품앗이조를 묶어서 일했지.

차광범: 그러면 호조조나 지금 하는 호도거리책임제가 무엇이 다릅니까?

정해련: 지금과 비슷하지. 호조조때 농사가 제일 재미있었어.

차광범: 그런데 어째서 합작화를 했습니까?

정해련: 호조조는 힘이 작았지. 그때 합작화를 하면 힘을 뭉칠수 있어 큰일을 할수 있잖아? 뭉친 힘이 크다고 그랬겠지.

리광평: 그건 쏘련의 집단농장의 발전모식을 본딴거지.

차광범: 아, 그러면서《大锅饭(큰가마밥)》을 먹게 되였겠구나.

정해련: 1958년도에 인민공사화를 한다면서 삼도, 북도, 남도를 합쳐서 하나의 공사로 만들었어. 그게 될 짓이야? 남도사람이 삼도에 가 일하고 삼도사람이 북도에 다니며 일하고. 또 인민공사는《吃饱了算! (배불리 먹으면 그만이야!)》란 말이야. 농민들이 아니 자기 집에서 밥을 해먹지 않고 집단식당에 가서 먹어야지.

《吃饭不要钱, 哪里需要哪里去! (밥을 먹어도 돈을 내지 않고, 어디서 수요하면 그 어디로 간다네)》.

그러니 일을 하기 싫어하는 얼방디(건달군)들은 좋지.

로동공을 평하는데 일을 잘 해도 10부, 잘 안해도 10부, 안한 놈도 10부라. 1공이란 하루 로동량이란 말이야. 어떤 사람은 하루에 1.5공도 받지. 가을에 공수에 따라 수입 분배한단 말이야. 가을에 순수입이 얼마라면 그 순수입을 총 로동공수로 나누면 한 공에 분배할 돈이 나오지. 례하면 한공에 15전, 혹은 1원 50전. 그러면 그 로동공수에 따라 현금분배를 한단 말이야. 그래서 빚이 늘어나는거야. 그러니 일 잘하는 사람들은 끙끙 앓지. 그 다음부터는 일을 잘 안 한다구. 그러니 어찌 생산이 발전하겠어? 건달군들이야 좋지.

정해련: 바가지에 물을 마이면 수염이 안 난대. 봐, 녀자들이 바가지에 물을 마이니 수염이 나는가?

내 이야기를 해 줄가?

밥은 바빠서 못 멋고 떡은 붙어서 못먹고 술은 술술 잘 넘어간다고 술이라 하지않우?

내 문장을 또 하라우?

애기는 울지, 팥죽은 넘지, 오줌은 마렵지, 아니 어쩌면 좋아?

차광범: 그러면 어째야 합니까?

정해련: 상당히 바쁘지. 이게 정말 바쁘다는 말 뜻이야. 어쩌겠노? 아이가 울던 말든 불을 조절해 팥죽이 넘지 않게 말리고 그 다음 오줌을 싸고 나중에 애기를 젖 먹이면 되지. 하하하.

차광범: 아바이네 올 때는 남도툰자리에 집이 있었습니까?

정해련: 집이 다 뭐이여? 아무것도 없는 묵은 밭자리였어. 그래 우리가 와서 집을 짓고 토성을 쌓고 마을을 개척했지.

차광범: 강은 그냥 있었습니까?

정해련: 강이야 그냥 있었지. 5도하야. 그래서 통피나무를 따개여 소구시처럼 파고서 그걸 배처럼 타고 5도하를 건너 다녔지. 북도가 우리보다 1년 먼저 왔거든. 그래 북도에서 다니면서 배를 타고 강을 건너 남도툰에 토성을 쌓았지. 세대주들은 남도에 가리고야라는 노전막을 치고서 거기서 자고 밥을 해먹으면서 일했지. 우리 어머니랑 아이들은 북도에서 강을 건너 일하려 다니고.

차광범: 그때 강에는 물고기가 많았습니까?

정해련: 많지않구. 그때는 사람이 적었으니까 사람이 손으로 고기를 붙잡아도 가만 있었다고. 그러니 물고기를 맨손으로도 잡아내지뭐. 물고기들이 컸지. 그 뒤에 물고기를 잡는 사람들이 많아지고 강에다 남포질을 하고 싸이나나 농약들을 써서 고기를 잡으니 점점 없어지지.

우리 엄마가 생전에 한 말씀이 있었어.

《이빨이 성하고 젊어서 많이 먹어라》.

그런데 그때는 그 말을 등한시 했는데 지금 와서 이빨이 상하고 늙으니 엄마말씀이 정말 옳았구나 하고 생각하거든. 그러니 차선생이랑 많이 먹으라구.

차광범: 할아버지 노래를 한곡 들어야 하겠습니다.

정해련: 노래야 하지. 옛날에 배운거니까.

차광범: 할아버지께서 십진가《이민의 노래》를 부르는 장면을 비디오카메라로 촬영해야 하겠습니다.

정해련: 이 노래는 우리가 한국에서 이민을 와서 고생하던 실 생활을 반영하는 노래란 말이요.

하나이라면 한 평생 좋은 곳을 떨쳐버리고 떨쳐버리고

쓸쓸한 북만주에 나 여기 왔네 나 여기 왔네.

둘이라면 두 다리 부르트게 보따리 지고 보따리 지고

아장아장 걸어오니 남도툰이라 남도툰이라.

서이라면 서서 근심 앉아 근심 잔 근심이요 잔 근심이요

할 일을 생각하니 잔 근심이요 잔 근심이요.

너이라면 넓다는 소문도 굉장하더니 굉장하더니

정말로 와서보니 이깔나무 숲 이깔나무 숲.

다섯이라면 다 한 식구를 다려다 놓고 다려다 놓고

어린아이 밥 달라니 과연 슬프다 과연 슬프다.

여섯이라면 여자나 남자나 다 나서 벌어라 다 나서 벌어라

우리들도 장래에 부자가 되자 부자가 되자.

일곱이라면 일가친척 다 버리고 적막한 곳에 적막한 곳에

의식을 따라서 나 여기 왔네 나 여기 왔네.

여덟이라면 팔자가 기박하여 개척시대라 개척시대라

《비적》을 방비하니 고통 심하다 고통 심하다.

아홉이라면 아침저녁 괭이 들고 땅을 파여도 땅을 파여도

아껴 먹는 강냉죽도 부족이라네 부족이라네.

열이라면 열심으로 벌어라 우리 농부들 우리 농부들

우리들도 장래에 고향 가보자 고향 가보자!

차광범: 할아버지는 이 노래를 누구한테 배웠습니까?

정해련: 그때 내가 12살, 13살이 될 땐데 남들이 부르는걸 들고서 배웠지.

그리고 남도촌의 최동필(崔東弼)이가 북경에 가서 모주석을 만나보고 함께 찍은 사진을 남도촌에서 보았소. 최동필이가 안도현에서는 제일 이름있는 모범이였어. 최동필이가 우리를 배양해서 나도 이렇게 되였지.

리광평: 최동필이하고 연길 신풍의 최죽송(崔竹松)이 북경에 갔다오면서 함께 찍은 사진을 제가 복사한것이 있습니다.

정해련: 그런 사진이 있소? 최동필이 북경에 로동모범으로 갔다왔소.

리광평: 최동필은 안도현에서의 민주혁명시기의 깃발이였지요.

정해련: 모주석께서 호조조를 하라고 호소하자 안도에서 제일 먼저 호조조를 꾸린 사람이 바로 최동필이야. 호조조의 조장이자 그 후의 합작사 주임을 했지. 그래 최동필의 영향하에서 사람들이 조직되였고 우리는 최동필의 배양밑에서 성장한 사람들이지.

차광범: 그래 최동필의 후대들이 지금 남도에 있습니까?

정해련: 최동필은 자식이 없어. 아들이 없어 후대가 끊어지고 말았어. 부인이 아이를 못 낳는단 말이요. 최동필이네는 주은래와 마찬가지요. 주은래도 아들이 없었지 않우? 최동필이는 아들

이 있으면 뭘하랴 하면서 옆에서 그렇게 권해도 무자식으로 죽지 않았소? 최동필의 동생이 있었는데 그집도 딸 다섯만 낳고 아들이 없었지. 그래서 동생의 딸 하나를 최동필의 딸로 앞을 세웠지. 그래 그 애가 최동필의 딸이 되였지. 남도는 안도현에서는 모범부락이였고 연변의 모범이였소.

민병련에도 전 연변적으로 남도는 깃발이였소.

리광평: 누구인가 하면 김봉련할머님의 남편 박두석(朴斗錫)이 바로 민병사업의 그 대표였지요. 박두석이도 모주석한테서 총을 선사받았지.

최죽송은 논에서 벼단위당산량을 제일 많이 낸 사람이였지. 그분은 50년대초에 벌써 벼쌍당(정보당) 산량을 10,000kg을 냈어요.

정해련: 우리는 농민이니까 농업생산을 잘 해야지. 최죽송이나 최동필이 모두 호조조 조장, 합작사 주임질을 했고 우리는 그 밑에서 생산대 대장질을 하였지.

리광평: 류창은이도 여기 만보에 오래 와 있었지요.

정해련: 류창은은 여기 만보 신흥촌에 있으면서 이름을 낸 사람이지. 류창은은 쥐병에 걸려 거진 죽게된 걸 모주석이랑 지시를 해서 비행기로 북경에 가 치료를 받고 살아났지 않았소?

리광평: 류창은을 저는 달마다 한번씩 꼭꼭 만납니다. 류창은, 황순옥, 리옥금, 리호천, 리종률 등 전국로력모범들이 룡정서 달마다 한번씩 모여서 활동하는데 제가 그 구체조직을 맡고 있습니다.

한창 이야기를 하다가 차광범이 정로인더러 흘러간 노래들을 부르라고 요청했다. 할아버지께서는 기꺼이 부르시는것이였다.

정해련: 나는 남도에서는 명가수라고 소문이 났어. 22살, 23살 때 말이야.

차광범: 로인님께서 《코스모스》라는 노래를 다시 한번 불러보십시오.

정해련: 그럼 요청대로 다시 한번 부를가?

호박을 까던 일손을 멈추고 흘러간 노래를 부르시는 정해련.(2004.10.4)

코스모스 피여날 때 맺은 인연도

코스모스 시들으니 그만이더라.

국경없는 사랑이란 말뿐이더라.

웃으며 헤여지는 두만강다리.

해란강에 비가 올 때 다정 턴 님도

해란강에 눈이 오니 그만이더라.

변함없는 사랑이란 말뿐이더라.

눈물로 손을 잡던 룡정플래폼.

정해련: 끝이 났어.

리광평: 국경이 없는 사랑이란 어떤가구요?

정해련: 사랑엔 국경이 없다는거야. 노래에 나오는건 지금의 룡정이지. 룡정은 옛날부터 이름이 있는 곳이라고. 조선족의 혁명도 그렇고 중국공산당의 혁명도 다 룡정에서부터 시작이야. 룡정에서 공산당원들이 얼마나 일본놈들한테 살해되었소? 룡정플래폰이란 바로 룡정기차역을 말하는거지.

또 노래가 있소.

일본 동경이 얼마나 좋길래

꽃 같은 나를 두고 일본에로 가는가.

죽자고 하니 청춘이고요

살자고 하니 고생이로구나.

이건 녀자들이 부르는 노래야. 신랑이 자기를 팽개치고 일본으로 돈벌로 갔단 말이야. 그래서 아내가 남편이 그리워서 부르던 노래이지. 이것도 다 제정 때 부르던 노래들이지.

해방이 된 다음 이런 노래를 부르면 모주석이 《不行!(안된다!)》라고 하지요. 그래서 눌리워있다가 등소평(鄧小平)이 올라와 풀어 놓으니 별란걸별란걸 다 하였지. 노래는 그때 시대의 구호이지. 노래하는 사람의 사상이 그래서 부르는것이 아니라고. 그때 비판을 받고 1년 동안 대장질을 안 했지. 그러다 군중들이 정대장이 하지 않으면 안 된다고 의견을 너무 제기해서 내가 다시 대장질을 했지. 그후 다시 시정(平反)도 받았지.

리광평: 그게 어느 년도가 됩니까?

정해련: 그게 아마 1958년도일거야. 1958년도 안 했다가 1959년도부터 다시 했어. 32년동안이나 대장질을 했지.나는 휴식하니까 좋더구만 다른 사람이 대장질을 하니까 생산대수입이 탁 떨어지는게 되오? 그때 연길로 따라 갔더라면 지금은 퇴직금도 받고 편안했겠는걸. 그런데 우리 어머니하고 집의 처가 견결히 말려서 못 갔지. 그때 내가 노래를 잘 하는지라 남도와 북도에서 모두 나를 명가수라 하면서 노래를 부를 장소라면 다 데리고 다녔어.

그때 일본노래를 조선말로 번역해서 부른것도 있고.

내가 마음이 란편이라면

그대는 마음이 꽃 같은 사람.

너를 멀리 쓸쓸히 작별을 해도

울지를 말어라 님 찾는 기러기 인생.

내가 18살에 해방을 받았는데 내가 15, 16살 때는 조선말을 못하게 했소. 상점에 가서도 조선말로 하면 물건을 안 주고 일본말로 해야 준단 말이야. 그때 뭘 사려면 송강에 가야 산단 말이요. 남도에는 상점이 없었으니까. 그래서 송강으로 학교를 다니는 아이들에게 소금을 사다 달라, 뭘 사다 달라고 적어 주지. 그러면 그 애들이 사오지.

제정 때는 다 토성을 쌓아 부락으로 들어가려면 대문으로 들어가야지. 그래서 대문 앞에 가서도 경례를 딱 부치고 일본말로《고꼬산데시다(수고하십니다)》라고 해야 들어가라고 하지. 조선말로 하면 안 돼. 협화청년단이 있었는데 거기 가서도 조선말을 한마디씩 하면 벌금을 1전씩 내야 되오. 례하면 우리 셋이 앉아서 이야기 하다가 내가 조선말을 하기만 하면 다른 두사람이 1전씩 받아가지지. 그래 비난사정을 하면 둘이 용서해주지. 다음에는 조선말을 하지 말라고. 그러다 다른 곳에 가서 조선말을 했다면 여럿이 있는대서는 꼼짝 못하고 벌금을 내야지.

해방후에는 우리가 고려청년단이 됐지. 나는 농사를 짓느라고 학교도 못 가보고. 나는 중국공산당 덕분에 생산대장질을 하면서 글을 배웠고《주경야독(晝耕夜讀)》, 다시 말하면 낮에는 농사질 하고 밤에는 야학을 다니면서 글을 배웠어. 그래서 생산대사람들의 이름을 한자로 쓸수 있었지. 그래서 나를 무식한 똑똑이라고 했어.

최동필이 합작사 주임질을 하면서 생산대 대장을 해마다 선거했어. 그래 적지 않은 대장들은 안 하겠다고 하지. 그때면 최동필이 나하고 계속 대장질을 하겠는가고 물어보지. 그러면 나는 계속 하겠다고 대답했었지. 그래서 내가 32년 대장질을 한거야.

우리 엄마가 늘 나한테 말씀하시기를 언제나 남한테 악하야 하지 말라고 했어. 남을 때린 놈은 다리를 오그리고 자도 남에게 맞은 놈은 다리를 펴고 잔단다. 그래서 나는 사원들과 눈 한번 안 부릅 떴고 싸움 한번 안 했어.

리광평: 그때 노래가 생각나시는것이 있으면 더 불러보세요.

정해련: 그때는 노래를 많이 알았는데 이젠 다 잊어 먹었어. 나는 《7창》까지 받았어. 한번 독창을 하고는 7번이나 재청을 받았단 말이야. 그때 남도촌에서 공연대를 무었소. 나는 나와 동갑인 홍은기하고 짝이 되여 그애는 녀자 한복을 입고 나는 남자한복을 입고서 부부처럼 노래를 하는데 둘이 정말 잘 맞았어. 그때 12일을 안도현내 농촌을 돌면서 공연을 했어. 한흥툰에서 흥륭하, 대흥, 사도툰, 장수툰, 하소사하, 소사하, 동남, 양초까지 12번을 공연했지. 그래 하소사하에서 공연할 때 7창까지 했지. 아니 8창까지 요구하는데 목이 쉴까봐 7창까지 했어.

점심에 교회의 사무 김채순께서 우리를 자기집에서 초대하였다.

오후 두시에 우리는 택시를 타고 금화촌으로 갔다. 금화촌에서의 취재를 마친 우리는 정로인네 집으로 돌아왔다. 마침 정로인님의 장손 정호가 북경으로부터 돌아왔다. 정호는 일본류학을 다닌단다. 하여 우리는 그와 반시간 넘게 이야기를 나누었다.

정정호: 나는 비록 친손자이지만 할아버지를 위해 아무 일도 못했는데 선생님들께서 우리 할아버지력사를 기록하시고 있으니 정말로 감사합니다.

리광평: 우리는 이미 이 정로인님을 5~6번이나 찾아왔소. 왜 자꾸 찾아오는가? 저들이 이 몇년동안 로인님들 한 500여명은 만났소. 그런데 그 가운데서 기억력이 제일 좋고 이야기를 제일 잘 하시는 분이 바로 이 할아버지거든. 할아버지의 이야기는 시작이 있으면 과정이 있고 또 결론까지 있고 그에 따른 론리적추리도 있거든. 그렇기 때문에 그 이야기가 생동하고 심각하고 투철하지.

그때 집단이민을 오신 분들은 그곳에서 살기 힘드니 살기 위해서 온 가난한 분들이였거든요. 그러니 대부분 로인님들이 문화정도가 상대적으로 낮기 때문에 친히 겪은 일도 친히 보신것도 이야기를 제대로 못하거든.

정정호: 참 훌륭한 일을 하시는 선생님들을 힘껏 도와줘야 하는데 말입니다.

리광평: 할아버지가 정말로 우리를 잘 도와주고 가르켜주오.

정정호: 아직도 몇년이 더 걸릴것 같습니까?

리광평: 로인들을 만나보는 일은 아직도 2~3년이 더 걸릴거고 글로 정리하자면 또 2~3년이 걸리겠지.

정정호: 그럼 아직 찾지 못한 분들도 많다는 말씀입니까?

리광평: 우리는 이미 연변에서는 한두번씩은 돌았으니 대체적인것은 알고 있지만 아직 발견하지 못한 분들이 적지 않을거라고 생각하오. 우리가 이 할아버지한테 여러번 왔지만 마음에 드는 좋은 사진을 못 찍었거든, 그래서 다시 오지. 이제 2~3년이 지나면 만날수 있는 집단이민력사증인들이 없을거요.

우리는 지금 안도현을 재벌 돌고있소 . 그런 다음 왕청현을 다시 한번 돌아야 하고 이어서 화룡시, 돈화시도 돌아야 하겠소.

정정호: 그래 그냥 두분만 다닙니까?

리광평: 둘이 다니는것이 제일 났지.

정해련: 저 처음 같이 왔던 화룡의 손씨는?

리광평: 예, 화룡의 손룡문이지요. 그 분은 지금 다른 일에 바쁘다보니 손을 뗐습니다.

정정호: 우리 나라에서 지금 혁명전통교양을 진행함이 아직 제대로 따라 가지 못한다고 봅니다.

우리 민족은 이전에는 이민을 오면서 고통을 받았고 지금은 돈을 벌겠다고 해외로 나가면서 가정이 깨지고 자식들이 건강하게 자라지 못하는 아픔이 생기고 있습니다.

리광평: 지금 새로운 이주가 생긴단 말이요. 1945년 광복이 날때까지 중국에 조선족이 212만명이 살았지. 그런데 광복이 나서 1년 남짓한 시간에 100만명이 조선반도로 돌아갔소. 그러다 건국초기에 100만명 좌우였지.

정해련: 우리 남도에도 절반이 나갔어요. 우리 어머니는 여기보다 좋은데 없다고 하면서 견결히 나가지 말자고 했어요. 남도는 우리가 개척했거든.

리광평: 그 당시 연변지구에서 안도현과 왕청현이 개척할 여지가 제일 많고 또 항일투쟁이 제일 심한 곳이였소. 그러니 일제는 연길현을 집단이민시점현으로, 안도현을 전체 길림성의 중점

현으로 삼고 집단이민을 제일 많이 받아들였소.

정정호: 그때 항일투사들 가운데 조선족이 제일 많지 않았습니까?

리광평: 연변의 항일투쟁의 불길은 우리 조선족이 먼저 일으켰소. 왜냐하면 우리 조선족들은 일제 때문에 조국을 잃고 여기로 왔는데 여기에 와서도 일제의 압박과 통치를 받기에 일제에 대한 원한이 제일 깊었지.

정해련: 안도현에 있는 장백산항일유격근거지가 제일 유명하였지. 그때 최현의 부대가 대단했지.

리광평: 자기 민족의 력사를 자기 절로 기록하여야지 다른 민족이 기록해 주길 바라야 되겠소? 그건 안 되지. 만약 그때의 력사증인들과 동시기에 사는 사람들이 기록하지 않는다면 이 증인들과 함께 살지 않는 다른 세대의 사람들이 정리를 할수 있단 말이요?

정정호: 그건 불가능하지요. 지금 연변지구의 조선족은 얼마나 됩니까?

리광평: 한 80만명이 살고있소.

정정호: 아주 적습니다. 그러면 연변의 인구는 얼마입니까?

리광평: 한 200만명이 넘을거야. 그러니 조선족이 절반도 안 되오. 이전에는 조선족이 절반이 넘었지. 해방후 경제가 발전하면서 새로운 항목들과 기업이 들어오면서 한족들이 불어나고 그 다음 조선족자체가 자기 민족인구를 줄이는 문제가 있고. 산아제한을 했고 또 돈 벌려 해외로 많이 나가고. 지금 아이를 낳을 만한 조선족녀자가 형편없이 줄거든.

정정호: 전국적으로 조선족인구는 얼마입니까?

리광평: 지금 전 중국적으로 189만명인지 그럴거요. 동북의 조선족인구는 훨씬 줄었는데 기타 경제발달지역의 조선족인구가 선명하게 늘어났지.

정정호: 그 원인은 무엇입니까?

리광평: 연변에서 출신한 사람들이 대학교를 다니고는 연변으로 오지 않고 경제발달지구에 쏠리고 있지. 그리고 돈벌이를 더 하겠다고 많은 연변사람들이 경제발달지구로 이동하고 있소.

정정호: 지금 청도에 조선족이 제일 많이 집중되였을 겁니다.

리광평: 연변이 발달하지 못하니 인재가 들어오지 못하오. 연변발전의 희망은 로씨야와 조선

이 빨리 문을 열어 대외경제를 발전시키는데 있다고 나는 보오.

10월 6일. 아침식사를 마친 나와 차광범은 작별인사를 나누고 룡정으로 출발하였다. 우리는 11시 50분에 룡정에 도착했다.

정해련로인님과의 마지막 언약

2005년 4월 6일 아침, 나와 차광범은 소형뻐스를 타고 룡정에서 출발해 연길역에 도착하여 안도로 가는 뻐스에 올랐다. 안도뻐스역에서 만보로 가는 뻐스를 타고 12시 15분에 만보진소재지에 도착하고 식당에 들려 점심을 가볍게 먹었다. 그리고는 시장에 들려 돼지고기와 계란, 여러 가지 남새 등 50원어치를 사들고 정해련로인네 집에 들어갔다.

그런데 눈앞의 참상에 나는 그만 굳어버리고 말았다. 온돌에 누워있는 정해련 로인님은 간암말기진단을 받았는데 살이 싹 빠지여 뼈에 살가죽을 발라붙인 모양이고 눈확이 홀쭉 들어가 보기가 정말로 엉망이였다.

내가 달려가 손을 잡아보니 뼈가 불떡불떡 삐여져 나온 손은 열기로 뜨거웠고 빛을 잃은 흐리멍텅한 눈은 나의 얼굴을 한참이나 움직이지 않고 바라보는데 움푹한 눈확에서 눈물이 글썽거리고 있었고 힘없이 움직이는 입에서는 가느다란 신음소리와 가냘픈 말소리가 흘러나왔다. 가슴팍엔 어열을 뺀다면서 시꺼먼 고약을 발랐는데 차마 눈을 뜨고 볼수 없었다. 나와 차광범은 끝내 비감한 눈물을 쏟고 말았다. 로인님도, 할머님도 나와 차광범도 함께 들먹이였다.

정로인님께서 오히려 저들을 위로하면서 찾아와 감사하니 빨리 쉬라고 하고 할머니더러 점심을 차려 올리라고 했다. 그제야 제정신이 든 나는 점심을 먹었으니 로인님께서 병치료를 잘하여 빨리 회복되여야 더 많은 좋은 이야기를 들려주지 않겠는가고 위안의 말을 올리였다.

조금 지나자 정정자할머님께서는 내가 정리를 하여 보낸 자기의 회억록을 참 감명깊게 잘 읽었다면서 어쩌면 그렇게 글을 재치있고 틀림없이 생동하게 썼는가고 하면서 작가가 확실히 다르긴 다르다고 칭찬하는것이였다. 그래서 내가 잘못된것이 있거나 빠진것이 있으면 다시 보충하여 수개해 드리겠다고 했다. 그랬더니 틀린것은 없고 이제 몇가지를 더 보충해 달라고 말씀하셨다.

그러자 정해련로인님께서는 저 노친은 짬만 있으면 그 글을 보면서 눈물을 흘린다고 말씀하시는것이었다. 자기도 여러번 로친과 함께 읽으면서 번마다 눈물을 흘린다는것이다.

그러던 할아버지는 나한테 의견을 제기하시겠단다.

《리관장님, 우리 로친의 글은 저렇게 빨리 잘 써서 주었는데 어째 내가 한 이야기는 아직도 정리를 못했소? 그래 내 말한것이 합격되지 않아서요? 도대체 내가 말한 이야기는 언제 책에 나오?》

로인님의 말씀을 듣는 나는 저도 모르게 낯이 뜨거워졌다. 로인님의 말씀대로 나는 지금 모든 정력을 수집에만 몰두하다보니 아직 정리를 하지 못했다. 이건 정말로 정로인을 비롯한 이야기를 들려준 모든 로인님들에게 죄송한 일이 아닐수 없다. 로인님들은 자기들의 이야기가 하루 빨리 세상에 공개되기를 손꼽아 기다리고 계신다. 그런데 나는 여러 가지 여건으로 아직 일부만 정리를 했을뿐 전면적인 정리는 아직 시작도 못한거나 다름이 없다. 그래서 나는 로인님께 말씀을 올렸다.

《로인님, 로인님의 이야기를 제때에 정리하지 못하여 정말로 죄송합니다. 저는 더 할말이 없습니다. 잘못 했습니다. 절대로 로인님이 들려준 이야기가 합격되지 않아서가 아니라 제가 등한한 탓에 늦어졌습니다. 그러면 돌아가서 먼저 로인님의 이야기 일부를 정리한것이 있는데 그것만이라도 먼저 타자해서 부쳐보내겠습니다. 저는 있는 힘을 다 하여 꼭 책을 출판해 로인님들의 소원이 이룩되게 하겠습니다.》

나의 말이 끝나자 로인님께서 나의 손을 굳게 잡는것이었다.

로인님께서 나한테 주겠다고 로인님이 부른 노래를 록음한 테이프를 준비하였다는데 그걸 찾지 못하여 애간장을 태우는것이었다. 그런데 로인님께서 이미 2003년도에 나한테 그 록음테이프를 주었던것이다.

로인님께서 의미심장하게 나한테 유언이라면서 다음과 같은 말을 하셨다.

정해련: 리관장님, 이제 나는 얼마를 살지 못하오. 그러니 내가 죽으면 꼭 제사에 와서 술 한

잔이라도 붓소. 알았소?

　리광평: 알았습니다. 저는 꼭 제사에 찾아와 술을 올리고 로인님을 잘 보내면서 로인님의 명복을 빌겠습니다.

　정해련: 그리고 책이 나오면 나한테 보내주오. 내가 없으면 우리 아들한테라도.

　리광평: 예, 그러겠습니다. 저는 책이 나오면 로인님의 령전에 올리고 할머님과 로인님후세에게 꼭 전해 드리겠습니다. 이건 제가 로인님의 생전에 로인님과 하는 언약이니 꼭 지키겠습니다.

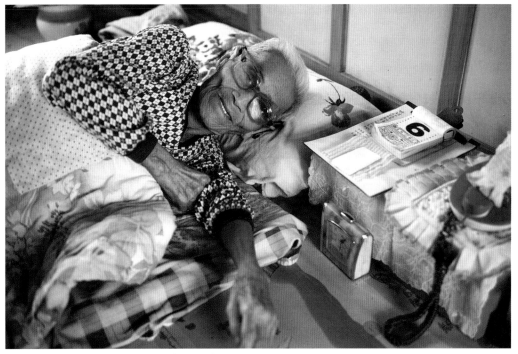

리광평에게 유언을 남기는 정해련 로인님.(2005.4.6)

　나는 눈물을 머금고 할아버지의 모습을 비디오에 담았다. 차광범도 사진을 찍고 또 비디오촬영도 도와주었다. 점심시간에 할아버지와 차광범이 낮잠을 자고 나와 정정자할머님께서 계속 이야기를 나누었다. 할머님은 네가지를 더 보충해 달라고 하면서 많은 이야기를 했고 처녀 때 찍었던 사진도 주었다. 나는 그렇게 하겠다고 대답했다.

정해련의 병문안을 오신 친척들.(2005.4.7)

　오후 3시 40분이 되니 할머님께서 교회에 기도드리려 나가야 한단다. 그래서 나도 따라 갔다. 그런데 저녁에 안도목사가 오기에 준비를 하느라고 오후 기도는 안 드린단다. 하여 할머님은 교회에서 일을 보고 나는 돌아와 할아버지모습을 촬영하였다.

　저녁 5시반에 할머니가 우리를 데리려 와 우리는 교회로 가서 식사를 한다음 기도드리는 장면들을 구경하기도 하고 정정자할머님의 모습들을 주로 비디오와 사진으로 촬영했다.

　저녁 8시가 넘어서 잠자리에 들었다. 그런데 할아버지께서 몹시 아프신지 할머니더러 잔등을 긁어 달라, 물을 가져오라, 소변을 보겠다 하면서 자꾸 짜증을 내는것이었다. 그 바람에 할머님께서 쉬지 못하는건 물론 나도 깊은 잠을 잘수가 없었다. 그 얼마나 마음씨 착하고 또 얼마나 할머님을 아끼던 할아버지신데. 그런데 지금은 얼마나 아프고 짜증이 나길래 저럴가?

　이튿날인 4월 7일 아침, 5시반에 깨여난 나는 바깥에서 산책을 한다음 집에 들어와 아침준비를 하는 할머님과 약을 자시는 할아버지모습들을 촬영하였다. 교회의 전도사와 젊은 각시가 와서 아침준비를 도와주고 많은 반찬들을 가져다 우리를 대접하였다. 아침식사때 할아버지께서 어찌나 기뻤는지 포도술 한잔을 마이고 감자전 하나를 잡수시였다. 할머님은 처음 음식을 자시는 할아버지를 보고 몹시 반가워 하셨다. 전도사가 돌아가자 로인님부부는 저들이 촬영한 비디오를 관람하였다.

그러는데 할아버지의 처제와 남편 등 3명의 친척들이 병문안을 오셨다. 친척들이 로인님을 부등켜 안고 통곡을 하시고 할아버지도 몹시 락로하신다. 나는 울면서 그 장면들을 기록하였다. 친척들이 모여 앉아 이야기를 하는지라 우리는 다음 또 찾아오겠다는 약속과 할아버지께서 속히 건강이 회복되기를 기원하면서 돈 200원을 드리고서 인차 떠났다. 뻐스를 타고 룡정으로 돌아오니 12시 20분이 되였다.

정해련로인님의 명복을 빌어

2005년 5월 20일 룡정에서 아침산책과 촬영을 마치고 집문에 들어서자 안해 황신옥이 당황해 하면서 만보에서 정아바이가 사망했다는 전화가 왔단다. 로인님께서 오래 앉지 못할걸 짐작은 했어도 정작 사망하셨다고 하니 비감하기 그지 없었다.

나는 부랴부랴 정정자할머님께 전화를 걸었다. 아침 6시 반이였다. 전화를 받는 할머님께서 울음섞인 목소리로 할아버지께서 19일 오전 9시 40분에 사망하셨는데 21일에 돈화화장터에 가서 화장을 한단다. 위안의 말을 억지로 넘긴 나는 할아버지와의 언약에 따라 즉시로 달려가겠다고 말했다.

내가 인차 차광범한테 전화를 하였더니 오늘 중요한 촬영예약이 있어서 떠날수 없다면서 기부금을 보내겠으니 자기한테 들리라는것이였다. 그리하여 급히 준비를 마친 나는 광범이한테 들렸다가 뻐스를 타고 연길, 안도를 걸쳐 오후 2시 40분이 되여서야 정로인네 집에 도착하였다.

할아버지의 처제남편인 림수만과 정정자할머님께서 달려 나오면서 통곡을 하신다. 나도 아이들처럼 엉엉 울면서 로인님 시신이 모셔진 방으로 들어갔다. 상제와 복인들이 비애에 찬 곡을 울렸다. 나는 흐르는 눈물을 닦을 사이도 없이 할머님과 상제, 복인들과 악수를 나누면서 "이것이 웬 일입니까? 비감하시겠습니다"라고 위안의 말을 올리고 림수만의 집사로 고인의 령전에 술을 고이 부어올리고 절을 세번 드리고 기부금을 바치였다. 많은 친척들이 모였다. 내가 조문을 끝내자 정정자 할머님께서 정해련 로인님의 머리맡에 가셔서 울음섞인 목소리로 말씀하시는 것이였다.

《여보세요 령감, 당신이 그렇게 보고싶어 하던 리관장님이 당신 유언대로 멀리서 달려와 술을 올렸습니다. 이젠 시름을 놓고 잘 가세요!》

온 집안에 또 다시 곡소리가 높아졌다.

그제야 나는 방안을 휘둘러 보았다. 방의 동쪽으로 4분의 1 위치에 바줄을 높이 매고 커다란 흰천으로 휘장을 드리우고 휘장 동쪽켠에 수의를 입히고 수렴한 정해련로인님을 칠성판우에 모셨다. 드리운 휘장의 서쪽면에는 붉은 천띠에 흰색분필로 《학생하동정공지구(學生河東鄭公之柩)》라고 쓴 명정을 드리웠다. 명정의 《하동》은 정로인님 성씨 본이 바로 하동정씨라는 뜻이다. 그 옆에 또 흰종이에 검은색으로 《현고학생부군신위(顯考學生府君神位)》라고 쓴 위패를 걸어놓았다. 그리고 휘장 앞에 작은 상을 놓고 흰종이를 편 상우에는 사과, 귤, 오얏, 빠나나, 대추, 과자와 떡, 작은 접시에 얹은 술잔 등이 놓여있었다. 그리고 상옆에는 흰술병과 술을 도로 따라 붓는 흰사발이 놓여있었고 북쪽창문턱에 정해련로인님의 유상이 놓여있었다.

조문객들이 오면 집사의 지도로 친척들이 일어서서 곡을 울리고 조문객들은 상제와 복인들에게 경례를 하고 악수를 하면서 《비감하시겠습니다》라고 조문을 하고 유체를 향해 술을 부어 올린 다음 세번 절을 하고 상에 기부금을 올린다. 조문이 끝나면 모여 앉아 여러가지 이야기를 나눈다.

나의 조문이 끝나자 할머님과 아들딸들은 물론 정해련로인님의 사촌동생 정주문께서 나에게 멀리서 찾아와서 감사하다고 하시면서 이제 행할 례의 내용과 순서에 대해서 알려주었다. 이러는 사이에 나는 정해련로인님의 생전의 삶의 모습을 촬영했던 비디오를 방영하였다. 모두들 눈물을 흘리면서 감상하면서 로인님에 대한 추모의 정을 쏟았다. 특히 딸들은 비디오를 보면서 《아버지, 아버지!》하고 목놓아 울었다. 나의 비디오가 이렇게 친척들한테서 큰 공명을 일으키리라고는 생각을 못했었는데 이렇게 로인님과 친척들에게 하나의 좋은 추억과 사랑을 베풀어주고 있다고 생각하니 저도 모르게 마음이 뿌듯했다. 그래서 나는 이번에도 시골의 전통적장례식을 기록한다는 각도로 부지런히 비디오와 사진기로 촬영하였다.

저녁 6시가 되자 가정에서 상식제를 지낸단다. 집사는 공영촌로인회의 안상우(安相宇)로인님이 맡았다. 상제와 복인들이 저녁식사를 하기전에 사망자에게 식사를 대접시키는 제례이다.

진지상에는 여러 가지가 올랐다. 진지상의 사망자와 제일 가까운 쪽에는 덥개를 덮은 밥사발과 사발에 담은 물을 가지런히 놓고 물그릇 북족켠에 숟가락과 절가락을 놓았다. 그리고 밥그릇과 물그릇 가운데 접시에 얹은 술잔을 놓았다. 밥그릇과 물그릇에 가까운 곳에 야채반찬과 삶은 계란 등을 4접시에 담아놓았고 상 한가운데에 접시에 담은 삶은 통닭을 눕혀놓고 닭의 북쪽켠의 접시에는 삶은 돼지고기갈비를, 닭의 남쪽켠에 시루떡과 마른 명태, 낙지를 놓았다. 닭의 서쪽 상두리에는 북쪽으로부터 빠나나, 참외, 배, 사과, 귤 등을 놓고 제일 서쪽 변두리에 과자, 대추, 사탕 등을 놓았다. 그리고 상옆에는 흰술병이 놓여있었다.

집사가 저가락으로 밥상을 툭툭툭 세번 치고는 사망자에게 상식제를 올린다고 고하였다. 이어 맏상제인 로인님의 맏아들 정원표내외가 사망자에게 먼저 경례를 올린 다음 앞으로 다가가 술을 잔에 부어 접시에 올려놓고 뒤로 물러서서 두번 큰절, 한번 반절을 올린다. 모두가 서럽게 곡을 울린다. 이어서 정정자할머님께서 술을 붓고 절을 올렸다. 할머님을 이어 딸들, 사촌 등 가까운 친척으로부터 먼 친척, 또 사돈들에 이르기까지 즉 상제, 복인, 손님의 순서로 헌작(술잔을 올리는것)과 배례(절을 올리는것)를 하였다.

헌작과 배례가 끝나자 집사가 저가락으로 상을 치고서는 숟가락을 쥐여 물그릇에 넣고 앞뒤를 번져가면서 휘휘 씻은 다음 밥그릇 덥개를 열고 그 숟가락을 밥그릇에 가로 올려놓고 한참 있다가 그 숟가락으로 밥을 떠서 물그릇에 넣고 밥을 말아 놓는고 저가락을 반찬그릇 위에 올려놓는다. 그리고 한참 지나자 숟가락과 저가락을 다시 제자리에 가져다 놓고 밥그릇덥개를 덮은 다음 전체가 큰절 두번, 반절 한번을 하고 물러난다.

상식제가 끝나자 진지상에 종이를 덮어 놓고 모두들 저녁식사를 하였다.

바깥이 어두워지자 팥 그릇에 향 세가지를 꽂고 불을 달아 제사상우에 올려놓고 또 술병 2개에 초대를 각각 세워 불을 달아 제사상우에 올려놓았다. 정해련로인님의 사촌동생 정주문께서 시종 사망자의 옆을 떠나지 않고 지키고 있었다.

밤 11시가 되니 집사의 주최로 큰제를 지냈다. 이 제례는 사망자가 이 집을 떠나기전의 제일 마지막날 시각을 기리면서 행하는 중요한 례이다. 이 제례를 지내면 사망자는 다른 세상으로 가는 날자에 들어서게 된다. 이 제례에는 사망자의 친척은 물론 사망자와 가깝게 지내던 친구와 이웃들, 사망자자식들의 친구들, 사망자직장의 책임자들 등 많은 조문객들이 참가하게 된다.

큰제를 지내는 방법과 순서, 내용은 상식제와 비슷하다. 친척외의 조객들의 례가 더 많을 다름이다. 그런데 사망자를 집에서 내보내는 마지막 제사인만큼 상제와 복인들의 애처로운 울음소리와 비통과 절망에 떠는 그 모습에 눈물을 흘리지 않는 사람이 없다.

큰제가 끝나자 모두들 음복을 하고 조객들은 모두 돌아가고 정주문과 맏상제, 할머님께서 그냥 유체를 지키고 있었다. 밤 1시가 넘자 정주문로인님께서 나를 다른 집에 가서 자라고 했다. 나는 깎듯이 거절하고 정해련로인님 곁에서 쪽잠을 잤다.

5월 21일 새벽 4시에 깨어난 나는 바깥을 거닐면서 산책을 하였는데 로인님 생각에 눈물이 자꾸 나는걸 어쩔수 없었다. 얼마나 훌륭한 선배였는데. 로인님께서는 나에게 아주 귀중한 집단이민력사이야기를 들려주었을뿐아니라 저한테 인생철학도 가르켜 주었고 조선민족의 뿌리와 자부심을 알게 하였고 부모님다운 정과 인간성을 베풀어 주었으며 저 세상으로 가면서도 제례를 기록할 기회를 마련하여 주시지 않았는가?

시체를 집안에서 들어내여 묘소에 가서 묻거나 화장터에 가서 화장하는 과정에 진행되는 의례를 장례라고 한다.

아침식사를 준비하자 먼저 사망자에게 아침상을 받기고 친척들이 다그쳐 식사를 마친 다음 7시부터 발인제를 지냈다. 발인제는 사망자가 집을 떠나 다른 세상으로 가는걸 바래는 제례란다. 발인제의 내용과 방법, 순서는 상식제와 비슷했다.

발인제가 끝나자 정정자할머님께서 앉음걸음으로 령감유체에 다가가 령감님의 얼굴을 싼 흰천을 헤치면서 령감님의 면상을 마지막으로 보겠다고 광기를 부린다. 모두들 그 처절한 장면을 바라보면서 눈물을 흘릴뿐이다. 아들과 정주문이 억지로 말리건만 할머님은 아른체를 않고 더 달려든다. 나중에 아들과 정주문도 손을 들고 함께 헝겊을 펼치고 잠든 정해련로인님의 면상을 로출시켰다. 할머님께서 령감님의 면상에 자기얼굴을 비비면서, 또 따스한 손으로 쌀쌀한 령감님의 면상을 쓰다듬으면서 하늘땅이 꺼지도록 락로를 하신다. 아들과 정주문도 로인님의 면상을 보다듬으면서 한없는 비애에 몸을 떨었다.

령구를 집안으로부터 밖으로 들어내는것을 천구 혹은 출관이라고 한다. 발인제를 이어 맏상제인 아들 원표가 정로인님의 유상을 들고 앞서고 동네의 끌끌한 젊은이들이 횐천으로 만든 띠둘로 칠성판밑을 걸고 령구를 들고서 문밖으로 나왔다. 령구를 든 사람들은 문턱 두개를 넘지 않으며 문턱을 밟거나 문틀도 다치지 않는다. 한족들의 습관을 배워 질그릇 하나를 방문밖 문턱 아래에서 박살을 내고 그 쪼각들을 밟고서 령구를 들고 가 작은 트럭(双排座)에 실었다.

할머님께서 령감을 따라 가면서 령구를 차에 싣지 못하게 하기에 딸과 친척들이 할머니를 잡고서 함께 통곡을 한다. 마침 절기가 소만이였는데 얼금이 와서 기온이 몹시 차고 보슬비까지 내려 몹시 을씨년스러웠다. 날씨도 슬픔에 떠는가 보다. 그리하여 령구를 실은 차에 비닐박막으로 풍막을 만들어 씌웠다. 상제들이 령구옆에 앉아서 함께 떠났다. 온 동네의 많은 사람들이 나와서 구경을 하면서 눈물을 흘렸다. 차가 떠나자 할머님께서 광기를 쓰면서 함께 가겠다고 달려갔다. 녀자친척들이 할머니를 붙잡고 말리였다. 화장터로 가지 못하는 할머님은 땅에 풀썩 주저앉아 땅을 치면서 목놓아 통곡한다.

출빈행렬은 하이야 4대에 작은 트럭 하나였다. 출빈행렬은 안도 신합까지 도착한 다음 산을 넘어 대석두를 거쳐 돈화로 갔다. 만보에서 제일 가까운 화장터가 돈화화장터이기 때문이다. 10시에 돈화화장터에 도착하자 인차 수속을 밟고 유체고별식을 하였다. 《정해련동지고별의식(鄭海連同志告別儀式)》이란 현판이 걸려 있고 현판아래에 로인님의 유상이 정히 모셔져 있었고 유체고별식장의 한 가운데의 꽃으로 장식한 령구함에 정로인님이 고이 누워 계셨다. 장엄한 추모곡이 울리는 가운데 고별식에 참가한 손님들이 먼저 오른쪽으로부터 왼쪽으로 돌면서 령구에 경례를 세번 올린 다음 상제와 복인들과 일일이 악수를 하였다. 손님들의 배례가 끝나자 상제와 복인들이 왼쪽으로부터 오른쪽으로 돌면서 령구에 경례를 세번 올리고 령구를 지켜본다.

화장터의 사업일군들이 령구를 실은 밀차를 밀고 화장가마가 있는데로 들어갔다. 맏상제내외와 딸들이 《아버지, 아버지!》라고 고함을 지르고 몸부림을 치면서 사라지는 아버지를 부르고 또 부른다. 딸 하나가 졸도하여 쓰러졌다. 모두들 그를 붙잡고 구급하느라고 바삐 뛰여 다녔다.

자식들은 아버지의 유언에 따라 유체를 소각한 다음 골회를 받지 않고 화장터굴뚝으로 날려서 하늘나라에 보낸단다. 모두들 초조하게 화장터굴뚝 끝만 쳐다본다. 이윽하여 굴뚝으로부터 짙은 연기가 치솟다가 점차 하얀연기로 변하여 푸른 하늘로 날아 올라간다. 연기를 바라보면서 상제와 복인들이 또 다시 대성통곡을 하였다. 너무나도 무정한 현실에 굳어버렸는지 정주문이 굴뚝만 바라보면서 조각상처럼 서 계신다. 아무런 말씀도 없이 한숨만 쉬고 눈물만 흘리며.

정로인님의 큰손자가 아직 도착하지 않아 한시간 넘게 기다렸다.

친척이 다 모이자 화장터에 마련된 제사터의 룡띠표식물을 새긴 비석 앞 제단상에 간단한 제물을 차렸다. 제사상에는 비석 가까운곳에 로인님의 유상을 정히 놓고 유상과 가까운 곳에 밥그릇, 물그릇 같은것을 놓고 뒤줄에는 반찬을 놓았다. 돼지고기와 같은 육류는 서족켠에 놓고 물고기는 동쪽에 놓았다.

안신제는 보통 화장을 했거나 령구를 매장한 이튿날에 지내는데 친척들이 다시 모이기 힘든 정황에서 애당초 오늘 제사와 함께 지내기로 토론되었다. 제를 지내기전에 제단부근에 남비를 걸고 불을 지핀 다음 남비에 기름을 붓고 기름이 끓자 쌀가루로 기름떡 세개를 구워서 제사상에 올려놓았다.

이어서 집사의 주최로 만상제로부터 시작해 상제와 복인 , 손님의 순서대로 헌작하고 배례하였다. 헌주와 배례가 끝나자 집사가 밥사발덥개를 열고 밥을 물에 말아 놓고 숟가락과 저가락을 식기우에 올려 놓은 다음 로인님이 식사하기를 기다렸다. 한참 지나자 집사가 수절을 내려 놓고 밥그릇덮개를 덮어 놓는다.

그리고 전체가 제단앞에 한줄로 섰다. 하직절을 올리는 순서이다. 만상제가 첫머리에 서고 기타는 순서에 따라 섰다. 만상제가 전체 상제와 복인들을 대표하여 마지막 술을 한잔 부어올린 다음 모두가 함께 두번 큰절을 하고 한번 반절을 하였다. 배례가 끝나자 제사상의 일부 제물을 조금 종이에 싸서 제단 부근에 던져 주고 또 나머지 제물들을 날라다 다른곳에 모여 앉아 조금씩 음복하였다.

음복이 끝나자 제단을 잘 청소하고서 인차 차에 올랐다.

시신을 웃방에 안치하는걸 설전(設奠)이라 한다. 상식상이 차려져 있다.

사촌동생 정주문이 형님의 시신을 지키고 있다.

휘장 뒤켠에 수렴한 시신을 칠성판위에 모셨다.

조문객들이 상제들과 "비감하겠습니다"라고 위안의 말을 하면서 악수를 하고있다.

조문객들이 령구를 향해 헌작하고 배례하고 있다.

조문객들의 인사.

상제와 복인들이 상식제를 지낸다. 헌작하고 배례한다.

모두 한줄을 서서 고인이 식사하기를 기다리고 있다.

상식제가 끝나고 상제와 복인들이 식사를 마친 다음 시신옆에서 밤을 새운다.

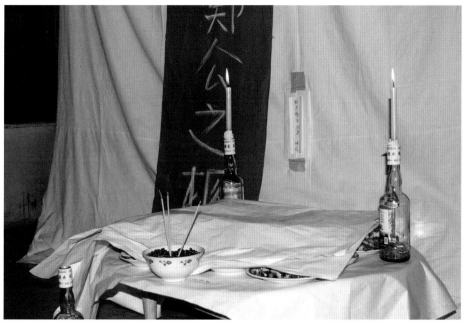

밤이 되자 제사상에 향을 꽂아 태우고 초불을 밝혀 준다.

새날을 맞는 마지막 시각에 큰제사(새벽제라고도 함)를 지낸다. 맏상제 내외가 먼저 헌작하고 배례한다.

큰제도 상제, 복인, 손님들의 순서에 따라 진행된다.

큰제가 끝나면 제물을 나누어 음복한다.

5월 21일 아침 발인제를 지낼 준비로 차려진 제사상 제물들.

상제와 복인들이 한창 곡을 내다가 집사가 발인제를 지낸다고 하자 곡을 끊고 상제, 복인의 순서로 헌작, 배례한다.

상제와 복인들이 정해련 로인님께 식사를 대접시킨다.

정주문이 형님한테 저 하늘나라에 가서 잘 지내면서 자식들과 가족을 잘 돌봐 달라고 부탁한다.

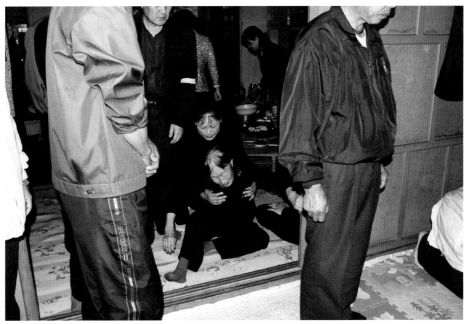

발인제가 끝나자 정정자할머님께서 땅을 치며 통곡한다.

정정자할머님께서 억지로 정해련할아버지의 면상을 마지막으로 한번 더 보겠다고 한다.

출관한다. 맏상제가 아버지유상을 들고 앞에 선다.

동네분들이 령구를 들어다 령구차에 모신다.

정정자 할머니가 령구차를 따라 가려고 대성통곡을 한다. 이 장면을 보고 울지 않는 사람이 없었다.

출빈행렬이 돈화화장터로 출발한다.

돈화화장터에서 유체고별식을 하고있다.

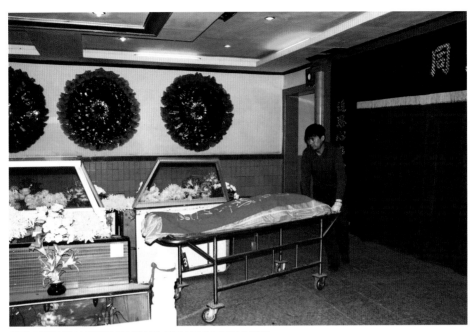

화장터사업일군이 령구를 실어들이자 통곡소리가 고조를 이룬다.

모두들 초조한 마음으로 굴뚝 끝을 바라보면서 로인님이 하늘나라로 가기를 기원한다.

하늘로 피여오르는 흰 연기를 바라보는 정주문의 형상은 조각상을 방불케 했다.

룡띠 표식이 새겨진 비석앞 제단에 차려진 제사상. 로인님의 유상과 위패가 놓여 있다.

안신제를 지내려 기름떡을 굽고 있다.

맏상제내외를 이어 상제, 복인, 손님의 순서대로 로인님의 유상을 향해 헌작하고 배례하였다.

헌작하고 배례하는 사람들의 심정은 돌덩처럼 무겁기만 하다.

헌작과 배례가 끝난 다음 모두 함께 하직제를 지낸다.

제사가 끝나자 모두들 음북을 하고 제단을 잘 거둔 다음 집으로 돌아 간다.

나는 이 모든걸 일일이 기록하였고 출발하기전 집체사진도 촬영하여 주었다. 모두들 차를 타고 명월구를 걸쳐서 만보로 돌아간단다. 만보에서 많은 사람들이 점심도 자시지 않고 기다리고 있으니까 말이다.

나는 만상제와 정주문로인님이 극구 말려도 명월구에서 내려 연길로 가는 뻐스에 앉아 룡정으로 돌아왔다.

3. 신흥툰에서 만난 전라북도 집단이민들

오빠 공부를 위해 전당 잡혀

2002년 4월 18일 아침 7시 반에 나와 차광범, 손룡문은 만보진 신흥촌으로 찾아갔다. 신흥촌은 공영촌에서 장명도로(长白山--明月沟公路) 만보교를 지나자마자 북쪽으로 굽어드는 첫마을이다. 처음 오는지라 길가에서 한 할머님과 물어서 로인회 회장집을 찾았다. 오회장은 우리들의 설명을 듣자 우리들이 큰일을 한다면서 적극 도와 주시겠다고 하고는 즉시로 사람을 보내 채우봉, 박련주, 김옥자 등 로인님들을 모셔왔다.

하여 우리는 오회장님의 집에서 로인님들의 이야기를 듣게 되였다.

박련주할머님과의 이야기를 마친 우리는 김옥자할머님의 이야기를 듣기로 하였다. 하여 우리는 김옥자할머님을 따라 그의 집으로 갔다.

리광평: 할머님의 명함은 어떻게 부르십니까?

김옥자: 김옥자입니다.

리광평: 구술《옥(玉)》자에 아들《자(子)》자이겠지요? 년세는 얼마입니까?

김옥자: 72세.

리광평: 72세이면 1931년도 출생입니다. 생일은요?

김옥자: 생일은 음력으로 6월 29일입니다.

리광평: 출생지가 어디랍니까?

김옥자: 전라북도 김제군 룡지면 고암리 평고에서 살다가 이민을 오게 되였습니다.

리광평: 할머님이 몇살 때 이민을 왔습니까?

김옥자: 여덟살에 왔어요.

리광평: 그러면 1938년도가 됩니다. 제2차이민이 됩니까?

김옥자: 맞아요. 제2차이민입니다.

지금 한국에 친척이 많은데 찾지 못하고 있습니다.

한국에서 올 때는 아버지, 어머니, 나, 우리 오빠, 동생 다섯식구가 왔습니다. 우리 오빠가 14살에 오셨댔던지. 나는 여덟살이고.

리광평: 그러면 어째서 집단이민을 오게 되였습니까?

김옥자: 우리는 일본사람한테 속혀서 여기로 왔지요.

아버지말씀에 의하면 어머니가 아들 딸을 열셋이나 낳았는데 일곱살이나 여덟살을 먹고서는 다 죽더랍니다. 그래 나를 살리겠다고 엄마가 어디 가서 물어보니 딸이나 자식을 살리려면 북쪽으로 몇천리를 가라고 하더랍니다. 그러자 아버지는 내가 자꾸 앓고 하니까 술김에 이민에 자보했단 말입니다.

일본사람들이 그때 여기로 오면은 식구에 따라 숟가락도 내주고 집도 지여주고 밭도 주니 일만 잘 하면 잘 살수 있다고 선전했답니다. 그 소리에 우리 아버지가 귀가 솔깃해져 부모님과도 토론이 없이 혼자서 이민을 가겠다고 자보했단 말입니다. 아버지 김성동은 형제가 넷인데 아버지가 둘째지요. 우리 어머니는 김금환입니다.

그리고 아버지가 돌아와서 할아버지 할머니와 이야기를 하니《못 간다. 거기 가면 다시 나오지 못 한다!》라고 견결히 반대하지요. 그래서 아버지가 면에 가서 부모님들이 반대하기에 못가겠다고 했대요. 그런데 어쩌겠어요? 이미 다 등록을 했는데. 열집을 한개 반으로 구성했는데 아버지를 반장으로 정했거든. 그러니 면의 일본사람들은 아버지집식구들은 이민을 가지 말고 아버지만 반의 성원들을 이끌고 만주까지 데려다 주고 혼자 돌아오라고 하더랍니다. 그러니 어머니가 어찌 아버지 혼자만 보내겠는가, 집식구들도 따라가자고 했답니다.

그래서 함께 떠나왔답니다. 올때 친척들이 전송하던 일이 떠오릅니다. 기차에서 주먹밥이나 곽밥을 줍데다. 기차를 타고 눈물로 명월구에 내렸습니다. 그때 나는 명월구인지 어딘지 모르지요. 거기서 이틀이던지 사흘이던지 휴식하고 트럭에 실려서 어느 골짜기인지 들어갔습데다.

우리는 소사하란데 척 떨어졌습니다. 판자로 막을 치고 그 우에 돈자리를 덮고 판자로 강당을 만들고 돈자리로 칸을 막아 한집씩 들도록 했습니다.

마당으로 놀러 나가니까 뭘 주는가 하니 좁쌀을 씻지도 않고 지은 밥과 미역을 대수 물에 헤워서 끓인 국이였습니다. 당초에 못 먹겠어요. 그래도 배가 고프니 방법이 없어 억지로 삼켰지요. 아버지와 엄마는 어디 가서 뭘하는지는 모르지.

판자집에서 한 열흘이나 있었던지 우리가 자리잡을 대흥툰에 갔지요. 큰나무가 울창한 산밑에 부락을 지으라지요. 그래서 우리를 돈자리막에 들어 있으면서 큰나무들을 베여내고 집을 짓게 했어요. 로동력이 좋고 기운이 센 집들에서는 집을 빨리 지었어요.

우리 아버지는 옛날에 공부를 많이 했으나 일을 할 줄 몰라요. 반장으로 책임을 지고 들어왔는데 일본사람들을 나쁘게 생각하는지 일본말을 조금도 안 한단 말이요.

산골에 가져다 놓으니 학교도 못다녔어요. 아이들은 남자고 녀자고 빨가벗고 다녀요. 우리 아버지가 집 기둥을 세워놓고 서까래를 얹고 초벽을 한 다음 한국으로 가게 되였어요. 한해에 한 번씩은 꼭꼭 가지요.

리광평: 그럼 집도 채 못 짓고요?

김옥자: 예, 초벽만 발랐지요. 가을에 나간 량반이 글쎄 동삼(겨울)을 지나 봄에 왔어요. 그래서 우리 엄마와 나, 동생들이 그런 집에서 살았어요. 그래도 14살인 우리 오빠가 남자라고 나무들을 많이 해왔어요. 힘이 없으니 실한 나무는 자르지 못하고 그냥 부엌아궁이에 밀어넣고서는 타는 족족 들이 밀었지요. 나무를 팰줄 모르니깐. 겨울은 그렇게 났어요.

그런데 봄이 되니까 얼었던것이 막 녹으면서 벽이 얼음이 되였지요. 엄마가 한국서 병풍 세 개를 가지고 왔어요. 큰것 하나, 중간것 하나, 쪼끄마한것 하나. 봄이 되여 얼음이 막 녹아내리니 비가 막 샌단 말입니다. 아버지도 없지. 그러니 엄마가 병풍을 집안에 빙 둘러 쳐놓고 병풍우에다 보를 덮고서 우리들이 거기에 들어가 있거나 자게 했어요.

그때 통나무로 불을 많이 땠는데 엄마가 벽이 녹으라고 불타는 나무들을 꺼내여 벽에다 기대여 놓았지요. 그런데 어느 하루 낮에 우리들이 집안에서 자다가 불타는 나무에서 나오는 연기에 모두 중독되였는가 봐요. 바깥에 나갔던 엄마가 들어와 보니 아이들이 몽땅 쓰러져있거든. 엄마가 아이들의 얼굴을 두드리며 소리를 질러도 정신을 못차리거든요. 그래서 급해난 엄마가 집문을 열어놓고 아이들의 얼굴에 찬물을 막 뿌렸대요. 그래서 모두 깨여났어요. 엄마가 좀 괜찮은 오빠를 송강의 의사한테 약지으려 보냈어요.

엄마가 깨운 다음 나는 속이 메슥메슥 하고 어럼증이 나서 문밖으로 나가다가 그만 또 까무려치고 말았어요. 그러자 엄마가 나를 깨여나라고 부스대기로 사정없이 잔등을 때렸대요. 그러는데 아래집 부락장 아줌마가 소리를 듣고 달려와서 엄마가 사람을 죽이겠다고 말렸답니다. 그래서 나는 엄마의 매에 살아났대요. 내가 정신이 들자 엄마가 나를 안고 너무너무 슬프게 웁데다(할머님이 눈물을 흘리신다). 그때 내가 아홉살이겠지.

리광평: 참, 아슬아슬 하였습니다. 가스중독이 정말로 무섭지요.

김옥자: 그 보다 더 무서운건 비적들이였습니다. 비적들이 사흘이 멀지 않게 와서 가져갑니다. 저도 직접 보았습니다. 김일성부대라고 하는데 녀자들이 짜른 치마를 탁 입고 머리를 짜르게 깎고서 총을 들고 왔더군요. 부대가 부락에 들어와서 부락사람들을 모여놓고 선전을 해요. 우리는 제 나라를 찾기 위해서 이렇게 한다. 그러자니 먹을것이 없어서 가지려 왔다. 당신들은 집단이민이니 우리가 가져가면 만척에서 다시 줄거다. 아니나 다를가 그들의 말대로 비적들이 털어가면 만척회사서 정말로 다시 식량이고 생산공구고 줍데다. 항일련군들이 하도 부지런히 찾아오니 부락사람들은 배기지 못해 다 가만히 도망을 쳤습니다.

리광평: 몇년 있다가 나왔습니까?

김옥자: 먼저 온 사람들은 한 3년 있었는지. 우리 아버지는 이러다간 자식들을 다 죽이겠다고 하면서 반장이고 뭐고 다 팽개치고 집식구들을 가만히 싣고 송강으로 나와버렸어요. 그래서 개체로 벌어먹었어요. 우리 아버지는 집짓는 일도 하고 남의 장판도 놓아주고 집벽에 신문도 바르고 하면서 여러가지 잡일을 하면서 살았어요. 그때 료리집이라고 있었는데 그런 집의 바느질도 해주었어요.

지금 나는 우리 엄마가 쓰시던 물건들을 일부 보관하고 있어요. 이건 대추방망이구, 이건 윤두고, 이건 다름이고. 이건 우리 엄마가 한국에서 가지고 온것이랍니다. 그래서 나는 지금 보물처럼 보관하고 있습니다. 내가 지금 72살이니 그래 이것들이 한 백년은 될거예요. 내가 죽으면 함께 없어질거예요.

우린 안도에 들어가서 잡일을 하면서 살아왔습니다. 그래 나도 엄마를 도와 바느질도 했어요. 그때 나는 아이니까 잠이 어찌나 많은지 일을 하다도 자불거든요. 그러면 엄마가 이 대추방망이로 나의 이마를 때리지요. 그래서 지금까지도 그 허물이 남아있어요. 우리 엄마가 얼마나 고생스러우면 그랬겠어요?

리광평: 그래 농사는 안 하고 뜸벌이로 살았단 말씀이지요? 아버지는 무슨 일을 하셨습니까?

김옥자: 아버지는 집짓는 일도 다니고 지금은 합작사라하는 그런데도 다녔어요. 이민을 올때

반장이였으니 반장책임을 져야 하는데 반장이 송강으로 나왔다고 부락의 사람들이 아버지를 찾아 송강으로 왔어요. 부락사람들이 아마 괘씸했겠지. 하루는 아버지가 앓아서 집에 있고 엄마가 은행집으로 김치담그려 갔는데 부락사람들이 수레 세대를 몰고 우리 집에 와 누워있는 아버지를 욕하면서 마구잡이로 우리 집의 물건들을 막 싣는단 말이지요.

《이민을 함께 왔으면 고생을 해도 함께 하고 죽어도 함께 죽어야지. 당신만 잘살겠다고 이렇게 나왔는가?》

그 말도 옳지요.

《부락으로 돌아가자!》

그러자 아버지는 말했어요.

《난 못 돌아가겠어. 당신들두 마음대로 하라우.》

그러는 사이에 짐을 다 실었네. 그때 내가 아홉살이거든. 오빠는 학교로 갔던지 없고. 어쩌는가? 나는 부랴부랴 엄마한테 달려갔어요. 엄마한테 말하니까 엄마가 제정신 없이 집으로 달려왔어요. 부락사람들이 수레를 몰면서 아버지랑 가자는거지. 그래도 아버지는 《죽어도 못가겠다. 당신들 마음대로 하라》 했어요. 그러자 엄마가 만척회사로 달려갔어요. 회사에도 조선사람이 있었거든. 고장이 아버지를 잘아는 친구지요. 고장이 나와서 우리 아버지는 부락으로 못 가니 짐을 회사에 보관하라고 했거든. 그래서 부락사람들이 수레에 실은 얼마 안되는 물건이나마 회사에 보관시킨 다음 저절로 돌아갔대요. 후에 아버지가 병이 좀 나으니 회사에 가서 물건들을 도로 찾아왔어요.

우리 아버지와 엄마는 자신들이 공부를 못하였으니 아무리 고생하더라도 자식은 꼭 공부를 시키겠다면서 오빠를 학교에 보냈어요. 오빠가 알심들여 공부를 했대요. 그런데 오빠가 학교를 졸업하고 시험을 친게 아니 글쎄 연길의 간도사범학교에 붙었어요! 붙었으니 보내야 하겠는데 돈이 있어야지요? 품팔이로 겨우 먹고 사는데 어떻게 오빠한테 돈을 대줄수 있겠어요?

그러니 엄마가 나를 은행집에다 전당을 잡혔어요, 나는 학교라는것도 모르고.

전당이라는걸 알아요?

리광평: 잘 모르겠습니다.

김옥자: 한국사람들이 지금도 두루마기를 입고 다니지 않아요? 은행집에 엄마가 두루마기 하나를 전당잡히고 또 내가 그집 아이를 봐준다고 전당을 잡히고서 오빠가 학교로 갈 돈을 먼저 가져왔어요. 전당 잡힐 때 돈을 갚을 날자를 석달로 정하고 그 기한내에 그 돈을 갚으면 두루마기 하나라도 도로 찾고 나도 찾아오지요. 만약 못 갚으면 두루마기도 나도 못찾아온단 말입니다. 그래서 나는 그 집에 가서 애기를 보게 되였습니다. 그런데 엄마가 어찌나 달아다니면서 구했던지 그 돈을 기한내에 갚고서 나를 찾아왔어요. 두루마기는 못 찾았대요.

손룡문: 그때 할머님의 년세가 얼마였습니까?

김옥자: 여덟살에 들어와서 이듬해에 송강에 나왔으니 아홉살이나 됐겠지요. 그래도 집에 오니 좋지요. 아버지와 엄마가 있는데. 그래서 우리는 안심하고 송강에 있게 되였어요. 우리 아버지는 해마다 한국에 한번씩 갔다왔어요. 한국에 친척들이 다 있고 우리만 여기로 들어왔어요.

지금 어머니, 아버지가 다 돌아가시고 내가 남았습니다. 오빠는 사범학교를 졸업하고서는 송강에서 선생질을 했습니다.

우리 아버지별명이 리태백입니다. 술만 자시고 돌아다닌다고. 우리 엄마가 아무리 곤난해도 당신이 공부를 못한 설음이 자식들에게도 있게 해서는 안된다고 결심하고 나도 학교로 보냈어요. 하여 소학교에서 6년을 배웠습니다.

바른소리를 잘하는 오빠가 소사하의 동남툰소학교에 조동되였어요. 그래서 우리는 동남툰에서 광복을 맞어요. 1945년 양력 8월에 해방되였지요. 내 열다섯살이였지요.

이야기를 다 해야 하나요?

리광평: 이야기를 참 잘하십니다. 생각나는것은 다 이야기하십시오.

김옥자: 그 고생하던걸 이야기 하자면 한이 없습니다.

우리 오빠의 일본군대 참군증명이 왔습니다. 그때 깃발 하나에 천사람이 수를 놓아 참군한 사람에게 주면 승리를 한다나. 하여 우리도 수를 놓아 오빠에게 줬어요. 그래서 며칠이 지나면 군대로 간다고 했는데 해방이 덜컥 났어요. 정말 대덕이였지요. 다행으로 오빠는 일본군대로 안 갔습니다.

오빠가 송강서 선생질을 할땐데 그때 근로봉사라고 있지 않아요? 우리 아버지는 근로봉사에 갈 나이가 아닌데 선생질을 하는 오빠 대신에 아버지를 가라고 했다지요. 그래서 아버지가 로투구탄광으로 근로봉사로 갔어요. 아버지가 탄광에서 고생스레 일하는데 해방이 났대요. 그래 로투구서 걸어서 집에 돌아왔답니다.

아버지께서 돌아와 다음과 같은 이야기를 들려줍데다. 탄광에서 숱한 사람들이 죽었답니다. 해방이 되자 일본사람들과 우두머리들이 다 달아났는데 그밑의 부하들이 그냥 일을 시키더랍니다. 그래도 우리 아버지가 지식이 있고 머리가 총명한지라 탄광사무실에 가 보았대요. 가보니 우두머리들은 다 달아나고 그밑의 부하 서넛만 있더래요. 그래서 아버지가 탄광안에 들어가서 사실을 말하고 해방이 되였으니 집으로 돌아가자고 했답니다. 그래서 모두들 뛰쳐나와 산지사방으로 헤쳐져 집으로 갔답니다. 아버지는 로투구탄광에서 나와 안도현 소사하의 동남차툰으로 걸어서 오는데 여름철이여서 풀이 장하고 짐승들이 우글우글 하더랍니다.

해방이 되여서는 외독자를 군대로 뽑지 않았습니다. 해방이 나 오빠가 송강에서 보안단에 들어갔어요. 그러다 오빠가 군대로 가겠대요. 그러니 15살인 나는 오빠가 군대로 가면 나도 따라가겠다고 했어요. 그러니 오빠도 그렇게 하자고 해요. 그걸 우리 아버지와 어머니가 동의할수 없지요.

우리는 동남차툰에서 살다가 광복이 난후 무주툰으로 이사를 했어요. 그런데 집으로 오겠다던 오빠가 아무리 기다려도 안 와요? 엄마는 나더러 산에 가서 머루를 따오래요. 그래서 나는 머루 따러갔지요.

그때 군대를 가면 굉장하게 환송식을 했지요. 그런데 오빠는 내가 머루를 따는 언덕 우에서 아편을 심어 장사를 하는 한족사람들을 붙잡으려 왔대요. 나는 오빠가 거기로 온줄 아는데 오빠한테로 갈수 있어야지요? 오빠는 내가 있는줄도 모르고. 그래서 내가 집으로 막 달려오니까 엄마는 오빠가 왔다갔다는거지요. 그제야 나는 엄마가 나를 가지 못하게 하려고 머루 따려 보냈다는걸 알았어요. 얼마나 원통하던지. 오빠는 그 길로 군대로 갔대요.

그런데 오빠가 군대를 간 다음 소식이 없네! 오빠소식 없으니 엄마가 나를 데리고 현에도 가보고 또 점을 치는곳으로도 다니면서 애간장을 태웠습니다. 그런데 오빠의 편지가 왔어요. 오빠는 중국국내전쟁에 참가했다가 조선전쟁에 나가서 남부까지 내려갔다 후퇴하고서 집에 편지를 쓴대요. 편지에서

《세월이 흘러 이렇게 되었는데 아버지 어쩌랍니까? 중국으로 돌아오랍니까, 아니면 고향과 가까운 조선에 있으랍니까?》

라고 물었더군요. 아버지는 회답편지에서 조선에 떨어져있다가 고향에 갈수 있으면 가라고 썼습니다. 이렇게 되어 오빠는 조선에 떨어지게 되였어요. 그런데 고향으로 가는 길이 막혀버렸거든요. 오빠는 그냥 돌아오지 못하고.

리광평: 그러면 오빠는 조선서 돌아오지 못했군요?

김옥자: 예, 그러다가 그후 1974년도에 한번 왔다갔어요. 그래 이곳에서 떠난지 30년만에 만났는데 면목을 잘 모르겠습데다. 오빠도 잘 모르고요. 그래 서로 내가 누구누구라고 해서 다시 찬찬히 뜯어보니 알만하더군요. 한달 놀고 갔어요. 그후에 나도 오빠한테로 갔다왔어요. 오빠네가 신의주에 살았어요. 오빠는 김일성대학을 졸업하고 안전부에서 사업하면서 가정을 이루고 잘 살았어요. 그러다 년세가 많아 사망을 했습니다.

나는 15살에 약혼해서 16살에 시집을 갔어요. 그래서 5남매를 낳아 길렀어요.

리광평: 그럼 남편은 이름이 무엇입니까?

김옥자: 조래권(趙來權).

리광평: 남편은 무얼했습니까?

김옥자: 군대를 갔다와서 농촌에 떨어져 농사를 지었습니다°

리광평: 어디서요?

김옥자: 여기 만보 공영촌에서 살았습니다.

리광평: 그럼 시집을 공영으로 왔습니까?

김옥자: 이야기하자면 길어요.

해방되고 아버지가 일을 못하지, 오빠는 군대로 갔지, 중국에 와서 얻은 동생이 죽었어요. (할머님이 우신다.) 그런데 엎친데 덮친다더니 우리 부락에 불이 나서 집들이 몽땅 타버렸어요.

나는 고등창이란 곳에 시집을 갔습니다. 내가 정월 초 삼일날에 잔치를 했는데 삼일에 친정집에 갔다가 돌아오려 했는데 무주툰에 불이 났어요.

아버지는 고등창이란 곳에 친구 하나가 있었어요. 한번은 아버지가 친구집에 다녀가 점심을 잡숫고 밖을 내다보는데 한 총각이 마당에서 나무를 패는데 괜찮아 보이더래요. 일자무식한 그 총각은 부모도 없이 곤난하게 살더래요. 그래 아버지께서 마음이 드니까 자청한 모양입데다.

그러고는 아버지가 좁쌀 한주머니를 메고 집으로 왔답니다. 엄마가 쌀을 받아서 밥을 끓여 먹었지요. 그런데 웃방에서 듣자니 엄마가 자꾸 아버지와 다투거든. 내가 하도 이상하여 신경을 도사리고 였들어요. 아니나 글쎄 아버지가 고등창에 가서 그 총각에게 나를 시집을 보내겠다고 말을 떼고 왔다는것이 아니겠어요? 그래서 그 좁쌀을 가져왔고 며칠 있으면 그 총각이 우리 집에 온다는거지요. 그래서 엄마가 안된다고 펄펄 뛰는거지요. 굶으면 굶었지 그런 쌀은 안 먹으니 도로 가져가래요. 그러는 바람에 나도 알게 되었지요.

며칠후 아버지 말대로 그 사람이 우리 집에 왔습데다. 그런데 나는 그 사람이 무서워서 애당초 보지도 못하겠어요. 그래도 어찌겠어요? 부모님들이 정한 일이니까 나는 그대로 복종했어요. 그래서 잔치를 했습니다.

그래서 그집에 갔지요. 가니까 대장부까지 열한 식구입데다. 그래서 고생스럽게 살다가 그 사람이 법을 위반했기에 리혼을 했어요. 그 다음 다시 재혼하여 37년을 살았어요. 그러다 남편이 사망한지 15년 되여요. 지금 큰 아들이 46살입니다. 아들 셋에 딸 하나를 두었습니다.

그때는 호조조고 집체화고 하면서 고생을 했지요.

지금 세월 때문인지 아이들도 모두 떨어져 살아요. 지금은 내가 혼자 살아도 아프지만 않으면 일없겠는데. 자식들이 불효해 그런것이 아니라 세월 탓인가 봐요. 지금 나보다도 더 곤난한 사람들이 있지 않아요? 나는 이젠 나이도 많이 먹구 자식들한테 고생을 시키는게 부담스러워요.

(할머님께서 몹시 괴로워 하면서 하염없이 눈물을 흘리신다. 나도 눈물. 한참 동안 아무런 말 없이 침묵만 흘렀다.)

선생님들이 이렇게 오셔서 나의 력사를 말해달라고 하여 이렇게 다 이야기를 합니다. 아직도 말하자면 많습니다요. 그걸 다 말해 뭘하겠습니까? 세상엔 나보다 더 고생한 사람들이 많겠지요.

리광평: 할머님이 시집을 간건 해방후이지요?

김옥자: 그래요. 광복난 이듬해에 시집을 갔어요.

그래서 나는 오빠한테 이런 이야기들을 다 했어요.

오빠도 고생을 많이 했어요. 학교를 다니면서 근로봉사에 갔다가 까무려쳐서 죽을번도 했지요. 선생질을 하면서 바른 말을 하여 농촌학교로 쫓겨도 나고요. 해방이 나자 인차 군대를 가고 군대를 가서 5대공(伍大功)을 세웠어요. 숱한 상장과 메달이 있었댔는데 아버지가 그냥 보관했거든요. 그런데 아버지가 사망하셨을 때 그걸 모두 함께 태웠단 말입니다. 그래서 나는 용서못할 죄를 지었어요. 그것을 후대들에게 남겨줘야 되는데. 그런데 아버지가 사망한 다음에 오빠가 와서 찾더란 말이요. 어쩌겠어요. 이미 태운걸.

아버지는 아들이 군대를 가서 없지, 딸들을 다 시집보냈지 참 서운하게 사셨답니다. 나는 자기 생활만 하다나니 부모님께 불효한 자신을 자꾸 저주합니다. 지금 자식들이 나한테 잘 합니다.

내 오신분들에게 부탁합니다. 어머니, 아버지가 계실 때 효성하세요. 사망한 다음 아무리 후회해도 소용이 없습니다.

감사합니다. 이렇게 찾아주셔서 나의 소원을 다소나마 풀었습니다.

신흥툰에서 인터뷰를 하는 리광평.(차광범 촬영)

고향을 떠나면서 부르던 노래

김옥자: 이걸 또 이야기해야 하겠습니다.

내 16살에 시집을 갔는데 남편은 결혼한 40일만에 군대를 갔어요.

내가 열여섯살인데 뭘 알겠어요? 그런데 그때 청산을 한다면서 오빠가 해방전에 선생질을 했다고 우리 집도 다 청산했어요. 나의 동생도 아동단에서 쫓겨났어요. 우리 엄마와 내가 갇혀있었어요. 그래 거기서 고통을 받았지요.

그런데 나는 민병들이 내일 나한테 꼬깔모자를 씌워 투쟁하련다는 말을 엿듣게 되였어요. 나는 죄가 없는데 남의 죄를 나한테 덮어씌우는거지요. 남편도 없지. 시집 삼촌도 청산을 맞게 되니 나를 친정집에다 보내놓고 온 가정을 데리고 조선으로 도망을 쳤지요.

나를 투쟁한다는 말을 듣자 나는 겁이 덜컹 났거든요. 그래서 나는 도망가기로 결심했어요. 보름달이 뜨자 나는 소변보려 가겠다고 했어요. 그러자 지키는 민병들이 얼른 갔다 오라더군. 그래서 나는 토성을 넘어 무작정 달리기 시작했어요. 얼마를 달렸는지 문득 물에 풍덩 빠졌어요.

아니 그런데 멀리서 나팔소리가 들리고 사람들 소리가 들려요. 그래서 정신을 퍼뜩 차려서 사방을 둘러보니 내가 큰 도랑에 빠져있는데 사방에 새초가 무성하지요. 그런데 그 새초속에 벌레도 뱀도 많겠는데. 그래서 물에서 나왔어요.

안개가 폭 끼여 몇m 앞도 잘 보이지 않지요. 그래도 방향을 가릴수 있어서 호조조를 하면서 나누어 가진 우리집 강냉이밭을 찾아가 숨었어요. 그런데 나를 찾는 민병들의 소리가 들리지요. 그래서 송강쪽으로 도망을 쳐 산언덕아래 초막에 숨었어요. 혼자서 머루랑 딸기랑 과일을 뜯어 먹으면서 일주일이나 숨어 있었어요. 어째 무섭지도 않고 배도 고프지 않습데다. 그런데 거기서 너무 오래 있어도 안되겠으니 저절로 나왔어요. 머리고 옷이고 말이 아니였지요.

내가 길가에서 송강으로 곡식 팔려가는 수레가 지나가는걸 보고 수레임자들과 말을 하니 불쌍해서인지 아니면 동정해서인지 수레에 앉으라고 합데다. 그래서 나는 송강의 오빠집을 찾아갔는데 오빠는 없고요. 마침 송강의 민병련장이 있습데다. 그래서 내가 투쟁을 맞고 도망한 과정을 말하였어요. 그러니 련장이 그랬는가 하면서 안심하고 여기서 쉬라고 합데다. 그래서 나를 한 아주머니집에 가서 밥을 먹으라고 합데다.(눈물을 흘리신다) 일주일이나 굶은 나는 작은 밥통의 밥을 혼자 다 먹었어요. 그래서 우리 오빠친구가 나를 일주일이나 거기에 있게 하였어요.

아마 그 사이 련락을 했겠지요. 무주툰의 민병들이 나한테로 왔습데다. 련장이 그들에게 절대로 저 애를 건드리지 말라, 이제 다시 건드리면 큰일이 날것이다고 부탁하고는 나더러 안심하고 따라가라고 합데다. 그래서 집으로 돌아가 안전하게 지냈습니다.

리광평: 그때 처음에 청산투쟁을 할 때 중농은 다치지 말아야 하는걸 청산했다가 후에 다시 시정한 일도 있고. 그게 잘못된것이지요.

김옥자: 예, 처음에 우리것도 다 청산해 갔지요. 그때 우리는 무주툰에 있고 구정부는 영경에 있어 우리 아버지가 구정부를 찾아가겠는데 입을것이 있어야지요? 그래서 아버지는 마대로 앞을 두루고 산길을 주름잡아 구정부로 갔대요. 사무실에 들어가니 난로를 피웠더래요. 그래서 아버지가 너무 추워 난로를 껴안을 정도였대요. 그러자 걸친 마대에서 김이 물물 피여오르더래요.

구정부사람들이 놀라서 무슨일인가고 묻더래요. 그래서 사실을 다 말했대요. 그때 구정부에 김일성과 함께 다녔고 고등창에서 살던 장특파원이라고 있었어요. 그래서 그 즉시로 무주에 지시를 내려보내 우리집을 청산한걸 시정하라고 했답니다. 청산해 돌려올것이 얼마 있습데까? 남들이 없앤걸 어쩌겠어요? 그래서 다시 회복을 받았어요. 우리가 한 고생을 어떻게 다 말하겠어요?

(할머님께서 눈물을 흘리시면서 몹시 흐느낀다. 나도 눈물을 감출수 없었다. 오랫 동안 침묵이 흘렀다.)

리광평: 정말로 고생을 많이 했습니다. 이야기도 참 잘하시고. 그러면 옛날에 이주를 와서도 좋고, 광복이 나서도 좋고 고생하면서 부르던 노래들이 없습니까? 노래도 지난 력사의 일부분이니까요.

김옥자: 내 한국에서 여덟살에 이주를 떠날 때 나의 사촌언니가 나와 함께 부르던 노래를 지금도 기억하고 있습니다. 이제는 잘 못 부릅니다.

기차는 떠나간다 구슬비를 헤치며

정든 땅 등에 두고 떠나갑니다

간다고 아주 가나 아주 간들 잊을손가

밤마다 꿈결속에 울면서 살아요.

할머님께서 눈을 지그시 감고서 울음섞인 목소리로 비감하게 노래를 부르셨다. 두번째 단락을 부르다가 가사를 잊어 잠시 멈추었다가 다시 이어 부르셨다. 정말 로인님의 눈물로 얼룩진 력사이야기를 노래의 정서에 담은것이 분명하였다.

리광평: 이 노래는 기차가 떠나면서 사촌언니가 부르던 노래입니까?

김옥자: 기차가 떠나는데 사촌언니와 함께 부르던 노래입니다. 가사를 다 잊어버렸어요.

손룡문: 방금 부른 노래를 다시 한번 불러보세요.

김옥자: 막 속이 떨리네요?

리광평: 긴장할것 없습니다. 틀려도 괜찮고 반복되여도 괜찮습니다. 천천히 생각하면서 부르세요.

할머님께서 다시 한번 반복하였다. 이번엔 좀 높게 불러서 노래정서가 앙양되였었다. 할머님께서 정말 노래를 간간히 잘 넘기시였다. 솜씨가 대단했다.

손룡문: 젊어서는 노래 선수였겠습니다. 또 한곡 불러 보십시오

리광평: 또 다른 노래를 불러보세요.

김옥자: 또 한곡 부르겠습니다.

인민 위해 내 아들아 전선에 보내노라
대승리의 기쁜 소식 보내다오.

김옥자: 우리 어머니가 아들을 군대에 보내놓고 부르던 노래 같아요. 어디 가나 계속 이 노래만 해요.(할머님이 눈물을 흘리신다.) 그 노래를 다시 부르겠습니다.

리광평: 어머니가 부르시던 노래이지요?

김옥자: 예, 아까는 떨려서.

인민 위해 내 아들을 전선에 보내노라
대승리의 기쁜 소식 전하여다오.
내 아들아 장하구나 끝까지 혁명 위해
전진 전진 앞을 향해 함께 나가자

리광평: 어머니가 아들을 보내면서 부르는 노래이겠습니다. 또 다른 노래를 한번 부를수 있지요?

김옥자: 광복이 난 이듬해 조선서 온 사람들이 송강에서 데리고 온 열아홉살 녀동생을 한족아바이한테 그때 돈으로 70몇원을 주고 팔아먹었단 말입니다. 그래서 공안에서 붙들어 가지고 시위행진을 하면서 투쟁했어요. 이는 오빠가 보안단에 다닐 때 부르던 노래입니다.

권리를 업박하는 자본사회는
청춘의 무궁화 한을 품는다.
누구냐 아느야 녀자 동무들.

남모르게 가만히 우는 눈물도
청춘의 검은 너울 때려부시고
매맞아 얻은 병 빨리 버려요.

녀자들아 동무들아 일어나거라
빨리 나와 칼을 잡고 전선에 나가자

아버지와 어머니 자식을 파지마세요

남모르게 가만히 울고만 있어요……

부푸는 감정으로 노래를 부르는 김옥자할머님의 마지막 노래가사 발음이 똑똑하지 않아 기록이 제대로 되지 못해 미안하기 그지없다. 노래를 록음한 다음 우리는 할머님을 모시고 바깥에서 대추 방치 등 물건들을 촬영했고 대추방치를 쥐고있는 할머님의 모습도 여러 모로 촬영하였다.

엄마가 물려준 대추나무방치를 쥐고서 옛추억에 잠긴 김옥자.
(2002.4.18)

어머님이 물려준 대추방치와 윤두.

그리고 다음번에 내가 할머님께 외투 한벌을 드리겠다고 약속하고 정해련로인님 집으로 돌아왔다.

점심을 먹고 좀 쉬는데 김옥자 할머님께서 사람을 보내여 우리들을 다시 보자고 하는것이였다. 우리는 오후 2시가 되여 김옥자할머님 집을 다시 찾아갔다. 그랬더니 오전에 부른 사촌언니

사진92: 한복을 떨쳐 입고 로인회 회기까지 들고서 찍은 신흥촌로인회 회원님들. (2002.4.18)

와 함께 부르던 노래의 가사가 틀렸기에 다시 록음하라는것이였다. 우리는 어찌나 고마운지 다시 할머님의 노래를 록음하였다. 가사가 확실히 틀린것이 있었던것이다. 우리는 고맙다는 인사를 남기고 다음 꼭 다시 찾아오겠다고 약속했다.

이어서 우리는 이 부락로인민들의 집단사진을 면비로 찍어드리겠다고 한 약속을 지키기 위해 오회장집 마당에 갔다. 숫한 로인님들이 명절옷차림을 하고 북장고를 울리고 로인회회기를 날리고 흥에 겨워 노래까지 부르는것이였다. 정말 명절기분에 취한 로인님들의 모습을 보면서 우리들의 마음도 흐뭇해났다. 집단사진도 찍고 부부간, 개인사진도 수많이 촬영해드렸다.

"광평아, 내 할말이 더 있는데"

2004년 6월 9일, 아침 8시 40분에 오토바이를 타고 룡정에서 출발한 나와 차광범은 12시 20

분이 되여서야 안도현 만보진 공영촌의 정해련로인님의 집에 도착하였다. 그런데 나는 만보대교 첫머리의 정로인네 집으로 들어가는 작은 길로 굽인돌이를 돌다가 그만 쓰리를 맞아 오토바이를 번지고 나도 어깨가 땅에 부딪쳐 몹시 아팠다. 나는 억지로 일어나 오토바이안전보호대를 다시 펴고 팔을 놀린 다음 다시 차를 타고 정로인네 집에 들어섰다.

정로인님 부부가 우리를 반기면서 우리들에게 장국에 상추쌈을 대접하였다. 우리가 얼마나 맛있게 먹었는지 할머니께서 자꾸 상추를 담아 올리는것이였다.

우리가 점심을 먹자 할머님께서 나의 손을 잡으시면서 신흥촌 김옥자할머님이 지난해 봄에 사망하면서 나를 찾더라는 감격적인 이야기를 들려줬다.

정정자: 리관장님, 신흥촌의 김옥자할머님이 올해 3월달에 사망했습니다.

리광평: 아니 그렇게 건강하시던 분이 사망하시다니 그게 무슨 말씀입니까?

정정자: 겉은 건강했는데 속이 탈이 났는가 봅니다. 하신이 꺼멓게 썩다가 잘못 되였답니다.

리광평: 제가 한번 꼭 다시 만나자고 했는데 어쩌면 그렇게 가십니까?

정정자: 김할머님은 리관장님이 선물한 그 고급외투를 입고서는 늘 리관장의 이야기를 하시면서 언제 다시 오시는가를 그렇게 기다렸어요.

리광평: 제가 2002년 9월 18일에 찾았을땐 연길 딸집에 가서서 보지 못하고 외투를 드렸는데. 저들이 그 후엔 왕청현답사를 다니느라고 여기로 못 와서 정말 죄송합니다.

정정자: 김할머님이 들어누운 다음 내가 매일이다시피 병문안도 하고 또 조금 돌봐줬어요. 그래 나를 볼때마다 리관장이 안 오셨는가. 온다는 소식이 없는가고 묻더군요. 그러면서 꼭 만나서 할 이야기가 더 있다고 했어요.

그러다 올해 3월 사망하시는 날 나를 보고 눈물을 흘리면서

《광평아, 광평아, 너는 어째 안 오느냐? 내 할 말이 더 있는데……, 광평이 오면 내가 찾더란 말을 꼭 전해주오!》

라고 말씀합데다. 그래서 나도 울면서 대답했어요.

《김아매, 시름 놓으세요. 내가 리광장한테 꼭 전해줄게요.》

그런후 인차 숨을 거두었습니다.

리광평: 야, 어째서 그런 이야기를 이제야 합니까? 그때 알면 제가 아무리 바쁘더라도 찾아왔겠는데요?

정정자: 리관장님이랑 나라를 위해 큰일을 하시느라고 그렇게 바쁘시겠는데 어찌 알리겠습니까?

정정자할머님의 이야기를 듣는 순간 나는 마치 강한 전류에 부딛친듯 온몸이 찡해나고 가슴에서 그 무엇이 솟구치고 머리속에서 돌개바람이 이는것 같더니 뜨거운 눈물이 줄줄 흐르는걸 어쩔수 없었다.

처음 만나 이야기를 나누실 때도 노래를 잘 못 불렀다고 다시 우리를 찾아서 올바르게 불러주시던 할머님, 엄마한테 맞아대던 박달나무방치를 들고 이마에 남겨진 상처를 보이시던 할머님, 우리 민족 집단이민력사이야기를 꼭 책으로 묶어서 후세에 전해 달라고 간절하게 부탁하시던 할머님, 생명의 마지막 순간에까지도 저들을 믿고 찾으시면서 다 못한 이야기를 더 들려주시겠다던 할머님.

그런데 할머님의 마지막 소원도 채 풀어주지 못한 불효한 나, 할머님과 한 집단이민력사증인들의 증언들을 책으로 묶겠다던 약속을 아직 지키지 못한 무책임한 나, 자책감과 죄책감에 휩싸인 나는 정정자할머님의 손을 으스러지게 잡으면서 오열을 터뜨리고 말았다. 차광범도, 정해련할아버지도 함께 눈물을 흘리신다!

나와 차광범은 도외시되고 잊혀지고 멀어지는 우리 민족의 집단이민력사를 기록한다고 뛰여다녔지만 저들의 이 답사가 이처럼 집단이민증인들이 운명하시면서 까지 바라는 소망임을 아직 알지 못했고 또 그들이 우리들께 떠맡긴 력사적사명이 이렇게 무거운줄을 이처럼 심각하게 느껴 보지는 못했으니까!

4. 금광툰에서 만난 전라북도 집단이민들

녀성 강자 박차순

2002년 4월 19일 아침 7시 40분, 나와 차광범, 손룡문은 오토바이를 타고 신흥촌 남쪽에 위치한 금광촌으로 갔다. 랑운산회장이 저들을 반겨주면서 집단이민 리상호를 소개하여 주었다.

지금 금광촌에서 살고 계시는 조선반도에서 출생했던 로인님들. (2002.4.19)

이어서 우리는 금광촌로인활동실로 다녀가 그곳에 모여오는 로인님들의 정황을 한분한분씩 적었다. 이 마을 로인님들이 다 모이자 우리는 먼저 전체 로인님들의 집단사진을 찍어드리고 그 다음 조선반도에 출생한 로인님들을 따로 촬영했으며 로인님들의 부부사진과 증명사진 등을 여러모로 촬영하여 드렸다. 우리가 모든 사진을 면비로 찍어드리자 로인님들이 몹시 반가워 하셨다. 이로하여 우리는 로인님들과 감정교류를 하는데 큰 도움을 받았다.

그 다음 우리는 집단이민을 오신 로인님들을 한집한집씩 찾아 방문하였다.

우리는 먼저 정읍툰집단이민인 박차순할머님과 이야기를 나누었다.

리광평: 할머님의 명함이 박차순(朴次順)이 맞지요? 생일은 어느 때입니까?

박차순: 1927년 1월 21일입니다.

리광평: 출생지는요?

박차순: 전라북도 정읍군 정문안면입니다.

리광평: 언제 정읍툰으로 이민을 오셨습니까?

박차순: 1938년 봄에 부모님들이 정읍툰으로 집단이민을 올 때 열살인 나는 고향의 고모네 집에 남고 안 따라 왔어요. 우리 아버지네는 오누이였어요. 고모는 30살에 홀로 났습니다. 그런데 정읍면 시내에서 보따리장사를 하는 아낙네들이 고모네 집에 들어와 보고 없던 딸이 어디에서 생겨났는가고 수다를 떨더군요. 그래서 고모는 오빠가 만주로 이민을 가면서 두고 간 조카라고 대답하더군요. 그 장사군이 고모네 집에 숙박을 잡고있었는데 나보고 정읍시내에 아이만 봐주면 밥도 잘 먹이고 옷도 잘 입히는 집이 있는데 안 가겠는가고 합데다. 나는 고모에게 말씀을 올리고 그 집으로 갔습니다. 그 집엔 애기는 있었는데 나한테 애기보는 일보다 부엌일을 많이 시키더군요. 그때 나는 열살이라 하지만 키가 커서 일을 잘하였답니다. 15명이 먹을 밥을 해서 바쳤어요.

그렇게 지내다가 어느덧 16살이 되였습니다. 그냥 남의 집살이로 살자니 어이가 없더군요. 하루는 정읍시내에 광주방직공장에서 로동자모집을 왔더군요. 내가 일하는 옆집에 집살이를 하는 나와 동갑되는 녀자아이가 있었는데 나와 친구로 지냈지요. 그래 내가 그애한테 로동자모집에 가지 않겠는가고 물었더니 함께 가자는것이지요. 그래서 둘이 한밤중에 가만히 도망을 쳐서 모집을 나온 사람들을 찾아갔어요. 이미 대낮에 모집쟁이와 미리 약속을 했거든요. 그래서 새벽에 광주로 가는 기차를 타고 광주방직공장으로 갔어요.

공장에서 등록을 하고 신체검사를 하니 베짜는 기계를 조작하는걸 배우라고 하더군요. 공장에선 처음엔 베짜는 기계 한틀을 맡기더니 차츰 두틀, 세틀, 다섯틀, 열틀, 나중엔 16틀까지 맡기더군요. 일본사람들이 돌아다니면서 일하는걸 감독하는데 지치고 잠이 모자라고 배가 고프고 힘들어 정말 똥을 쌀 지경이었습니다. 일주일을 일하고 일주일을 쉬게 합데다. 저녁 6시에 들어가면 아침 6시에 나오는데 밤 12시에 간식을 약간 먹이고 반시간만 쉬게 하고는 계속 일하게 하는데 얼굴이 백지장처럼 되었습니다. 그렇게 2년동안 죽을 고생을 했습니다. 방직공장에서 다 먹여주고 임무를 완수하면 달마다 돈 5원을 주었는데 모두 저축하였습니다.

그런데 내가 18살을 먹는 해 가을 아버지가 사람을 보내 이곳에 신랑감을 맡아주었으니 무조건 오라는거지요. 이젠 나이도 먹은데다 부모님의 명령이라 나는 저금을 찾아가지고 공장에서 나와 고모네 집에 돌아왔습니다. 고모네 집에 오니 아버지가 사람을 보내왔더군요. 나는 신랑감도 보지 못하고 혼사를 결정한 아버지한테 섭섭한 데다가 아버지가 고모를 볼겸 나를 데리려 오지 않으니 불만이 이만저만이 아니었습니다. 그래서 안 가겠다고 떼를 쓰면서 질질 끌었어요. 그래서 그 이듬해 4월에야 안도현 정읍툰으로 왔답니다. .

리광평: 올 때는 혼자 왔습니까?

박차순: 올 때 고모의 아들하고 나를 데리러 간 사람 모두 셋이 왔지요. 신랑집에서 소와 수레를 팔아서 혼례품을 사라고 돈 300원을 보내왔더군요.

그런데 음력 3월 14일날 45세인 아버지가 사망됐다고 기별이 왔어요. 나는 음력 4월에 왔거든요. 내가 조금만 더 일찌기 왔더라면 아버지를 봤겠는데 정말 후회가 되었습니다. 내가 정읍에 오니 집에는 엄마가 있고 14살과 9살 되는 동생 둘이 있었습니다.

그래 4월 28날 결혼식을 했어요. 그 량반이 24살, 내 18살이였어요. 그 량반은 80세에 사망했는데 작년에 3년제를 지냈어요. 지금 촌장을 하는 사람이 바로 우리 아들이요.

신랑집에 가보니 온돌에 노전 쪼각쪼각을 드문드문 펴놓은게 발을 들여놓지 못하겠어요. 그 때는 또 어찌나 추운지 물을 긷는데 손가락 끝이 얼어서 막 떨어질것 같았어요. 옷도 없지. 겨울에도 바깥에서 절구질해야지, 발방아를 찧어야지. 그 고생이 막심했지요.

그러다 50년대 초에 이곳(만보 금광촌)에 이민을 모집하니 왔지요. 우리 령감이 정읍툰에서도 간부질을 했어요. 그러다 우리 령감이 17호를 조직해 가지고 여기로 왔지요. 이민을 오니 여기도

파란만장의 세월을 겪어온 녀강자 박차순.(2002.4.19.)

다 가시밭인데 집을 짓고 한족사람들이 부치던 한전을 다 논으로 만들었지요. 고생을 죽게 했지 뭐. 성공도 없이.

　리광평: 광복은 어디서 맞았습니까?

　박차순: 정읍툰에서 맞았어요. 큰딸을 4월달에 낳고서 그해 7월(음력, 양력으로 8월)달에 광복이 났어요.

　정말로 먹을것이 없지 옷도 없어 남의 옷을 빌어입고 잔치를 했지요. 그런데 인제는 자식들의 신세를 지면서 아무런 속도 태우지 않고 살아갑니다. 그런데 이젠 내가 아파서 병밖에 안 남았어요. 지금 아들 셋이서 나를 앉혀놓고 먹여 살려요.

　리광평: 그때 시집을 갈 때 옷은 어떻게 해결했습니까?

박차순: 나의 옷은 고향의 공장에서 일할 때 모은 돈으로 해입었지. 신랑은 아무것도 없지뭐. 남의 옷을 빌어입고 장가를 갔어요. 그때 신랑이 옷이 없는줄 알았으면 거기서 해가지고 오지 뭐. 그런데 그렇게 못 살줄 내가 어떻게 아는가?

리광평: 신랑네 집은 생활이 어떱데까?

박차순: 이재도 말하지 않았던가? 신랑이 장가갈 옷도 없더라고. 시아버지가 45살에 사망하 다나니 시어머니는 43세에 홀로 나서 시누이 둘에, 나의 남편과 막둥이 시애끼 하나를 돌봐야 했지요.

리광평: 그때 잔치는 어떻게 하였습니까?

박차순: 옥수를 갈아서 막걸레를 만들고 엿을 달이고 간단한 음식을 만들어서 잔치를 차렸지요. 첫날 저녁에 이불도 없고. 시어머니가 이민을 온지 8년이 되니 무명을 짜서 이불을 만들었는 데 천이 헐어서 다 헤여지지. 그런 이불도 온집에 하나밖에 없었지. 그래서 신혼방도 차리지 못 하고. 그래서 시애끼, 우리 어머니, 내가 함께 자고 신랑은 대흥툰이란데 가서 문서질을 하니 거 기서 살고. 드문드문 집으로 밤이면 걸어오고.

나는 시어머니와 정을 붙혀가지고 사발 하나를 사려해도 토론하고 서로 받들면서 화목하게 가정을 꾸렸어요. 그래서 새끼를 낳고 살고. 시어머니가 여기서 살다가 85세에 돌아갔어요. 오 래 잘 살았어요.

나는 생산대로동에도 앞장을 섰어요. 그래서 생산모범도 되고 생산대장질도 하고 그랬어요. 결 국은 나만 녹아났지요. 늙으막에 병이 많이 나요. 그땐 약도 못쓰고, 지금 약을 써도 말을 들어요?

리광평: 신랑은 잔치날 남의 옷을 빌어 입었습니까?

박차순: 예, 남의 양복을 빌어 입었어요. 식이 끝나자 인차 돌려줬지요.

리광평: 할머님이랑 잔치할 때 쪽도리랑 썼습니까?

박차순: 썼지요. 마을에서 집체로 해놓고 잔치가 있으면 서로 빌어 쓰지요.

그래 내가 애들한테 지난날 이야기를 하면 아들이《엄마, 록음하기요.》라고 하지요. 내가《아 이구, 뭘하려 록음하겠니?》하였지요. 지금 선생님들이 이렇게 우리 이야기를 책으로 묶겠다고 하니 이렇게 말을 하는겁니다.

나는 지금도 쌀알 하나라도 보기만 하면 줏어요. 아이고 그때 대식품을 먹을 때랑 얼마나 고생을 했어요? 온집 식구 8~9명이 싸래기 한공기가 되나마나 한걸로 죽을 쑤어 나누어 먹는데 제일 맑은 물은 내가 먹고 밑의 깡치는 일군들과 아이들을 주었지요. 절반이상 풀을 먹고 살았는데 그것도 뜯어와야 먹지? 사탕무우깡치를 정말 못 먹겠던데요? 진기가 없지, 배탈도 잘나지. 아이구, 생각하기도 아쓸해요.

리광평: 아버지의 이름은 무엇입니까?

박차순: 박원술(朴元述)입니다.

리광평: 신랑의 이름은 무엇입니까?

박차순: 전후연(田厚然)입니다.

리광평: 할머님은 생산대대장질도 해봤습니까?

박차순: 예, 이곳에 와서 설흔 몇살 때 했는데 기억이 잘 안나요. 여기서 생산대대장질을 4~5년 했는지? 우리 령감이 회계질을 해서 아무 집이 몇근, 아무 집이 몇근 하고 계산해 내면 내가 100근짜리 저울로 척척 떠서 나누어주고. 나는 학교문 앞은 안가봤는데 야학을 좀 배우고 고모한테서 글을 좀 배우고 그후 자습을 했지요.

리광평: 할머님은 자식을 몇분을 두었습니까?

박차순: 모두 여덟을 낳았는데 아들 둘이 돐이 되면 죽고 딸이 하나 죽고. 하여 지금 다섯이 살았어요.

리광평: 그때 잔치를 한 다음 시어머니랑 다 한집에 있었습니까?

박차순: 그렇지 않구. 내가 이 집에 발을 들여 놓아서부터 사망하실 때까지 언제나 한 집에 계셨지요. 내가 시집을 오니 시어머니가 48세였댔는데 85세에 사망했으니 40년이 거진 되게 함께 계셨지요.

아들들이 자식들을 데리고 공부를 시키느라 바삐 도니 나는 지금 이 집에 나와 있어요. 자식들이 매일 와서 살펴보지요.

우리 집 아이들이 공부는 참 잘했는데 때를 잘못 만나서 출세를 못했어요.

리광평: 시어머니와 함께 화목하게 지내던 이야기를 들려주십시오

바느질을 하시는 박차순 할머님.(2002.4.19)

부엌에 서 계시는 정읍툰집단이민 박차순할머님.(2002.4.19)

박차순: 우리 시어머니가 나를 딸만큼 더 여기고. 내가 나가서 시어머니를 헐뜯는 말을 할가, 시어머니가 나가서 나를 헐뜯는 말을 할가. 나는 시어머니가 하자면 하자는대로 하고 시어머니 또한 내가 하자는대로 하였지요. 그래서 서로 믿고 도우면서 평생 살았어요. 그래 시어머니가 85세에 사망해서도《아이고 한 3년 더 앉았으면!》라고 했어요. 시어머니가 사망하니 못 살것 같더군요. 시어머니와 화목하게 지내니 온 집안이 그렇게도 화목하게 지냈지. 시누이고, 시애끼고.

할머님과 이야기를 마친 우리는 가마목에서 바느질을 하는 할머님의 모습과 초가집 앞에서 지팽이를 짚고있는 모습들을 여러 모로 촬영하였다. 할머님은 참 멋진 모습이었다.

촬영을 마친 우리는 윤명순할머님의 집을 방문하였다.

우리는 정해련로인님집에 돌아와 점심식사를 하고 또 정해련, 정정자 부부의 생활장면도 다시 촬영하였다.

집도 못 짓고 사망된 아버지

2004년 6월 10일 아침 4시 15분, 정해련네 집에서 잠을 잔 나는 산책을 하였다. 어제 쓰리를 맞은 왼쪽 어깨쭉지가 아파나 잠을 설치였던것이다. 그런데 날씨가 너무 싸늘하여 집으로 들어오고 말았다.

정정자할머님께서 기독교회에 새벽기도를 드리고 돌아와 아침식사준비를 하시고 정해련할 아버지는 교회에서 만든 달력(카렌다)에 향해 기도를 하는것이였다.

아침식사를 마친 나와 차광범은 7시 20분에 금광촌으로 갔다.

할머님과의 이야기를 마치자 우리는 로인님들을 모시고 바깥에서 량주의 사진을 여러번 촬영하였다.

우리는 로인님들과 작별인사를 올린 다음 박차순할머님네 집을 찾아갔다.

우리가 집안에 들어서자 할머님께서 달려와 손목을 잡으면서 기다리던 자식을 만난것 같다고 호탈하게 웃음을 터뜨리면서 어서 빨리 온돌에 앉으라는것이였다. 마침 저들이 꼭 찾아보자고 하던 림음전할머님께서 온돌가마목에 앉아 계시는 것이였다. 할머님도 반기며 어서 앉으란다.

우리는 먼저 박차순할머님과 이야기를 나누었다.

리광평: 박차순, 78세, 할머님의 생일은 어느 때입니까?

박차순: 정월 스무하루(1월 21일)날.

리광평: 출생지가 한국 정읍이지요?

박차순: 한국 전라도 정읍군 정문안이요.

차광범: 몇살에 중국으로 들어오셨습니까?

박차순: 열여덟에.

차광범: 결혼을 하고 들어왔습니까?

박차순: 아니, 여기 와서 결혼을 했지. 거기서 살았더라면 더 좋겠는걸. 하하하. 아버지, 엄마가 이곳 정읍툰에 집단이민을 먼저 왔단 말이요. 그리고 부모님들이 이곳 정읍툰에 신랑을 정해

놓고 오라는 바람에 와서 결혼을 했지.

차광범: 정읍툰에는 모두 정읍군사람들만 왔댔습니까?

박차순: 정읍군에서 온 사람들이 위주고 또 딴곳에서도 온 사람들도 있었지. 정읍툰, 사도툰, 무주툰, 통양툰, 고성툰, 대흥툰, 그렇게 집단이민을 왔댔단 말이요. 우리 령감은 24살인게 촌의 회계질을 했단 말이요.

할머님과 간단하게 이야기를 나눈 다음 우리는 박할머님의 실내에 앉아있는 모습과 바깥 초가집 앞에서 지팡이를 쥐고 서있는 모습을 촬영하였다.

그리고 또 림음전할머님과 이야기를 나누었다.

차광범: 할머님의 명함을 어떻게 부릅니까?

림음전: 림음전이요.

차광범: 년세가 어떻게 됩니까?

림음전: 칠십여섯(76세)이요.

리광평: 생일은 어느 때입니까?

림음전: 칠월 초사흘날(7월 3일)이요.

리광평: 할머님의 고향은 어디입니까?

림음전: 전라북도요. 나는 어머니가 일찍이 사망하여 내가 어디에서 낳는지도 몰라. 내 진짜 생일도 몰라. 우리 시어머니가 7월 3일에 생일이라고 세여주니 그것이 생일이 됐어. 나는 진짜 몰라. 아버지가 혼자 돌아다니고. 나는 무슨 세상인지도 몰라. 그런데 나는 명이 길어 지금까지도 살아. 또 령감이 일찍이 사망했어.

리광평: 할머님은 몇살 때 개척민으로 왔습니까?

림음전: 내 아홉살 때 왔소.

리광평: 그러면 1929년도 출생이고 9살이면 1937년도입니다. 어디로 왔습니까?

림음전: 처음 동남차툰으로 왔어요. 거기에 이민으로 들어와가꼬 거기서 방살이를 하면서 무

주툰에 집을 지은 다음 올라가 살았지요.

리광평: 그러면 무주툰집단이민입니다.

림음전: 그러다 령감이 거기서 못 살겠다고 해서 여기로 왔지요. 해방후에 여기 만보가 논을 풀곳이 많다고 조선족들을 집중시킬 때 이 금광으로 왔어요. 그때 이곳엔 맨 밭이고 논이 없었지. 그래 우리가 와서 논을 개답했지.

리광평: 예, 무주툰집단이민이니까 김량순이랑 알겠습니까?

림음전: 나의 사촌형님입니다. 나보다 한살 위이니 77세요. 그 할머님이 텔레비죤에도 나왔지요.

리광평: 그때 할머님네 무주로 올때 집에서 누구랑 같이 왔습니까?

림음전: 우리 아버지, 오빠, 남동생 하나, 나, 6살난 녀자동생 모두 다섯이 왔지. 와서 녀동생은 죽고, 오빠는 광복이 나니 한국으로 돌아가고.

나는 18살에 시집을 갔지요.

리광평: 시집은 어디에서 갔습니까?

림음전: 무주에서. 그게 다 연분이지뭐.

리광평: 할머님은 자식을 몇을 두었습니까?

림음전: 딸 둘, 아들 둘. 그외에 아들 둘과 딸 하나가 죽었어요. 그때는 못 사는게로 약 한번 썼소?

박차순: 그때 나는 한국에 떨어져 일을 하다가 18살에 부모가 정한 혼사 때문에 왔지요. 그때는 참 못살겠던데요. 한국에 가고 싶어도 남자가 뭔데 못 갔어요. 하하하. 지금 생각해 보면 우둔하기도 했지 30살을 먹도록 철이 못 들었으니까.

림음전: 아니 죽을 때가 되면 철이 들어요!

박차순: 북도사람들은 뭘 합데까?

리광평: 북도로 우리가 2002년 5월 27일에 갔는데 한창 벼모내기를 합데. 그때 그곳 로인들을 사진을 찍어 드렸습니다.

림음전: 이렇게 적어가서 뭘 해요?

리광평: 우리는 집단이민을 오셨던 로인님들의 이야기를 모아서 책으로 묶어 출판합니다. 그

래야만 우리 후대들이 선배님들이 어떻게 살아왔다는것을 알수 있거든요.

박차순: 지금 아이들은 아무것도 모르지. 우리는 이전에 혁명을 위해 산다고 했지만 지금 젊은 이들은 돈을 위해 살거든요. 참 달라요.

림음전: 젊은이들은 이런 말을 하면 웃어.

차광범: 야, 저 강아지 뭣있다. 저 개는 할머님이 키우는것입니까?

림음전: 양,

박차순: 내가 이 문앞에서 찍은 독사진을 하나 달라고 할가 했어요.

리광평: 다른 사진들은 다 보내드렸는데, 그러면 그 사진도 보내드리지요. 그 사이 우리는 왕청현을 돌아다니다보니 이곳으로 이렇게 늦게 왔습니다. 앞으로 자주 오겠습니다.

무주둔집단이민으로 오셨던 림음전할머님.(2004.6.10)

할머님과의 이야기를 마치고 우리는 림할머님과 박할머님의 모습들을 여러 모로 촬영하였다. 물론 림할머님의 강아지도 빼놓지 않고 말이다.

3장 영경향 지역

1. 조양툰집단이민부락터에서

진짜 토비들의 폭행

2002년 5월 12일 아침, 나와 차광범은 오토바이를 타고 류수촌을 떠나 7시 50분에 안도현 영경향 조양촌에 도착하였다.

어제 류수촌에서 최근규회장님의 소개로 조양촌로인회 박순구회장님의 명함과 집전화번호를 알게 되어 조양촌으로 취재를 갈 전화약속을 미리 하였던것이다.

조양촌에 이르러 박순구로인회장댁을 찾아가니 아주 반기면서 기자들이 온다고 로인회에서 음식을 마련하여 함께 즐길 준비를 한다는것이었다. 눈치가 빠른 차광범이 이 말을 듣고 슬그머니 나가더니 고기와 술, 야채들을 푸짐히 사가지고 들어왔다.

우리는 조양촌로인회 박순구회장의 안내로 조정숙 할머니를 만났다.

리광평: 할머님 명함이 조정숙입니까? 고향은 어디입니까?

조정숙: 1928년 전라북도 솜리입니다.

리광평: 1942년도에 전북으로 오셨습니까?

조정숙: 아버지를 찾아 혼자서 왔습니다. 아버지는 계모를 데리고 안도 량강의 전북툰에 집단

이민으로 먼저 들어왔습니다. 조선서 못 살아서 잘 살자고 중국에 왔는데 오고보니 더 못 살겠지요. 비적들이 그냥 부락을 털지. 집이란게 형편없지 정말 눈물이 막 쏟아집데다.

리광평: 그때 누구랑 같이 왔습니까?

조정숙: 그래 아버지를 찾아왔습니다. 지금 이런 좋은 시대를 만나 근심없이 잘 삽니다. 량강에 오니까 비적들이 하루밤 자면 오구 사흘밤 자면 오구. 광복이 나자 한국으로 가자고 하다가 내 나이가 어려서 혼자서는 못 갔습니다.

광복이 나서 토비들이 부락에 들어왔습니다. 우리 부락엔 쪼꼬마한 아이를 하나있고 각시가 있었는데 나무를 해서 팔아서 살지요. 그런데 누군지 그한테 돈이있다고 했는 모양인지 돈을 내라고 달아매놓고 뚜드렸습니다. 그리고는 목을 매서 달아놓고는 아무날까지 어디로 돈 얼마를 가져가지 않으면 다시 찾아와 정말 죽이겠다고 했어요. 그래서 그 젊은이가 너무 무서워 사흘만에 돈을 꾸어서 가져다 줬답니다.

그리고 한 집에서 탄알깍지가 하나 나오자 토비들이 총을 내라고 막 때리고 집을 발칵 뒤번졌습니다. 마당에 끌고가서 팔뚝보다 더 실한 몽둥이로 막 잡아뚜드리는데 죽는다고 비명을 질러대거든. 그러자 남자들은 싹 달아나고 녀자들만 몇이 있었습니다. 젊은이에미가 토비놈한테 달려들면서 우리 아이를 죽이지 말고 나를 대신 죽이라고 아우성을 쳤지요. 그러자 토비들이 발길로 그 할매를 콱 차서 밀어버리자 할매가 다시 달려들면서 자기를 죽이라고 하였습니다. 그러면 놈들이 또 차고 그 할매가 또 기여 가 사정하군 했어요. 그러자 하늘을 노엽혔는지 하늘에서 불시로 소나기가 우는데 하늘이 막 무너져내리는것 같았습니다. 그러더니 소낙비가 막 쏟아지였습니다. 그러자 토비놈들이 물건을 거둬가지고 달아났습니다. 참 기가 막혔소. 쌍병준토비들이라나. 그런데 며칠이 안 지나 의용대가 들어왔습니다. 그래서 토비들이 다 도망하고서 다시 들어오지 않았답니다.

리광평: 그래 할머님이 여기 중국에로 올때 기차를 탔습니까?

조정숙: 기차를 타고 명월구까지 와서 전북툰까지 걸어왔습니다. 그때는 춥기라도 어찌나 추운지.

조정숙: 예, 나는 1928년 전라북도 솜리에서 출생하였고 1942년도에 전북툰으로 왔습니다.

리광평: 아까도 많이 말씀하셨는데 전북툰에 오셔서 고생하던 이야기를 들려주십시오.

조정숙: 전북툰이라는데로 15살에 왔는데 집단이민들이 들 집은 다 있습데다. 그런데 그곳은 나무밭이였는데 집들은 별로 낮게 지었습데다. 변소칸이란걸 바깥에 지었는데 아이들이 뒤를 볼려 들어가면 개들이 엉덩이를 물려고 하지요. 나는 세상에 못 살데라고 아우성을 치면서 아버지보고 언제 한국으로 돌아가겠는가고 야단을 쳤댔습니다. 그래도 아버지는 여기가 한국에서 배를 곯기보다는 났다고 했습니다. 기장밥에다 옥수밥이 얼마나 좋니? 돼지도 자래우고 소도 자래우고 얼마나 좋니? 나는 아이구, 소고 돼지고 다 싫어요. 아니 변소칸에 가 소변을 보자해도 돼지가 엉덩이를 물자고 하는게 어디 살겠습니까? 그러자 아버지가 그날로 변소칸을 고쳐놓더군요.

그래서 그럭저럭 살게 되였습니다. 아버지가 나를 딸이라 한국서 데려왔거든요. 그런데 후엄마한테도 한국에 아들 둘이 있었고 들어와서 딸을 또 하나 낳았습니다. 그러니 나를 집에 두지 말고 자기 아들들을 데려오자고 하는거지요. 물론 엄마니까 자기 자식을 끔찍하게 생각하는건 마찬가지겠지요. 그러나 아버지가 대답을 하지 않거든. 그러니 후엄마가 자꾸 투정을 부리면서 나를 시집을 가라고 하는것이 뻔하였습니다. 그러자 나도 후엄마이기에 나를 집에 못 있게 하는것이 아닌가고 달려들었습니다. 그래서 대판 싸움이 났습니다. 그러니 아버지가 나를 막 잡아두드렸는데 머리가 만두처럼 부어났어요. 또 후엄마를 막 잡아두드리지요. 그래서 우리 아버지는 나를 남한테 일찍이 줘버리자고 하였답니다.

그때 보통 16살이면 시집을 갔지요. 그런데 나는 늦돼나서 시집을 가는걸 싫어 죽어도 안가겠다고 아버지한테 빌었습니다. 아버지는 이 동네에서 제일 가난한 집에 나를 시집가라고 했거든요. 그래 그렇게 곤난한 집에 보내면 어떻게 또 고생을 하겠는가고. 아버지는 나를 막 죽일것처럼 욕하고 때리기가지 하면서 어쨌던 가라는것이였습니다. 그래서 나는 시집 가는날 죽겠다고 했습니다. 그런데 부모님이 준 생명을 어떻게 그렇게 마치겠어요? 그래서 나중엔 마지못해 시집살이를 시작했죠. 잔치날 시아버님이 나를 보고 못난 년이 못난 짓을 하려 한다면서 남편더러 잘 살피라고 했고 나의 친정아버지도 내가 죽는가 하여 10리나 따라다녔답니다. 그래서 두루두루 아들도 낳고 딸도 낳고 살았어요. 우리 량반은 몸 때문에 일도 못하기에 내가 벌어서 집식구들이 산거나 다름없지요.

시집을 갔다가 한해만에 광복이 났습니다. 1945년에 해방이 나지 않았어요?

우리 부락에 사는 오아무개가 광복전에 금을 캐려 서광이라는데 갔댔답니다. 그런데 거기서 일본놈들을 만났대요. 일본놈들이 오씨더러 금을 내놓으라고 때리고 총을 들이대더랍니다. 그런데 말도 모르지. 손시늉을 하면서 돈도 금도 아무것도 없다고 했답니다. 그러자 일본놈들이 가라고 손시늉을 하더랍니다. 그러자 오씨는 내뛰다가 물구덩이에 풍덩 들어갔답니다. 머리를 물우에 내놓자 일본놈들이 또 총을 겨누더랍니다. 그래 물밑으로 헤염쳐가다가 다시 바깥을 내다보니 일본놈들이 보이지 않더랍니다. 그래서 오씨는 겨우 살아서 집으로 도망쳐 왔답니다.

광복이 나니까 웬걸 토비들이 막 접어들지 않겠습니까? 사방에서 몰려 오는데 사람을 붙들어서 목을 나무에 달아매 놓지, 눕혀놓고 몽둥이로 막 뚜드리지. 정말 겁이 나고 기가 막혔습니다. 위에서 방금 이야기를 했던 오씨네가 이전에 항일련군이 들어왔을 때 쏘았던 빈 탄알깍지 하나를 서랍에 넣어두었댔는데 토비들이 그걸 들추워내고는 김씨더러 감춘 총을 내라고 두들겨 패더랍니다. 그런데 총이 없다고 하자 고추가루물을 코에다 부어놓고 도리깨질을 하는것처럼 막 두들겨 팼거든요. 오씨가 쓰러져 피를 막 토하자 토비들도 겁이났는지 달아나더랍니다. 그런 다음 그 오씨는 오래 앓다가 그 미열로 끝내 죽고 말았습니다.

아이구, 해방후에는 저녁마다 토비들이 와서 고생이 심했습니다. 우리는 논도 부치고 밭도 부치고했습니다. 4월달인데 우리동네의 옆집처녀가 나하구《어머니, 어머니, 어머니도 고생스럽고 나도 고생스럽고 오빠도 둘이 다 없고하니까 오늘 함께 김매려 갈가?》고 하지요. 그러자 나는 《야, 토비들이 욱실거리는데 어디 가서 어쩐단 말이야. 붙들려 가면 어쩌겠니?》고 하였습니다. 그랬더니 그가《아이고 괜찮을겁니다.》라고 하면서 밭으로 끌고 갔습니다.

그런데 아니 글쎄 총을 멘 사람들이 떼를 지어 시꺼멓게 지나갑데. 나는 무서워서《업디여라, 엎디여! 토비들이다.》라고 그 처녀를 끌었어요. 그래 우리가 풀숲에 업디여있는데 토비들이 우리 앞을 지나 우리 부락으로 들어갑데. 그러니 부락의 로인들이

《야, 이 사람들아, 토비들이 오네! 종을 치지 말고 빨리 물건도 감추고 사람들도 숨게!》

라고 웨치는 소리가 들리는것이 아니겠습니까?

토비들이 우리 앞을 지난 다음 우리도 인차 집으로 돌아왔습니다. 그런데 어떤 집에서는 식량을 땅속에다 파묻거나 옷을 뜬물독에다 감추려하다가 토비들한테 들키워 얻어맞기도 하였습니다.

나의 첫날옷도 토비놈들이 무작정 빼앗아 가는것이 아니겠습니까? 내가 안된다고 챙기려 하니 욕질을 하고 귀쌈을 때리면서 억지로 가져갑데다. 내가 벙어리모양을 하면서 달라고 하자 나를 벙어리라고 합데다. 그리고 또 담배를 내라고 합데다. 나는 없다고 낑낑 거리면서 손짓만 하였지요. 그러니 토비들이 《메이유, 메이유?(沒有)》라고 합데다. 그래 내가 머리를 끄덕이자 그자들이 벙어리가 없다고 한다면서 가버리는 것이지요.

토비들의 죄악을 들려 준 조정숙 할머님.(2002.5.12)

토비가 들어오자 한 할머니는 손자를 데리고 피하려고 아이를 찾았으나 끝내 찾지 못하자 홀로 피난을 갔지요. 토비들이 들어와 살판을 치자 할머니를 찾는 손자가 《할매, 할매!》하고 울고불고 하면서 사처로 헤매는 가련한 모습을 보면서 눈물을 흘리지 않는 사람들이 없었답니다. 어찌나 불쌍하던지.

그리구 강남툰 서부락에 이쁘게 생긴 새 색시가 있었는데 자식내기를 못해서 늘 한 부락에 있는 리씨라는 한의원네 집에 다니면서 치료를 받아 끝내 남자애 하나를 낳게 되었답니다. 그래서 하루는 그 색시가 의사를 찾아 고맙다는 인사를 하고 집으로 돌아오는데 토비 일곱놈이 달려들어 색시를 옥수수밭에 끌고 들어가 륜간했단 말입니다. 그래서 만신창이 된 그 색시는 까무려쳤다지요. 하여 집식구들이 색시를 발견하였을 때는 그 색시가 혀를 가로 물고 쭉 늘어져있었는데 의사한테 가기전에 숨지고 말았답니다. 그래서 그 색시의 신랑이 아이를 살리겠다고 자기 애를 한족집에 주었대요. 그런데 애아버지가 자식을 보려 찾아가면 승냥이같은 개를 추기더랍니다.

우리는 정말 이렇게 고생하면서 살았습니다. 광복후에는 점차 생활이 나아지기 시작했습니다. 그후 우리 령감이 수전농사를 하는데 가서 살자고해서 강남툰을 떠났습니다.

우리는 조정숙(赵贞淑)할머님과 이야기를 나누었다.

리광평: 할머님 명함이 조정숙입니까? 고향은 어디입니까?

조정숙: 1928년 전라북도 솜리입니다.

리광평: 1942년도에 전북으로 올 때 어떻게 오셨습니까?

강남툰에 들어온 토비들

우리는 림승철로인님과 부인 정양숙(郑阳淑)과 이야기를 나누었다.

리광평: 로인님의 명함은 림승철입니까? 출생시간과 출생지는 어떠합니까?

림승철: 예, 저는 1925년 7월 19일 한국 충청남도 부여군 충화면 복금리(忠清 南道扶余郡忠化面福金里)에서 출생했습니다.

리광평: 로인님께서 안도현 량강촌 전북툰에 집단이민을 오셨다는데 그러면 그때가 어느 해 됩니까?

림승철: 1944년도가 됩니다. 44년도에 여기로 와서 45년도에 광복이 났지.

리광평: 그때 오실 때 집에서 누구랑 함께 왔습니까?

림승철: 아이구, 우리 부친 우리 모친, 우리 형제들 하고, 식솔은 모두 일곱식솔이 함께 왔단 말이야.

리광평: 그러면 로인님은 형제들 가운데 몇번째가 됩니까?

림승철: 나는 맏이였어.

리광평: 그러면 고생을 많이 했겠습니다. 중국에 와서 결혼을 했습니까?

림승철: 예, 스무일곱살에 결혼을 했댔나?

리광평: 그때 오셔서 고생이 많았지요?

림승철: 와서 고생이야 더 말할것도 없었지. 일본아이들이 우리를 괄시 하는데 고생이야 심했지. 해반전쟁도 겪었지, 군대는 비록 안 갔지만 농촌에서 농사도 하고 공작도 하고.

그리고 내가 어디서 혼이 났는가 하면 그때 강남툰에 토비 70명이 들어왔지. 전북툰에 들었다가 강남툰에 왔는데 강남툰은 이놈들이 도망치기 쉬운곳이란 말이야. 그래서 청년들을 나오라고그래. 우리가 나가니 닭을 12마리를 빨리 잡으라고 귀통을 친단 말이야. 아이 쌍놈이걸, 집으로 돌아와 가만히 생각하니 분통이 터지더군.

그때는 송강에 인민의 군대가 있었거든. 에이, 송강으로 가자! 그러자 어머니가 어디로 가는가 묻거든. 송강으로 갈테이니 아무하고도 절대로 말을 말라고 했지. 그래 그길로 밤에 홀로 산을 넘어서 량강으로 갔댔어. 신작로로 못 뛰고 깊은 산골로 갔지. 량강에 가서 토성바깥벽을 따라 뛰였지.

그래서 끝내 송강에 도착하여 3련부대를 찾아갔지. 련장이 한족인데 낯이 불그스레 하더군. 나보고 어디서 오는가고 묻는거지. 나는 량강에서 온다고 했지. 왜 왔는가고 묻자 나는 지금 토비들이 전북툰에서 돼지 한마리, 닭 40여마리를 잡아 먹고는 또 강남에 가서 닭을 잡으라고 호통치면서 귀쌈을 때리기까지 하니 분하여 여기로 왔다고 말했어. 그러자 련장이 머리를 끄덕이더군. 그래서 련장이 나더러 부대에 남으라고 하더군.

그런데 집을 떠나 부대에 있자니 못 있겠더군. 그래서 내가 집으로 가겠다고 하니 그럼 한이틀 더 묵었다가 가라고 하더군. 그래서 이틀을 묵고서 다시 집으로 돌아왔지.

강남툰에 돌아 오니까 토비들이 이미 돼지를 잡아먹고 닭을 잡아 먹고 백성들의 집을 털고서 달아났더군. 그러다 3련부대가 전북툰에 왔단 말이야.

그런데 낮에 령감 하나가 초모자를 꾹 눌러쓰고 참대배낭을 메고서 한 설흔 대여섯살이나 될 사람을 데리고 마을을 빙빙 도는데 참 수상하거든. 그래 우리 젊은이들이 그 령감보고 어디로 가는가고 물으니 어물어물 하면서 제대로 말을 못하거든. 그래서 령감은 놔두고 그 젊은사람을 때리라고 하면서 달려들어 두드리고 포승줄로 뒤짐을 묶고 참대배낭을 들췄지. 배낭에서 일본신 4컬레하고 권총 한 자루가 나왔지. 그런데 총이 이미 녹이 쓸고 탄알도 없더군. 그래서 그 사람들을 3련대에 압송해 갔지.

그때 신진수라는 나의 친구가 있었지. 그래 가만히 내가 어디로 갔다온줄 아는가고 물어도 모르거든. 그러면 되었다고 입을 다물었지.

우리 강남툰은 수전이 없고 맨 한전만 있지. 예, 동강쪽으로 나간다고 처가 집으로 갔지뭐. 그런데 일년 농사를 지은게 밀 한 40근밖에 못 탔소. 야, 이거 강냉이밥을 먹을 팔자니 안되겠다. 그래서 강남으로 다시 왔지.

그후에 또 이사를 가서 12년 살았소 1958년도에 황송포에 목재하러 갔지. ……

2. 고성툰툰집단이민부락터에서

집단이민 최고년장자 김양금

2002년 5월 19일, 일요일인데 구름이 많이 끼고 이따금 개인 날씨란다. 어제의 약속대로 나는 아침 8시에 벌써 룽드레우물 남쪽에 자리잡은 정정도편사로 오토바이를 타고 달려갔다. 차광범을 기다려 아침 8시 20분에 오토바이를 타고 집단이민부락인 안도현 영경향 고성촌을 향해 떠났다. 연길에 들려 연변주문련 박동근 부주석께 사진 2점을 맡기였다.

12시 20분에 동청에 도착한 우리는 지치고 배가 출출 한지라 명광식당에 들려 개고기국과 밥을 사서 점심을 먹었다. 그리고는 동청촌의 민병규로인님과 류수촌의 박회장님께 우리가 전번에 찍었던 사진들을 무료로 드리였다. 그리고는 영경을 지나 길가의 사람들한테 물으면서 고성툰으로 달렸다. 흙길이 울퉁불퉁하고 자동차들이 지나가면서 먼지를 일구는 통에 여간만 힘든 것이 아니였다.

고성촌에 이르니 벌써 오후 2시 5분이 되였다. 우리는 먼저 촌지부서기를 찾았으나 안 계시기에 로인회장 최청송(崔青松)을 찾아 우리가 찾아온 의향을 똑똑히 설명하였다. 그러자 최회장님은 우리를 데리고 량강구 전북툰에 집단이민을 오셨다는 이 부락의 김양금(金阳今)할머님의 집으로 찾아갔다. 집에는 김양금할머님과 그의 맏딸 송여순(宋如顺)이 있었다.

리광평: 할머님의 명함이 김양금입니까?

김양금: 예,

리광평: 년세가 어떻게 되십니까?

김양금: 87살이요.

리광평: 그러면 1916년생입니다. 고향은 어디입니까?

김양금: 전라북도 임실군 강질면이요.

리광평: 어느 때에 중국으로 왔습니까?

김양금: 우리가 1945도에 이민을 와서 그 해 8월달에 광복이 났습니다.

리광평: 그러면 제5차이민으로 왔습니까?

김양금: 마지막 이민으로 왔으니까. 그러다 해방이 났지.

리광평: 그때 이민을 어디로 왔습니까?

김양금: 량강의 전북툰에 왔어요. 지금은 다 한족사람들이 살아요.

리광평: 이민을 오실 때 부모님과 함께 왔습니까?

김양금: 부모는 아니 오고 남편하고 함께 왔어요. 남편은 이미 사망하고.

리광평: 그러면 남편의 이름이 무엇입니까?

김양금: 송남조(宋南祚)이요.

리광평: 그럼 결혼하고서 이민을 오셨으니 집단이민1세이군요. 그때 들어올 때 애기가 없었습니까?

김양금: 그때 올 때는 아이를 데리고 왔는데 인차 죽었소. 들어와서 아이를 낳았지.

리광평: 자식을 몇을 낳았습니까?

김양금: 딸 둘, 아들 하나를 낳았는데 아들을 꺾어버렸어요. 이 사람이 만딸이요.

차광범: 사위의 이름은 무엇입니까?

김양금: 최승귀(崔承贵)이요.

차광범: 사위의 년세는 얼마나 됩니까? 60세가 넘었습니까?

김양금: 60살이야 훨씬 넘었지. 70살이 될거요.

빛쪼임을 하시는 김양금 할머님.(2002.5.19)

자기가 가꾸던 밭에 서 계시는 집단이민1세 김양금 할　지난 날에 쓰시던 나무로 만든 그릇을 쥔 김양금 할머님. (2002.5.19)
머님. (2002.5.19)

차광범: 할머니, 바깥에 나가서 사진을 좀 찍읍시다.

할머님께서 말씀을 하시기 힘들어 하기에 더 들을수 없었다. 하여 우리는 할머님을 모시고 바깥에 나가서 할머님이 움직이는 장면들을 여러 모로 촬영하였다.

저녁 무렵 할머님의 사위인 최승귀로인님께서 일을 마치고 돌아오셨다. 우리는 최승귀로인님과 이야기를 나누었다.

리광평: 로인님의 명함은 어떻게 씁니까?

송여순: 최승귀입니다. 이 할머님과 한 기차를 타고 이민을 와서 할머님은 전북툰으로 가고 이 분은 5호부락에 갔답니다.

최승귀: 배를 타고 강을 건너 5호부락이란데 갔지. 5호부락이 바로 하연구이지. 하연구는 산골로 썩 더 들어가야 하오.

리광평: 지금 그곳에 조선족들이 사는것이 있습니까?

최승귀: 없지요. 량강에는 좀 있고.

리광평: 로인님의 고향은 어디입니까?

최승귀: 강원도여.

리광평: 그럼 로인님은 몇살에 이민을 왔습니까?

최승귀: 내 14살에 왔소. 그때 와서 얼마 안되여 하여 해방이 났지뭐.

리광평: 1945년도에 14살이였으니까 따져보면 로인님은 1932년도 생입니다.

송여순: 해방이 날때 한창 강냉이가 빨간 수염이 날때지. 바로 음력 7월이지.

최승귀: 갓 해방이 되자 일본군대들이 마을에 들어와 닭을 잡아 달라, 소를 잡아 달라고 하고서는 실컷 걷어 먹고서 저 산골로 내뺐지. 그러자 팔로군이 냅다 들어오더군. 밥을 해놓았는데도 일본군대들을 추격하느라고 밥도 먹지 못하더군. 그래서 뒤쫓아 가서 일본군들을 몽땅 붙잡아 가지고 내려오더군.

일본군대들이 줄을 쪽 서서 지나 기지뭐. 그래서 백성들이 몽둥이를 가지고 일본군대들을 막 때리겠다고 했지뭐. 그러자 팔로군들이 때리지 말라고 설복하기에 모두들 가만 놔뒀지뭐.

해방이 나니 부락사람들이 농사를 다 지어놓고서도 영경으로, 조선으로 다 도망을 가지뭐. 그런데 우리 집은 식구가 많고 업고다녀야 할 아이가 있어서 못 떠났지뭐. 하나만 업으면 되겠는데. 해방이 나니 모두들 제 마음대로 가라고 하여 우리도 짐을 싣고 조양툰으로 왔지뭐. 그랬다가 후에 여기로 올라왔지뭐.

리광평: 로인님의 팔은 언제 상했습니까?

최승귀: 여기에 와서 농사를 하는데 불시로 팔목이 아프더니 팔이 이렇게 통통 붓더구만. 그래서 엄마가 좋은 의사를 찾아가라고 하더군. 그런데 낮에 의사를 여러 번 찾아가도 만날수 없

어 애당초 새벽에 찾아갔지뭐. 그러니 동침을 한꺼번에 12대나 놓아주고 또 12곳에 뜸을 뜨라지뭐. 그래서 이렇게 되었습니다.

리광평: 그러면 집에 자식을 몇을 두었습니까?

송여순: 딸 셋에 아들 하나를 두었습니다. 그리고 이쪽 팔은 생산대에서 물방아를 찧다가 사고로 끊어졌습니다. 정말로 고생을 많이 하였습니다.

최승귀: 한 10년 물방아를 찧다가 상해서 큰 수술을 하고 못을 박았다가 한 1년 후에 다시 수술하고 못을 빼버렸지. 지금도 날씨가 흐리면 자꾸 아파요. 15살부터 물방아찧기를 시작해서 32살에 팔을 다쳤지.

리광평: 그러면 이 마을의 물방아를 그냥 찧었습니까?

최승귀: 그래. 피대에 팔이 감겨 들어가면서 이 팔을 상했지뭐. 송강병원에 가니까 팔이 부어서 옷을 다 짜개고 팔을 꺼내고 치료를 시작했지뭐. 한 일주일이 지나 수술했지뭐.

리광평: 그때 조선서 집단이민을 올 때 집에서 누구랑 함께 왔습니까?

최승귀: 내 아버지와 엄마, 내 동생 셋, 누나, 누나의 아들인 조카 등 나까지 모두 9명이었소. 9명 식구를 우리 아버지 혼자서 벌어 먹이였지.

그런데 어떤 령감 한분이 중국에 가서 살다왔단말이. 그 령감이 우리를 보고 중국으로 가지 말라고 한단말이지. 중국엔 입쌀이 없구 맨 옥수수밖에 없다고. 그러다 그 령감이 9일만에 죽어버렸어. 그런데 우리가 와보니 입쌀이 좀 있더군. 아마 그 령감은 무서운 산골에서 산 모양이지. 그래서 그 령감이 죽었다고 경찰서에 보고를 하니 내다 묻으라고 하면서 돈 5원을 주더군.

우리 외할아버지는 중국으로 넘어오다가 다시 돌아갔어. 년세가 한 칠십이 되었는데 중국에서 죽겠는가, 고향에 가서 죽겠다면서 견결히 돌아갔어. 9명이 함께 떠났는데 외할아버지께서 오다가 도망을 쳐 고향으로 돌아가고 우리 8명이 함께 건너왔지.

조선서 우리 아버지는 9명 식솔을 거두었소. 농사를 안 지으면 안 되었어. 남의 논을 부치는데 가을에 벼를 마당에 가져다 놓으면 논임자가 마당에 척 나와 앉아서 보지뭐. 그러면 농사군들이 닭을 잡아 먹이고 밥을 해서 대접하지뭐. 탈곡을 해서 벼를 절반을 논임자한테 실어가야 논임자가 떠나 가지뭐. 그 나머지 절반은 또 몽땅 공출을 해야지뭐.

그러면 우리 집에서 먹을것이 없지뭐. 그래서 아버지는 길닦이 하는곳에 돌깨려 가서 돈을 조금씩 벌어서 집에 보내 그 돈으로 옥수수, 패끼(팥), 좁쌀 등을 사서 먹지. 입쌀은 구경도 못하고. 경찰서에서 또 량식을 감추었는가고 와서는 땅을 쿡쿡 찔러보지뭐. 꼬챙이가 푹 들어가면 그곳을 파면 파묻은 벼가 나오지뭐. 그런데 우리는 그렇게 못했어. 종자만 내놓고 싹 가져가지뭐.

그리고 동삼(겨울)이면 집에 들어 앉아서 가마스를 틀어야 하지뭐. 안 틀면 안되오. 가마스를 한호에서 40장씩 바쳐야 하오. 그리고 또 목화, 약담배를 바쳐야 하오. 그래서 바치고 나머지가 있으면 집에서 쓰게하지뭐. 그런 임무를 완성하지 않으면 가만 두지 않고 사람을 잡아가지뭐. 그래 우리 아버지가 잘 해서 초과했단 말이여.

그런데 우리 엄마가 귀가 약간 못 듣지뭐. 엄마가 뒤동산에 올라가 계시니 엄마한테 내가 자꾸 소리를 쳤지뭐. 소리를 쳐도 안되니 나무판을 딱딱 쳐서 소리를 냈지뭐. 그러자 토비들이 나타나 우리 엄마를 붙잡아 갔지뭐. 그래서 내가 따라갔지뭐. 그때 내가 8살을 먹었을 때일거야. 토비들이 엄마를 감옥에 가두고 나를 들어가지 못하게 하더군. 그래서 내가 얼마나 울었던지. 내가 그냥 우니 한밤중에야 나를 들여놓지 않겠어. 콩밥가마치(누룽지)를 닭알만한걸 하나 주는데 그걸 엄마를 먹으라고 하더군. 그러자 엄마가 내가 있는데 그걸 먹겠어? 그래 한 일주일간 고생하다가 나오는데 배가 고파 맥이 없어 벌벌 기여 나오지뭐. 그래 엄마가 나더러 빨리 가서 아버지를 데려 오라고 하지. 나는 엄마를 또 붙들어가면 어쩌는가고 하면서 떠나려 하지 않았지. 엄마가 나를 빨리 가라고 하기에 나는 뛰여가 아버지한테 알려주었지뭐. 그래서 아버지가 달려와 엄마를 업고서 집으로 왔지뭐.

리광평: 엄마가 어째서 붙잡혔습니까?

송여순: 삼베를 못 짜게 하는걸 가만히 짜다가 들키워 잡혔답니다. 그걸 함부로 못 짜게 했답니다.

최승귀: 경찰들이 감시를 하니 밤 12시에야 삼베를 짜지뭐. 엄마가 의무완성을 못했다고 붙잡아 간거지뭐.

리광평: 엄마의 이름이 무엇입니까?

최승귀: 고옥녀.

최승귀와 그의 안해 송여순이 김양금 할머님과 함께 기념사진을 남겼다. (2002.5.19)

리광평: 아버지이름은 무엇입니까?

최승귀: 아버지 이름은 최도나입니다.

그후 내가 14살 때에 중국으로 건너왔지뭐. 그때 우리 누나도 함께 왔지요. 매형이 있었는데 중국으로 안 가겠다고 하니 누나가 조카를 데리고 우리 아버지를 따라 중국으로 왔단 말이요. 그런데 조카가 죽고 조카와 동갑인 내 동생은 죽지 않았지뭐.

최승귀로인님이 청력이 못하고 이야기를 함이 류창하지 못해 기록하기 참 어려웠다. 그런대로 취재를 마친 우리는 다시 박호산, 류영애부부를 찾아갔다.

리광평: 할머님의 명함이 류영애이지요?

류영애: 예. 내 나이 70살이요.

리광평: 할머님의 생일이 어느 때입니까?

류영애: 5월 24일이요.

리광평: 8살에 집단이민을 오셨다고 했지요? 그러면 1940년도입니다. 어느 곳에 이민을 왔댔습니까?

류영애: 안도현 명월촌 영생동이라는곳에 왔소. 이민으로 오다나니까 우리가 들 집도 없었지요. 그래서 남의 집에 림시로 곁방살이를 했어요. 그래서 집을 짓고 나갔어요. 우리는 식량을 가져오지 못했으니까 만척회사에서 대여 주더군요.

영생동엔 맨 한국에서 이민들이 왔지요. 그래 거기서 살다가 사망된 사람들이 많아요. 지금은 거지반 다 사망했어요. 지금 우리 큰집이 있구.

리광평: 그때 이민을 올 때 집에서 누구랑 함께 왔습니까?

류영애: 이민을 올 때 우리 아버지하고 엄마, 나 그리고 남동생 하나 모두 네식구가 왔댔습니다.

차광범: 할머님이 올 때 몇차 이민이 됩니까?

류영애: 그건 난 모르지뭐. 지금 수동촌에 가면 우리 큰집이 있는데 황정례라고 찾으면 됩니다.

리광평: 이분이 년세가 어떻게 됩니까?

류영애: 71세이요. 나보다 한살이 이상이요. 이 분이 영생동의 정황을 많이 알아요.

집단부락을 건설하던 이야기를 하시는 류영애.(2002.5.19)

밭농사에 정을 붙인 박호산 류영애 부부. (2002.5.19)

두 로인님들이 이야기하기를 힘들어 하셨다. 우리는 다음번에 다시 찾아뵙겠다 인사를 올리
였다.

고성촌의 촌장 윤창수와 회계 리원상, 그리고 로인회회장 최청송 등이 우리를 뜨겁게 맞아주
고 여러모로 잘 도와줬을뿐아니라 저녁초대도 해주었다. 우리는 자기 집에 온듯한 분위기에서
촌장네 집에 숙박을 잡고 편안하게 잘 쉬였다. 물론 나는 일기쓰기를 잊지 않았다.

이튿날인 5월 20일 아침 4시에일어난 나는 카메라를 들고 산간의 아침경치를 촬영하였다. 그
리고 차광범과 함께 김화옥할머님을 만나 보았고 촌장네 집에서 아침식사를 하였다.

촌회계가 촌사무실의 확성기를 켜고서 온 마을이 쯔렁쯔렁 울리게 방송을 하는것이었다. 오
늘 기자들이 오셔서 로인님들을 면비로 사진을 찍어드리니 마을 중심운동장에 모이라는것이다.
이윽고 확성기에서 울리는 흥겨운 민요가락에 마추어 한복을 곱게 차려입은 로인님들이 삼삼오
오 운동장에 모였다. 로인님들을 더 이쁘게 치장하여 드리려고 로인님들 가족분들이 로인님들
을 따라 나와 바삐 보내기도 하였다. 마을은 삽시에 명절의 분위기로 변하였다. 로인님들이 얼

명절 옷차림을 하시고 즐겁게 기념사진을 찍으시는 고성촌로인님들. (2002.5.20)

싸 좋다고 서로 인사도 나누고 잡담도 하시면서 웃음꽃을 활짝 피우는것이였다.

로인님들이 다 모이자 촌장이 간단하게 우리를 소개하면서 우리민족의 력사를 기록하기 위하여 고생하는 그 력사사명감과 로인님들을 존경하고 무료로 로인님들을 위해 봉사하는 그 정신이 고상하다고 하면서 우리한테 감사를 드린다고 하셨다. 나도 로인님들에게 인사를 올리면서 로인님들한테서 력사공부를 하는만큼 조그마한 학비라도 내는것으로 면비로 사진을 찍어서 보내드리겠으니 찍고 싶은대로 마음대로 찍으라고 부탁을 올렸다. 로인님들이 우리한테 뜨거운 박수를 주는것이였다.

우리는 먼저 로인님들 단체사진을 찍어드렸다. 이어서 조선반도에서 출생한 분들도 따로 찍고 로인님들의 요구대로 가족사진도, 증명사진도, 소조별사진도 촬영해드렸다. 우리는 로인님들의 환한 웃음과 즐거워하시는 거동에서 짙은 인간애를 느꼈고 우리가 하는 일이 보람이 있음을 가슴속 깊이 느끼게 되였다.

다음 우리는 조양촌에 들려 조양촌에서 찍은 사진들을 로인회장님게 드렸다. 우리는 달리고 달려 10시에 강남촌에 도착하였다.

김양금할머님의 마지막 모습

2003년 5월 5일, 오후 2시 3분, 나와 차광범은 오토바이를 타고서 룡정에서 출발해 4시간에 182km를 달려 저녁 6시 5분에 안도현 영경향 고성촌에 도착하였다.

우리는 고성촌에 들어가기전에 영경에서 돼지고기와 각종 남새들을 30원어치 사가지고 곧게 집단이민1세인 김양금할머님네 집으로 들어가 숙박을 잡았다.

김양금할머님께서 앓는 모양이였는데 전번보다 몹시 축해졌다. 나의 머리에는 문득 이번이 김할머님을 만나는 마지막 기회가 아닐가 하는 불길한 예감이 떠올랐다. 그래서 이번에는 할머님의 모습들을 사진뿐만아니라 비디오로도 찍어야겠다고 생각했다. 그리하여 나는 비디오촬영을 시작했다.

저녁을 먹고 8시가 되자 우리는 최승귀로인님과 김양금 할머님과 이야기를 나누었다.

리광평: 로인님은 1932년 9월 23일 강원도 출생이고 1945년 봄에 량강의 하연구, 즉 5호부락에 집단이민을 오셨지요?

최승귀: 그랬습니다. 그때 나의 장모님이랑 한차에 앉아 왔습니다. 소를 싣고 다니던 캄캄한 짐차에 앉아서 밤낮으로 일주일이 걸려 명월구에 도착했습니다. 명월구에서 트럭에 앉아 아리랑고개를 넘어 량강을 거쳐 우리 50호는 배를 타고 강을 건너 하연구란 5호툰으로 가고 장모님은 전북툰에 떨어졌습니다.

오니까 강냉이를 식량으로 주더군요. 막내동생을 조선서 낳아 안고 들어왔는데 26살인 누나가 오자마자 덜컥 죽었습니다.

리광평: 그래 오던 해에 광복이 났습니까?

최승귀: 그랬어요. 광복이 나니 우리는 모두 5호툰을 떠났습니다. 우리는 식구가 8명이였는데

멀리는 못가고 조양툰에까지 왔습니다.

광복이 나니 토비들이 덮쳐들어 돈을 내라고 우리 백성들을 못살게 굴다가 팔로군이 나오는 바람에 다 달아났습니다. 그후에 우리는 이 마을에 와서 살았고 나의 매형도 이 마을에 와서 살았습니다.

이미 전번에 다 이야기 했으니 별로 더 말할것이 없습니다.

최승귀로인님과의 이야기를 마친 우리는 김양금할머님과 이야기를 나누었다.

리광평: 할머님은 1916년 1월 8일 한국 전라북도 임실군 강질면서 출생했지요? 그리고 29살에 중국으로 이민을 오게 되였습니까?

김양금: 양, 스물아홉(1945년도)에 중국으로 건너왔소.

리광평: 그러면 그때 애기가 없었습니까?

김양금: 애기 하나 있었어요. 아들 하나를 데리고 왔는데 중국에 와서 죽었지요. 이애 위로(함께 있는 딸 송여순을 가리킴) 아들이 죽고. 또 이애 밑으로 딸을 하나 낳고. 그래 나는 세 오누이밖에 못 낳았습니다.

리광평: 그때면 다른 분들은 자식을 많이 낳을 땐데요. 그래 남편이 일찍 돌아갔습니까?

김양금: 일찍 사망은 됐지만은 그래도 자식을 키울만 했는데 못 낳았소.

리광평: 량강 전북툰에 이민을 오셨다고 했던가요?

김양금: 양, 저 량강 전북툰이요.

리광평: 그때 올때 몇집이 같이 왔습니까?

김양금: 그때 올 때는 그냥 한집한집 떨어져 나오는게로 나 한호만 전북툰으로 들어가고 저 사람(사위 최승귀를 가리킴)들은 물 건너 하연구로 들어 가고 그랬어요.

리광평: 그때 몇호가 함께 왔습니까?

김양금: 그때 오기는 많이 왔는데 오다가 떨어지고 오다가 떨어지고. 우리 혼자 전북툰으로 들어가고 저 량반네는 하연구란데로 들어가고.

리광평: 그러니까 1941년도부터는 개척민이라고 했거든. 그때 연변에는 이미 세운 집단이민

부락에 보충이민들을 안배하였거든. 그러니까 이 할머님 한호가 전북툰에 들어가게 된거지요.

　김양금: 들어와서 오던 해에 해방이 됐어요. 오던 해 8월달에 해방이 되여서 우리는 도망을 갔지뭐. 그때는 분주소사람들이 있기때문이로 새벽에 가만히 나왔지요. 하연구란데서 저 사람들도 나오고. 우리는 여기 아리랑고개를 넘어서 통양부락에 왔어요. 통양부락에서 붙잡혔는데 분주소사람들이 막 때린단 말이야. 때리기때문께로 밤에 또 도망을 해서 안도로 간다고 나왔지요. 나왔는데 오다가 밤에 바깥에서 아이 하나를 데리고 바깥에서 밤잠을 자야 했어요. (할머님의 목소리가 비애에 젖어 불시로 떨리고 낮아졌다.) 아이고, 비가 억수로 퍼붓었소. 비오는 바람에 아이를 품에 안고. 막이 하나 있습데다. 그래서 아이를 안고 막안에서 잤어요.

　새벽에 소사하부락으로 왔소. 소사하부락으로 와서 전씨라는 가풍이 좋은 집에 닷새를 묵었소. 친척이라 하면서. 그리고는 깜깜한 밤 새벽 4시나 되였겠는지 대문을 열기전에 가라고 한 사람이 가만히 대문을 열어 줍데다. 그래서 가만히 빠져 나와 안도로 왔소. 안도에서 아이한테 아침밥을 얻어 먹이고. 그때 돈은 몸둥이에다 감추고 다니지. 남자애 옷에다 돈을 누비여. 등대기와 앞에다 누비었어요. 안도를 지나 오는데는 누가 붙잡는 사람이 없지요.

　안도를 나와서 흥륭하란데로 왔어요. 흥륭하에 와서 우리 령감 송남조의 동무가 있어 그 집에 들었댔지요. 그 량반은 우리 령감보다 이상이니 이젠 다 사망했겠지요. 그래서 거기서 분주소사람들을 막 청했지요. 개를 잡고 술을 준비해 분주소사람들을 청했지요. 그런데 거기 흥륭하란데가 중국부락도 있고 조선부락도 있고. 이 건너는 중국부락이면 저쪽 건너는 조선부락이였지요.

　거기서 령감을 데리고 술장사를 했소. 막걸레를 만들어 팔았소. 정읍툰이라고 거기 가서 누룩을 사다가 기장쌀을 사다가 아닌게 아니라 막걸레를 만들었소. 청주를 여덟병이나 아홉병을 빼오. 말끔한 청주를. 한공기만 먹어도 뱅뱅 돌아가지뭐. 알빤해지지. 그래 거기서 술장사를 하면서 분주소사람들을 청해다 먹이구, 술도 먹이구, 개도 잡아 먹이구. 우리집 령감이 개를 잡는다는게 저기 다 벗기고는 나머지가 있어야지.

　청주는 여덟병이나 아홉병을 빼지요. 그리고 막걸레는 걸구지요. 아이, 청주는 빼며는 남는게 없고 밤낮 본전이 들어가오. 그래 좀 남아야겠는데 남는게 없고 만날 본전이 들어가 버리고 본전이 들어가 버리고. 아 그래다나니 만날 믿지니 대롱대롱, 그러면 또 사다가 또 해놓으면 또 대롱대롱, 만날 대롱대롱. 또 대롱대롱.

그래 흥륭하라는데서 분주소사람들을 청해다 먹이는게로 만날 본전이 들어가지. 아이고. 그래서 김기백이라고 하는 사람을 우리 령감이 찾아갔소.

리광평: 남편의 친구였습니까?

김양금: 우리 령감의 친구니까. 막걸레를 해도 벌이가 안되니 가겠다고 했지. 그래서 여덟살 되는 아이를 업고 도로 량강으로 돌아서서 다시 전북툰으로 또 들어가오. 거기 들어가면 인심이 좀 후해요. 전북툰부락에 들어가 좀 있다가 또 도망질을 했소. 이놈 분주소사람들 때문게로 내가 명단을 거기다 지어놓아야 되는데 명단을 못 지어놓고 자리를 잡았거든. 그래 거기서 또 도망을 해서 량강이란 곳으로 왔소. 량강에서 다시 대전자란데로 이사를 갔소. 그래 대전자에서 살다가 막동딸을 따라 심양까지 갔다가 죽게 된게로 큰딸네 집에 왔잔노. 큰딸네 집에 와서 이젠 죽게 되였소. 이제는 할수 없소. 자꾸 아파서. 손자녀석을 다 키웠어요.

리광평: 전북툰에 오니까 만척에서 식량을 내줍데까?

김양금: 양, 대줍데다

리광평: 뭘 줍데까?

김양금: 강냉이, 조이, 그렇게 주지뭐.

리광평: 그리고 집은 어떻게 합데까?

김양금: 집은 지어줍데다. 지어준것도 쪼꼬만한 집이지.

리광평: 그러면 이민을 온 해에 광복을 맞았습니까?

김양금: 양, 오던 해 8월달에 광복을 맞았어요. 저 사람 사위네는 한차에 와서 하연구로 가고 우리는 전북툰에 떨어지고. 전북툰으로 와서두 없이 산게 저 금전으로 댕기면서 금도 파고. 아이구. 금전에 가서 호박을 저 가마보다 더 큰걸 삶아 먹었지. 우리 저것들도 데리고 가고 저애 오빠도 데리코 가고. 아이들도 호박을 먹으면서 자랐소.

(할머님께서 눈물을 흘린다. 목이 메여 말을 잇지 못하신다. 잠시 말을 멈추었다가)

다 쓸데 없는 이야기야. 우리 령감두 고생이란 고생은 다 했소. 뭐 그래도 일없다는데뭐. 그게 습기를 받아가지고 살이 새까매요. 습기를 받아 가지고. 그리고 저것 다음에 딸 하나를 낳은게로 막동딸을 낳아서 키우구.

그리구 우리 령감은 여기 와서 죽었소. 이 부락에 와서. 이 부락에서 죽었소.

리광평: 년세가 얼마일 때 사망했습니까?

김양금: 환갑, 진갑 다 넘어갔을거요. 저 그냥 만보에 살다가 저걸 데릴사위 한다고 딸 따라 왔소. 그래. 딸 따라 와가지고 살다가 이렇게 령감이 여기 와서 죽어버렸지. 나 혼자 막동딸을 데리고 여기저기 다니면서 얻어 먹었지. 그러다 이젠 나이가 많으니 할수 없이 죽는 판이요! 할수 없이 죽는 판이요.

말씀하시던 할머님은 서러웁게 흐느끼면서 눈물을 닦으셨다. 나는 저도 몰래 괜히 할머님의 아픈 상처를 다쳐서 할머님의 감정을 상하게 하지 않았는지 몹시 후회되기도 했다. 그런 열악한 환경속에서도 부부가 서로 믿고 의지하면서 갖은 고생을 이겨내고 자식들을 길러내신 위대하고도 평범한 보통 할머님과 할아버지들. 그들의 이야기엔 남을 놀래울만한 청사에 남을 업적은 없지만 보통 평범한 인간으로서의 강렬한 생의 욕구와 인간의 정과 사랑이 슴배여 있으며 삶의 슬기와 힘이 담겨져 있으며 민족의 흘러간 력사적맥락이 살아 숨쉬고 있다.

희미한 전등불 밑에서 이야기 할때 눈에 빛나는 강렬한 빛에서 로인님의 생의 욕망이 빛을 뿌리고 있음을 직감할수 있었다!

이야기를 들은 나의 가슴이 몹시 흥분이 되였다. 하여 나는 비디오카메라를 들고서 문밖에 나와 창문의 유리를 꿰뚫고 물 마이려 네발 걸음으로 기여가는 할머님의 모습, 잠자리에 드는 모습들을 일일이 기록하였다.

우리는 9시 반이 되여 잠자리에 들었다.

이튿날인 5월 6일, 아침 5시 10분에 나는 바깥에 나가 돌면서 부락과 그 주위의 경치를 촬영했다. 그리고는 할머님의 하루 생활을 전면적으로 기록했다.

아침식사를 마친 다음 김양금할머님의 가족사진, 김양금로인님과 우리들의 기념사진을 찍었고 여러 모로 그들의 생활모습을 촬영했다. 손자가 일하려 가고 열시가 되자 우리는 딸 송여순이 어머니 김양금할머니를 목욕을 시키는 장면을 촬영하였다. 웃옷을 벗고 목욕을 하는 할머님의 주름진 살결을 보는 순간 세월이 할머님 몸에 남긴 흔적들을 련상하게 되였다. 너무나도 가슴 아픈 모습이였다.

촬영을 마친 우리는 할머님께 돈 100원을 드리면서 앞으로 할머님의 사진을 마음대로 쓸수 있다는 초상권양도 담보를 받았다. 그때 옆에 있던 딸과 사위도 그렇게 하라고 대답하였다. 우리는 참 고마웠다. 우리가 촬영하는 사이에 차광범은 4X5카메라 필림통에 필림을 교체하기 위해 두번이나 김양금 할머님네 바깥에 있는 김치움에 들어갔다. 내가 바깥에서 보초도 봐주고 김치움뚜껑을 열고 닫고 하였다.

김양금할머님의 2002년 5월 6일 하루 생활을 기록한 사진들을 펼쳐보인다.

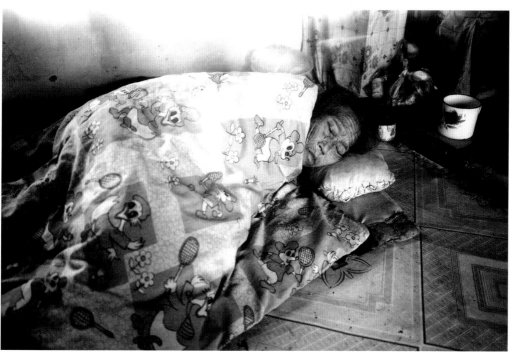

새벽에 주무시는 김양금 할머님.

잠에서 깨여나 힘겹게 일어나시는 김양금 할머님.

새벽산책을 하시는 할머님.

집식구들과 단란히 아침식사를 하신다. 할머님은 종래로 밥상위에 밥그릇과 반찬그릇을 올려 놓으시지 않는다.

할머님은 늘 소구시에 앉으셔 휴식하신다.

산책을 하시면서 자기집 밭을 돌아보신다.   따스한 해빛을 맞으며 장난기에 물젖어.

언제나 살갑게 달려들며 놀아주는 멍멍이.

저절로 목욕을 하신다.

깨끗한 한복을 갈아 입으시고 사진을 찍으려 나오
신다.

딸, 사위와 손자와 함께.

리광평과 함께. 이번 촬영이 할머님과의 마지막 만남일줄 어찌 알았으랴? – 차광범 촬영

우리는 점심을 먹은 다음 오후 한시 반에 오토바이를 타고 출발하여 저녁 6시 23분이 되여 룡정에 도착하였다. 이틀 사이 우리는 각각 366km 길을 달렸고 나는 120혈슬라이드필림 4통, 120형흑백필림 10통을 썼고 또 한필림 반의 비디오촬영도 하였다. 저녁에 차광범의 도움으로 정정도편사에서 흑백필림 현상을 하였다.

2004년 6월 5일, 량변진에서 오토바이를 타고 출발한 우리는 영경에 들려 돼지고기와 남새들을 사가지고 고성촌의 김양금할머님 집으로 찾아 들어갔다. 그런데 할머님은 보이지 않고 사위 최승귀가 어색한 표정으로 우리를 맞는것이었다. 할머님께서 어디로 가셨는가고 묻자 최승귀 로인님은 얼굴을 찌프리면서 할머님께서 지난해(2003년) 9월 4일에 사망을 했다는것이다. 정말로 비감하였다. 지난해 5월 5일과 6일의 만남이 어찌 마지막으로 되었을까? 그 사이 다른 곳으로 돌다나니 한번더 다녀오지 못한 제가 알미웠다. 우리는 마음속으로 할머님의 명복을 빌면서 다시 만나지 못한 저들을 용서해 달라고 빌었다. 딸 송여순은 일하려 갔다는것이다.

김양금 할머님이 늘 앉으시던 자리에 앉아 계시는 최승귀. (2004.6.5)

우리는 할머님을 그리면서 할머님이 앉으셨던 소구시 그 자리에 최로인을 앉히고 사진을 찍었다. 할머님이 없는 자리에 사위가 앉아있으니까. 그리고 최승귀로인님이 쪽지게를 진 모습도 촬영하였다.

3. 동청툰집단이민부락터에서

전라북도 집단이민 림차규

2002년 5월 10일 금요일, 맑고도 구름이 피는 쾌청한 날씨였다. 아침 8시 35분, 나와 차광범은 오토바이를 타고 정정도편사에서 출발해 10시 20분에 안도에 도착하였고 11시 15분에 복만촌에 이르렀다.

만보의 정해련할아버지네 집에 짐을 부리운 우리는 영경향의 동청(東淸)촌을 향해 쏜살같이 달렸다. 동청촌에서 갈라져 나온 청산(淸山)촌에 들려 로인회장 리해수(李海洙)를 만났다. 이곳 태생인 73세의 리해수회장님께서 몹시 반기면서 열정적으로 도와주시겠다고 하셨다. 우리는 래일 아침에 찾아가기로 약속하고 저녁 7시 10분에야 정로인네 집에 도착하였다.

5월 11일 아침 6시 40분. 나와 차광범은 오토바이를 타고 동청촌(東淸村)으로 향해 달려 7시 3분에 리해수로인회회장네 집에 도착하였다.

리해수부인이 저들을 안내하여 윤월선(尹月善)로인님 댁에 갔다. 로인님들이 그 집에 모이는데 우리는 로인님들이 오시는 족족 자연정황들을 등록하였다. 집단이민을 오셨다는 로인님은 일곱분이었다. 그들로는 충청남도 공주군 계룡면 양화리에서 출생하고 1944년 량강 강남툰에 집단이민을 온 민병규, 충청남도 예산군 광시면 은산리에서 출생하고 1944년 동청툰에 집단이민을 온 리명재, 충청남도 천양군 천양면에서 출생해 1944년 동청툰에 이민을 온 윤월선, 전라북도 숭청군 복실리에서 출생하여 1939년에 대사하 청홍툰에 집단이민을 온 림차규(林次奎), 강원도 양양군 양양면 서문리에서 출생하고 1937년 통양툰에 집단이민을 온 김정숙, 어머님 배속에서 1944년 통양툰에 집단이민을 와 그해에 통양툰에서 출생한 리춘옥, 평안북도 자강동 중광군에서 출생하고 연변에 자유이민을 온 최현숙, 함경북도 무산군에서 출생하고 1945년에 내두산툰에 자유이민을 왔던 림금순 등을 만나보았다.

로인님들이 모이자 우리는 로인님들을 찾아온 의향을 똑똑히 해석해 준 다음 그들의 집단사진과 기념사진들을 찍어드렸다. 우리는 집단이민로인님들을 모시고 동청툰집단이민인 장덕순(張德淳)의 옛집터자리에 이르러 일곱분 단체사진을 찍었다. 그리고 김정숙(金貞淑)할머님 등 로인님들의 초상사진들도 여러 모로 촬영하였다.

이 사진속의 오른켠 두번째분이 바로 1935년 전라북도 숭청군 복실리에서 출생한 림차규이다. 그는 부모를 따라 1939년에 안도현 대사하 청홍툰에 집단이민을 왔단다. 그런데 그때 나는 년세가 많은 분들만 중시하여 조사하다보니 림차규를 단독 인터뷰를 할걸 깜빡 잊었었다.

2004년 6월 10일 나와 차광범이 다시 동청촌을 찾았을때 나는 림차규를 만나자고 하였다. 그런데 리명재어른께서 림차규가 2003년 10월에 멀쩡하던 것이 불시로 뇌출혈로 사망하였다는

사진1: 장덕순집터에서 기념사진을 찍은 집단이민로인님들인 (좌로부터) 최현숙, 김정숙, 림금순, 민병규, 리명재, 림차규, 윤월선.

것이였다. 나의 실수로 하여 나는 다시는 림차규어르신님의 이야기를 들을수 없게 되여 평생 지을수 없는 상처를 남기게 되였다.

저승의 문턱까지 갔다가

2004년 6월 10일 오후 나와 차광범은 오토바이를 타고 동청촌에 들렸다. 2002년에 만났던 7명 집단이민 가운데서 4명이나 사망하였다. 오후 3시가 좀 지났다. 나는 차광범에게 오늘 기분이 너무 상했으니 공영촌의 정해련로인네 집에 들려 좀 편히 쉬자고 했다. 그러자 차광범은 저녁의 햇빛이 좋을 때 기회를 놓지지 말고 금화촌으로 가잔다. 말을 마친 광범이 웽하고 오토바이소리를 높이면서 앞장서 달렸다. 나도 하여튼 만보쪽으로 가야하겠으니 인차 따라 나섰다.

나는 포장이 잘된 콩크리트길로 시속 60km이상으로 질주했다. 앞에서 달리는 차광범이 얼마나 빨리 달리는지 애당초 보이지도 않았다.

그런데 오늘 로인님들이 사망된 소개를 듣고서 어찌나 가슴이 쓰리고 아픈지 오토바이운전을 하면서도 운전에 정신을 몰입하지 못하겠더라. 그래서 앞에 장애물이 나타나면 제꺽 정신을 차리고 핸들을 바로 잡게 되었다. 오늘 오토바이운전이 잘 안되였다. 그런대로 나는 달리고 달려 만보진소재지에 도착하였다.

앞을 보니 만보진의 번화한 중심거리에 들어섰는데 차광범은 보이지 않았다. 차광범이 금화촌으로 간다고 했으니 정해련로인네 집에 들어갈수 없을것이 빤하였다. 나도 금화촌으로 가자. 그래서 시내중심거리를 지나게 되기에 나는 모든 잡생각을 떨쳐 버리고 오토바이속도를 늦추면서 시가지중심을 도정신하여 달렸다.

그런데 시가지중심으로부터 나의 앞에 농용자동차가 늦은 속도로 길중심 오른쪽의 가운데로 그냥 느리게 달리는것이였다. 나도 느리게 뒤를 따르다가 자동차가 너무 늦게 달리니 앞질려 나가려고 오토바이경적을 몇번 울리고 또 앞질려 갈 신호등도 켰다. 그런데 자동차는 그냥 아무런 반응도 없이 그냥 천천히 달리는것이였다. 200여m 달려도 자동차가 반응이 없자 나는 자동차왼쪽켠으로 속도를 내면서 앞서려 했다. 자동차운전실에서 두 사람이 그냥 서로 이야기를 하면서 운전하는것이였다.

내가 오토바이속도를 내면서 자동차 왼쪽켠에 거진 도착하는데 길을 건널 신호등도 켜지 않은 자동차가 삽시에 차머리를 돌려 길복판에 들어서는것이였다. 깜짝 놀란 내가 악소리를 지르면서 핸들을 꽉 잡으며 제동기를 밟는 순간 오토바이 앞바퀴가 자동차운전실문 밑의 트럭고무바퀴를 들이 박았다. 그 찰나에도 나는 내가 운전대를 놓는 날에는 영락없이 죽는다는 생각이 돌면서 두팔에 힘을 꽉 주어 핸들을 잡았던것이다.

쾅 하는 소리와 함께 나와 오토바이는 면바로 자동차 앞바퀴 고무다이야에 부닥치고는 관성에 의해 반대방향으로 튕겨 났다! 안전모자를 쓴 나의 머리가 자동차운전실문을 들이 박으며 자동차문을 우묵하게 들어가게 하였다. 속도를 내여 달리던 오토바이가 자동차에 부딛치자 오토바이 앞부분이 오그랑채가 되고 나는 튕겨나와 몇m 밖에 나와 쓰러졌다. 불시로 눈앞에서 불꽃이 티고 머리가 빠개지는것 같고 가슴이 오그라지는것 같으면서 발광이 났다.

농용자동차 운전수 왕강(王剛, 漢族, 21세)은 뒤도 돌아보지 않고 길 건너 자기집에 도착했다고 불시로 차머리를 돌린것이였다. 돌연적사고에 깜짝 놀란 왕강이 혼비백산하여 차를 급정거했다!

리광평 교통충돌사고 현장. 경찰들이 차를 한쪽에 옮겨놓았다. - 차광범 촬영

집앞에서 이 장면을 목격한 왕강의 부모들이 쇄된 소리를 지르면서 나한테로 달려왔다.

다행히 나는 정신을 잃지 않았다. 내가 바라보니 오토바이는 저쪽에 넘어져있고 나의 왼쪽 신이 저쪽에 뿌리여 있었고 메였던 카메라가방도 어떻게 된 영문인지 뿌리여 나갔다. 불시로 눈앞이 벌겋게 보이였다. 내가 쓴 안전모가 박산이 나면서 자동차문에 부딪친 충격에 나의 이마의 살껍질이 쭉 째지면서 붉은 피가 주르르 흘러내려 시선을 막는것이였다. 동통이 오는데 온몸이 땅바닥에 풀로 붙여놓은것처럼 좀처럼 움직여 지지 않았다.

왕강과 그의 부모들, 길옆의 한족사람들이 욱 하여 몰려왔다. 왕강이 어떤가고 물어보는것이였다. 나는 그래도 정신이 올똘하니까 운전수를 보고 욕지거리를 했다.

《니 전머 카이처더? 랜 좐완덩 도우 머이유 카이얼 좐완?(你怎么开车的? 连转弯灯都没有开而转弯? 넌 어떻게 운전하니? 왜 신호등도 안켜고 불시로 차를 돌리는거야?)》

내가 이렇게 말하자 왕강이 소리를 질렀다.

《아야, 뒤쿠이 저워이 로톨 하이 머이유 쓰. 콰이 샹 이왠바.(哎呀, 多亏这位 还没有死. 快上医院吧! 아이고,

모두들 한켠으론 나의 물건들을 수습하고 한켠으론 나를 부추키고 지나가는 택시를 잡아서 나를 부축해 앉히는것이었다. 왕강의 아버지가 벌벌 떨면서 나를 부축하여 병원으로 갔다. 동통이 어쩌나 심한지 저도 모르게 신음소리가 나갔다. 여럿이 나를 부축하여 만보진병원 구급실에 들여갔다.

의사들이 달려오더니 먼저 긴급구급을 하고 인차 연변병원에 가야 한단다. 자기들의 이곳엔 의료시설도 형편없고 고급의사도 없으니 림시구급이나 하고 빨리 연길로 가란다. 그러면서 나의 머리의 짜개진 상처에 구급약을 바르고 또 나를 부축하여 가슴을 비롯한 전신을 투시를 하고 주사를 놓아주었다.

좀 지나자 광범이가 울면서 달려왔다. 그는 오토바이를 타고 먼저 금화촌에 도착하여 내가 오는가를 기다렸단다. 아무리 기다려도 소식이 없으니 오토바이를 타고 다시 돌아오다가 길가에 박산난 나의 오토바이를 보고 이게 령감이 영락없이 죽었구나 했단다. 그 긴급한 시각에도 사진가로서의 본능이 있어 카메라를 꺼내여 사고현장을 사진으로 기록하고는 제정신이 없이 달려왔단다.

이 병원에는 구급차가 없어 나를 연길로 실어다 줄수 없으니 자체로 차를 해결하란다. 만보에서 연길까지 150km가 되니 이곳에서 차를 얻기도 힘이 들었다.

나는 인차 광범이더러 나의 동생한테 전화련락을 해 달라고 했다. 전화가 걸리자 나는 동생 종칠이한테 내가 만보에 교통사고를 당해 몹시 상했으니 자동차를 가지고 와 연변병원으로 가야한다고 말했다. 동생이 울면서 인차 오겠다는것이었다. 그때 나의 부인 황신옥은 나와 함께 딸 영란의 잔치에 일본 동경에 갔다가 나는 한달만에 돌아오고 그는 일본에 남아 돈벌이를 하느라고 오지 않았기에 련락할수도 없었다.

병원에서 퇴근시간이 다 되여 입원도 못 할바 하고는 침대를 비워 달란다. 그리하여 왕강의 부모님들이 택시를 내여 나를 자기네 집에다 실어 와 방에 따로 눕혀 놓고 여러모로 돌봐주었다. 그러면서 자기네는 가난한 농민이여서 치료비를 대기 힘들다는 사정을 하는것이었다. 나는 먼저 치료부터 해야 하니 있는대로 돈을 좀 준비해 달라고 말하면서 절대로 상한걸 턱을 대고 이집에 다른 더 부담을 주지 않을것이라고 위안의 말을 하였다. 그리고 이번 사고는 안도현교통경찰대대에 맡겨 처리하자고 했고 모든것은 교통경찰대대와 연변병원의 처리의견대로 하자고 약속을 했다. 시간이 지날수록 동통이 더 심해졌고 배가 고파 났다. 그래도 참아야 했다. 뭘 먹을 수도 없었으니까.

전화를 받은 동생들이 서로 련락을 하고서 연변주전신국에 다니는 여섯째동생 종술이가 자기네 직장의 쌍패줘(双排座)트럭을 직접 몰고 일곱째동생 종칠이와 함께 떠나 밤 9시가 되여서야 왕강네 집에 도착하였다. 그리하여 동생들과 차광범, 왕강네 식솔들이 함께 손을 써서 나를 차에다 앉히고 연길로 떠났다.

차가 흔들리면서 온몸이 동통이 나고 메스꺼워 나면서 견디기가 정말로 힘들었다. 이제까지 죽음에 대해서 생각도 못하던 나는 이것이 사람이 죽음으로 가는 길이 아니가고 생각도 구을려 보았다. 여하튼 빨리 연변병원에 가서 뇌진탕이 오지 않았는지, 내출혈이 되지 않았는지 결론을 받아야 할 판이다. 나는 가까스로 참고 견디였다.

동생이 긴장해 땀을 흘리면서 차를 몰았다. 연변병원에 도착하니 밤12시가 되였다. 먼저 서들러서 여러가지 사진을 찍고 상처를 처치하고 또 입원수속을 하다보니 이튿날(6월 11일) 새벽 4시야 되여서야 골과병동에 입원할수 있었다. 모든 비용은 동생들이 대였다.

다행으로 뇌출혈이나 뇌진탕, 내출혈은 오지 않았고 왼쪽 손목의 가는 뼈가 골절되고 오른쪽 손의 중지뼈가 골절되였단다. 이마의 상처는 외상이고 충격으로 인한 여러 상처들은 모두 치명적이 아니란다. 하여 나도 동생들도 큰 근심을 덜게 되였다.

아침녘이 되자 큰형님 리종천과 형수님 박계화를 비롯한 동생들과 제수들, 조카들이 입원실로 몰려 들었다. 큰형수가 동생들과 토론을 하고 치료비는 먼저 친척들이 동원하고 또 왕강네 집에다 요구를 하고 나의 직장과 련락을 하도록 했다. 그리고 내가 두 손을 쓸수 없는 정황에서 전문호리원을 배치를 하게 했고 일본에 가있는 황신옥한테 기별을 보내기로 했다.

오후에 일본에 있는 딸 영란이와 전화련락이 되였다. 황신옥이 울면서 전화를 걸어와 인츰 집으로 돌아오겠단다. 정말 난리가 났다. 룡정시문화관 관장 김성철이 직장에 돈이 없는 정황에

서 자기돈 5,000원을 가져왔고 시로간부국, 문화체육국, 문련, 룡정시사진가협회, 룡정3·13기념
사업회, 연변주군중예술관, 연변주사진가협회, 연변해외문제연구소, 연변력사학회, 그리고 여러
직장직원들과 동료들, 친척들이 문이 닳도록 문안을 왔다.

안도현교통경찰대대에서도 여러번 찾아와 사건경위를 조사하고 왕강네 집에 련락하여 병원
치료비 4,000원을 먼저 주라고 했다. 며칠후 왕강의 부모님들이 찾아와 보고 미안하다고 하면서
돈 2,000원만 내고 가면서 이후에 생기면 더 보내겠단다. 왕강네 부모님들이 모두 중병에 앓고
있고 아이들 셋이나 되고 농사수입이 너무나도 적고 아들들이 농용자동차로 운수업을 해도 벌
이가 안되는 곤난한 형편이였다. 나는 내가 죽지 않고 산것만 해도 다행인데 돈때문에 신경을
쓰려하지 않았다. 그렇게 편온한 마음을 가져야 치료에도, 정신회복에도 더 좋을것이 아닌가?

6월 17일에야 왼팔목과 오른손 수술을 하기로 되였다. 그런데 아침에 아들 충권이가 일본에
서 비행기를 타고 연변병원에 도착했다. 딸이 올수 없는 정황에서 오빠한테 치료비를 보내왔다.

수술이 성공적으로 되였단다. 충권이가 밤낮으로 옆에서 돌면서 호리원을 도와 나를 간호하
고 내가 입원한 장면도 사진을 찍었다.

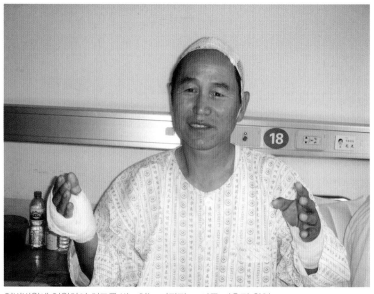

연변병원에 입원하여 치료를 받고있는 리광평. – 아들 리충권 촬영

충권이가 6월 23일에 일본으로 돌아가고 신옥이 6월 26일에 병원에 도착하였다. 하여 병원에서 고통스런 치료를 마치고 6월 30일에 퇴원수속을 하고 집으로 돌아와 계속 치료를 받았다.

선진적의료기술의 덕택, 가정과 친척들, 직장과 사회 각계의 관심과 친구, 동료들의 관심으로 나의 상처는 빨리 호전되었다. 후에 나는 안도현공안국 교통경찰대대의 부름으로 여러번 안도에 다녀갔고 왕강네 부모님과 만나도 봤고 교통경찰대대의 사고처리판결도 존중했다. 주요책임이 내가 속도를 내여 앞질러 갔기에 생긴것이란다. 나는 어떻게 판단을 내리던 내가 천명으로 저승의 문턱까지 갔다가 살아 돌아온것만으로도 만족이니까 더 따지고 들지 않았다. 그리고 나의 고급카메라 2대가 박산났는데 그 손실만 해도 근 20,000원이 될것이다. 교통대대에서 왕강네더러 이제 4,000원의 치료비를 더 내라고 했지만 그 집에서 경제형편이 곤난하여 내지 못해도 더 따지고 들지 않았다. 어렵게 사는 농민들한테서 그걸 꼭 받아내야만 나의 체신이 서는것도 결코 아니다. 그리고 오토바이손질도 내가 속히우는줄 알면서도 모르느척 했고 안도 만보진병원에서 엄청난 치료비용을 내라해도 개이치 않았다. 또 생명처럼 아끼던 카메라를 수리하지 못하여도 따지고 들지 않았다!

너그러운 마음을 먹으면 나한테도 남한테도 다 유리할것이겠으니까. 나중에 나는 왕강네 집에서 일전도 받지 못해도 원망하지 않았다. 그건 결코 내가 부유해서 안 받은것이 절대 아니다. 그들은 남의 등을 쳐먹는 사람들이 아닌 착하면서도 평범하고 가난한 한족 농민들이니 나의 마음을 알아주면 그만이지.

나는 집단이민로인님들보다 먼저 저승에 갈번 했다. 다행으로 저승의 문턱에까지 갔다가 돌아왔으니까. 그래서 제일 처음 버린것이 오토바이였다. 이로부터 나는 평생 다시는 오토바이를 타지 않기로 약속했다.

그리고 나는 다행히 지금까지는 아직 별다른 후유증이 없이 모든 사업을 할수 있어 행복했다. 내가 만약 집단이민로인들보다 먼저 요절되였더라면 로인님들과 사회에 한 언약을 어김으로써 용서 못할 죄를 짓게 되지 않겠는가? 이 절호의 기회를 다 잡고 더 악을 내서 조선족민족력사조사사업을 잘 해야지! 이번의 사고는 나한테 생명의 중요함을 반면으로부터 공부를 시켜줬다.

마음씨 착한 일부 사람들은 환갑나이가 넘어 가지고 무슨 자기 돈을 팔면서 그런 죽을 고생을 싸서 하는가고 한다. 그들의 권고는 감사하게 받아들인다. 그러나 나는 연변조선족 집단이민 답사를 위주로 하는 조선족력사답사실천 가운데서 우리 민족의 이민사, 개척사, 투쟁사를 배웠고 민족의 뿌리와 근본을 알게 되였고 나의 령혼을 재세척하면서 사회와 민족에 조금이라도 도움이 되는 일을 해야할 사명감과 자부심을 키웠다. 그러니 잃은것보다 얻은것이 훨씬 더 많다. 내가 얻은것은 돈이나 그 무엇으로도 바꿀수 없다. 그래서 나는 결코 발걸음을 멈추지 않겠다! 오히려 나는 더 열광적으로, 더 전면적이고도 깊이있게, 더 과학적으로 이 일을 생명의 최후 순간까지 밀고 나갈것이다!

4장 량강진 지역

1. 말씀을 못하시는 전북툰 집단이민 문금순

나와 차광범이 2002년 5월 20일 오전 10시에 오토바이를 타고 량강진 강남촌에 도착하자 함룡화(咸龙华) 촌장께서 우리를 반기면서 촌과 로인회정황들을 소개해 주었으며 점심까지 대접시켜 주었다.

지금 강남촌엔 모두 46호가 있는데 그 가운데 조선족이 30호 된단다. 그리고 로인회회장 채운수(蔡云洙)를 불러 저들의 취재를 도와주라고 당부하였다. 하여 로인님들이 모이였다. 우리는 오시는 로인님들의 래력들을 간단히 적고서 한집한집 찾아다녔다. 그런데 전라북도에 오신 집단이민은 문금순 할머니 한분뿐이였다.

리광평: 로인님의 명함이 무엇입니까?

조동수: 조동수(赵东洙).

리광평: 년세가 얼마입니까?

조동수: 칠십입니다.

리광평: 출생지가 어디입니까?

조동수: 나는 송강 흥룡하태생입니다.

차광범: 집의 아매 명함을 어떻게 씁니까?

조동수: 문금순(文今順).

리광평: 71세지요? 할머님의 출생지는 어디입니까?

조동수: 한국 전라북도 출생입니다. 물어봐도 듣지 못하니 말을 못 합니다. 해방전에 집단이민으로 전북툰에 왔다고 합디다.

사진41: 서로 의지하면서 만년을 보내는 조동수, 문금선 부부.(2002.5.20)

아무리 큰 소리로 물어도 알아듣지 못하는 문금순할머니에게 우리는 할수 없이 되돌아서고야 말았다.

5장 소사하향 지역

1. 무주툰집단이민부락터에서

행여나 하여 성씨까지 바꿨건만

2002년 5월 25일, 나와 차광범은 아침 6시에 오토바이를 타고 출발하여 연길에 들려 차광범이 안전모자를 산 다음 줄곧 안도방향으로 다렸다.

류수천에 이른 우리는 작은 금강산이라고 불리는 남쪽 바위위에 올라가 류수천의 논벌과 전원풍경을 촬영하였다. 나는 특히 바위틈에 우뚝 솟은 소나무를 논판과 마을을 멀리 배경으로 촬영하였다.

그런데 이곳에서 시간을 더 지체할수 없었다. 우리는 오늘 안도현 소사하골로 들어가야 하니까. 그래서 부랴부랴 다시 출발하였다.

우리는 죽기내기로 달려 12시가 되자 소사하에 도착하였다. 마침 농민들이 논에서 모내기를 하는지라 특수한 지형의 특수한 마을경치가 자석마냥 우리를 끌었다. 우리는 강을 넘어 남쪽 비탈에 오르면서 소사하의 풍경을 촬영하였다.

우리는 인차 소사하의 고려판점에서 점심을 사 먹었다. 한족주인이 열정적으로 소사하의 정황들을 소개하는것이었다. 참 고마웠다.

동남차툰도 집단이민을 온 부락이지만 지금 모두 한족들이 살기에 집단이민력사증인들을 만날수 없기에 들지 않았다.

우리는 무주툰에 도착하여 촌의 촌장이나 지부서기를 찾았으나 만날수 없어 로인회회장을 찾아 숙박을 잡았다. 그리고 로인회장의 안내로 집단이민할머님 김량순을 찾아 집으로 갔다.

리광평: 할머님, 명함은 어떻게 씁니까?

김량순: 김량순(金良順)입니다.

리광평: 성씨가 오씨는 아닙니까?

김량순: 아닙니다. 김씨입니다.

리광평: 년세가 어떻게 됩니까?

김량순: 올해 칠십다섯.

리광평: 예, 그러면 1928년도 출생입니다. 생일은 어느 때입니까?

김량순: 음력으로 동지달 열엿새날(11월 16일).

리광평: 출생지가 어디입니까?

김량순: 한국 전라북도 김대군 죽산면입니다.

리광평: 고향이 무주군이 아닙니까?

김량순: 아니요. 나의 령감이 무주군 출신이요. 내 작년에 무주로 갔다왔소.

리광평: 남편의 이름은 무엇입니까?

김량순: 박정화(朴正华).

리광평: 남편의 년세가 얼마나 됩니까?

김량순: 나와 11년 차인데. 그러니 86살이요.

리광평: 세상을 뜬지 11년이 된다구요?

김량순: 예.

리광평: 남편은 무주군에서 이 무주툰에 집단이민을 오신 분입니까?

김량순: 예.

리광평: 할머니는 한국에서 어느 때에 중국으로 왔습니까?

김량순: 내 11살에 왔습니다.

리광평: 그러면 집단이민으로 왔습니까?

김량순: 우리 친정 작은집에서 1938년도에 제2차집단이민으로 이곳 무주툰으로 왔댔습니다. 와보니 살만 하거든요. 그래서 우리 집도 이민을 오라고 하여 내 11살인 1939년도에 집단이민이 아니라 자유이민으로 소사하에 왔답니다.

리광평: 그러면 남편은 언제 오셨답니까?

김량순: 20살에 왔다던지. 우리 작은집하고 같이 왔답니다.

리광평: 그러면 이 부락 전체가 무주군에서 왔다고 부락이름을 무주툰이라고 지었겠습니다?

김량순: 그랬어요. 한국 고향의 이름을 본 따서 무주툰이라고 했고 나라에서도 무주툰이라고 명명하였습니다.

리광평: 그때 이 무주툰에 모두 몇호가 왔답데까?

김량순: 나는 몇호가 왔는지 잘 모릅니다. 아마 100호가 왔을겁니다. 처음 원래부락은 지금의 이곳이 아니고 이부락 위에 있었습니다.

리광평: 그럼 원래집터는 저 위에 있습니까?

김량순: 예, 여기가 아니고 저 위에.

리광평: 그때 올때의 인상은 어떠했습니까?

김량순: 기차를 타고 조선에서 이곳으로 올 때 밖을 내다보니 모두 산이거든요. 안도역에 와 기차에서 내리자 처음 중국사람들을 보는 순간 깜짝 놀랐습니다. 머리에 개털모자를 푹 눌러쓰고 있는것이 어찌나 무섭던지 지금도 기억에 생생합니다. 처음엔 정말 사람을 잡아먹는 사람인가 하여 보기만 해도 무서워 달아났어요. 안도에 내려 려관에서 하루밤 잤습니다.

우리가 한국에서 떠날 때 고향은 따스했지요. 중국땅에 들어서자 눈이 이렇게 쌓였지. 강냉이죽을 주는데 강냉이알이 손톱눈만큼 커서 씹어도 넘어가질 않아요. 한국에선 풋강냉이나 삶아 먹었지 이런 강냉이죽을 처음 먹자니 목구멍으로 넘어가야지? 그리고는 또 껄껄한 조밥을 주더군요. 음식이 맞지 않아 죽겠더군요.

다음날 자동차를 타고 송강까지 왔다가 다시 소사하로 돌아 내려왔지요.

소사하에 도착하고보니 서글프기 짝이 없었어요. 조선은 들판도 넓고 벼농사를 하였는데 이곳은 온통 산과 나무였습니다. 어린 나이에 죽을 곳을 찾아온것 같은 기분이였습니다.

리광평: 그런데 왜 이곳으로 오게 되였습니까?

김량순: 일본사람이 이곳으로 오면 배불리 먹고 잘산다고 불어댔고 우리 작은 집에서도 배고픈 고생을 하지 말고 오라고 하니 왔습니다.

리광평: 그때 집에서 식구 몇이 왔습니까?

김량순: 나의 부모님하고 아이들 모두 일곱식구가 왔어요. 우리 일곱식구는 아버지의 농사로 겨우 생활을 유지해 나갔습니다. 3월에 들어서자 우리는 황무지를 개간하여 논을 풀고 고향땅에서 익숙히 해오던 벼농사를 시작했지요. 개간만 하면 자기 땅이 된다는 일제의 감언리설에 크나큰 희망을 가진 아버지는 주린배를 졸라매고 억척스레 일하면서 그 모진 고생을 달갑게 받아들였답니다. 지칠대로 지친 나의 아버지는 이민 온 첫해 9월 수확을 거두기도전에 밭에서 일을 하다가 코맹이소리를 하던게 3일만에 한 많은 세상을 하직하고 말았습니다. 아버지만 믿고 살아오던 우리에겐 청천병력이였지요.

살길이 막막한 엄마는 부모형제가 살고있는 고향땅에 돌아가려 해도 돌아갈수 없고 집단부락에 갇혀 살아야만 했지요. 나는 11살 어린 나이에 어머니와 함께 억센 사나이들도 힘겨워하는 농사일을 하지 않으면 안되였지요. 이듬해에 우리는 무주툰으로 이사를 왔습니다.

어머니가 밭일 하러 나가면 나는 집에서 애기를 보았습니다. 그날도 애기가 배고파 우니 젖을 먹이려 어머니를 찾아 밭으로 나갔어요. 그런데 불시에 맑던 하늘에 먹장구름이 몰려오더니 소낙비가 억수로 퍼붓지 않겠어요? 그 통에 어디에도 피하지 못하고 비를 폭 맞았답니다. 그런데 찬비를 맞은 동생이 벌벌 떨더니 밤에 열이 올라 불덩이가 됐어요. 그래도 우리는 약 한첩 먹이지도 못하고 동생을 안고 맴돌기만 했지요. 그런데 하늘도 무심하지, 그렇게 팔팔하고 귀여웁던 동생이 그만 이튿날에 죽었습니다! 하늘이 빙빙 도는것만 같았어요. 얼마나 기막히던지. 수토가 맞지 않고 아무런 의료보장도 없는 우리 집단이민부락에서 식구가 다섯이면 세넷은 죽어나갔어요.

(말씀하시던 할머님께서 흐느끼면서 말을 잇지 못한다. 나도 저도 몰래 코등이 쩅해 나더니 눈물이 솟는걸 참을수 없었다!)

리광평: 동생이 참 불쌍하게 갔군요.

김량순: 그 슬픔이야 더 말할수 있었겠습니까?

그래도 강한 체질로 태여난 덕분인지 나는 갖은 고생을 다하면서도 이쁜 처녀로 자랐습니다. 엄마는 어린 자식들의 목숨이나 부지해 주기 위하여 아픈 가슴을 달래면서 16살 먹은 나를 11살우인 한마을 로총각 박정화한테 시집보내고 데릴사위가 농사일을 돕게 했어요.

리광평: 그러면 결혼식은 어떻게 올렸습니까?

김량순: 나는 16살인 1943년도 9월에 무주툰에서 결혼했습니다. 그런데 너무 가난하여 결혼식날 큰상도 못 받고 가족끼리 모여서 례를 이루었습니다. 그날 나는 빌려 온 신부옷을 입고 쪽두리를 쓰고 꽃가마에 탔고 신랑은 빌려온 사모관대를 입었습니다.

리광평: 그러면 신랑은 말을 탔습니까?

김량순: 말이 있어야 타지요? 그래 신랑은 걸고 나는 가마에 앉아서 무주부락을 한바퀴 빙 돌고서 신랑집으로 갔습니다. 신랑집에서 간단하게 상을 차려주더군요.

리광평: 그때 시집을 가면서 옷이랑 준비했습니까?

김량순: 옷이랑 아무것도 없지요. 이불을 한다는것이 까만 광목으로 솜도 안 넣은 겹이불을 만들었지요. 그때는 솜을 파는것도 없고 만척회사에서 배급으로 주는데 살수 있어야지.

신랑은 만척회사에서 배급을 주는 고무코신 한컬레를 겨우 사서 두었다가 나한테 줬습니다. 그런데 나는 신랑한테 아무것도 못해 줬어요. 빈 몸이였어요.

리광평: 그런데 친정어머님은 어떻게 사망하셨습니까?

김량순: 불쌍한 나의 엄마는 내가 시집을 간 다음에 사망하셨습니다. 밭에 가서 기음을 매다가 물을 마시겠다면서 물웅덩이가 있는데로 갔댔는데 물에 체하였는지 그길로 그렇게 갔지요 뭐. 어쩌겠습니까? 그렇게 되자 나의 친정집 작은 아버지께서 내 동생 둘을 데리고 자기집 식구들을 데리고 고향으로 돌아가게 되였습니다. 그런데 나는 이미 결혼을 했다고 그냥 두고 가는것이 아니겠어요?

이곳에 잘 살자고 왔댔는데 이젠 아버지, 어머니가 사망되고 동생들마저 나를 홀로 두고 고향으로 간다니 그 외로움에 설음이 솟구쳐 올라 견딜수가 없었습니다. 얼마나 허전하고 슬프던지?

리광평: 왜 함께 갈 생각은 안 했습니까?

김량순: 내가 가자고 하니 우리 령감이 하는 말이

《내가 부모가 여기에 있는데 어떻게 처가집을 따라 가겠소? 그래 우리도 여기서 돈을 벌어가지고 나중에 같이 나가자.》

라고 하더군요. 령감의 말이 옳지요! 이 집에 시집을 온 이상 나는 시집귀신이 되여야지. 그래서 나는 마음을 다잡고 시집살이를 잘 했습니다. 세월이 빠르기도 하지. 이젠 이 땅에 묻히게 되였소.

그런데 친정엄마가 사망되니 낳은지 7개월이 되는 동생을 내가 길러야 했어요. 작은 아버지랑은 물애기를 못 데리고 간다면 나한테 맡기는것이 아니겠어요? 그래서 그 동생을 세살까지 키웠댔는데 뭘 잘못 먹고 체하였는지 갑자기 죽었습니다. 그래서 나는 세살 나는 남동생마저 끝내 잃고 말았습니다.

(할머님께서 손으로 얼굴을 가리우고 울먹이면서 몹시 비감해 하셨다. 친혈육을 잃은 그 마음이야 얼마나 아프고 쓰릴까? 침묵, 침묵이 한창 흘렀다!)

지금 세월이 얼마나 좋소? 정말로 꽃밭이지. 옷은 식이 지났다고 안 입고. 그전에는 보선도 다 기워서 신었는데. 야, 내 지금 50살이라면 얼마나 좋겠소? 지금 온돌에 누워서 텔레비를 보면서 세상 구경을 다 하지. 야, 이런 좋은 세상이 어디에 또 있겠소?

리광평: 집터가 원래 위에 있었다는데 어째서 아래로 내려오게 되었습니까?

김량순: 화재가 나는 바람에 내려왔습니다.

그때 무주툰에 조선서 온 부실한 녀자 하나가 있었는데 3월 초 이레날, 방앗간에서 혼자서 뭘 구워먹다가 그만 옆에 놓인 짚에 불씨를 떨구었대요. 그런데 그날엔 공교롭게도 강풍이 기승을 부리는지라 삽시간에 큰불로 번졌답니다. 그래서 방앗간에서 난 불이 온동네에 퍼지면서 90여호 주택을 몽땅 재더미로 만들었습니다. 그때가 바로 내가 19살을 먹고 류산을 하고 정주칸에서 꼼짝 못할 때였지요. 그런데 난시에 앉을뱅이가 없다고 나는 제꺽 밖으로 뛰쳐 나와 화를 면했지요.

어떻게 하겠어요? 그래서 오풍막을 짓고 대수 살았지요. 온 동네가 림시로 막을 짓고 있으면서 돌격적으로 지금의 이터에 집을 짓고 옮겨왔습니다.

차광범: 그래 지금 옛터의 흔적이 남은것이 있습니까?

김량순: 없어요. 지금은 밭으로 변하였어요.

리광평: 그러면 할머님이 19살 때에 마을에 불이 나고 또 그해에 이곳으로 내려왔습니까?

김량순: 예, 그랬습니다. 불이 난바 하고는 부락을 앞으로 내여 지으면 좋다고 하여 모두 이곳으로 옮겨 왔지요.

리광평: 그럼 자식을 몇을 낳았습니까?

김량순: 내가 로실(솔직)하게 말해야지. 나는 새끼도 못 낳는 사람이요.

27살 먹도록 가난하여 장가를 못들던 남편은 나를 무척 아꼈고 나도 남편을 고맙게 생각하면서 존경했습니다. 결혼후 2년만에 나는 첫 임신을 했어요. 첫 임신을 맞은 우리는 고된 일로 기진맥진하다가도 세상에 태여날 귀동자를 생각하면 새힘이 솟구치곤 하였습니다. 그런데 그 기쁨이 오래가지 못했어요. 총소리에 놀라 류산을 한 뒤로 다시는 임신이 안되였습니다. 그래 새끼가 없어 둘째시애끼 아들을 내가 길러서 지금 같이 살아요.

차광범: 무슨 총소리에 놀랐습니까?

김량순: 그때 나는 19살이였는데 군대를 간 막내시애끼가 집으로 놀려 왔는데 총을 가지고 왔거든요. 그러자 시애끼 친구들이 놀러와서 그 총을 보더니 마당에 나가 장난으로 공중에 대고 쐈단 말입니다. 그런데 그런줄도 모르고 가마목에 앉아 남새를 가리던 나는 그만 그 총소리에 와뜰 놀라 쓰러지고 말았어요. 아니 그런데 배가 아프더니 하혈이 되고 자궁까지 밀려 나왔답니다. 지금 같으면 병원으로 가면 되겠는데 그때는 의사도 없지, 돈이 없어 병원도 못 가지, 약이란 것도 몰랐지요. 그래서 며칠이 되여서야 시어머니가 은가락지를 삶아 먹으면 올라 붙는다고 하면서 삶아서 나한테 먹였단 말이요. 그것도 떨어지기전에 먹어야 효과가 있다는데 며칠이 지나서야 그랬으니 소용이 있겠어요? 그냥 쏟아지고 흐르기만 하다가 이레만인지 올라붙었는지 끊더구만요. 그러던게 며칠이 지나니 또 한가지지뭐. 그후로는 아무리 애써도 말을 안 듣더군요.

리광평: 병원에도 못 가고요?

김량순: 병원에도 못 가고. 그래 의사를 한분 불러왔는데 모르더군요. 그래서 방법이 없어 저절로 중약을 해서 먹었지요. 2월달에 그랬는데 4월달에 가서야 령감이 어디 가서 아편을 태운 재를 구해왔더구만. 그래서 그걸 물에 끓여 자꾸 마셨단 말입니다. 배가 시꺼멓게 썩는것 같았어요. 그래서 누워서 돌아눕지도 못하고 밥을 받아 먹었습니다. 그러자 온 동네사람들은 나를 모두 죽는다고 했어요. 그러던것이 한번 크게 하혈한 다음 차차 하혈이 멎고 꺼졌던 배가 다시 제대로 올라오고 나중엔 회복이 되였답니다.

그런데 그후로 아무리 기다려도 임신이 안되거든. 오늘날과 달랐던 그때 세월에 아이를 낳지 못하는 녀성은 천대와 멸시를 받기 마련이였습니다. 내가 좀처럼 임신을 못하자 남편이 투정을 부리기 시작했고 시부모님들도 며느리를 귀엽게 여기지 않았지요. 하루 빨리 손자를 안아보려는 욕망에 시어머니는 무당을 불러들여 점을 치고 부처님을 봉양하며 빌고 또 빌었습니다. 자식을 바라는 남편의 소망과 시부모님의 소원은 커다란 납덩이가 되여 나의 가슴을 지지눌렀지요.

며느리의 성씨를 갈면 손자를 볼수 있다는 점쟁이의 말에 시부모는 나의 성씨를 오씨라고 고쳐놓았지요. 행여나 성씨를 고치면 자식이라도 볼가고 꿈을 꿨지만 그 길도 통하지 않았습니다. 그 때문에 받은 나의 마음의 상처가 얼마였겠습니까?

리광평: 그러면 지금 시조카와 함께 지내고 있습니까?

김량순: 예. 그래도 나의 령감이 리혼하지 않고 끝까지 살아준것만 해도 정말 고마웠습니다. 세월이 흘러 시부모님들도 다 사망했지요. 그러다 8년전에 남편이 세상을 뜨자 나는 공안파출소를 찾아가 합법적으로 나의 원래의 김씨성을 찾았어요. 그래 지금은 세상사람들 앞에서 떳떳하게 수십년을 잃어버렸던 김씨 성을 되찾아 쓰고 있습니다.

그러나 지금도 이전의 오량순이란 이름에 익숙한 일부 사람들이 외지에서 온 분들이 김량순이를 찾으면 오량순이라고 시정하는 일이 생기기도 합니다.

차광범: 옛날에 부르던 노래를 기억한것이 없습니까?

김량순: 노래가 다 무엇이요?

리광평: 할머님의 이야기가 너무나도 우리들의 가슴을 울려줬습니다. 정말 훌륭한 이야기를 들려 주셔서 고맙습니다.

그외에 할머님께서 이민을 올때 가지고 왔던 물건들이나 사진들을 지금 보관한것이 없습니까?

김량순: 그때 가지고 왔던 물건들이 하나도 없습니다. 그때는 거민증을 내느라고 사진을 한번 찍어본대로 다시는 찍지 못했어요. 지금 부부사진도 없는데요.

그때 우리가 이민을 오자 만척회사에서 배급을 줄 때 내준 나무통을 내가 지금 두고 있습니다. 그 나무통도 나와 함께 늙습니다.

김량순할머님과의 눈물어린 취재를 마친 나와 차광범은 할머님을 모시고 할머님의 집앞에서 여러모로 생활모습을 촬영하였다.

성씨까지 바꾸면서 고달프게 살아오신 무주툰집단이민 김량순 할머님. (2002.5.25)

김량순 할머님께서 조정원이 업은 손녀와 즐기고 있다. (2002.5.26)

무주촌로인들의 기념사진. (2002.5.26)

우리는 김량순할머님과 조정원로인님이 화목하게 이야기하는 장면을 촬영했고 업힌 애기도 여러번 촬영하였다.

로인님들이 다 모이자 우리는 여러번 집단사진도 찍어드리고 증명사진도 찍어드렸으며 저울질하는 림계순(林桂順)아주머니도 찍어주었다.

그리고 조수옥(赵秀玉)할머님과 이야기를 나누었다. 1925년 12월 28일 조선 함경북도 온성군에서 출생한 조할머니는 어려서 중국으로 들어왔는데 구체적시간은 모른단다. 처음에 월청구 석건에 왔댔단다. 그리고는 길림 등 사방을 다니다나니 잘 모른단다.

이야기를 마친 우리는 로인님들과 작별인사를 나누고 즉시 오토바이를 타고 양초촌으로 달렸다.

2. 양초툰집단이민부락터에서

나와 차광범은 2002년 5월 26일 오전, 오토바이를 타고 무주촌에서 출발해 광명촌에 들려 풍경사진을 찍은 다음 8시 50분에 양초촌에 도착하였다. 우리는 동네사람들과 물어서 먼저 김현일로인님의 집을 찾아 간단하게 먼저 이야기를 나누었다. 이어 나와 차광범은 양초촌을 떠나 남도촌, 북도촌과 대흥촌, 송화촌 등을 답사하고 5월

인삼을 키우는 고산지대에 다락논까지 펼쳐진 경치는 정말로 신기하다. (2002.5.27)

27일 오후 네시가 넘어서 다시 양초촌으로 되돌아 섰다.

양초로 들어가는 광명촌부근의 산어구지에서 우리는 논판과 인삼장이 서로 어울린 산간벽지의 특수한 풍경을 촬영하였다. 인삼을 재배하는 산장부근에서 아니 글쎄 다락논을 가꾸다니. 오

직 이곳에만 있는 참 신기한 경치이다.

　우리는 어둡기 전에 양초촌에 도착하였다. 김현일로인님과 그의 부인 김산월, 그리고 지창원로인님도 몹시 반겨 주었다. 참 감동이 되였다. 지창원로인님께서 김현일로인님의 집에 언녕 다녀와 우리들이 도착하기를 기다렸단다.

　그리하여 우리는 물을 마일 사이도 없이 김현일로인님의 집에서 김현일, 지창원로인님과 이야기를 나누기 시작했다.

　그러는데 김현일의 아들과 며느리가 찾아와 저녁을 가주었다. 마침 양초촌 당지부서기(한족汉族)가 소사하향당위원회의 조직위원을 모시고 우리를 보려 왔다. 우리가 집단이민답사를 하려고 찾아온 의향을 회보하고 조선족력사를 기록해야 할 정당성을 거듭 강조하자 소사하향의 조직위원은 몹시 감탄해 하면서 조선족의 력사이자 우리 중화민족의 력사로 되는 연변조선족이민력사를 잘 기록해야 한다고 힘주어 말하고 앞으로 책이 나오면 꼭 한권 보내달라고 부탁하는것이였다.

　우리는 식사를 하면서 이야기도 나누었다.

　리광평: 지금 양초의 총호수가 얼마입이까?

　지창원: 지금 한 40호될겁니다. 지금 조선족이 한 10호 되는가? 다 친척되는 사람들이지. 호도거리생산책임제를 실시하면서 조선족들이 많이 나가자 한족들이 들어왔지.

　김현일: 내 여기 양초로 온지도 이젠 반세기 가깝습니다. 47년이 됩니다.

(이야기를 나누던 우리는 옆에 앉아 계시는 김현일의 부인과 이야기를 나누기 시작했다.)

　리광평: 할머님의 명함은 어떻게 씁니까?

　김현일: 김산월(金山月).

　리광평: 년세는 어떻게 됩니까?

　김산월: 륙십여덟(68)

리광평: 그러면 1935년도 출생이구만요. 그런데 나물을 캘려다니는걸 보니까 정말 팔팔합데다. (모두 크게 웃음) 생일은 어느 때입니까?

김산월: 류월 열하루날(6월 11일)입니다.

리광평: 출생지가 어디입니까?

김산월: 나는 조선서 낳소. 전라북도 금산군 내면리입니다. 이젠 다 잊어버려 잘 모르겠소.

리광평: 그러면 몇살에 중국으로 왔습니까?

김산월: 내 여섯살에.

리광평: 그래 집단이민으로 들어왔습니까?

김산월: 아마, 이민으로 들어와서 그냥 거기서 살았댔지.

김현일: 집단이민으로 왔어.

리광평: 그러면 어디로 왔댔습니까?

김산월: 량강의 안산툰에 왔댔소. 그때는 부락이 상당히 컸소.

리광평: 그때 누구랑 같이 왔습니까?

김산월: 아버지와 엄마, 오빠, 언니, 나 모두 다섯이 왔소. 녀동생은 여기에 와서 낳았지. 그래 거기서 얼마 안 있고 요툰(腰団)이 좋다고 해서 내 12살에 요툰에로 갔다가 후에 여기로 왔소.

리광평: 그러면 결혼은 어느 때에 했습니까?

김현일: 우리는 결혼을 일찌기 했습니다. 내 그때 19살, 노친은 18살, 혼인법에 따르면 로친은 결혼나이가 되였는데 내가 한살이 모자라서 결혼을 한 다음 1년동안 갈라져 있었습니다.

김산월: 정부에서 갈라져 있으라하니 갈라져 있었지뭐. 남자가 20살이 안 된다고. 그때 법이 새로 나올 때니까 참 엄했지. 법을 위반하면 안 되지.

리광평: 그럼 이 마을엔 언제 오셨습니까?

김산월: 내 스무살(20세)에 왔소. 그러니 그게 1955년 동삼에 왔는데 오고나니 지금까지 어디든 가지 않고 살고있소.

리광평: 그래 자식들은 몇을 두었습니까?

김현일: 다섯입니다. 딸 셋, 아들 둘. 이 애가 다섯번째인데 이 애우로 다 죽고 이 애가 살아 남

사진65: 고사리를 말리우는 김현일과 그의 부인 김산월. (2002.5.28)

았으니 맏이가 됐지.

　김산월: 아이고, 모두 아홉을 낳았는데.

　리광평: 그때는 의학이 발달되지 못해 무슨 방법이 있습니까? 생기면 낳아야 했지요.

　김현일: 그리고 문화대혁명이 났을 때 계획생육(산아제한)을 하지 않았습니까? 그래 억지로 절육을 하라해서 절육을 했지요. 그렇지 않으면 또 낳을번 했습니다.

　김산월: 우리 집에서 아이들이 련속 넷이나 죽으니 어른들이 미신을 믿으면서 말씀하는게 임신하면 몸을 차게 굴라고 해서 구새(굴뚝)옆에 나가 누워있었어요.

　김현일: 몸을 장독처럼 차게 굴었다고 저 애의 이름을 장돌이라고 지었지. 그런데 크면서 장돌이라고 부르니 아이들이 놀려주더군. 그래서 이름을 병룡이라고 다시 고쳤소. 또 쌀함박에 칼을 받쳐서 덕대우에다 올려 놓았단 말이요. 글쎄 그래서 그런지 저 애가 살기는 살았소. 그런 다음부터 다섯을 하나도 죽이지 않고 자래웠지.

차광범: 어째서 그렇게 죽습니까?

김산월: 어째서 그렇게 죽는지 돐이 되기도 전에 죽거든.

김현일: 신신 펀펀 하던것도 죽고 한단 말이야. 지금 저 큰사람 위로 낳은 아이가 남자아이였는데 참 역발랐지. 여덟달인데 서서 발자국을 떼였거든.

밤늦게까지 이야기를 한데다가 술도 좀 마이였는지라 이야기를 마치자 우리는 김현일로인님 댁에서 폭 잠이 들고 말았다. 아마 너무나 피곤했던 모양이다.

아침 네시반에 나는 일어나 마을을 돌아보면서 관찰했고 5시반에 아침식사를 마치고 김현일과 김산월부부가 고사리를 펴서 말리는 장면들을 촬영하였다. 그리고는 인차 지창원로인님의 댁에 가서 바깥에서 발기를 손질하는 로인님의 모습과 실내에서 담배를 피우는 장면들을 격동적으로 촬영했다.

양초툰집단이민부락 옛터를 찾아

이어서 우리는 김현일, 지창원과 김산월할머님 등의 안내로 이전의 양초툰집단 이민부락자리를 찾아갔다. 우리는 둔덕길을 걸어서 약 1리쯤 남으로 걸어 들어가다가 주위에 나무가 우거지고 가운데 밭으로 된 넓다란 평지에 도착하였다. 길을 가면서 나는 그냥 록음을 하였다.

김현일: 저기가 바로 양초툰집단이민부락자리요. 저기 북문터에 샘물이 있구. 동쪽켠과 북쪽켠에서는 그 샘물을 길어 마이였지. 저쪽에서는 큰강물을 길어 먹었지.

리광평: 우물을 파도 물이 나오지 않아서 그랬습니까?

김현일: 그래 물이 나오지 않았지. 샘물은 겨울에도 안 어니까.

리광평: 저 강이 그때는 지금보다 더 컸습니까?

김현일: 지금보다야 물이 많았지. 지금 저 저수지를 한 부근에서 길어먹었지. 이 부근의 토지는 다 양초촌의 땅이지. 그런데 지금은 모두 한족사람들한테 넘어갔지.

리광평: 저기 심은 이깔나무가 심은지 몇십년이 됩니까?

김현일: 저게 거기다 산장을 하고서 심은겁니다. 년한이 길지 않지뭐. 한 15년.

지창원: 그때 사람들은 여기서 다 송강으로 걸어다녔습니다.

리광평: 여기서 송강이 얼마나 멉니까?

지창원: 직선으로 가도 25리는 되는데. 모두 걸어 다녔지. 언제 차를 타 봤겠소. 그때 이 부근은 삼림이였습니다. 그때 나무가 이렇게(한아름) 컸습니다. 그런데 지금은 밭으로 만들었지요. 여기도 밭자리요. 그런데 지금은 나무를 다 심었소.

리광평: 그런데 이 길은 옛날부터 있었습니까?

지창원: 예, 이길은 오랜 길입니다. 우리는 이 길로 저 쪽 샘물에 가서 물을 길어다 마이였는데뭐. 물통을 만들어서. 그때 내가 외삼촌네 집에 왔는데 나를 보고 같이 가자고 하지. 그때 나는 쪼꼬만했는데 저쪽 곳의 흙이 자꾸 빠져서 겨우 걸었지. 소가 다 빠져서 애를 먹었는데뭐.

그때 사람들이 먹는것은 감자에 좁쌀이지. 입쌀은 농사를 해도 일본아이들이 못 먹게하고 싹 가져가지.

리광평: 벼농사는 지어도 몽땅 다 가져갔겠지요.

지창원: 야, 그래서 어떤 사람들은 가만히 감추었다가 벼를 찧는것이 발견되여 잡혀서 죽게 얻어 맞았지뭐. 야, 일본사람들이 고약하오. 그러니 벼농사를 제대로 안 하지뭐. 산종을 치고서 다 묶여 내버리는데 어떻게 하오? 벼농사를 하나 안 하나 마찬가진데. 그러니 좁쌀에 감자를 놓아 먹고 강냉이쌀도 좀 먹고.

리광평: 그때 대문자리가 어디입니까?

지창원: 여기가 서쪽대문자리요. 이 썩은 통나무가 대문을 만들었던 기둥감이요.

김현일: 그리고 저기 좀 두드러진곳이 토성자리고 그 바깥의 좀 꺼진 자리가 해자자리요. 그밖에 또 목책이 있었지.

리광평: 아 그렇습니까? 그러면 이 대문자리에 앉아서 토성자리와 해자자리를 배경으로 로인님들의 기념사진을 찍읍시다. 그리고 나무기둥감도 함께 넣고요.

(우리는 로인님들이 대문자리옆에 앉아있는 모습들을 촬영하고는 로인님들을 따라 부락터자리로 들어갔다.)

사진67: 양초툰집단이민부락의 서쪽대문터에서 이야기를 들려주는 김산월, 김현일과 지창원. 그때의 대문기둥이 썩어서 지금 보이는 토막나무로 되었고 그때의 토성자리가 지금은 그들 뒤의 나즈막한 둔덕으로 변했다고 한다. (2002.5.28)

리광평: 그때 이 집단마을에 방아가 있었습니까?

지창원: 발방아가 많고 연자방아도 있었지. 발방아는 집집마다 다 있고.

김산월: 이게 다 집터요. 여기가 다 집터요.

지창원: 이건 학교자리지. 학교가 여기에 앉았지. 이 앞이 마당이고.

김산월: 야, 심은 강냉이가 잘 나왔구나. 이게 병환이네 집 자리구.

김현일: 여기가 학교터고. 지금 기초돌이랑 다 있잖우?

리광평: 그럼 이건 학교터고 저건 집터고. 그때 구들돌(온돌돌)도 있구만요. 이것도 주추돌자리 입니까?

지창원: 그래. 바로 이것들이지. 바로 이게 운동장이다. 여기에 그때 140호가 살았지. 청년들 두 끌끌했고. 야, 운동도 잘했지, 어디 가 시합을 하나 다 일등을 했어. 씨름을 잘하는 황광웅이

라고 있었는데 그 사람만 가면 그저 일등이지. 그때는 지금과 달라서 열이고 백이고 다 이겨야 일등을 하는 판이지. 그런데 힘이 세니까 끔쩍도 안 하더군. 그때는 소를 타는데 그만큼 동네사람들에게 다 먹이요.

김현일: 이 길이 그때 일본아이들이 닦은 길이요. 이길이 그냥 여기로 해서 내려가 동남차툰을 거쳐서 소사하로 가지뭐. 그리고 이것이 부락의 중심길이고.

리광평: 그럼 이 길들이 부락의 十자길 중심이었습니까?

지창원: 열 十자인데뭐.

리광평: 그럼 토성자리는 어느곳입니까?

지창원: 이것이 토성자리가 아니오?

김현일: 이것이 몽땅 토성자리요.

리광평: 그러면 대문자리는 어느것입니까?

지창원: 이것이 대문자리지. 큰대문이 있고 또 쪽대문이 하나 있었지.

김현일: 지금 여기는 토성밖이지뭐. 이것이 토성자리구. 여기다 바자를 하고 또 호리가닥을 깊게 팠던데지뭐.

차광범: 이것이 호리가닥을 팠던 자리입니까?

김현일: 그래. 이건 토성밖의 도랑자리구.

리광평: 그럼 이 흙무지는 무슨 자리입니까?

김현일: 파서 넘겨놓은 흙무지지뭐. 이렇게 쭉 나갔지요. 저 복판으로 들어가서 또 남북으로 다니는 길이 있구. 정방형인데 딱 밭《전(田)》자이지뭐. 한칸이 딱딱 한쌍(정보)이지뭐.

리광평: 부락이 그렇게 컸습니까?

지창원: 그랬지. 이 담 옆에다 아름드리나무들을 한길 넘어되게 세웠는데. 야, 일본아이들이 대단했지. 로백성들이 정말로 죽어났지.

리광평: 이 나무는 무슨 나무가 됩니까?

지창원: 이건 백송이구만. 토성밖에 있던 나무인데 이젠 썩었단 말이요. 이 부락안이 면적이 4쌍이 넘소.

정원복네 집터에서 기념사진을 찍은 로인님들. (2002.5.28)

부락의 십자길 중심에서 이야기를 들려주는 로인님들. (2002.5.28)

부락포태자리에서 일제놈들의 죄악을 저주하는 김현일과 지창원. 김현일로인이 서있는 자리가 바로 서북쪽포태자리란다. (2002.5.28)

차광범: 이런 돌들은 무슨 돌입니까?

지창원: 집터를 닦으면서 파낸 돌들이겠지.

리광평: 다 집터에 쓰던 돌들입니까?

지창원: 그래, 밭을 부치게 되니까 다 빼놓은 돌들이지.

리광평: 예, 집터자리에 돌들이 가득 하고만요.

김현일: 이게 원복이네 집자리요.

리광평: 그분의 성씨는 어떻게 씁니까?

김현일: 나라《정(鄭)》자, 정원복(鄭元福)이네 집자리요. 이 집을 우리 아버지가 와서 헐어갔단 말이요.

차광범: 그러면 이집의 뒤집은 누구네 집입니까?

김현일: 그건 나는 모르겠소.

지창원: 우린 그걸 모르오.

김현일: 이집은 우리 아버지가 와서 헐어갔으니까 주인이 누구였는가를 물어서 알게 되였던 말이요. 이집에 정원복이 하고 그의 형 정남복 두 형제가 살았으니까.

(우리는 정원복이네 집터를 배경으로 로인님들을 사진을 찍었고 또 우리도 로인님들과 함께 사진을 찍었다. 이건 집단이민부락의 현지였으니까. 촬영을 마친 우리는 계속 로인님들의 안내를 받으면서 부락터를 돌아보았다.)

김현일: 이것이 마을의 서북쪽포태자리요.

리광평: 이것이 서북쪽의 포태자리라고요? 이 콩크리트는 뭡니까?

김현일: 이 콩크리트가 일본아이들이 포태를 만들 때 때린 기초돌이요.

리광평: 그러면 이 포태는 무엇으로 지었습니까? 흙으로 지었습니까?

김현일: 이 콩크리트기초우에 흙으로 쌓았지.

지창원: 흙을 이겨서 짚에다 둘둘 말아 척척 올리 쌓았지요. 포태두께가 이렇게 두꺼웠지뭐. 량옆에다 널판지로 틀을 남든다음 흙을 짚에다 버무려서 틀안에 넣고 다지면서 올리 쌓았지. 그러니 총알이 뚫을수 없었지.

리광평: 그러면 흙벽돌로 만들기보다 더 든든하겠군요.

김현일: 그리고 포태벽에다 총구멍까지 다 냈는데뭐.

리광평: 총구멍을 몇개나 뺐습니까?

김현일: 포태서 바깥으로 내다보이는 방향엔 총을 쏠수 있게 다 냈지.

리광평: 포태높이가 대략 얼마나 되였습니까?

지창원: 아마 3m는 훨씬 넘었을거야.

차광범: 포태는 몇층으로 나누었습니까?

지창원: 포태는 2층으로 되였지. 1층이 있고 그우에 2층이 있구.

(나는 포태옛자리 콩크리트 위에 서서 집단부락정황을 소개하는 김현일로인님 모습을 힘들여 촬영하였다. 그리고 계속 로인님들을 따라 다니면서 이것저것 물어보았다.)

지창원: 부락에 우물을 여러 곳에 팠는데 끝내 물이 안 나오지. ＋자길 중심이 있는 곳에도 파 보았는데 안 되거든. 그리고 물도 안 나오는 우물인데 아이 하나가 놀다가 빠져 죽어서 그 우물

을 되려 묻어버렸지. 야, 사람들 인공으로 10길을 파는게 그렇게 헐하겠습니까?

리광평: 우물에서 물이 안 나오니 길어다 마였는데 물을 나무통에 실어 옵니까?

지창원: 동삼에는 발기에 신고 여름에는 수레에 신고. 여름에는 녀자들이 물동이로 이여 날랐습니다. 동삼에는 물이 어니까 위험해서 큰강물을 통에다 담아서 발기로 날랐지.

리광평: 그때 물은 깨끗했습니까?

지창원: 깨끗했으면 다 죽었겠소? 야, 물이 나쁜 관계도 많지! 광복이 나서 1~2년 사이까지 다 죽고 달아나고 하여 140호가 되던 부락에 한 20호만 남았댔지. 그러니 다 죽은거나 마찬가지지. 얼마나 처참했소?

리광평: 외삼촌네 식구 15명이 한달 사이에 다 죽었다지요?

지창원: 예, 그랬지.

차광범: 그때 아바이는 외삼촌네 식구들이 죽는걸 봤습니까?

지창원: 아이고, 그때 나도 앓느라고 바깥에도 못 나왔는데 어떻게 봤겠소? 내 앓고 일어나니까 다 죽었더구만. 그때 한집식구 5~6명이 몽땅 다 죽은 집들이 가득했습니다. 야, 이렇게 험한 데를 처음 봤습니다.

리광평: 그것이 광복이 나서 1946년도 일입니까?

지창원: 그때였지. 하루에 보통 5~6명, 어떤 날에는 심지어 10씩 막 죽어나갔으니까 얼마나 처참한 일이요.

차광범: 그때 죽은 사람의 묘소는 어디에다 썼습니까?

지창원: 묘는 저 앞의 공동묘지에다 썼지.

리광평: 그때 140호가 살았다니까 한 호에 5명이라 하여도 전 부락에 600명이 살았겠지요. 그런데 대부분이 사망했다니까 죽은 사람들이 몇백명은 되겠습니다.

지창원: 싹 죽다시피 되였지. 그래도 여기서 살아남은 사람들은 다행이였지. 그래 전염병이 생긴후로 이 부락에 살던 사람들이 다 터를 옮겨서 외지로 가지 않으면 우리 지금 사는 부락에로 왔지.

사진69: 집단이민들이 개척했던 논과 오늘날 양초촌의 모습. (2002.5.28)

우리는 세로인님의 안내로 양초집단이민부락옛터를 답사하고 내려오면서 집단이민들이 개척했다는 논과 지금의 양초촌풍경, 이민들이 길어서 마이던 강물과 저 멀리 산도 촬영하였다. 지금은 이곳의 강에 큰뚝을 막아 작은 저수지를 만들어 놓아 경치가 더 아름다웠다.

우리는 부랴부랴 마을로 돌아왔다. 오늘 오전 10시에 송화4대로 다녀가 로인님들을 만나기로 이미 약속을 했으니까. 우리는 인차 짐을 꾸려가지고 작별인사를 나눈 다음 9시 10분에 오토바이를 타고 양초를 떠났다.

6장 명월진 복흥촌 지역

1. 전북툰집단이민 조진희가 들려준 이야기

2002년 4월 4일. 안도현 명월진 복흥촌(광복전 연길현 봉녕구 복흥촌)에서 아침식사를 마친 우리는 로인활동실에 다녀가 박복남(朴福南), 리수원(李秀元), 조병권(趙炳权), 김선순(金善順) 부부,지영숙과 리원도와의 취재를 마쳤다.

이어 우리는 조진희(趙振熙)와 지옥산 부부를 찾아 그의 집에서 취재하였다. 조진희는 안도현 량강구 전북툰에 집단이민을 온 분이였다. 하여 전북집단이민생활을 료해하는데 도움이 되리라 생각하고 그와의 인터뷰내용을 기록한다.

리광평: 로인님의 명함이 조진희가 맞습니까? 어느 때 어디서 태여 났습니까?

조진희: 나는 1931년 12월 18일 강원도 강원읍에서 출생했습니다.

리광평: 그럼 그때 고생하던 이야기를 좀 들려주십시오.

조진희: 예, 내 력사를 말하게 되면 우리 아버지가 조선서 토지도 없고 고생하면서 살았지요. 한 부락에 우리 친척들도 여럿이 살았습니다. 친척들은 부자로 사는데 우리가 가난해 장사를 좀 했습니다. 장사란 갈대를 비여 그걸로 까래(돗자리)를 걸어서 팔았던것입니다. 그때 할아버지께서 우리 집에 계셨습니다. 그때 우리 집이 가난하여 친척들의 구속도 받았고 아들 공부도 못 시켰습니다. 우리 아버지는 딸이 넷이 있었습니다. 모두 공부를 못 시켰습니다.

그런데 중국이 살기 좋다는 소문이 돌았지요. 하여 중국에 가는 이민을 모집한다는 소문을 듣고 아버지께서 내 아홉 살 때인 1938년에 이민을 가기로 작심했습니다. 하여 아버지께서 어머니와 나, 나의 동생을 데리고 안도현 량강촌 전북툰에 집단이민을 들어왔습니다.

그런데 온 해의 6월 18일 날에 우리 아버지께서 사망하셨습니다. 그때 내 나이 아홉 살이지 어머니 년세가 37세였습니다. 우리 아버지가 아이들을 공부시키겠다고 만주로 들어왔는데 몇 달도 안 되여 사망하다나니 나는 학교문앞도 못 가봤지요.(눈물)

그래서 우리 엄마하고 내가 낭기(땔나무)를 쪽지게에 지어 날랐습니다. 그런데 나는 나무를 쪽지게에 지고 일어설수 없었어요. 그래서 우리 엄마가 요만하게 묶어서 지고 나도 쪼꼬만하게 묶어서 지였지요. 그러면 우리 엄마가 뒤에서 나의 쪽지게를 들어주면 내가 일어서는데 그까지것 일어만 나면 어떻게 하던 집으로 올수 있었단 말입니다. 바로 이렇게 매일 조금씩 땔 낭기를 마련했습니다.

그리고 밭도 엉덩짝만하게 부쳤지요. 왜정 때도 구제가 있었습니다. 하여 남들이 덮던 이불과 옷가지들을 조금씩 주고 강냉이 통알을 식량이 떨어진 집에 조금씩 내주기도 했습니다. 이렇게 학교 문앞에도 못 가보고 벌었습니다. 그때 회사에서 소를 내주었습니다. 우리 집에 둥굴소 큰게 한 마리 차례지었습니다. 그래서 그 소로 농사도 짓고 땔나무도 실어왔습니다.

그렇게 살다보니까 광복이 탁 터졌습니다. 하여 1946년도에 나는 군대를 가게 되었습니다.

리광평: 그래 광복이 나서 인차 군대를 갔습니까?

조진희: 야, 인차 부대로 갔지. 부대로 가서 처음에 어디로 갔는가 하면 돈화에 있는 조선부대로 갔소. 그래서 거기 있는데 하발령전투가 아주 긴장했소. 그후 국민당과 싸우다가 내가 병에 걸려 가지고 끝내 집에 돌아오고 말았소. 집에서 병 치료를 하고 농사도 지었습니다. 그래서 이날 이때까지 농촌에서 지내고 있소.

그때 조선서 집단이민을 들어올 때 모두 일곱식구가 들어 왔습니다. 그때 누나가 넷이였습니다. 아버지가 사망하자 남의 구제도 받으면서 겨우 살아왔습니다.

광복이후에 공산당의 덕분으로 생활이 피우기 시작했고 자식들도 잘 키웠습니다. 지금 나는 딸 넷에 아들 하나가 있습니다. 지금 자식들이 다 외지에 나가 직장을 다니고 집에서 우리 부부가 근심걱정이 없이 잘 보냅니다. 우리가 지나온 력사를 책으로 묶어도 한 책이 넘을 겁니다.

리광평: 그때 이민을 오실 때 일곱식구라 했는데 누구랑 함께 왔습니까?

조진희: 녀동생 넷, 나, 부모 이렇게 모두 일곱이였습니다. 들어와서 남동생이 하나 생겼는데 요절되고 아들로는 나 하나만 남았소. 내가 이 집에서 맏이였지.

리광평: 그때 전북에 와서 집을 어떻게 잡았습니까?

조진희: 집을 일본애들이 다 지어줍데다. 우리가 도착하니 일본애들이 집 뼈따기는 다 세워 놓았습데다. 하여 우리들은 자비로 집 이영을 예고 벽도 바르고 온돌도 놓았습니다. 만척회사에서 이미 목수들을 시켜 집의 뼈따기는 이미 쫙 줄지어 세워 놓았습데다.

우리는 아버지께서 집안의 초벽을 바르고 그만 6월 18일에 사망하게 되니까 그 집에는 다시 들지는 못 하구 다른 헌집이 하나 나자 툰장이 우리를 그 빈집에 들게 하였습니다.

그때 항일련군들이 전북툰에 쎄게(대단하게) 들어왔습니다. 김일성부대들이라구 합데다. 우리 집이 바로 토성 밑에 자리잡고있었습니다. 한번은 전투를 날이 새도록 하는데 공산군들이 토성 한쪽 기둥부리에 중기를 걸고 저쪽 기둥부리에도 중기를 걸고서 경찰분주소를 향해 총을 냅다 갈렸습니다. 그리고 거기다 작탄 같은것도 막 던지였어. 그때 그 사람들이 숱해 죽었어. 그리고 한족사람 하나는 겁나니 한 10m 깊이가 되는 우물에 숨는다는게 그만 떨어져 죽었어.

그때 만척에서 이민들에게 소를 다 내주었습니다. 공산군들이 들어와서는 만척에서 내준 소를 막 끌어가고 서너 마리를 칼로 찍어서 죽여 놓고는 부락민들더러 아침으로 그 소고기를 싹 먹으라는거지뭐. 그리고는 소를 몽땅 끌고서 산으로 올라가지요. 짐들을 다 가지고 못 가게 되니 부락사람들더러 짐을 지고서 산으로 갖다주게 하는거지뭐.

리광평: 집단이민을 오실 때 전북툰으로 어떻게 들어갔습니까? 명월구에서 차를 타고 들어갔습니까?

조진희: 아니, 그때 한족들 마차, 말을 네 마리씩 메우는 마차가 와서 짐을 싣고 사람도 실었지. 명월구에서 영경까지 왔지. 량강에는 길이 없어서 못 다니지뭐. 그래 영경서 큰 마차에 싣고서는 량강으로 들어갔지. 그후에 길을 닦았지.

리광평: 예, 그때는 길을 안 닦았습데까?

조진희: 그때 길은 안 나고 술기길 (달구지길)만 있었소.

리광평: 그럼 량강에 도착하여 마차에서 내리니 집이 있습데까?

조진희: 그럼. 집을 지어줬지뭐. 제1차 이민들이 먼저 갔댔단 말이요. 그러니 림시로 있을 자리는 있었단 말이요. 제1차 이민들이 들었다 나간 빈집이 있었거든. 제1차 이민들이 숱한 고생을 했답니다. 량강에서 전북이 한 7리 되지. 이깔나무가 한 아름되는걸 베여내고 새 부락을 앉혔다누만. 우리가 들어가니까 만척회사에서 말 네 필씩 끄는 양리(서양가대기)를 가지고 황무지를 갈아 번져 밭을 만들어 주더구만. 그래 그 밭에 심어먹고.

리광평: 량식은 회사에서 대여 줍데까?

조진희: 량식이야 회사에서 내여 주더구만. 그때 썩은 옥수수, 썩은 조이, 냄새가 풀풀 나는걸 배급주지. 새해에 농사를 지으면 저절로 먹게 하였습니다.

리광평: 아버지께서 일찍이 돌아가셨구만요.

사진50-1: 전북툰집단이민 조진희와 그의 부인 지옥산. (2002.4.4)

사진50-2: 일찍 부모를 잃어 고향도 잘 모르는 지옥산. (2002.4.4)

조진희: 들어와 몇 달 안 돼 사망했거든요. 그래서 나는 학교문 앞에도 못 가보았습니다. 내가 지금 좀 글을 뜯어 볼수 있는 것은 부대에 가서 좀 배웠기 때문이지.

리광평: 그럼 로인님네는 제2차 이민입니다. 1938년이니까.

리원도: 1차, 2차, 3차까지 중국에 집단이민을 갔소. 제4차는 조선 북부변경에도 보냈습니다.

리광평: 제4차 이민은 주로 길림, 흑룡강성 등 북쪽지구로 보냈습니다. 로인님네는 그때 어느 때에 들어왔습니까?

리원도: 우리 4차 이민은 음력 4월에 들어왔습니다.

리광평: 음력 4월이였으면 추운 고생은 적게 하였겠습니다.

리원도: 4월이니 한창 밭갈이를 할 때니까.

조진희: 백두산지구에 항일련군활동이 셌지. 일본애들은 항일련군이 무섭기 때문에 자동차 길을 닦고서는 조선이민들 부락을 그 어간에다가 앉히였어요. 그 애들의 계획이 바로 그랬지. 량강에서 올라가면은 수전툰이요, 3창, 5창이란 부락들이 있었지요. 후에 우리가 온 다음 길을 닦고는 길 한쪽컨 20m씩 다 베여 버렸습니다.

리원도: 한쪽 옆이 50m요.

조진희: 공산군이 무서우니까 길옆의 나무들을 몽땅 베여 버렸소. 그러나 그게 그대로 되나요? 해방이 터졌지. 놈들은 이곳의 부락과 조선변강의 부락들과 총총히 다 이어지게 했습니다.

우리가 백두산 꼭대기에 올라서 보면 첫 부락에서 내굴(연기)이 나는 것이 다 보이요. 큰 봉우리 바로 옆에 있거든. 지금 백두산 기상소에 올라가면 갑산이 알립니다. 알고 보면 보입니다.

리광평: 공산군《비적》들이 들어왔을 때 로인님은 그 부락에 있었습니까?

조진희: 내 그때 있었지.

리광평: 그때 로인님은 년세가 어떻게 되었습니까?

조진희: 그때가 내 열세살인지.

리광평: 그것이 광복 나기 전 몇 해나 될 것 같습니까?

조진희: 광복 전이지. 한 이티(2년) 있다가 광복이 탁 터졌지. 아마 1943년일거야.

광복이 나자 지방토비들이 와서 우리 조선사람들의 부락을 막 털어 가고 동네사람들을 시켜 물건을 지게하구.

리광평: 그게 지방토비입니까?

조진희: 그래 그게 지방토비지. 그놈들두 총은 다 있어요. 그들이 부락을 보위한다고 하면서는 돈을 내라, 물건을 내라, 사람을 내라고 난리를 치거든. 그전에 우리 부락에 한 사람은 한족말도 잘하고 장사도 잘했지. 해방이 터지자마자 그 사람한테 돈이 있는걸 알고 달려들어 돈을 내라고 했다오. 그 사람이 돈을 안 주니까 토비들이 재껴놓고 고추물도 쏟아 넣고 몽둥이로 패고 어느 때까지 돈을 가져다 물어라, 그렇지 않으면 죽여 버린다고 협박했지. 하여 그 사람은 목숨을 건지기 위해 돈을 가져다 줬다오. 그때 토비들이 정말로 많고도 대단하였습니다.

토비들이 한창 난리를 벌릴 때 리용광지대가 우리 부락에 처음 들어 왔지뭐. 그들이 량강을 치고서 우리 부락에 왔거든. 그런데 토비새끼들이 알기는 알거든. 어느까리(어느사이) 빼버렸는지 깜쪽 같이 없어졌어.

리용광지대가 우리 부락에 척 들어와서는 그놈들이 다 갔다고 그러니까 군인들을 길에다 쪽 줄을 세우고는 총을 척 메고서는 노래《최후의 결전》을 높이 부르면서 부락 복판길로 행진했습니다. 그러니 그때 부락에서 청년들이 막 따라 가기도 했지요. 우리 부락에서 청년아이들이 많이 갔소. 그것은 광복이 터져 인차 있은 일이지유. 그후 한해 있다가 군인모집이 있었소. 나는 1946년 7월에 참군하였습니다.

리광평: 그때 리용광지대가 전북툰을 지나갔습니까?

조진희: 그때 의용광지대가 들어올 때는 옥수수가 한창 컷을 때입니다. 7월입니다.

리광평: 좋은 이야기를 잘 들었습니다. 정말로 고맙습니다.

제2부

왕청현지역 전라북도
집단이민 인터뷰 기행

1장 배초구 지역

1. 방초촌집단이민마을터에서

2002년 10월 8일 아침 7시반 나는 룡정우물 동남쪽에 자리잡은 정정도편사로 찾아갔다. 어제 차광범과 왕청현지역 집단이민답사를 가기로 했으니 말이다. 차광범이 사진관의 일을 배치하자 우리는 저마다 오토바이를 몰고 7시 50분에 출발하였다. 출발할때의 나의 오토바이 계량기표시판의 수자가 1976km였다. 이로부터 왕청현지역에 대한 답사가 시작된 셈이다.

연길시내를 벗어나 연집, 의란을 지나고 길철령을 넘으니 왕청현구역에 들어섰다. 아침 9시 23분에 우리는 고성(高城)촌으로 들어가는 갈림길목의 작은 주유소앞에 멈추었다. 력사기재에 따르면 이전 방초(芳草)촌에 집단이민들이 왔다고 했으니 길가는 사람들과 방초촌으로 어떻게 가는가를 물었다. 마침 한 로인님이 이 갈림길로 들어가 고성, 려성 등 촌을 지나면 방초로 갈수 있다고 알려주는것이었다. 우리는 큰길에서 서남쪽으로 난 달구지길을 따라 뽀얀 흙먼지를 뒤집어쓰면서 길가의 사람들과 물어 방초촌을 찾아갔다.

북쪽에 험한 산을 끼고 남쪽에 작은 골짜기의 좁은 벌을 안고있는 열 몇호가 되나말가 하는 초가마을이였는데 스산하기가 그지 없었다. 동네분들과 물어 촌장을 찾았으나 안 계신다기에 로인회장을 찾았다. 정중원(郑仲元, 64세)이라는 로인회장이 우리를 반겨 맞았다.

우리가 찾아온 여건을 말하자 정회장은 몹시 반기면서 힘껏 도와줄터니 시름놓고 이 부락에 숙박하면서 취재를 하라는것이였다. 우리는 인차 상점을 찾아 돼지고기, 소고기와 술, 반찬감들을 사서 드렸다.

　정회장의 소개로 우리는 먼저 리병운(李炳云)로인을 만나게 되였다.

　리병운 로인님과의 이야기를 마친 나와 차광범은 집안에서 그들 부부간의 생활장면을 촬영하였다. 그리고 김기천(金基天, 63세) 로인회 부회장네 집에 안내되여 식사를 하였다.

　우리는 정중원 회장의 안내로 정금인(鄭今二)할머님네 집으로 찾아가 이야기를 들었다.

　리광평: 저들은 할머님의 이야기를 들려 왔습니다. 글로 제대로 적을 수 없기에 록음을 합니다. 할머님의 명함은 어떻게 씁니까?

　정금인: 정금인입니다.

　리광평: 년세가 어떻게 됩니까?

　정금인: 칠십둘(1931년생). 죽을 때 돼서 아무것도 모르오.

　리광평: 생일은 어느때입니까?

　정금인: 8월 17일날.

　리광평: 출생지는 어디입니까?

　정금인: 한국 전라북도 김계군 백산면.

　리광평: 그러면 어느때에 중국으로 건너 왔습니까?

　정금인: 이젠 잘 모르겠어.

　정중원: 1939년도일거요.

　리광평: 그러면 집단이민으로 왔습니까?

　정금인: 그때 1939년도에 저쪽 목단지(牡丹池)라는 곳에 집단이민을 왔댔소. 그러다 비적이 있다고 해서 이 동네로 집단적으로 이동을 했소.

　리광평: 그때 오실 때 집에서 누구랑 함께 왔습니까?

　정금인: 부모님하고 우리 형제들이 왔지.

　정중원: 우리 부모님 하고 누님, 큰누님, 우리 형님들도 왔지. 나는 1939년도에 이곳에 온 해

에 출생했어. 나는 한국에서 임신되어 가지고 여기 와서 출생됐어.

리광평: 그러니 부모님하고 누님 둘, 형님 하나, 식구 다섯이 함께 집단이민을 왔겠습니다. 그러면 이 할머님은 회장님의 친누님이시구만요.

정중원: 그때 조선서 집이 너무 가난하여 제일 큰누님을 남한테 줬습꾸마. 그집에서 다른데로 이사를 간다하여 따라 가게 했지요. 그 집에서 어디로 갔는지는 몰랐지요. 그래 몰랐는데 우리가 최근 약 3년전에 한국 KBS방송국에 리산가족 찾기프로에 우리 누님 정원명을 찾아달라고 편지를 했지요. 그랬더니 정말 찾았어요.

한국에 살고 계시더군요. 우리 누님은 부모없이 숱한 고생을 하면서 자랐지요. 우리 누님이 한번 놀러왔다 갔어요. 우리가 모두 만나봤어요. 부모없이 혼자서 고생하는게 너무 지겨워 몇번 죽으려고 했답꾸마. 그래 예수를 믿으면서 겨우 살아왔답꾸마. 지금도 생활이 곤난하답꾸마. 그래서 초청장도 못해주지요. 자기 친동생들이니 얼마나 초청장을 보내고 싶겠어요. 그런데 가정형편이 안돼 초청도 못한답꾸마.

리광평: 그때 집단이민을 오실때 몇호가 왔습니까?

정금인: 똑똑한건 잘 모르겠어요. 한 50호가 왔는지. 오니까 모진 산골에다 처박아 놓더구만요.

리광평: 오신 곳이 어디랍니까?

정금인: 저기 팔과수(八棵樹)가 있는 골안 그쪽 목단지(牡丹池)라는 그 험한 산골이었어요. (지금의 왕청현 중안향에 속함—필자주) 그때 오니 밭도 없고 아무것도 없는데 몰아 붙이거든. 그래서 막을 치고 살면서 나무를 베내고 집을 짓고 밭을 번져 감자를 심고 대수 먹구 지냈지요. 그러다 나중에 일본사람들이 그 골안에 비적이 많으니 이곳에서 못 사니 다른 곳으로 이주하라고 막 내몰았지요.

정중원: 그 골안에서 조금 내려와서는 일본아이들의 경찰분주소가 있었어.

정금인: 그래 가을인데 농사를 지은걸 빨리 거두라고 막 몰았어요. 내가 그때 여덟살인가 아홉살인가 한데 맨발바람으로 서리가 시허연 밭으로 나갔지요. 늦으면 비적들이 거두어 간다고.

정중원: 공산군들이 그걸 가져갈가봐.

정금인: 그래서 우리 어머니랑 아이를 업고 앞에서 일하면서 나가는데 우리는 맨발바람인지라 발이 시리고 춥다고 뒤를 따라가면서 울고불고 야단이였죠. 그래서 옥수를 이삭을 뜯어서 모

이고 감자도 파서 한곳에 모이지요. 밭머리에서 감자장과 밥을 대수 끓여서 먹고 저녁에 새까매져서야(어두워져서야) 집으로 돌아오지요.

부락에 도착하니 커다란 대문을 떡 닫아놓고 총창을 쥐고서 보초를 보면서 한두 사람은 들여놓지도 않아요. 아무리 어둡고 추워도 밭에 갔던 사람들이 다 함께 모여야 대문을 열어주지요. 우리 아이들은 너무나 춥고 배가 고파서 막 울어댔어요. 정말 고생을 징그럽게 했습니다.

리광평: 밭에 갔던 사람들이 다 모여야 대문을 열어줍니까?

정금인: 그랬어요. 아침이면 좀 늦게 나가면 막 몽둥이로 내리치지뭐. 집집마다 바깥에 땅막을 치고 맨땅에서 자구 했어요. 아침에 조금이라도 늦게 나가면 집마다 돌아다니며 들춰가지고 몽둥이로 막 잡아칩꾸마. 그래서 아파도 마지못해 쩔뚝거리며 나가야 하지뭐. 아파서 죽어도 일터에 가서 죽어야하지. 어떤 사람들은 마지못해 일터에 가서 쓰러져있었지요. 우리는 그러면서 살았어요. 집단이민부락은 정말로 지옥과 같았어요.

리광평: 낟알을 어떻게 부락으로 가져옵니까?

정금인: 부락사람들이 낟알을 거두기는 했는데 어떻게 실어가지는 모르겠어요.

정중원: 아이고, 우리 어머니랑 살아 계셨으면 다 알건데.

정금인: 그때 우리는 나이가 어리니 잘 모르지요. 거기서 죽게 고생하는데 여기로 몰아오는 바람에 할수 없이 여기 방초로 왔지뭐.

리광평: 목단지에 있던 사람들이 몽땅 여기 방초로 왔습니까?

정금인: 그래요. 몽땅 왔지뭐. 비적이 있다고, 공산당이 있다고 그 마을을 비우고 여기로 이사를 하라는거지요.

리광평: 그때 이 마을에 오니까 집들이 있습데까?

정금인: 이 마을에도 집이 없더군요. 우리가 오니 만척에서 몽땅 새로 줄집을 대수 지었어요. 그래서 마을이 생기게 됐어요.

리광평: 오니까 집을 지었습데까?

정금인: 아니 아무것도 없더란데. 우리가 온 다음 우리는 이곳에 막을 치고 한 막에 2~3호씩 있었지요. 그래서 만척에서 사람을 시켜 집을 대수 지어줍데다.

리광평: 그때 이 마을에 온 집이 몇호나 되였습니까?

정금인: 그때 많습데다.

리광평: 한 40호는 됐습니까?

정금인: 그렇게는 안되지. 우리가 이 마을에서 살게 되자 이 마을에 사는 사람들의 친척들이 한국에서 다시 이사를 오기도 했습니다.

리광평: 그때 지은 집이 지금 남아있는것이 있습니까?

정금인: 그때 지은 우리 집이 올해에 무너졌어요. 그렇게 지은 집인데 오래도 갑데다. 지금 그때 지은 초가집이 하나가 겨우 남아있소.

리광평: 이야기를 끝내고 가 봅시다. 이곳에 와서 밭을 저절로 번졌습니까?

정금인: 밭은 몽땅 자체로 일구었지. 자체로 말이요. 그땐 수전도 없었습니다. 산골에 맨 꼬지깨대가리가 있지뭐. 그래 우리 이민들이 와서 꼬지깨덩어리를 마스고 풀을 베여 내고 논도랑을 파고 논드럼을 만들어 논을 풀었지요. 처음엔 조그만하게, 그 다음해는 좀 더 크게 해마다 논을 더 풀었지요.

리광평: 원래는 논이 없었겠습니다?

정금인: 없지 않구. 부락도 없었는데뭐. 우리 이민들이 와서 논을 풀었지요. 나중에는 골짜기를 따라 저 막끝까지 풀었습네. 산골안에 논을 풀어 이런 산골에서도 이밥을 먹게 되였지. 그랬더니 한족들이 그걸 배워가지고 자기들도 논을 풀고 벼농사를 하기 시작했어요.

리광평: 이곳에 오셔서 집을 지은 다음 토성이랑 쌓았습니까?

정금인: 토성을 쌓았습니다.

정중원: 그전엔 토성이 빙 둘러 다 있었습니다.

정금인: 토성이랑 다 쌓고 보초막이란 다 지어놓고. 집을 지은 다음에 토성을 쌓았습니다. 토비들도 마을에 들어와 백성들의 물건을 막 빼앗아 갔습니다. 그리고 공산군들도 마을에 들어왔습니다. 그분들이 오면 참 좋게 선전하지요. 만군들은 공산군을 막 비적이라고 하면서 접촉하지 못하게 하지요. 그래서 공산군들이 오면 마을사람들은 자기 집에다 가만히 감추지요. 그리고 식량도 좀 얻어주고.

정중원: 그때 공산군들이 와서 노래를 배워주고 그랬지않우?

리광평: 그러면 아버지, 어머니랑 모두 이 마을에서 사망했습니까?

정금인: 예, 산소는 여기서 가까운 곳에 있습니다.

리광평: 그때에 고생하던 이야기를 더 들려주십시오. 학교를 다녔습니까?

정금인: 못 다녔습니다. 돈이 없는 사람들이 어떻게 학교를 다닙니까? 이 산골에다 가져다 던지니 그뿐이지뭐. 학교가 다 뭐요?

리광평: 그때 학교는 어디에 있었습니까?

정금인: 요 아래 려화(麗花)부락에 있었지요. 허나 우리는 학교를 못 가고 어려서부터 부모님들을 따라 일하려 다녔습니다. 쪼꼬만게 엄마 뒤만 그냥 따라 다녔지요. 한번은 글쎄 어느 여름의 하루, 엄마가 아이를 업기도 하고 손목도 잡고 골짜기에 들어가 황무지를 번져 무얼 심고 있었습니다.

그러는데 불시로 소낙비가 억수로 퍼부었습니다. 엄마가 동생을 업고 집으로 돌아오려 걷고 있는데 우리는 뒤에서 맨발로 죽어라고 따르지요. 그런데 소낙비가 얼마나 쎄게 퍼붓는지. 내가 그만 비살에 넘어져 진흙탕에 빠져 일어도 못나고 울며 고함을 지르는데 엄마는 어린 동생을 업고서 뒤를 한번 돌아보고는 그냥 앞으로 가는거지요. 우리는 뒤에서 죽는다고 난시인데도. 지금 생각해 보면 그때 엄마의 마음이 얼마나 아팠겠습니까? (할머님께서 눈물을 흘리신다.) 우리는 그런줄도 모르고 엄마를 탔하면서 할수 없어 저절로 기여 일어나 다시 뒤를 따랐지요.

그래 집으로 와보니 집안에 물이 꼴똑 찼지. 천장의 흙도 막 떨어져 하늘이 내다 보이지요. 밤에는 얼어 죽을것 같았어요. 만척에서 내준 썩은 좁쌀마저도 흙탕물에 다 잠기였어요. 여름이라 온도가 높으니 그것마저도 찌뻘겋게 다 떴어요. 이이고, 그걸로 밥을 해먹는게 쓰겁고 텁고 냄새가 고약해 먹을수 있어야지요? 그래도 배가 고프니까 먹지 않으면 안됐어요. 우리는 그렇게 살았어요.

아이고, 그 고생을 말로 어떻게 다 하겠어요? 지금 생각해 보면 그때 부모님들의 고생이야 얼마였겠습니까? 그래 우리는 날마다 땅을 뚜지고 부역에 시달리고 짐승처럼 먹으면서 산다드라고 살았지요.

정금인: 우리는 이곳에서 해방을 맞아 토지개혁에 참가해 토지도 받고 나라의 주인이 되였습니다.

리광평: 다른 로인님들의 말을 들을라니까 할머님께서는 부녀사업도 하셨다고 합니다.

정금인: 예, 좀 했습니다. 해방이 나자 이민을 왔던 분들이 많이는 배초구에랑 더 좋은 곳으로 이사를 가고 새로운 분들이 많이 이사를 들어왔지요. 우리는 아이들이 많지, 구차해서 힘이 모자라 가지도 못하고 여기서 눌리여 삽니다.

리광평: 할머님은 자식을 몇을 두었습니까?

정금인: 여섯이요. 아들 하나, 딸 다섯인데 딸들은 다 시집을 가고 아들이 이 한 마을에 있어요.

리광평: 광복이 나자 많은 사람들이 고향으로 가지 않았습니까?

정금인: 더러(일부) 가는 분들은 갔습니다. 우리는 갈 형편이 못되였지요 아이들이 많지, 구차하지 하니 그냥 여기서 살았어요. 이곳에서 산지 이젠 60년이 훨씬 넘었습니다. 저군이 올해 64살이니 이곳에 온지가 벌써 64년이 되지요.

리광평: 그럼 아바이는 한국에서 임신되여 이곳에 와서 출생했겠습니다?

정금인: 그랬지요. 저걸 여기 와서 낳아서 까딱하다는 얼어 죽일번 했어요. 정말 목숨이 질기니 살아났지. 그런 험한 산골에다 몰아 붙이니. 중안의 골안을 계속 썩 더 올라갑니다. 지금 원래 부락자리는 이젠 없어졌지요. 거기에서 한해 농사를 짓고 이곳 방초구로 이사왔습니다. 그때 오니까 짐승들이 시글버글 하지뭐. 멧돼지, 승냥이, 노루랑 없는 짐승이 없지뭐. 짐승들이 밭에 뛰여 들어 혼이 났어요.

리광평: 한국에서 이민모집을 할때는 이민들이 들 집을 다 지어놓았다고 거짓선전을 했지요?

정금인: 그랬습니다. 그곳에서 너무도 배고픈 고생을 하니 만주에 땅이 흔하고 량식이 흔하다고 좋다고 하니 이민을 왔지요. 와보니 한국보다 땅이 흔했지요. 그래서 황무지를 개간하여 먹고 살았지요.

리광평: 그후에 고향엔 못 가 봤습니까?

정금인: 못 가 봤지요.

사진1-2: 집단이민초기에 지은 집앞에서 이야기를 들려주는 방초툰 집단이민인 정금인. 2002.10.8

　할머님께서 말을 마치고 서럽게 흐느끼면서 눈물을 흘리신다. 나도 코등이 찡 해나면서 흐르는 눈물을 어쩔수 없어 손등으로 닦고 말았다.……

　우리는 정금인 할머님을 모시고 겨우 한채만 남았다는 집단이민을 오자 지은 초가집으로 갔다. 우리는 집단이민력사의 증거물로 되는 그 옛초가집을 사진을 찍었고 그 초가집 앞에 서 계시는 할머님의 모습을 여러 모로 촬영하였다.

　력사문헌자료의 기재에 따르면 1940년 이 방초구에 46호, 216명이 집단이민이 왔다고 한다.

　정금인 할머님과의 이야기와 사진촬영을 마친 나와 차광범은 마을을 한바퀴 빙 돌아보았다. 그러다 마당에서 키로 팥을 다듬는 할머니 한분을 만나게 되였다. 우리는 할머님이 일하시는 모습을 아무런 연출도 없이 객관적으로 렌즈에 담았다. 그러고는 할머님과 이야기를 나누었다.

　류봉녀할머님집에서 나온 나와 차광범은 카메라를 메고 마을 북쪽 뒤산에 올라 마을과 마을 주위의 전경도 둘러보고는 다시 마을에 내려와 촬영소재를 찾았다.

우리는 유일하게 집단이민부락 흔적으로 남아있는 그 초가집을 다시 찾아갔다. 지금 장순녀 (張順女)라는 할머니가 그 집에서 살고계셨다.

2. 배초구진 소재지에서

2002년 10월 14일은 월요일이고 구름이 좀 많았다. 나와 차광범은 아침 7시 35분에 오토바이를 타고 왕청현 배초구로 출발했다. 조양천을 거쳐 연길밖을 돌아 고추 배초구로 달렸다. 배초구에 이르니 9시반이 되였다.

신선촌의 강로인님과 물어 배초구진 정양촌(正阳村)의 고을곤(高乙坤) 로인님 집으로 곧게 찾아 갔다. 우리를 반갑게 맞아주자 우리는 고로인네 집에 숙박하겠다고 청을 들었다. 로인님부부가 쾌히 승낙하는것이었다. 우리는 시장에 나가 소고기, 콩나물 등 반찬감들을 사다드렸다.

그리고 고로인과 이야기를 나누었다.

고을곤 할아버지는 1922년 2월 25일 한국 전라북도 김제군 백산면 석교리에서 출생했고 17세때인 1939년에 그의 아버지 고부영(高富荣)이 이곳 목단지에 집단이민을 왔다.

리광평: 로인님의 아버지는 몇호와 함께 이민을 왔답니까?

고을곤: 충청도, 전라북도, 전라남도 3곳에서 모집한 사람들이 함께 집단이민을 와서 여러곳에 갈라졌소. 그때 나는 따라 오지 않고 김제에 있었습니다.

나는 어렸을때 생활이 곤난하니 학교도 못 다녔습니다. 그래 집에서 놀면서 구학을 좀 배웠고 그냥 농사일을 하였습니다. 10살부터 무거운 일을 하였으니까. 그때 나이가 많아 소학교를 다닐 수 없는 사람들을 배워주는 2년제 간이학교가 있었는데 그 학교를 졸업하면 소학교 5학년에 시험을 치고 들어갈수 있었습니다. 나는 15세에 그 학교에 붙어서 17살되는 봄에 졸업했습니다.

그리고 인차 김제시내에 들어와서 신문배달을 했습지예. 나는 그때에 어떻게 하던지 공부를 하자고 했습지. 내가 배달을 시작했는데 1939년에 아버지가 집식구들을 데리고 동북에 집단이 민을 갔습니다. 나는 거기서 신문배달을 하느라고 떨어지고. 주인집에서 먹고 자고 하면서 신문배달을 했습지.

리광평: 그래 그때 올때 아버지와 엄마, 형님이 있구, 동생들두 있구요? 모두 몇분이였습니까?

고을곤: 한분, 두분, …… 모두 여섯인가 됩니다. 여기 와서 또 하나를 낳고.

리광평: 그러면 아버지네는 어느 곳으로 집단이민을 왔답데까?

고을곤: 목단지로 왔지요. 거기서 살지 못하겠으니까 여기 방초로 옮겨왔지요.

나는 간이학교를 다닐때 선생님하고 부탁을 했지. 나는 학교를 다닌 다음 어떤 일이든 취직을 해야겠다고. 그러자 선생님이 신문사에다 나를 소개했습니다. 그때 해방전에 "매일신문"이라고 일본아이들 기관지였지. 지금 "연변일보"나 마찬가지겠지. 그 집에서 먹고 자고 배달을 하는데 한달에 3원씩 주더군.

1년이 넘어가니까 18살이 되지. 그러니 한달에 5원씩 주더구만. 국내에 나가는 신문은 거진 다 내손을 거쳤지. 외지로 가는 신문은 기차에 부치고 시내로 가는 신문은 직접 배달하고. 1년 일을 해봤댔자 배우다는것은 주소나 성명을 쓰는것뿐 없고 또 야학이나 다닐 시간도 탈수 없고 말입니다. 그래서 다시 마음을 돌렸어요. 이렇게 하고서는 공부를 더 못하겠다고 말입니다.

그래서 일본을 가자고 서둘렀지. 우리 동무들도 일본을 가려고 수속을 하는데 2달 이상이 걸리거든. 어쨌던 자리를 뜨자고 마음을 먹으니 신문배달을 하는 일을 하루라도 빨리 떠나고 싶었어요. 그래 마침 우리 외가집에서 서울에서 살았습니다. 그래서 거기에 편지를 하고는 무작정 서울로 올라왔지뭐. 그때 나의 외숙부가 서울에서 자동차를 몰았습니다. 그래서 나는 조수로 들어갔습니다.

그런데 대동아전쟁이 이미 폭발했지, 일본이 처음에는 막 밀고 나갔다가 점차 후퇴하여 들어오는 판이지. 1940년도에 들어서면서 일본제국주의가 망하는 계단에 들어서거든. 그래서 운전수들이 조금만 잘못 해도 퇴자를 놓고 퇴직을 시키거든. 그래서 내 생각엔 지금 운전수들도 일자리를 못 찾는데 내가 이제 배워서 뭘하겠는가? 그래서 조수를 거둬치우고 그 회사 원료창고에 들어가 낮에는 출근하고 저녁이면 야학을 다녔습니다. 야학을 만 1년을 다녔습니다. 그 사이 상업부기를 하나 배우고 주식회사에서 공장을 꾸리는 지식을 배우고 마지막에 은행부기를 하나 배웠습니다.

그때 원료창고에 출근하니 일로임을 80전씩 줍데다. 그걸로는 생활이 안 되지요. 그래 외가집에 의거하였기에 공부도 할수 있었습니다. 그래서 서울에 4년동안이나 있었습니다. 3년만에 그 학교를 졸업하니까 하루에 1원씩 줍데다. 그래 야학에 다니면서 부기를 배우고 주산놓기는 학교에서 방법만 알려주니까 자체로 련습해야 했습니다. 내가 어찌나 열심히 공부를 했는지 상업학교졸업장보다 못하지 않는 성적을 따냈습니다. 그러나 하루에 1원씩 주는 로임으로는 안 되지요. 그래서 자리를 옮겨야겠다고 생각을 했습니다.

나의 이모부가 그때 신경(新京, 지금의 장춘)의 어느 한 은행에서 일했거든요. 그래서 나는 무작정 신경으로 올라왔습니다. 그러니 이모부의 소개로 나를 주식회사 신경은행에 배치를 하더군요. 그 신경은행은 국가은행이 아니고 일본사람이 25만 자금을 가지고 꾸린 개인 주식회사은행이였지.

그 회사 출납원으로 취직되였습니다. 나더러 리력서를 쓰라는거지. 그래 거짓말리력서를 썼습니다. 리력서를 어떻게 썼는가 하니 김제군 소학교 6학년 졸업, 서울에 올라와 중등학교 상업과 3년 졸업이라 썼지. 그때 주산실기에서 주산을 참 빨리 잘 놨지. 글자도 곱게 잘 섰지. 사회에서 굴러다니다보니 일본말도 괜찮게 했지. 그래서 끝내 출납원에 합격되였습니다. 그해가 1943년도였습니다. 1945년도에 해방이 나지 않았습니까?

1943년도 가을에 내 병이 났댔습니다. 위병이 생겨나서 견지를 못하고 두달 동안 휴가를 맡아가지고 맏형님집에 가 휴식하여도 또 한가지거든요. 밥을 못 먹으니까. 그래서 그 은행에서 사직을 했습니다.

부모님네는 둘째형님을 데리고 여기로 집단이민을 오고 맏형님을 김제군의 본 집에다 둬두고 왔기에 맏형님네 집에 가서 겨울을 지냈지요. 거기서 약을 많이 썼습니다. 그래 1944년 봄 처음으로 아버지를 찾아 방초툰집단이민부락에 왔댔습니다.

그러니까 위병이라 일도 못했지. 날마다 집에서 놀기나 하고 약뿌리를 캐서 약을 다려 먹었고 보리를 꿀에 잠구어 약으로 먹기도 했습니다. 그러다 1952년도에 위병이 나아졌습니다. 그러니 1943년부터 9년 동안이나 병다리생활을 했습니다. 그러다나니 우리 나이에 군대를 간 사람도 많지, 다른 할일들을 다 했지만 나는 아무 노릇도 못했습니다.

그러다 1953년7월에 조선전쟁이 정전되였을겁니다. 나는 52년도에 병이 회복되여 가지고 약혼을 하여 53년도에 결혼을 했습니다. 나는 그때 30살이고 저 분이 그때 18살이던가? 저 분의 원 고향은 충청남도 부여군 내산면이고 나는 전라북도 김재군 백산면입니다.

리광평: 그러면 방초툰에서 만났습니다.

고을곤: 예, 그랬습니다. 내가 젊었을때 앓았기때문에 력사적으로 좋은 일을 못했습니다. 그래서 그냥 방초에 있었지뭐. 나는 앓았기때문에 남처럼 전방에도 나가지 못했지만 후방에서라도 일정한 노력을 해서 나라에 기여을 하겠다고 다지였습니다. 약혼을 했을때도 연길로 나가자는거지. 처가집 친척이 있었습니다. 그때 만약 내가 연길에 들어가기만 하면 아무 일에나 취직할수 있었지요. 연변대학의 도서관에서 사람이 없다고 나보고 오라고 하지요. 그래도 나는 몸이 좋지 않으니까 방초를 떠나지 않았습니다. 병이 나은 다음에 연길로 가도 되지요.

그런데 나는 초급사때부터 마을의 회계를 했습니다. 55년도까지 초급사의 회계질을 하고 56년도에 고급사가 되면서 또 회계를 했습니다. 그때 방초, 려화, 상평, 려성 4개부락이 한개 고급사인데 방초에 집을 잡고 려화에 내려가 회계질을 하다가 마지막에 그러고 말았지요.

리광평: 그래 회계를 하게되니 연길에 못 나갔습니까?

고을곤: 그래, 그래서 못 나갔지. 56년도에 고급사가 되지 않았어요? 고급사 회계를 하면서 당교육을 받기 시작하고 1960년에 중국공산당에 가입했습니다. 내가 해방전 신경은행에 있은 문제가 해명이 되지 않아 그 문제를 밝히는데 시간이 걸리다보니 4년만에야 입당을 했던겁니다.

그 사이에 또 이런 일이 있었습니다. 내가 고급사회계를 할때 왕청현은행에서 사람들이 왔다가 내가 회계를 하는걸 보고 정말 잘한다면서 나를 데려 가겠다고 했답니다. 그때 려화대대의 지부서기 남옥순(南玉, 녀자)은 나를 붙들어 두기 위해 나를 속이고 안된다고 딱 잡아 떼였답니다. 그런줄을 나는 후에야 알았단 말입니다. 그때 남옥순이가 지부서기이고 부대를 갔다온 분이 대대장을 맡았으며 나는 대대회계를 맡았거든요. 그런데 지부서기와 대대장이 서로 모순이 생겼지요. 나는 속으로 그런줄 알았지만 아무 내색도 내지 않았습니다.

그런데 중평에서 나를 신용사 주임으로 보내달라고 했답니다. 그러자 남서기가 자기와 갈등이 있는 대대장을 내려보내고 나를 보내지 않았답니다. 그때 그 일을 알고 있었으나 조직에서 처리하는대로 하자고 하면서 참고 말았습니다. 그래 나는 또 부스러 떨어졌지요.

그러다가 1973년도에 여기 중평으로 내려왔습니다. 그래서 농사질을 하면서 살다나니 세월을 이렇게 보냈지요.

지금 선생님들이 우리 중국조선족의 력사를 많이 연구하는것 같은데 선생님들 같은 분들이 많아야 우리 조선족들의 력사가 정리가 되고 우리 조선족들이 더 힘을 내여 일을 할수 있게 될 겁니다. 그런데 나는 별로 한 일이 없습니다.

리광평: 그러면 방초에 계실때 회계질을 잘 하느라고 연길로 갈 기회도, 중평신용사로 갈 기회도, 왕청현은행에 가는 기회도 놓쳤단 말씀입니까?

고을곤: 예, 그랬습니다. 현은행에서 나를 달라고 할때는 1956년도 고급사회계를 할때입니다.

리광평: 1960년도에 입당을 했다는데 어느 달이 됩니까?

고을곤: 3월 21일날. 그때는 회계질을 할때입니다.

김희옥(金姬玉, 고을곤 부인): 대대장은 언제 하였댔습니까?

고을곤: 대대장이 중평의 신용사 주임으로 내려가게 되자 내가 대대장을 맡고 회계도 맡았지요. 거기 있을때 대대회계, 신용사 회계, 위생소회계도 맡았습니다.

리광평: 그때는 로임이란것도 없고?

고을곤: 로임이란것이 1년에 로동공 250공 좌우를 주는것이였습니다. 여러 가지를 겸해도 그랬지. 그러면서 려화대대장사업도 했지. 대대장을 1961년부터 1963년까지 한 3년 했습니다.

그러면서 여러개 생산대의 회계들도 내가 다 배양했고 장부를 만들어 주기도 했습니다. 그래서 후에 대대회계나 신용사회계를 내가 배양한 생산대회계들 가운데서 골라서 맡기였습니다.

리광평: 1963년까지 대대장질을 한 다음엔 무얼 했습니까?

고을곤: 농촌사회주의교육을 1964년도부터 했던가? 사회주의교육운동을 하니까 회계를 한

사진4.. 목단지집단이민 고을곤과 그의 부인 김희옥..2002.10.14

나를 한켠에 밀어놓았지요. 의심대상이니까. 이어서 문화대혁명이 터지니 나는 또 밀려나서 몇 해간 농사질만 하면서 집에서 놀게 되었습니다. 얻어 맞지는 않았으나 계속 검사를 하였지요. 에구, 말을 맙소. 대자보에 오르기는 했어도 누구한테 맞았거나 욕을 먹거나 그런것은 없었습니다.

김희옥: 아이고, 너무 고정해서 아무것도 먹은게 없단말입니다. 암만 조사해도 걸리는것이 없었으니까.

고을곤: 나는 그때 사상상에 달통이 안 되었습니다. 내가 진심으로 그렇게 고생을 했는데 알아보기는커녕 문제가 있다고 내리치니 말입니다. 내가 달통되지 않으니 반란파들이 듣고서 시원해 하지 않았지. 그래서 몇해를 아무것도 하지 않았기에 집안의 일을 하는걸 배웠습니다. 그래 깔개를 틀기까지 했거든. 하, 하, 하!

내 맏동서가 맥주공장을 창건했습니다. 원래는 군대에 갔다와서 맥주공장을 꾸린 사람입니다. 그때 내가 맥주공장에 들어갔더라면 아마 오늘 이 신세는 아니였을겁니다.

내가 73년도에 여기로 왔으니까 그때까지는 사업을 안 했지요. 70년도던지 나를 다 회복시켜서 나를 려화대대 당지부 부서기로 안치하고 방초나 상평에 나가 점을 잡게 하고 남옥순은 당지부서기를 계속 하면서 려화대대를 떠나지 않았습니다.

그러다가 어찌하여 여기로 이사를 왔는가?

나를 부서기로 안치해 놓아도 사상상에서 달통이 안 되지요. 내 여기서 살 멋이 없다 다른데로 옮기자! 내가 아무리 고생을 해도 이리 굴리고 저리 굴리고 하니 내 노릇도 못하고 남들이 믿어도 주지 않으니 살 멋이 없다. 나는 노친과 함께 토론을 했습니다. 나는 이젠 볼일을 다 봤으니까 편안하게 성시로 들어가기 싶다. 성시로 들어가면 후대들이라도 성시에서 살수 있다.

그래서 연길 북대에 갔습니다. 원래 북대는 이전에 생활이 곤난하고 숫말이 새끼를 낳는 곳이라고 했어요. 나의 맏동서가 북대에 살았습니다. 그때 북대촌 5대에 당원도 없지 하니 제걱 받겠다고 하더군. 살 집도 250원으로 다 흥정을 해놓고 가을에 농사만 끝나면 이사를 나가기로 약속을 했습니다. 한창 벼가을을 하는데 북대에서 빨리 오라고 편지가 왔거든요.

그래 나는 로친보고 이사를 갈 그 곳에 가보라고 했지요. 그래 로친이 가던게 이사를 받겠다는 소개신을 떼여가지고 왔어요. 그런데 로친은 북대에선 못 살겠다오. 시내를 끼여서 돼지를 먹일것도 없어 배추잎을 주으려 다녀야지, 땔나무가 없어 석탄을 때는데 재를 쳐내야지, 곡수를 주어야 하지, 그래서 안 가겠다는 겁니다. 아이, 야단이 났지.

그러면서 배초구로 이사를 가자고 합니다. 나는 여기서 살면 살았지 배초구는 안 간다. 배초구는 여기보다 얻어 먹고 살것이 없지. 이밥을 먹는게 좀 나을뿐이야. 방초에서는 자기 마당에서 양봉만 해도 배초구보다 났거든. 연길은 후대를 생각해 나가는거지 돈을 벌려고 가는것이 아니다.

그러니 로친이 글쎄 혼자 배초구에 와서 집을 척 마련해 놓고 이사를 가자는게 아니겠소? 그래서 1973년도에 로친이 자동차까지 데려다 이사짐을 싣고 막 내려오거든. 나는 당원으로써 이사를 가자면 반드시 당조직의 허가를 맡아야 하는데. 내가 중평에 내려가 당조직과 련계를 하려고 고성까지 걸어내려오는데 짐을 실은 자동차가 뒤따라 왔더군. 그러면서 무조건 나를 차에 오르라는거지. 나는 그러면 중간에 내리겠다고 했습니다. 중평에서 내리려는데 자동차를 세워줘야지? 그리고는 곧게 배초구까지 가는거야. 그래서 도주를 하다시피 하여 이사를 하게 된겁니다.

배초구당위에서도 내가 도주하여 이사를 한걸 알지요. 그래서 나는 한해 동안 호구를 해결하지 못했습니다. 그때 방초, 려화, 상평과 려성이 각각 대대로 나뉘여 지고 공사당위에서 나를 방초대대당지부서기로 임명하였을 때지요. 그래도 당위서기가 그저 가만히 있었기에 나는 다시 방초로 올라가지 않게 되였습니다. 그러나 한 여름 당조직생활에 참가하지 못했습니다. 그래서 나는 당위서기를 찾아 내가 잘못 했다고 빌면서 용서를 빌었습니다. 그러니 당위서기느 앞으로 당조직규률을 잘 지키라고 하면서 이사를 한 곳에서 조직생활을 하라고 했습니다. 그래서 이 문제는 해결이 되였습니다.

리광평: 그러면 이곳에 와서도 지부공작을 했습니까?

고을곤: 여기는 대대가 크니까 당총지였습니다. 생산대에 당지부가 있구. 나는 배초구대대1대에서 지부서기를 3년 하다가 여기 중평으로 이사를 왔습니다. 거기서도 회계질도 하였습니다.

여기에 와선 나이가 많으니 모든걸 그만 두었습니다.

밤이 늦게까지 이야기를 들은 우리는 고을곤 로인님의 집에 돌아와 잠자리에 누웠다. 오늘 부지런히 뛰면서 많은 로인님들을 만났으니 출장을 나온 값은 한 셈이다. 그래서 흐뭇한 마음으로 잠을 잘수 있었다. 마음이 거뜬했다.

동북아 다이멘션 자료총서 1

만주에 이주한 전라북도 사람들의 정착과 귀환

초판 인쇄 | 2019년 8월 20일
초판 발행 | 2019년 8월 30일

펴 낸 이 원광대학교 한중관계연구원 동북아시아인문사회연구소
발 행 인 한정희
발 행 처 경인문화사
편   집 유지혜 김지선 박지현 한명진 한주연
마 케 팅 전병관 하재일 유인순
출판번호 406-1973-000003호
주   소 경기도 파주시 회동길 445-1 경인빌딩 B동 4층
전   화 031-955-9300 | 팩   스 031-955-9310
홈페이지 www.kyunginp.co.kr
이 메 일 kyungin@kyunginp.co.kr

ISBN   978-89-499-4831-7 94910
          978-89-499-4830-0 (세트)

값 28,000원